KB140349

중국의 꿈

중국이 지향하는 강대국 초상

The Chinese Dream

The Quest for Great Power Identity and Strategy

아연동북아
총서 _ 30

중국의 꿈
중국이 지향하는 강대국 초상

| 이정남 편저 |

아연출판부
고려대학교 아세아문제연구소

| Contents | ─── ■

| Part 3 |

China's Search for a Great Power Strategy: How Does China Want to Become a Great Power?

아연동북아총서 발간에 부쳐

　탈냉전 이후 동아시아의 역동적 발전은 역내의 정치-외교, 경제 질서뿐만 아니라 문화, 사상, 종교 등의 제 영역에서 새로운 변화를 추동하고 있다. 이런 변화는 일국적 차원의 고찰로는 해명될 수 없는 복잡하고도 민감한 초국가적(transnational) 현상을 낳고 있다. 특히 동북아시아는 지리적 인접성, 공통의 역사-문화적 경험, 협력과 공존의 필요성 등으로부터 연유하는 초국가적 사고와 움직임이 활성화되고 있다. 이런 동북아에 대한 이해를 심화, 확대하고 새로운 해석과 전망을 제공하기 위해서는 국가별 연구나 학문 분과의 분절적 연구를 넘어 동북아시아를 분석의 단위로 삼는 다학문적·학제적 연구가 요청된다.

　동북아시아 연구가 갖는 실천적 의미는 매우 중요하다. 주지하듯이 동북아시아는 세계의 어느 지역보다도 급속한 변화와 발전상을 보여주고 있음에도 불구하고, 여전히 근대성의 문제와 냉전의 구도에 얽매여 있는 곳이다. 20세기 전반기의 제국주의 침략과 식민 경험은 오늘에도 국가적·민중적 기억을 지배하고 있다. 냉전의 산물인 남북 분단과 북한의 핵 위협은 동북아시아의 커다란 불안 요소가 되고 있다. 국가 간 역사 및 영토 분쟁 또한 동북아의 평화로운 발전에 장애로 남아 있다. 그러나 우리는 불편한 역사적 경험과 현재의 불안정이 다른 한편으로 동북아시아의 여러 구성 요

소들을 상호 긴밀히 연결시키고, 그로부터 문제 해결을 위한 공통의 기반
이 마련될 수 있음에 주목한다. 동북아시아는 대립과 갈등의 무대이기도
하지만 평화와 공존의 모색을 위한 토대이기도 하다. 이제 동북아 연구는
동북아가 처한 현실을 객관적으로 진단하고, 평화로운 미래를 건설하는 시
대의 요청에 부응하지 않으면 안 된다.

　　고려대학교 아세아문제연구소(이하 아연)는 대표적인 동북아시아 지역
종합 연구소로서 학제 간 연구를 통한 동북아 지역 연구를 이끌어왔다.
1957년 설립된 이래 아연은 구한국 외교문서와 공산권 연구 총서 및 동아
시아 연구 총서, 중국 연구 총서, 한일 공동 연구 총서, 민주주의 총서 등
연구 성과의 체계적 집성을 통해 학문적 차원에서 현실을 진단하고 바람직
한 미래의 방향을 전망하는 대학 연구소의 역할을 충실히 수행해왔다.
2008년부터는 한국연구재단의 '인문 한국'(HK) 사업 해외지역학 분야의 지
원 기관으로 선정되어, '동북아시아의 초국가적 공간: 사상·사회·문화·제
도의 교류와 재구성'이라는 연구 어젠다를 중심으로 10년 기간의 대규모
프로젝트를 진행하고 있다. 이제 아연은 지난 50여 년 동안 축적된 연구 경
험과 현재 진행 중인 '인문 한국' 사업의 성과, 각종 동북아 지역 연구 지원,
국내외 소장 학자 교류 지원 프로그램 등을 기반으로 해 〈아연동북아총
서〉를 발간한다. 이 총서의 성과가 동북아 공동의 문제를 해결하고 조율하
며 바람직한 미래를 모색하는 장이 될 수 있기를 기대하면서, 관심 있는 분
들의 격려와 질정을 바란다.

　　　　　　　　　　　　　　　　　　아세아문제연구소장 이종화

머리말

2017년 10월 개최된 19차 당대회에서 시진핑은 중국이 세계무대의 중앙으로 다가서는 신시대에 진입했음을 선언했다. 그리고 2050년까지 '부강, 민주, 문명, 조화, 아름다운 사회주의 현대화 강국(强國) 건설' 및 '종합국력과 국제적 영향력에서 선도적인 강대국 건설'을 이룩할 것임을 선언했다. 또한 신시대에 진입한 중국은 '중국 특색의 강대국외교'를 통해 국제사회의 각종 사안에 대하여 적극적으로 참여하면서 영향력을 발휘할 것임을 분명히 했다. 이는 중국이 그동안 경제발전에 초점을 두어온 '개혁개방의 시대'에서 '강대국의 시대'로 진입하고 있음을 선언한 것으로 볼 수 있다. 이에 따라, 중국은 국제무대에서 강대국으로서 국제적 규칙과 규범의 제정자와 공공재를 제공하는 공헌자 역할을 보다 주도적으로 수행해 나아감으로써, 글로벌 거버넌스의 참여자를 뛰어넘어 인도자(引領者) 역할로 전환해갈 것으로 보인다.

사실 18차 당대회 이후 지난 5년간 중국외교는 패러다임의 전환을 경험해왔다. 그것은 덩샤오핑 시기의 도광양회(韜光養晦) 정책에서 국제사회에서 강대국으로서 적극적 역할을 수행하는 이른바 분발유위(奮發有爲) 정책으로의 전환을 의미한다. 시진핑은 파리기후협정 준수, 일대일로 전략의 제기, 그리고 아시아인프라투자은행(AIIB)과 신개발은행(NDB) 설립의 주도 등을 통해 국제화된 지도자로서 각 영역에서 두각을 나타냈다. 그는 2017년 1월 다보스포럼에 참가하여 자유무역과 경제의 세계화를 주창했고, 5월에는 베이징에서 개최된 일대일로 국제협력 정상포럼에서 인류운명공동체를 강조하면서 불확실한 세계에서 중국이 세계의 발전방안에 대한 지혜를 제시하는 데 공헌했다고 주장했다. 이런 시진핑의 행보는, 미국제일주의(America First)의 슬로건하에 환태평양무역동반자협정 및 파리기후협정 탈퇴와 유엔의 각종 위원회 활동참여 축소를 추진함으로써 글로벌 거버넌스의 중심으로부터 이탈하고 있는 트럼프 미대통령의 행태와 비교되면서, 중국이 글로벌 거버넌스를 담당할 능력과 각오가 되어 있음을 보여주는 중요한 행위로 국제사회에 비춰지고 있다.

상술한 현상들은 바로 현재 국제질서에 극적인 변화가 일어나고 있음을 의미한다. 한마디로 중국의 부상과 함께 제2차 세계대전 이후에 지속되어온 미국 주도의 자유주의 세계질서에 균열이 발생하고 있음을 말하는 것이다. 이와 더불어, 비록 강대국으로서의 중국의 지위와 영향력 발휘가 아시아 차원일지, 아니면 글로벌 차원일지에 대한 논란이 여전히 진행 중이긴 하지만, 중국의 부상과 함께 국제질서 혹은 동아시아 지역질서가 극적인 전환을 맞이하고 있음은 부정할 수 없는 현실이 되었다.

이로 인해 중국이 현재의 글로벌 거버넌스 체제 개혁을 통하여 어떠한 글로벌 혹은 지역질서를 구성하고자 하는지에 대한 문제가 주변국들의 초미의 관심사로 등장했다. 특히 근대 이전 중국 주도의 지역질서로 간주되고 있는 이른바 '중화세계질서(Chinese World Order)'를 경험한 동아시아 주변국들은 이런 문제에 대한 관심이 다른 지역의 국가들보다 훨씬 더 높다. 그럼에도 불구하고 중국은 자신이 어떤 강대국이 되고자 하는지, 또한 어떤 방식을 통해 강대국이 되고자 하는지, 그리고 주변국에 대해서 어떤 정책을 취할 것인지 등에 대한 구체적 방향제시가 여전히 불명확하다. 2017년 10월 19차 당대회에서 발표된 2050년까지의 2단계 발전목표를 보면, 첫 단계인 2020~35년에는 사회주의 현대화를 기본적으로 실현하여 과학기술의 발전, 지역과 계층 간 격차해소, 법치와 현대적 거버넌스의 제도와 능력 실현, 소프트파워 증강, 사회적 거버넌스 제도의 발전, 환경문제 해결 등 경제를 뛰어넘어 전면적인 선진국화를 달성하고, 두 번째 단계인 2035~50년에는 부강, 민주, 문명, 조화, 아름다운 사회주의 현대화 강국을 건설하여 종합국력과 국제적 영향력에서 선도적인 강대국 시대에 본격적으로 진입하겠다는 포괄적, 전반적 목표를 제시하였다. 그럼에도 불구하고 중국이 어떠한 강대국이 될 것인가는 여전히 모호한 상황이다.

중국이 되고자 하는 강대국 상(像)이 이처럼 모호한 상황에서 국제사회를 선도하는 강대국이 될 것이라는 비전의 제시와 이로 인한 불확실성의 증가는 중국의 빠른 부상 속도와 맞물려 주변 국가들의 불안감을 가중시키고 있다. 더욱이 중국은 해상영토 분쟁을 처리하는 과정에서 공세적(assertive)인 대외정책을 보임에 따라, 비록 중국이 '인류운명공동체(人类命运共同体)', '신형국제관계(新型国家关系)' 등을 천명하며 평화적 부상과 주변국가와의 공동번영을 강조하고 있음에도 불구하고, 중국에 대한 주변 국가들의 우려, 의구심 그리고 불안을 완전히 털어내기에는 여전히 미심쩍은 점이 많은 상황이다.

이에 고려대 아세아문제연구소 중국연구센터에서는 중국전문가 9명(1인은 중국학자)으로 구성된 중국의 강대국 상에 대한 연구를 포스코청암재단의 지원을 받아 지난 1년 반 동안 수행했다. 연구팀은 중국이 여전히 탐색 중인 상황에서 구체적으로 분석되지 못했던 강대국 중국의 초상을 그려보기 위해, 중국이 어떤 강대국이 되려 하는지, 그리고 이를 어떻게 달성하고자 하는지에 관한 정책과 방안을 분석해보고자 했다. 중국은 영토와 인구 등 잠재적 조건과 더불어 지난 40여 년간의 급속한 경제적 성장으로 초강대국 미국을 추월할 가능성을 가진 유일한 국가로 주목받아왔고, 이에 따라 중국의 초강대국화에 대한 많은 연구가 이뤄졌다. 그러나 현재까지 진행되어온 관련 연구들은 그 성과에도 불구하고 다음과 같은 한계가 있다.

첫째, 기존 연구는 강대국의 성격 규정과 강대국화의 조건에 주로 집중했다는 점이다. 이러한 연구들은 역사적으로 강대국들이 부상 과정에서 보여주었던 능력과 의지, 인식 등을 비교해 강대국화의 조건을 규정하고, 그 규정된 조건들에 중국의 역량과 여건 등이 부합하는지를 고찰하는 가운데 중국의 강대국화에 대한 분석과 평가를 진행했다. 또한 중국의 강대국화 여부와 세력 전이, 미국 및 주변국들과의 관계와 국제질서에서 그것이 미칠 의미를 평가하는 데 집중해왔다(정재호 2006; 이희옥 2007; 김재철 2007; 閻学通 2011; Tammen & Kugler 2011). 이러한 연구들은 중국의 강대국화를 이해하는 데 중요한 기여를 했지만, 중국 스스로가 그리고자 하는 강대국의 모습과 그 실현을 위한 포괄적이면서도 구체적인 전략이 무엇인지는 제시하지 못하고 있다.

둘째, 중국의 정체성에 대한 연구가 다각적인 측면에서 진행되어왔지만, 주로 국내 정치적 필요 및 민족주의와 연계된 정체성 연구에 국한된 점이다. 구체적으로 기존 사회주의 이데올로기의 쇠퇴에 따른 새로운 집권 이데올로기의 모색과 소수민족의 내적 통합 논리 구축에 초점을 맞춘 정체성 연구가 있다(김애경 2004; 김재철 2007; 신봉수 2006, 2007). 또한 천하관 등을 포함한 중화사상과 이에 상응하는 메시아니즘 등 미국의 정체성 구성 요소들을 대응시키며 중국과 미국의 민족주의적 특성을 분석하거나, 정치적 해석학의 시각에서 중국의 꿈을 분석한 연구, 그리고 정체성과 안보의 관계를 분석함으로써 중국몽(中國夢)에 나타난 소프트파워의 부정적 측면을 보여주는 연구 등 인식적·해석학적·구성주의적 접근에 의한 중국의 인식과 꿈에 대한 분석도 이뤄지고 있다(Meissner 2006; 서정경 2013; Mahoney 2014; Callahan 2015). 그러나 이런 연구들은 중국의 대내정치적 특성이나 타국의 대중국 인식을 분석하고 파악하는 연구가 대부분이었고, 이 책이 주목하고 있는 것처럼 중국 스스로가 구상하고 있는 강대국 상을 파악하기 위한 정체성 연구는 제한적이다.

따라서 이 책은 중국의 지식인들에 대한 심층 인터뷰와 설문조사를 기초로, 중국 지도부의 담화나 발언, 그리고 학계와 싱크탱크 등의 문헌을 종합적으로 분석함으로써 중국의 강대국 상과 전략을 규명하고자 했다. 이 책은 다음 두 가지 점에서 중요하고 독창적인 시도라고 볼 수 있다.

첫째, 이 책은 중국 강대국화에 대한 세부 주제 설정 면에서 기존 연구의 서구 중심성과 시각적 협소성을 극복하고, 중국의 내부적 구상에서 출발하여 이를 구체화함으로써 중국이 구상하는 실제적 강대국 상에 접근하고자 했다. 근대 이래 우리가 경험하고 기억하는 강대국은 언제나 서구국가였으며, 지배적 가치와 규범은 서구의 역사와 문화에 기반하여 산출되었다. 따라서 중국의 부상이 가져올 수 있는 변화는 쉽게 예단할 수 없는 문명사적 패러다임의 전환일 것이다. 이러한 변화의 시작은 결국 중국이 스스로 구상하는 강대국 상과 그 실현 방안에서 실마리를 찾을 수밖에 없다. 그러므로 이 책은 '서구 중심의 보편적 개념과 기준'에 중국을 대비하여 분석하는 연구에서 과감히 벗어나, 중국이 실제 구상하고 구현하고자 하는 강대국 상을 심층적으로 분석함으로써 중국의 변화가 촉발시킬 국제질서와 국제관계의 실질적 변화를 전망해보고자 한다. 기존의 연구들이 주로 현실주의적 혹은 자유주의적 시각으로 중국의 강대국화와 그것이 미중관계 및 국제질서와 규범에 대해 갖게 될 의미를 분석하는 데 치중해왔다면, 이 책은 이러한 시각으로부터 탈피하여 인식론적 시각과 구성주의적 접근을 통해 중국의 강대국 상과 실현 전략에 대한 중국의 내부적 구상과 실천의 규명을 시도했다는 데에 의의가 있다.

둘째, 이 책은 설정된 이론적 틀로 중국의 강대국 상에 접근하는 것이 아니라, 실제 중국 내부에서 전개되고 있는 강대국화 관련 담론과 구상을 분석하여 그 실체를 구체화하고자 했다. 우선 중국의 강대국 상에 대한 구상과 전략이 결과적으로는 중국 정책결정자인 공산당 지도부, 그리고 정책의 내용과 결정과정에 갈수록 영향을 미치고 있는 전문가 집단의 인식과 결부되는 것이라는 점에서 관념적 접근법을 채택했다. 그간 정치학 연구에서는 외부적 물질 조건과 구조의 영향력을 강조하는 구조적 접근법이 주를 이뤄왔다. 그러나 정치나 국가는 결국 인간이라는 행위주체에 의해 구성되고 운용되는 것이다. 따라서 인간 행위자들, 특히 정치엘리트들이 무엇을 믿고 어떻게 인식하느냐는 한 국가의 정체성에 영향을 미치며, 종국에는 국제정치에도 매우 큰 영향력을 행사한다. 이러한 사실은 그동안 간과되어 온, 개별 인간이 가지는 인식(perception), 인지(cognition), 신념(belief) 등의 관념적 요인들의 중요성을 제고시키는 것이다. 이 책 또한 중국이라는 한 국가가 강대국으로서 자신의 상(像)을 구상하고 그 실현 전략을 세우는 데 있어 핵심적인 요인은 결정권을 갖는 행위자의 인식, 인지, 신념이라는 점에 주목하여 관념론적 접근법을 채택했다.

이 책은 관념연구에서 일반적으로 사용되는 대표적 연구방법인 설문조사와 면접조사 등의 양적연구와 문헌, 연설문과 정부자료 분석 등의 내용분석(content analysis) 방법을 사용했다. 그리고 중국공산당 지도부와 전문가 집단의 관념과 관련한 자료 수집과 분석 면에서는 현실적 조건과 상황을 고려하여 다른 접근방법을 채택했다. 즉 중국 지도부에 대한 설문조사나 직접 인터뷰가 용이하지 않기 때문에 주로 각종 공식 회의석상에서 발표되는 정치보고와 발언을 연구 대상으로 했다. 그리고 상대적으로 직접 접촉이 용이한 전문가 집단을 조사함으로써, 직접 접촉이 어려운 지도부를 대상으로 한 담론분석의 한계를 보완하고자 했다.

전문가집단에 대한 조사를 위해 참여 연구진 전원이 중국 현지를 방문하여 대학과 당정기관 산하 싱크탱크의 전문가 집단을 대상으로 심층 인터뷰 및 설문조사를 진행했다. 비록 각 필진마다 논문 작성과정에서 설문조사와 심층 인터뷰 자료의 사용 정도에서 차이가 있지만, 연구팀의 모든 구성원이 심층 인터뷰와 설문조사의 전 과정에 참여했으므로, 조사 결과는 이 책의 모든 연구결과에 일정한 영향을 미쳤다고 볼 수 있다.

특히 이 책의 연구팀은 베이징대학(北京大学), 칭화대학(清华大学), 인민대학(人民大学), 중국외교학원(中國外交學院), 중국사회과학원(中國社會科學院), 푸단대학(复旦大学), 통지대학(同济大学), 상하이사회과학원, 화동(华东)사범대학, 상하이국제문제연구원 등 베이징과 상하이 주요 대학과 연구기관의 국제정치학자들에 대한 인터뷰와 설문조사를 진행했다. 그 이유는 주로 베이징과 상하이의 주요 대학과 연구기관의 학자들이 국제정치 관련 중국학계의 논쟁을 실질적으로 주도할 뿐만 아니라, 당정의 각종 자문역할을 하면서 정책결정 과정에 일정한 영향을 미치고 있기 때문이다. 그리고 국제정치학자를 조사 대상으로 한 것은 중국의 강대국화 및 강대국상에 대한 학계의 담론 형성을 국제정치학자들이 실질적으로 주도하고 있기 때문이다.

또한 본 연구의 조사 대상 중 81%가 국제정치 관련 분야에 10년 이상 종사한 학자들로서, 중견학자 이상의 영향력 있는 국제정치학자들이 주를 이루고 있다. 이들 학자들은 70.5%(미국 45.5%, 유럽 6.8%, 일본 6.8%, 한국 6.8%, 북한 2.3%, 기타 2.3%) 이상이 해외유학 경험이 있어, 세계 국제정치학계의 전반적 흐름을 이해하고 있을 뿐만 아니라, 이에 기초하여 중국의 부상과 새로운 질서의 등장에 대한 함의를 제시할 수 있는 일정한 분석력과 전망능력을 갖추고 있다. 이로 인해, 이들은 중국의 각종 대외정책 수립 및 글로벌 거버넌스 체제 개혁과정에서도 중요한 영향을 미칠 수 있으며, 따라서 이들의 인식을 통해 중국이 구상하는 강대국 상을 보는 것은 충분히 의미가 있다고 본다.

조사를 위해 이 책의 연구팀은 2017년 1월 15일부터 22일까지 베이징과 상하이를 직접 방문하여 21명의 국제정치학자를 대상으로 심층면접과 설문조사를 진행했고, 또한 이메일을 통하여 추가적으로 설문조사를 진행했다. 그 결과 전체 심층면접 대상자는 모두 21명(베이징 12명, 상하이 9명)이고, 설문조사 대상자는 총 44명(베이징 21명, 상하이 23명)이다. 이메일을 통한 설문조사는 2017년 2월 한 달 동안 진행되었다. 베이징과 상하이 대학과 연구기관에 재직 중인 국제정치학자로 범위를 제한한 후 이메일로 연결 가능한 학자들을 대상으로 진행했다.[1]

심층면접과 설문조사를 동시에 진행한 21명 학자에 대해서는, 각각의 학자를 직접 만나서 먼저 심층 인터뷰를 진행한 후 설문조사를 진행했다. 조사에 들인 시간은 설문조사와 인터뷰 시간을 포함하여 평균 2시간이었다. 심층 인터뷰는 연구팀원이 각각 자신의 논문주제와 관련하여 정해진

1_당초 조사를 위해 만든 설문항목을 이 책의 부록에 싣고자 했으나, 설문항목이 너무 방대하여 책의 분량 조절을 위해서 싣지 않았다. 설문항목에 대한 열람이 필요한 독자들은 고려대 아세아문제연구소 중국연구센터를 통하여 열람이 가능함을 알려둔다.

항목에 대해 질문하고, 이에 대해 중국 학자가 대답하는 방식을 택했다. 질문을 던진 후 학자들이 대답하는 동안 가능한 이견을 피력하지 않고 의견을 경청하는 데 집중하여 응답자가 최대한 자유롭게 의견을 말하도록 했다. 연구팀이 얻고 싶은 것은 조사 대상자의 생각이나 느낌이었으므로, 그들이 표현하는 느낌이나 생각을 충분히 존중하면서 조사 대상자로부터 의견을 듣고자 하는 자세를 취했다.

이 책은 중국이 내부적으로 구상하는 강대국 상과 그 실현 전략 분석을 주요 내용으로 한다. 이를 위해 '중화민족의 위대한 부흥'으로 대변되는 중국의 꿈이 과거 중화사상의 재현을 의미하는 것인지, 아니면 그와 다른 새로운 세계질서의 구축을 의미하는 것인지에 대한 질문에서 출발하여 이에 대한 구체적 상과 전략을 분석하고 있다. 구체적으로 중국이 구상하는 세계질서 상(像)을 거시적으로 조망해보는 1부에 이어서, 중국의 강대국 상을 구체화하는 2부와 그 실현 전략을 분석하는 3부로 나뉘어 구성되어 있다. 보다 구체적인 장별 내용은 다음과 같다.

우선 1부에서 이정남은 "중국이 구상하는 세계질서 상: 중국은 어떤 강대국이 될 것인가?"라는 제목으로 국가 간 관계, 가치와 문화, 외교방식 등 세 가지 변수를 중심으로 중국이 구상하는 세계질서 상을 거시적으로 그려보고 있다. 21세기 진입 후 중국의 지속적 성장과 그에 따른 강대국화의 전개과정에서, 현 시진핑 지도부가 대내외적으로 공표한 중화민족의 위대한 부흥이라는 중국의 꿈이 과연 무엇인지, 그리고 그 실현 전략에 대한 다양한 분석 및 전망이 제시되어왔다. 그럼에도 현재까지 중국이 그리는 강대국화의 내용과 전략은 여전히 모호한 상태로 남아 있거나 부분적 혹은 사안별로 다뤄지고 있기 때문에 이에 대한 포괄적이며 전체적인 모습을 파악하기가 쉽지 않다. 따라서 강대국으로서 중국이 그리는 스스로의 모습과 그 실현 전략을 보다 종합적이며 총체적으로 규명할 필요성이 강하게 제기된다. 이에 1부에서는 거시적 차원에서 중국의 강대국화가 갖는 함의를 분석함으로써 제2부와 제3부에서 각각 진행될 중국의 강대국 상과 그 현실화 전략의 분석을 위한 배경과 토대를 제시하고자 했다.

이정남에 따르면, 중국의 부상은 중국이 지닌 인구와 영토, 그리고 경제력에 비추어 볼 때 불가피하게 세계질서 혹은 최소한 지역질서의 변화와 연결될 수밖에 없다. 따라서 초강대국 중국이 구상하는 질서는 일국적인 차원을 넘어 지역적 혹은 세계적 차원에 영향을 미치는 질서가 될 것임이 분명하다고 판단한다. 이런 관점에 기초하여 중국이 구상하는 신질서에 대하여 세 가지 특징을 제시하고 있다. 첫째, 국제제도의 측면에서 볼 때, 민족국가로 구성되지만 강대국과 약소국 간의 영향력의 차이가 분명히 존재하는 일종의 등급질서의 형태를 띨 것이다. 그리고 다극체제를 형성할 것이지만, 적어도 동아시아 차원에서는 중국이 주도적인(dominant) 지위를 차지할 것이다. 둘째, 가치와 문화의 측면에서 볼 때, 강대국 중국이 국제사회를 향해 제시할 중국적 가치나 사상이 아직은 뚜렷하게 부각되고 있지 않으며 여전히 탐색 단계에 놓여 있다. 전통시기 왕도정치의 이념인 인의, 신의, 공평과 정의, 예(禮), 조화(和)로부터 자유, 민주, 평등, 인권, 시장경제 등 서구적 가치에 이르기까지, 국제사회를 향해 제시할 중국적 가치나 문화가 무엇인가에 대해 여전히 탐색 중에 있는 것으로 보인다. 셋째, 외교방식에서 군사력의 사용보다 상대적으로 우세 자원인 경제력을 사용하고 소프트파워 자원을 활용하여 주변국의 민심을 얻어 주도국가가 되고자 하면서도, 세계적 강대국으로서 중국의 국익을 수호하고 우방국을 중국으로 결집시킬 수 있는 보다 효과적인 신 외교방식에 대해 탐색 단계에 놓여 있다.

결론적으로 필자는 중국이 구상하는 신 세계질서 상이 여전히 뚜렷하지 않으며 현재 중국 스스로도 탐색 중이라고 지적하고 있다. 그럼에도 불구하고 종주국과 속국의 관계라는 전통시대의 중화세계질서의 틀이 다시 등장하거나 미국적 가치와 제도, 외교방식에 기초한 현재의 미국 주도의 세계질서(Pax Americana)가 그대로 지속될 가능성은 높지 않다고 전망한다. 또한 중국이 어떤 세계질서를 구성할 것인가는 결국 중국과 국제사회와의 상호작용 과정을 통해서 결정될 수밖에 없다고 본다. 따라서 중국의 주변 국가들은 중국이 보다 덜 패권적이고 호혜적인 강대국으로 발전할 수 있도록 견인해가야 한다고 강조한다.

제2부에서는 중국이 구상하는 강대국 상을 각 영역별로 보다 구체적으로 규명하고 있다. 구체적으로 국제규범과 가치, 동아시아 지역질서 구상, 해양강대국 정체성, 그리고 국내정치 모델에 대한 개별적 분석을 통해 중국이 구상하는 강대국 상을 종합적으로 도출해내고자 했다.

1장에서는 우선적으로 중국 강대국화에 따른 규범과 가치의 문제에 접근하고 있다. 일반적으로 새로운 강대국의 출현은 기존 국제규범 및 가치와 상치하거나 혹은 이질적인 새로운 규범과 가치의 창출을 수반한다. 그렇다면 중국은 기존의 서구 중심의 시장체제, 자유와 민주 등의 규범과 가치에 대해 어떠한 태도를 취하며 어떠한 대응 규범과 가치를 준비하고 있는가? 강수정은 "국제규범질서에서 중국의 역할 인식과 지향"이라는 제목 하에 규범과 가치의 영역에서 중국이 지향하는 강대국 상을 분석하고 있다. 필자는 중국의 강대국화와 관련하여, 증대된 경제력을 바탕으로 국제적 지위와 영향력을 계속해서 확대해가고 있는 중국이 국제관계에서 보다 적극적으로 중국적 외교 원칙과 이념을 제시하고 추구하려는 움직임을 보이기 시작하면서, 중국 국내에서뿐만 아니라 국제사회에서 "강대국으로 부상하는 중국이 기존의 자유주의적 국제질서에서 규범 준수자(norm taker)로 남을 것인지, 아니면 규범 제정자(norm shaper)가 될 것인지"에 대한 논쟁이 제기되고 있다는 점에 주목해야 한다고 말한다. 중국의 강대국화 과정에서 나타나는 이러한 현상과 논쟁은 "국제규범질서에서 중국은 어떤 강대국이 되고자 하는가"라는 근본적인 질문에 대한 관심을 촉발한다. 이러한 문제의식에 기초하여 중국이 지향하는 강대국 상을 규명하는 데서 필자는 중국 내 지식인들의 담론 분석을 통해 '국제규범질서에서 강대국으로 부상하는 중국의 역할'에 대한 중국 내부의 인식과 지향을 살펴보는 데 분석의 초점을 맞추고 있다.

특히 강수정은 중국 내부의 서로 다른 담론들 사이에 변화의 흐름이 존재한다는 것에 주목하면서, 국제규범질서에서 부상하는 중국은 어떤 강대국이 되고자 하는가에 대한 대답을 찾고 있다. 개혁개방 이후 자유주의적 국제질서에 편입되어 경제발전과 현대화를 추진하는 과정에서는 소극적인 규범 준수자로서의 중국을 상정하는 실용주의적 시각이 주류를 이뤄왔다. 하지만 중국의 급속한 경제성장과 강대국으로의 부상이 본격화되면서, 국제규범질서와 글로벌 거버넌스 체제에서 책임감 있는 강대국으로서 보다 적극적인 규범 준수자의 역할을 수행해야 한다는 주장이 대두되었다. 이와 함께 다른 한편에서는 반서구 및 반미적 색채를 띠는 민족주의가 대두되면서 미국을 비롯한 서구사회를 중심으로 형성된 자유주의적 국제규범질서와 글로벌 거버넌스 체제에 대한 비판이 제기되기 시작했다. 최근에는 이러한 비판적 시각을 가진 지식인들의 일부가 비판을 넘어서 적극적인 대안으로서 규범 제정자로서의 중국의 역할을 강조하면서 중국이 주도하는 새로운 규범적 질서를 제시하고자 시도하고 있다.

강수정은 이러한 담론의 흐름은 중국의 부상이 가속화되고 중국의 국제적 영향력이 확대되면서 중국 내부에서 크게 두 갈래의 서로 다른 변화의 움직임이 나타나고 있음을 단적으로 보여준다고 주장한다. 한편에서는 기존의 국제규범질서에서 소극적인 규범 준수자였던 중국이 적극적인 규범 준수자로서 글로벌 거버넌스에서 보다 적극적인 역할을 수행하려는 움직임이고, 다른 한편에서는 기존의 자유주의적 국제규범질서와 거버넌스 체제에 대한 비판에서 더 나아가 적극적인 대안을 제시하는 규범 제정자로서의 역할을 모색하려는 움직임이다. 결국 "국제규범질서에서 중국은 어떤 강대국이 되고자 하는가?"라는 근본적인 질문에 대한 대답은 이러한 두 개의 서로 다른 변화의 움직임들이 결국 어느 쪽으로 귀결되느냐에 달려 있다고 전망한다.

2장에서는 동아시아 지역에서 중국이 미국과 함께 초강대국으로서의 지위를 구축하려 하는지 아니면 미국을 넘어서는 패권을 추구하려 하는 것인지에 대한 권력적 측면의 연구를 진행한다. 즉 중국이 동아시아 지역에서 미중 간 세력균형을 원하는 것인지 아니면 미중 간 세력전이를 꿈꾸는 것인지에 대한 분석을 시도하고 있다. 미국과 중국을 2초(超)로 한 다강구도라면 강대국의 비극과 세력전이에 따른 충돌 가능성에 대한 강조가 지나친 비관적 전망이 되겠지만, 미국을 초월하는 단일 패권국이 중국이 추구하는 강대국 상이라면 역으로 중국의 부상과 향후 국제질서의 변화에 대한 그간의 비관적 전망과 우려가 설득력을 갖게 될 것이다. 중국의 권력에 대한 태도는 국제질서와 긴밀히 연관되는 문제고 한국을 비롯한 세계 국가들의 주요 관심 대상이다.

이런 관점에서 홍은정은 중국의 부상이 가속화되면서 동아시아 지역에서 중국과 미국의 경쟁이 본격화되고 있으며, 중국은 자국이 위치한 동아시아 지역에서 위상 정립이 무엇보다 중요하다는 것을 잘 인식하고 있음을 지적한다. 그리고 중미관계와 동아시아 지역질서에 대한 이해는 중국의 동아시아 전략뿐 아니라 글로벌 전략을 이해하는 데 매우 중요한 기반이 될 것으로 본다. 이런 전제하에 그녀는 현재 중국이 동아시아 지역에서 자국의 주도적인 역할 수행을 자부하는 것으로 파악한다. 하지만 미국의 영향력이 여전히 존재하기 때문에 동아시아 지역에서 상당 기간 중미 간 협력과 갈등이 교차하는 병존관계가 지속될 것으로 내다보고 있다. 특히 홍은정은 중국이 동아시아 지역에서 군사력에서는 미국의 우위를, 경제력에서는 자국의 우위를 인정한 가운데, 역내 중미 간 협력과 갈등의 양상이 나타나고 있음을 보여준다. 반면 소프트파워 영역에서는 미국에 비해 크게 뒤쳐져 있다고 평가한다.

3장에서는 중국의 강대국 상의 또 다른 측면으로 중국이 해양강대국을 추구하는가 아니면 대륙강대국을 추구하는가를 살펴본다. 중국은 역사적으로 대륙세력으로 구분되어왔고, 스스로도 그렇게 인식해온 측면이 강하다. 그러나 강대국화의 길을 걷는 과정에서 중국은 해양의 중요성을 점차 인식했고, 특히 해양세력 미국이 아태지역에서 영향력을 유지해온 바탕에 해군의 존재가 중요한 역할을 해왔음을 인지하게 되었다. 아메리카대륙의 발견과 유럽 열강들의 아시아 식민지화 등에서 볼 수 있듯이 역사적으로 강대국들은 해양을 통해 자신들의 이익을 획득하고 이를 통해 국력 제고와 함께 지역 혹은 국제적 영향력을 유지 및 강화해왔다. 미국과 달리 동맹을 결성하지 않는 중국으로서는 향후 강대국화 과정을 거쳐 강대국이 되는 데 있어서 대륙세력에 머물지 않고 해양세력으로서의 정체성을 형성하고자 할 가능성도 있다. 그러한 구상을 가질 경우 중국은 지역 차원을 넘어선 지구적 영향력 투사를 위해 해양세력으로서 강대국 상을 그릴 수 있으며, 군의 현대화와 구조개편 등을 통해 전략적으로 그러한 강대국 상을 현실화하고자 할 수도 있을 것이다. 이렇게 볼 때, 중국이 스스로를 대륙세력으로 규정하는지 아니면 대륙세력이자 해양세력으로 규정하는지에 대한 분석은 중국이 구상하는 강대국 상을 파악하기 위한 연구내용의 중요한 일환이 되어야 할 것이다.

이런 관점에서 모준영은 '중국의 해양 강국화 전략 인식'을 분석한다. 그는 시진핑 정부가 출범 때부터 '중국몽(中国梦)'과 '중화민족의 부흥'을 제시하고, 그 구체적인 방안의 하나로 '해양강국' 건설을 강조한 점에 주목하면서, 중국이 제시한 해양강국 건설이 과거처럼 역내 패권적 지위를 회복하는 데 그치지 않고, 초강대국 내지 전지구적 강대국으로 성공했던 국가들의 경로를 따라 가려는 것인가를 확인하고자 했다. 그리고 중국의 국제정치학자들이 이러한 정부의 목표를 어떻게 인식하고 있는지를 분석하고자 했다. 이를 위해서 그는 우선 중화민족의 부흥이라는 목표 실현을 위한 해양강국 건설이라는 대전략을 살펴보고, 그 하부전략인 해군전략을 검토했다. 아울러 해양강국 건설이라는 대전략의 이행 내용을 살펴보고 그 이행을 위한 수단의 하나인 해군의 현대화 현황과 추세를 검토했다. 그 결과 중국정부가 세계적 강대국을 지향하고 있다고 주장한다. 또한 중국 내 국제정치학자들의 중국의 대전략에 관한 인식을 살펴본 후, 중국의 학자들이 해양강국 건설의 한계점을 인식하고 있으며, 중국의 역할에 대해서도 아직까지는 역내 강대국에 국한시켜 인식하고 있다고 주장한다. 결국 모준영은 중국 지도부가 중화민족 부흥의 길이라는 목표를 제시하고 그에 대한 대전략으로 해양강국 건설을 설정하고 추진하고 있지만, 중국 내 국제정치학자들은 그러한 목표를 시기상조나 불가능한 것으로 인식하고 있다고 지적한다. 즉 중국 지도부의 장기적인 구상과 국제정치학자들 간에 인식의 간극이 존재한다는 것이다.

4장에서는 강대국으로서의 중국이 발전시킬 국내정치 모델을 탐색한다. 국제질서에 중대한 변화를 초래하거나 영향을 미치는 주요 강대국, 특히 그러한 변화를 주도하고 유지시키는 초강대국은 부상의 과정과 부상한 이후, 자신의 가치와 그에 기반한 제도와 정책을 대외적으로 투사하고 확산시키게 된다. 현재 초강대국인 미국이 부상하는 과정과 부상 이후 전개하고 수립해온 자유주의적 국제질서와 규범이 그 사례다. 이러한 측면에서, 중국이 향후 본격적으로 전개할 강대국화 과정과 그 이후에 유지 혹은 수정될 국제질서 및 규범이 어떠한 것일지는 현재 중국이 추진하고 있는 국내정치 모델의 개혁이 무엇을 목적과 목표로 설정하고 있는지를 통해 그려볼 수 있을 것이다. 중국의 대내외적 가치와 체제가 일치하지 않을 경우 중국은 초강대국으로 성장하는 데 있어 한계에 직면하게 될 것이며, 일치할 경우 그것은 중국의 국내 정치발전 모델, 즉 중국의 당국가 체제에 대한 변화의 압력을 의미할 수도 있다. 이는 향후 중국의 국내정치 모델이 지닌 가치가 국제질서와 규범에 투사될지 아니면 현행 국제질서와 규범에 투영된 가치가 역으로 중국의 국내정치 모델에 투사될지를 예측하는 데 도움이 될 것이며, 따라서 중국이 어떤 강대국 상을 구상하는지를 규명하는 데에도 도움이 될 것이다.

이런 문제의식하에서 정주영은 "강대국 중국의 정치발전 모델 탐색"이라는 제목하에 중국의 정치발전 모델에 대한 중국 지식인의 구상과 평가를 조사함으로써, 중국 정치발전 모델의 핵심적 내용과 그것이 과연 중국의 소프트파워 자원이 될 수 있는지를 분석하고 있다. 정주영은 중국이 강대국이 된다는 것은 그 정치적 속성과 제도가 세계적으로 영향력을 갖는다는 의미라고 주장한다. 즉 강대국이 된 중국은 세계정치의 의제를 제기하고 담론을 주도하는 데 핵심적인 역할을 할 것이고, 따라서 중국이 과연 어떠한 정치적 가치를 중시하고 그것을 제도적으로 실현해갈 것인지가 세계적 문제가 되고 있다는 것이다. 때문에 그간 중국의 국내정치와 개혁을 이해하기 위해 연구되었던 중국 정치발전 모델을 보다 세계적 관점과 시각으로 연구할 필요가 있다고 주장한다. 이런 맥락에서 현재 중국 역시 글로벌 영향력을 확대하기 위하여 소프트파워 강화를 국가 전략적 차원에서 다루고 있으며 그 중요성이 더욱 강조되고 있다고 지적한다. 그러나 중국의 권위주의적 정치는 여전히 다른 국가들의 비판의 대상이 되고 있으며 중국은 자국의 정치발전 모델을 보다 합리화하고 매력적인 모델로 전환시켜야 하는 상황에 처해 있다. 정주영은 바로 이러한 국내외적 필요가 현재 중국의 정치발전 모델을 새로운 구상과 실험의 단계로 진입시켰다고 지적한다.

중국의 강대국 상을 구체적으로 규명하기 위한 작업에 이어, 제3부에서는 강대국 상을 현실화하기 위해 중국이 구상하고 실행하려는 전략에 대한 분석을 진행했다. 정치, 군사, 국제규범과 제도 등 주요 영역에서의 중국의 강대국화 전략은 상술한 바와 같이 지역과 지구적 차원에서 동시다발적이며 다차원적으로 전개된다. 따라서 중국의 강대국화 전략을 전체적으로 제시하기 위해서는 각 영역에서의 전략에 대한 개별적 분석과 함께 이를 통합적 차원에서 종합할 필요가 있다. 제3부에서는 중국의 강대국화 전략에 대한 개별 및 통합적 분석을 통해 중국이 그리는 강대국 상의 현실화 방안을 전체적으로 제시한다.

5장에서는 경제력의 전략적 이용을 통한 강대국화 전략이라는 차원에서 '일대일로' 전략을 분석했다. 중국이 추진 중인 일대일로는 개별적 경제부흥의 차원을 넘어서서 중국이 부강한 강대국을 추진하는 중요한 핵심 전략으로 인식할 필요가 있다. 이런 인식에 기초하여 공커위(龔克瑜)는 "'일대일로'와 중국의 강대국화"라는 제목하에 일대일로의 내용 및 발전과 관련된 중요 의미와 주요 난제 등을 탐구하고, 중국의 국가전략에서 일대일로가 차지하는 비중과 의미를 비교적 뚜렷하게 보여줌으로써 일대일로 전략과 중국의 강대국화의 관계를 설명하고 있다. 특히 이 장은 중국 학자의 시각을 통해 중국의 강대국화에 있어 일대일로 전략이 어떠한 위상과 전략적 의도를 지니고 있는지를 살펴볼 수 있다는 점에서 의미를 찾을 수 있다.

공커위는 일대일로는 중국과 연선국가(육상과 해상 실크로드에 접해 있는 국가)와의 협력강화를 통해 각국의 발전전략을 조율하고 서로의 강점을 상호 보완하여 공동발전을 추진하는 것이 그 취지라고 주장한다. 그리고 이런 취지의 일대일로는 중국의 국가전략 실현에 있어 세 가지의 중대한 의미가 있다고 지적한다. 첫째, 대외경제협력을 국내개혁의 심화 및 개방의 확대와 긴밀히 융합시키는 데 유리하다. 즉 일대일로는 '13·5 경제발전규획'의 실행, 개혁의 전면적 심화와 대외개방의 확대, '두 개의 백년' 목표의 실현이라는 역사적 발전과정에 긍정적인 영향을 미친다. 둘째, 중국특색의 강대국 외교의 추진, 전방위적이고 다층적이며 입체적인 외교구조의 형성에 유리한 영향을 미칠 뿐만 아니라, 인류운명공동체 건설의 제창과 글로벌 거버넌스 체제의 개혁 촉진에도 유리한 영향을 미칠 것이다. 셋째, 일대일로는 중국의 국제적 영향력, 호소력, 설정능력을 제고하는 데에도 유리한 영향을 미칠 것이다. 결론적으로 공커위는 중국이 연선국 및 관련국과 일대일로 전략을 추동함으로써 발전의 격차를 줄여나가고 지역 일체화 과정을 촉진하여 공동발전과 공동번영을 실현해간다면, 일대일로의 추진은 향후 중국이 점진적 발전을 거쳐 글로벌 강대국으로 발돋움하는 데에 유리하게 작용할 것이라고 전망한다.

6장에서는 '국제규범과 제도의 수정'이라는 각도에서 중국의 강대국화 시도를 분석한다. 현재 중국이 구체적 실행 단계로 끌어올린 아시아인프라투자은행(AIIB), 신개발은행(NDB) 설립과 운용 등은 국제 글로벌 거버넌스 체제의 개혁을 위한 중국의 적극적 도전이자 실천이다. 이는 미국을 비롯한 서구국가들과 일본을 위시한 기존의 글로벌 거버넌스 체제를 중국 중심으로 새롭게 구성하고자 하는 중국의 강대국화의 구체적 실천 방안으로 볼 수 있다. 따라서 유희복은 이에 대한 구체적 분석을 통해 중국 강대국화에 필수적으로 필요한 글로벌 거버넌스에서의 주도성 문제를 고찰한다. 유희복에 따르면, 중국은 현재 시진핑의 강력한 리더십하에 '사회주의 현대화 강국 건설'이라는 목표의 실현을 위해 박차를 가하고 있다. '중화민족의 위대한 부흥'이라는 '중국몽'의 공표와 추진은 바로 중국의 강대국화를 위한 선언이자 실천이다. 또한 강대국화를 향한 과정에서 중국은 인류 4대 문명의 발상지로서, 동양의 대국으로서, 그리고 사회주의 국가로서, 서양이나 특정 국가가 아닌 자국만의 역사적 경험과 시각을 통해 자신과 세계를 인식하고 바라보려 한다. 세력전이론 등 이론적 측면에서도 중국처럼 기존의 규범과 질서에 불만을 갖는 신흥 강대국은 자국의 이익이 반영되도록 기존의 국제질서를 수정하고자 한다. 이런 측면에서 중국의 강대국화는 중국의 시각과 정체성을 반영할 수밖에 없으며, 이는 곧 전후 미국과 서구 선진국을 중심으로 형성, 유지되어온 기존의 국제규칙과 제도 및 질서에 대한 변경을 수반할 수밖에 없다는 것을 의미한다. 이 같은 시각에서 유희복은 강대국화를 위한 중국의 국제규범과 제도 구축의 실천적 노력을 아시아인프라투자은행(AIIB), 상하이협력기구(SCO) 등 국제경제 및 안보 영역에서 중국이 추진 중인 몇 가지 사례들에 대한 분석을 통해 살펴보고 있다.

7장에서는 중국의 군사력 강화를 통한 강대국화 전략을 분석한다. 군사력은 중국의 강대국화에 필수적 요소이며 중국은 전력증강을 구체적으로 추진 중에 있다. 실례로, 중국은 랴오닝호에 이은 항모의 추가 건조, 로켓군과 전략지원부대의 신설, 군구 개혁 등 군 현대화와 함께 군 구조 개혁을 동시에 추진함으로써 21세기 군사전략적 환경과 중국의 강대국화에 걸맞은 군사강국화의 길을 걷고 있다. 하도형에 따르면, 중국의 군사적 초강대국 달성에 대한 평가는 중국이 표방하는 가치와 이념 및 주변국과의 관계와 같은 다양한 요인에 따라 달라질 여지가 있음에도 불구하고, 중국이 강대국에 부합하는 군사력 증강을 추진하고 있다는 객관적 사실과 이에 동의하는 중국 학자들의 인식에 주목할 필요가 있다. 그는 중국학자들에 대한 설문결과에 근거하여 2030~40년 사이에 '아태지역 기반의 군사적 초강대국'이라는 중국의 군사적 지향성이 발현될 것임을 주장하고 있다. 이와 더불어, 중국의 군사전략에 대한 고찰을 통해 선제 및 예방 공격을 감행할 수 있는 공세적 군사강대국의 형상이 나타나고 있음을 주장하면서, 기존의 전통적 강대국 부상방식과 별다른 차별성이 없는 중국의 군사강대국화에 대해 우려를 표명하고 있다.

8장에서는 공산당의 정치개혁과 사회 안정화 전략을 분석한다. 정치적으로도 중국은 당의 집권 정당성을 제고하고 사회의 안정을 유지함으로써 강대국화 과정에서 국내정치가 장애로 작용하지 않도록 해야 한다. 이에 새로운 지도이념의 개발, 강력한 반부패 정책 추진과 사법개혁, 당내 민주화, 개혁개방의 심화 등 공산당 주도하에 다양한 조치들을 취하고 있다. 서상민은 "중국의 강대국화와 사회관리"라는 제목하에 강대국화를 위한 중국의 국내 정치사회 안정 전략을 구체적으로 분석한다. 그는 이 장에서 강대국화 과정에 있는 중국이 어떻게 사회적 안정과 통합을 이뤄내려고 하는지를 시진핑 체제의 '사회관리' 전략을 중심으로 분석하고 있다.

그에 따르면, 중국의 사회관리 정책은 후진타오(胡錦濤) 시기를 기점으로 하여 본격적으로 실행되었으며, 이것은 개혁개방 이후 드러난 사회경제적 부작용에 기인한 측면이 강하다. 그러나 그는 사회경제적 환경과 조건의 변화에 따른 중국지도부의 사회통합과 관리에 대한 인식 차이가 중국 사회정책의 시기별 차이를 만들어냈으며, 지도부의 '강대국화'에 인식의 적극성이 정책의 변화와 연관되어 있다고 주장한다. 구체적으로 외견상 소극적 강대국화 외교노선이라고 할 수 있는 '도광양회(韜光養晦), 유소작위(有所作爲)'에 따른 후진타오 시기는 국제적 영향력 확대보다는 국내 사회문제 해결을 우선 과제로 삼았다. 통치 안정화를 위한 사회격차와 사회적 불안정 요소의 해소가 사회정책의 목표였다. 반면 시진핑 시기에 들어와 보다 적극적인 강대국화 전략을 구사해왔고 특히 2008년을 기점으로 한 '신형대국관계(新型大國關係)'를 모색하는 과정에서 '관리'와 '통제'를 결합한 통합적 사회정책의 필요성을 더욱 인식했다는 점이 이전 후진타오 체제와 다른 점이다. 즉 강대국화의 중요한 기초로 사회적 안정과 통합을 인식하고 있다는 것을 보다 심화된 사회정책 개혁의 추동요인으로 파악하고 있다.

이 책은 중국이 '어떠한' 강대국이 될 것인가와 '어떻게' 강대국이 될 것인가에 대해 하나의 통일적인 결론을 이끌어내기보다는 각 장별로 열린 결론을 내리고 있다. 당초 이 책의 필진들이 상술한 두 가지 문제의식에 기반하여 각 장의 주제를 선정하고, 공동 세미나와 연구조사 등을 통해 협동연구를 진행했음에도 불구하고, 개별 연구자 차원에서 독립적인 연구가 진행되면서 시각적으로 일정한 차이가 발생한 점을 부정할 수 없다. 뿐만 아니라 이 책의 연구 대상인 강대국 중국은 현재 여전히 부상 중이고, 중국 스스로도 어떤 강대국이 될지 여전히 명확하지 않은 상황에서 강대국화를 구성하고 구축하는 과정에 있다. 이런 조건하에 중국의 강대국 상에 대한 현재적 상황과 변화에 대해 중국 지식인들의 다양한 인식에 초점을 맞추어 분석하였으며, 따라서 하나의 통일된 결론을 이끌어내기보다 열린 결론을 통하여 다양한 논의의 여지를 남겨두는 것이 합리적인 것으로 사료된다.

이 책은 포스코청암재단의 지원으로 2016년 4월부터 시작되어 약 1년 반에 걸쳐서 이뤄진 연구 성과를 출판한 것이다. 재단의 지원에 진심으로 감사드린다. 또한 비록 포스코청암재단의 지원이 연구의 중요한 밑천이 되었지만, 연구비가 전체적 연구범위와 목표를 뒷받침해주기에는 매우 불충분하여 연구에 참여한 9명 연구진의 연구에 대한 열정과 노력이 중요한 밑바탕이 되었음도 밝혀둔다. 동시에 고려대학교 아세아문제연구소가 이 책을 동북아총서로 출발할 수 있도록 도와줌으로써 마침내 이 책이 출판될 수 있었다는 점도 밝혀둔다. 편저자로서 이 책이 나오기까지 헌신적인 연구를 마다하지 않은 9인의 필진과 아세아문제연구소의 출판지원에 심심한 감사를 드린다.

아울러 이 책은 향후 강대국 중국의 초상에 대한 심층적인 연구를 위한 출발점으로서 충분히 의미가 있는 연구성과라고 확신한다. 여기서 출발하여 중국의 강대국화와 이로 인해 새롭게 재편되고 있는 글로벌 및 지역질서 재구성 과정에 대한 더 많은 연구성과가 확대 재생산되기를 진심으로

희망한다. 특히 본 연구가 향후 사상이나 가치, 문화 영역에 대한 연구로까지 확대되어 중국의 부상에 따른 새로운 세계질서와 문명의 등장을 분석하는 종합적인 연구를 가능하게 하는 기초로 작용할 수 있기를 간절히 바란다.

2018년 5월
편저자 이정남

참고문헌

김애경, 2004, "중국의 대외정체성 인식 변화: 제1,2차 북핵 위기에 대한 중국의 역할변화 분석
　을 사례로,"『국가전략』제10권 4호.

김재철, 2007,『중국의 외교전략과 국제질서』, 폴리테이아.

서정경, 2013, "미·중 민족주의의 특성과 양국관계: 메시아니즘과 천자관의 조우,"『국가전략』
　제19권 3호.

신봉수, 2006, "중국적 규범(norm)의 모색과 한계: 주권(sovereignty)을 중심으로,"『국제정치
　논총』제46집 4권.

_____, 2007, "국제규범에 대한 중국의 전략적 사회구성: 주권, 민주주의,"『한국정치학회보』
　제41집 3권.

이희옥, 2007,『중국의 국가 대전략 연구』, 폴리테이아.

정재호 편, 2006,『중국의 강대국화: 비교 및 국제정치학적 접근』, 길.

Callahan, William A., 2015, "Identity and Security in China: The Negative Soft Power
　of the China Dream," *Politics*, 35(3/4).

Mahoney, Josef Gregory, 2014, "Interpreting the Chinese dream: an exercise of
　political hermeneutics," *Journal of Chinese Political Science*, 19(1).

Meissner, Werner, 2006, "China's Search for Cultural and National. Identity from the
　Nineteenth Century to the Present," *China Perspectives*, 68.

塔门, 罗纳德(Tammen, Ronald)·库格勒, 亚采克(Kugler, Jacek), 2011, "权力转移与中美
　冲突," 陈琪·刘丰 主编,『中国崛起与世界秩序』, 社会科学出版社.

阎学通, 2011, "中国崛起的实力地位," 陈琪·刘丰 主编,『中国崛起与世界秩序』, 社会科学出
　版社.

제1부

중국이 구상하는 세계질서 상(像)
: 중국은 어떤 강대국이 될 것인가?

중국이 구상하는 세계질서 상(像)
중국은 어떤 강대국이 될 것인가?*

이정남

I. 서론

왕이저우(王逸舟) 베이징대 교수는, 2008년 베이징 올림픽을 거치면서 국제사회에서 중국의 지위가 부지불식간에 질적으로 변화하여 중국의 의지와 상관없이 갈수록 큰 보폭으로 국제무대의 주인공 위치로 다가가고 있으며, 중국은 이에 걸맞게 대외정책의 조정이 불가피하다고 언급했다(王逸舟 2015, 3-16). 그의 말대로 국제사회의 주인공으로 부상한 중국은 이제 지역(region)과 세계질서에서 단순 참가자가 아니라 질서를 구상하고 만들어 갈 위치가 되었다.

저명한 철학자 쉬지린(许纪霖) 교수의 주장대로 중국의 부상은 비록 중국이 패권을 추구하지 않더라도 인구와 영토, 그리고 경제력에 비추어 볼 때 불가피하게 '제국'이 될 수밖에 없도록 만들었다.[1] 유럽적 전통의 제국과

---

* 이 글은 『국제정치논총』 제57집 제4호 (2017.12)에 수록된 논문을 수정, 보완한 것이다.

제국주의의 공통이념이 '일국에 기초하여 세계를 통치하는 것'이라고 이해할 때(赵汀阳 2003, 3), 중국의 부상은 불가피하게 세계질서, 최소한 지역질서의 변화와 연결될 수밖에 없기 때문이다. 따라서 초강대국 중국이 구상하는 질서를 '제국'으로 칭하든 칭하지 않든 불가피하게 일국적인 차원을 넘어 지역 혹은 세계적 차원에 영향을 미치는 질서가 될 것임이 분명하다. 이로 인해 중국이 어떠한 세계질서를 구상할 것인가는 현재 중국연구에서 분과학문을 초월하여 초미의 관심사로 등장했다.[2]

중국의 학자들 다수는 역사적으로 중국이 경험한 국제질서를, 근대 주권국가 시대로 진입한 이후 민족국가로 구성된 국제질서, 그리고 각 지방권력을 하나로 묶어 공동체로 만든 '제국' 형식의 '중화세계질서'로 보는 데별 이견이 없는 듯하다(简军波 2015, 37-40; 郑永年 2009, 33-66; 郑永年 2014 36-39). 강대국 중국이 어떤 세계질서를 수립할 것인가도 결국 이런 두 가지 형식의 국제질서의 틀에 대한 논의로부터 벗어나지 않는다. 필자가 행한 21명의 중국 국제정치학자들에 대한 심층면접에 기초해보면, 대부분의 중국 학자들은 중국이 역사상의 조공체계로 돌아갈 수 없다는 점에 동의했다. 적어도 공개적으로는 조공체계로의 회귀를 주장하지는 않는다. 주권국가가 이미 보편적 가치로 수용되고 있기 때문에, 만약 중국이 조공체계를

1_2017년 1월 21일 심층 인터뷰(장소: 상하이 화동華東사범대).

2_국내에서도 역사나 철학분야에서 전인갑, 조경란 등이 이 주제에 대한 연구를 시작했고(전인갑 2016; 조경란 2016), 중국에서도 쉬지린, 류칭(刘擎), 바이통통(白彤东), 자오팅양(赵汀阳) 등의 철학자를 중심으로 광범위한 논의가 진행되고 있다(许纪霖·刘擎·白彤东 2015; 赵汀阳 2003, 2-33). 또한 최근 국제정치 분야에서도 새롭게 부상한 중국이 주도할 국제질서와 전후 미국 주도의 국제질서, 그리고 조공체계와의 차이에 대한 연구가 진행되고 있다.

채택하고자 한다면 주변국과 국제사회로부터 광범위한 저항에 부닥칠 것이기 때문이다(王逸舟 2015, 3-4).

그러나 중국의 지도부는 미국 주도의 현재의 자유주의 국제질서를 그대로 수용할 의지도 없어 보인다. 시진핑은 최고 지도자로 등장한 이후 일대일로(一帶一路) 전략의 제기, 아시아인프라투자은행(AIIB) 설립, 브릭스(BRICS)은행이라 불리는 신개발은행(NDB)과 위기대응기금 설립, 신 아시아안보체계 수립 등을 제기하면서, 미국 주도의 현 질서를 수정하기 위해 미국과 제도, 규범, 규칙을 둘러싼 경쟁을 전개해왔다. 그는 2013년 3월 브릭스회의에서 글로벌 거버넌스 체제는 세계의 경제적 구도의 변화에 조응해 변해야 한다고 언급한 후(『齐鲁晚报』 2016. 10. 2), 2015년 9월 미국에서 귀국한 직후 개최된 중앙정치국 집단학습회에서 국제질서와 국제체제에 '규칙을 정하고 방향을 결정'하는 것이 거버넌스 체제 개혁의 핵심임을 강조했다. 그리고 이러한 거버넌스 체제의 변화과정에서 중국은 국제질서를 '학습하고 적응하는(学习适应)' 역할에서 이제 '개혁을 추진하는' 역할을 할 것임을 강조했다(李建广·杜文明·邱耀洲·冯慧文 2015). 이런 추세 속에서 2015년 10월 개최된 중국공산당 제18기 5중전회 「공보」에서 "글로벌 경제거버넌스에서 중국의 제도적 담론권(制度性话语权)을 제고할 것"임을 언급함으로써(『中国广播网』 2015.10.29.), 처음으로 공산당 문건에 중국이 국제규범의 제정자(rule maker) 역할을 할 것임이 명시적으로 표현되었다. 그 후 2016년 항저우 G20회의를 개최하면서 중국이 그동안의 글로벌 경제거버넌스의 참여자와 건설자에서 이제 추동자와 제조자로 발전되었음을 강조했다(『齐鲁晚报』 2016. 10. 2). 이러한 글로벌 거버넌스 체제 개혁과 변화의 필요성 및 그 과정에서 중국의 역할에 대한 언급은, 중국이 미국 주도의 현 국제질서에 대한 수정을 요구하면서 제도와 규범경쟁을 본격화할 것임을 의미한다.

　이 같은 상황을 반영하면서 중국 내의 대부분의 학자들은 중화제국과 동아시아 국가 간 관계를 설명하는 전통적 패러다임으로 간주되는 '중화세계질서(The Chinese World Order)'(John K. Fairbank(ed) 1968)도 아니고, 2차 대전 이후의 '미국 주도의 세계질서(Pax-Americana)'[3]도 아닌 새로운 질서를 구성해야 함을 강조한다. 즉 한편으로는 이미 규칙과 규범이 존재하고 있는 현대 국제질서를 따르면서, 다른 한편으로는 중국 특색을 띤 '중국적 현대 국제질서'를 수립해야 함을 강조한다(郑永年 2009, 36; 简军波 2015, 37-40). 비록 '신세계주의' '신천하주의' 등(许纪霖 · 刘擎 · 白彤东 2015) 다양한 용어를 사용하고 있지만, 현재의 미국 주도의 세계질서도 아니고 중화세계질서도 아닌 새로운 형태의 국제질서 수립의 필요성을 모두 강조하고 있다.

　그렇다면, 중화세계질서와 미국 주도의 세계질서를 지양한 새로운 '중국적 현대 국제질서'는 어떤 것인가?[4] 상술한 다양한 논의들은 애매하고 추상적인 방향성만 제시하고 있을 뿐 구체적으로 어떤 내용과 형식을 띨 것인가가 여전히 분명하지 않은 상황이다. 따라서 이 글에서는 중화세계질서와 미국 주도의 세계질서를 몇 가지 범주로 개념화하여 유형화하고, 이런

3_이 글에서 미국 주도의 세계질서는 패권국가(hegemon)로서 미국이 자유주의 국제경제 질서의 규칙을 만들고 이행을 강제할 수 있는 충분히 강력한 국력을 보유한 제2차 세계대전 이후의 세계질서를 지칭하는 개념으로 사용하고 있다(Nye 1990, 177-192).

4_헤들리 불(Hedley Bull)처럼 '국제질서(국가들 사이의 질서)'와 '세계질서(인류사회 전체의 질서)'를 개념적으로 엄격하게 구분하는 경우도 있지만, 대부분의 학자들은 엄격한 개념적 구분 없이 두 용어를 사용하고 있다. 이 글에서도 엄격한 개념적 구분 없이 두 용어를 혼용하고 있다. 국제질서와 세계질서의 개념적 정의에 대해서는 Hedley Bull 2012, 63-90; 헨리 키신저 2014, 17-19; 张少冬 2017, 95-99를 참조.

유형화에 기초하여 중국적인 신질서에 대한 중국 지식인들의 주장을 분석함으로써, 중국이 구상하는 세계질서의 상을 그려보고자 한다.

II. 조사 대상, 방법, 그리고 범위

1. 조사 대상과 조사 방법

본 연구는 강대국 중국이 구상하는 세계질서의 상을 그려보기 위해 중국의 지식인(국제정치학자)의 인식을 분석했으며, 따라서 인간이라는 개별 행위자가 갖고 있는 신념이나 인식 등 행위자들의 개별적이고 관념적 요인들을 중요한 설명변수로 다룬다. 제럴 로사티(Jerel A. Rosati)의 주장대로 국가나 국제기구는 결국 인간들에 의해서 구성되며 그들에 의해서 운영되는 것이기 때문에, 인간 행위자들이 무엇을 믿고 어떻게 상황을 인식하며 어떤 성격을 소유하고 있는지 등은 국제정치에 매우 큰 영향력을 행사한다(Rosati 2000, 47). 따라서 관념적 국제정치연구는 정치지도자나 정책결정자들의 개별적인 심리·인지적인 요인을 국제정치의 변동과 외교정책의 결정에 관한 중요한 설명대상으로 삼는다.

본 연구도 이런 관점에 기초해서, 중국 지식인의 세계질서에 대한 인식을 독립변수로 놓고 이것에 기초하여 세계질서 상을 탐색해보고자 한다. 중국 지식인을 주요 대상으로 삼은 이유는, 공산당 최고 지도자나 일반 대중의 인식을 보는 것도 중요하지만 공산당 최고지도자 집단은 현실적으로 접근이 쉽지 않으며 일반 대중들은 대외정책에 대한 담론을 주도하면서 정책결정자층에 영향을 미치는 데 한계가 있기 때문이다. 또한 지식인들은 조사를 위한 접근이 용이할 뿐만 아니라 중국의 체제 전환과 대외정책에 대한 담론을 주도하면서 정책결정자층에 영향을 미칠 수 있어, 중국의 세계질서 구상을 이해하는 데 중요한 조사 대상이 될 수 있기 때문이다.

1949년 이후 중국의 지식인들은 강력한 정치적 통제로 자신의 의견을 자유롭게 피력할 수 있는 활동 공간이 매우 협소했다. 그러나 개혁개방정책의 실시와 함께 비록 제한된 수준이지만 각종 사회적 문제에 대한 독자적 의견개진을 통해 여론의 형성과 지도부의 레토릭 형성에 일정한 영향을 미칠 수 있게 되었다(徐友漁 2004). 2012년 1월에 필자가 베이징과 상하이 지역의 24명의 정치학자를 대상으로 진행한 심층 인터뷰에 기초해보면, 중국의 지식인들이 정책결정과정에 영향을 미치는 통로는 다음과 같다. 첫째, 학술계의 토론을 통하여 담론을 형성하고 이런 담론이 당 중앙에 영향을 미친다. 둘째, 국가의 의뢰로 특정과제를 연구한 후 이에 기초해 정책결정자문 역할을 한다. 셋째, 당 중앙 내부에서 개최한 학술회의와 집단학습회 등에 직접 참석하여 연구결과를 발표하여 최고지도자의 정책결정에 영향을 미칠 수 있다. 넷째, 비공식적 경로로, 당 중앙이 중난하이(中南海)나 국무원 등에서 비공식적 좌담회를 개최하여 학술계의 의견을 듣는다. 당 중앙은 지식인들의 의견을 청취하고 자신들의 의견과 불일치점이 있는지를 파악한 후, 차이가 나는 것은 추진하지 않고 공통적인 것은 추진하는 경향이 있다(Lee 2013, 337-338).

따라서 이 책의 머리말에서 밝혔듯이 이 글은 베이징과 상하이의 주요 대학과 연구기관의 주요 전문가들에 대한 심층면접과 설문조사 및 문헌분석을 통하여 중국의 강대국 상에 대한 분석을 시도했다. 인식연구에서 일반적으로 사용되는 대표적 연구방법은 설문조사와 면접조사 등의 양적 연구와 내용분석(content analysis), 즉 문헌연구, 연설문과 정부자료 분석 등이다. 이 글도 중국의 세계질서 구상에 대한 지식인의 인식을 살펴보기 위해 문헌분석이나 연설문 분석과 각종 정부의 자료 분석을 활용했으며, 주요하게 설문조사와 심층면접을 연구방법으로 사용했다.[5]

2. 조사 범위: 이론적인 논의와 독립변수

중국이 구상하는 새로운 세계질서의 상을 설명하기 위하여, 이 글은 다음 세 가지 독립변수를 설정하고 각각의 독립변수에 대해 몇 개의 구체적인 하위변수를 선정했다. 세 개의 독립변수는 다음과 같다. 첫째, 가치와 문화 영역으로, 중국은 중국의 가치와 문화를 보편적인 가치와 문화로 만들고 이것에 기초하여 중국 주도의 문명질서를 형성하고자 하는가? 둘째, 제도영역으로, 강대국 중국은 '전통적인 중국적 세계질서'나 '미국 주도의 세계질서'와 구별되는 중국 주도의 새로운 세계질서를 제도화하고자 하는가? 셋째, 행위영역으로, 외교(통치)방식에서 전통적 중화세계질서와 미국 주도의 세계질서에서 기존의 중국 및 미국과 다른 새로운 외교방식을 추구하고자 하는가? 이 세 가지 독립변수를 중심으로 중화세계질서와 미국 주도의 세계질서를 이해한 뒤, 중국이 이 두 질서와 비교되는 새로운 특성을 지닌 세계질서를 구상하고 있는가를 찾고자 했다.

중국과 주변 국가의 관계를 설명하는 전통 패러다임인 '중화세계질서'

5_이 글에서 사용한 심층 면접과 설문조사에 대한 구체적 내용은 머리말의 설명을 참조할 것.

는 중국이 스스로를 지리적 문화적으로 세계의 중심임을 자처하면서 중화(中華)와 이적(夷狄)의 존재를 전제로 하는 중화사상(혹은 화이사상)과 주변 국들이 중국에 대해 가졌던 사대관념, 그리고 현실적 외교제도로서 조공제도를 기초로 유지되었다. 그리고 이들 모두는 유교의 예규범과 명분에 의해서 인식되고 또한 정당화되었다(이정남 2003, 132). 이런 중화세계질서에서 중국과 주변국과의 관계는 조공과 책봉제도에 기초한 상하차등의 관계(종주국과 속국)로 제도화되었고, 특히 명대에 이르러 조공은 교역이나 문화적 교류까지 포함하는 광범위한 외교적인 형식으로 다듬어져 세계를 관리하는 제도로 인식되었다(曹秉漢 1994, 43). 따라서 국가 간 평등 및 상호 불가침을 원칙으로 하는 근대 이래의 주권국가로 구성된 국제질서와는 구분된다.

그러나 역사적으로 중국과 주변 국가와의 관계는 상대적인 군사력에 의해서 결정되었고(Schwartz 1968, 276-278), 조공제도라는 개념에는 타민족에 대한 중국의 완전한 지배로부터 동등한 관계, 심지어 타민족의 중국에 대한 우세에 이르기까지 폭넓은 정치적 관계가 모두 포함되어 있다(피터 윤 2002, 273). 실제로 19세기 청조가 팽창정책(중앙아시아), 조공무역(동아시아 해안국가), 외교방식(러시아) 등 세 차원에서 주변 국가와 관계를 형성한 점에서 볼 수 있듯이, 조공제도는 중국의 외교관계를 구성한 다양한 방식 중의 하나였다(Westad 2012, 9-10). 이런 맥락에서 중화세계질서에 대한 개념은 중국 내외에서 무수한 비판을 받아왔다. 피터 퍼듀(Peter Perdue)는 조공체계가 신화에 불과하며, 단지 그 시대의 정치적인 관념을 반영했기 때문에 지속된 것일 뿐이라고 주장한다(Perdue 2015, 1002-1014). 중국 학자 자오광원(周方銀)도 중국과 주변국의 관계는 구체적 이익에 의해서 규정되는 관계로, 천하이론은 역사적이고 현실적인 근거가 없는 이론이라고 주장했다(周方银 2011, 29-58). 또한 캘러한(William A. Callahan)은 페어뱅크의 중화세계질서에 대한 이론이, 중심에는 중화제국, 주변에는 충성스러운 조공국과 야만인을 가진 위계적인 중화주의 세계질서의 이상화된 버전에 불과하다고 비판했다(Callahan 2011, 6).

이처럼 중화세계질서의 실재에 대한 이견이 분분하지만, 이 논문은 여전히 조공제도에 기초한 중화세계질서를 국제질서의 하나의 유형(ideal type)으로 간주하고자 한다. 그 이유는 비록 제한된 시기이지만 조공체계가 가장 발전된 명청시대에 조선, 유구(琉球), 베트남(안남), 버마, 라오스, 네팔 등 동아시아 지역에서 그것이 일정한 영향력을 지닌 하나의 지역(세계) 질서의 형식으로 받아들여졌기 때문이다(Zhao 2015, 963-966)

한편 미국 주도의 세계질서는 패권국가로서 미국이 자유주의 국제경제 질서의 규칙을 만들고 그 이행을 강제할 수 있는 충분히 강력한 국력을 보유한 제2차 세계대전 이후부터 현재까지 유지되는 세계질서다. 이것은 식민지배에 기초한 제국형식을 띤 영국 주도의 국제질서(Pax Britannica)와 달리, 식민지배에 기초한 제국 형식을 취하지 않으면서도 약소국에 발언권이 부여된 다자적 규칙과 제도의 느슨한 체계 속에서 작동하면서, 자유무역과 해양자유 등의 공공재를 제공함으로써 패권적(hegemonic) 지위를 확립할 수 있었다(Nye 2015). 그리고 동맹을 체결하고 해외에 군사력을 배치함으로써 소련의 팽창을 억제하고 이 질서를 공고히 하고자 했다. 또한 민주주의와 개방성에 대한 보편적 가치를 강조하면서 종종 타국의 내정에 간섭하고 때로는 독재정권을 지원하면서 자국의 이익을 추구하는 데 서슴지 않았지만, 그럼에도 불구하고 전후에 미국은 이 질서를 유지하는 것을 외교정책의 중심으로 삼아왔다(Nye 2017, 10-16).

상술한 중화세계질서와 미국 주도의 세계질서를 가치, 제도, 행위방식이라는 세 범주로 단순화하고 비교하면 다음과 같다. 우선 가치와 문화 영역에서 중화세계질서는 인(仁), 의(義), 예(禮), 지(智), 신(信)이라는 유교적 가치와 이념에 기초하고 있다. 또한 세계를 문명화된 민족과 문화적으로 낙후된 오랑캐로 구분하는 화이론에 입각하여 중국을 중심으로 한 위계질서를 정당화했다. 이에 반해 미국 주도의 세계질서는 모든 국가와 개인이 평등하고 대등한 자격으로 참여한다는 가정하에 민주주의, 인권, 그리고 시장경제를 주요한 가치로 표방하고 있다(서진영 2006, 138-139).

둘째, 국가 간 관계의 제도화라는 관점에서 볼 때, 중화세계질서는 중국을 중심으로 하고 주변 국가를 외곽으로 하여 형성된 일종의 '제국'질서이다. 중국은 하나의 제국이고, 다른 국가들은 모두 속국으로 간주되어, 제국과 속국과의 관계로 간주된다. 제국과 속국과의 관계는 평등한 주권국가 간 관계가 아니며 차등적이고 위계적인 등급질서. 이러한 중화세계질서에서는 제국의 '중심국'으로서 중국이 존재하고 그것이 질서의 틀을 깨려는 세력을 응징함으로써 질서를 안정화하는 역할을 한다. 이에 반해 미국 주도의 세계질서는 개별 국가가 주권국가로서 최고의 권위를 지니고, 대외적으로 독립적이며, 국가 간에 계약을 통하여 협력한다는 원칙에 기초하여 국제관계가 제도화된다. 그러나 이론적으로는 모든 주권국가가 평등하지만 실제는 약소국과 강대국 간의 힘의 불균등으로 인한 영향력의 차이가 존재하며, 미국은 이런 질서의 패권적 지위를 점하고 있다. 따라서 외형상으로 볼 때 제2차 세계대전 이후 등장한 미국 주도의 세계질서에서 미국도 중화세계질서에서 중국과 마찬가지로 패권국(hegemon)이다(简军波 2015, 37-40).

셋째, 무력과 외교, 그리고 가치 등의 대외정책 수단의 사용과 외교적 행위방식을 보면 양 질서 간에 외형상으로는 큰 차이가 없어 보인다. 이런 점에서 전후 국제질서를 미국적 조공체계로 규정하는 시각은 일견 타당성이 있어 보이지만(邝云峰 2013, 36-88), 전통 중화제국과 미국의 외교적 행위를 뒷받침하는 철학적 기초에는 분명한 차이가 있으며, 이로 인해 나타날 수 있는 외교적 행위의 차이 역시 주목할 필요가 있다.

우선 중화제국과 미국 모두 패권적 지위를 유지하기 위해 군사적 수단을 매우 중시한다는 점에 있어서는 이론의 여지가 없다. 다만 중화제국에 비해 미국은 동맹외교의 추진과 약소국에 대한 인도주의적 개입과정에서 군사력의 운용이 중요한 요소로 작용함으로써, 군사적 수단의 사용이 상대적으로 더 중시되고 있다고 볼 수 있다. 중화제국도 군사적 수단을 중요한 외교수단으로 사용했지만, 도덕적 제약에 기초하여 무력사용을 제한하고자 하는 인식이 분명히 존재했고, 주변국의 민심을 사는 이른바 왕도의 구현을 통한 통치라는 관념이 지속적으로 강조됨으로써(门洪华 2006b, 60; 권선홍 2015, 42-43), 군사적 수단의 직접적인 사용은 상대적으로 덜 부각되었다.

다음으로, 중화제국과 미국 모두 경제적 혜택을 제공함으로써 주변국 등 다른 국가들의 지지를 확보하고자 했다는 점이다. 조공체계에서 조공국은 왕 호칭과 책봉의 형태로 중국의 황제로부터 그들의 정치적 권력의 정당성을 확보했을 뿐만 아니라, 중국으로부터 특정 사치품과 필요한 의약품 등을 확보할 수 있었고 무관세 상품거래의 특혜를 보장받을 수 있었다. 중국 역시 비록 재정적으로는 자신이 받는 것보다 더 많은 비용을 지불했지만, 이웃나라로부터 필요한 물자를 확보할 수 있었고 또한 중국 문화의 우월성과 중국 문명의 위대함을 인정하고 중국의 권위의 존재를 인정하는 의례인 조공을 통해서 중국 국경의 불가침을 확보할 수 있었다(Zhao 2015, 963-965). 한편 미국 또한 자유시장체제 속으로 다른 국가들의 진입을 허용하고 그 나라들이 세계 시장경제체제의 일원으로서 참여하여 자국의 경제성장을 이끌어내는 것을 허용함으로써, 미국 주도의 국제질서를 지키고 통제를 가능하도록 했다.

마지막으로 외교(통치)방식에서의 유사성과 차이점이다. 중화제국에서 강력한 중앙정권이 등장하는 경우 군사력에 기초한 영토적 확장을 통해 주변국을 직접적으로 통치하기도 했지만, 평상시에는 핵심 지역에 대해 직접통치를, 주변부에 대해서는 간접통치를 행사했다. 대체로 중국의 종주권을 인정하고 중국에 대해 사대외교를 견지하는 주변 국가에 대해서는 실질적인 주권과 이익을 인정하면서 간접통치에 만족했다. 이를 통해 중국은 중화세계질서의 종주국이라는 명분을 얻고 주변 지역의 안정과 평화를 얻을 수 있었으며, 주변 국가는 중국과의 조공무역 등을 통해 실리를 획득할 수 있었다. 마찬가지로 미국 주도의 세계질서에서 미국 역시 식민지 개척을 통해서 직접통치를 하기보다는 타국의 주권국가로서의 독립적인 지위를 인정하면서, 동맹외교나 다자외교를 통한 간접적인 통치형식을 선호하고 있다. 그러나 중국과 미국 모두 간접 통치를 원칙으로 하면서, 양자 모두 종종 주변국(약소국)에 대해 내정간섭을 행했다. 상술한 내용을 표로 정리하면 〈표 1〉과 같다(66면).

III. 조사 결과 분석

1. 가치와 문화 영역에서 중국의 구상

강대국 중국이 어떤 가치와 사상적 지향성을 가질 것인가는 중국의 세계질서 구상을 분석하는 데 중요한 변수다. 중국은 현재의 국제질서에서 보편적인 것으로 간주되는 가치와 이념을 그대로 수용할 것인가? 아니면 중국의 전통사상 혹은 새로운 사상을 찾아내어 이것을 새로운 국제질서의 보편적인 가치로 삼고자 하는가? 만약 중국이 새로운 가치를 찾아 이것을 보편적 가치로 삼고자 한다면, 중국은 현 국제질서를 수용하기보다 새로운 국제질서를 수립하고자 하는 것으로 간주할 수 있기 때문이다.

새로운 국제질서에서 중국적 가치를 보편화할 의지를 살펴보기 위해 다음과 같은 질문을 던졌다. "중국의 부상으로 국제질서가 재구성되고 있으며, 신 국제질서에서 중국은 핵심 행위자가 되었다. 당신은 새롭게 구성되는 국제질서에서 가치와 문화영역에서 중국의 역할에 대해서 어떻게 생각하는가?" 조사 결과에 따르면 65.9%의 응답자가 향후 국제질서에서 어떤 문화와 가치도 지배적인 영향력을 발휘하지 못할 것이며 문화적 다원주의가 등장할 것으로 응답했다. 다음으로 9.09%가 중국 문화와 가치의 보편성을 확보해야 한다고 응답했다. 또한 서방세계가 주도하고 있는 자유, 인권과 민주주의, 시장경제 등이 이미 보편가치이므로 새롭게 구성되는 국제질서에서도 그것들이 여전히 보편적 가치로서 영향력을 발휘할 것이라는 응답이 6.81%, 미국, 중국, 유럽 등의 몇몇 강대국 혹은 지역이 가치의 보편성을 확보하기 위해 경쟁할 것이라는 응답이 4.54%, 기타 및 무응답이 각각 6.81%를 나타냈다〈그림 1〉참조).

학자들은 가치 영역에서 서구적 가치를 보편적인 가치로 수용하는 것에 대해 대부분 반대하지만, 동시에 중국적인 가치의 보편화에 대한 태도에서도 소극적이며, 가치의 다양성을 강조하고 있는 것으로 나타났다. 이런 경향은 심층 인터뷰에서도 나타난다. 대담자 3번, 4번과 11번의 경우 중국적 가치의 보편화가 이뤄져야 진정한 강대국으로의 부상이 가능하다

그림 1 신국제질서의 가치와 문화 영역에서 중국의 역할 (%)

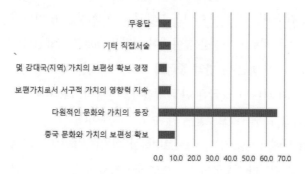

는 점을 인정하면서도, 중국이 현재 가치 영역에서 구체적인 대안을 찾고 있지 못한 과도적 상황임을 강조했다. 그러나 다수의 학자들은 중국은 현재 다양한 가치가 혼재되어 있는 상황이며 가치 영역에서 다원성을 추구해야 함을 강조했다. 특히 주목할 점은 대담자 1번과 2번, 10번, 21번이 보편가치라는 말은 '나' 중심으로 다른 것을 배척하는 이데올로기적인 성격을 지닌 말이기 때문에 그 대신에 서로 다른 것을 포함하면서 '공통성'을 강조하는 '공통가치'라는 말을 사용할 것을 강조했다는 점이다.

이처럼 중국적 가치의 보편화에 대해서 강력한 의견을 피력하지 않는 것은, 현재 서구의 가치가 보편적 가치로 간주되고 있는 상황에서 중국적 가치가 불명확할 뿐만 아니라 국제사회로부터 수용되고 있지 않기 때문에 방어적 논리로 가치의 다원성을 강조하기 때문인 것으로 보인다. 이것은 〈그림 2〉의 조사 결과에서 보이듯, 학자들이 아직 중국이 어떤 가치를 중국의 핵심적 가치로 해야 하는가에 대하여 뚜렷한 확신을 하고 있지 못한 점을 통해서 알 수 있다. "새로운 국제질서에서 강대국 중국이 어떤 것을 핵심가치로 추구해야 하는가"에 대한 조사에서 〈〈그림 2〉 참조〉, 학자들은 원

그림 2 신국제질서에서 강대국 중국이 추구하는 핵심 가치 (10점 만점)

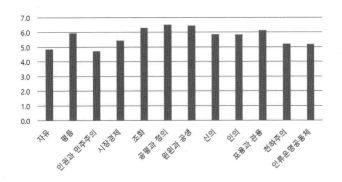

원과 공생(6.45), 공평과 정의(6.52), 조화(6.30), 포용과 관용(6.14)을 6점 이상의 비교적 높은 점수로 꼽았다. 그 뒤를 이어 평등(5.95), 신의(5.86)와 인의(5.84), 시장경제(5.43), 천하주의(5.20)와 인류운명공동체(5.18)가 꼽혔으며, 마지막으로 자유(4.84)와 인권과 민주주의(4.73)가 5점 이하로 가장 낮게 나타났다(10점 만점).

비록 각각의 가치에 대한 학자들의 응답이 약간의 차이가 나지만, 결정적으로 특정 가치에 대하여 부정적이거나 혹은 적극적으로 지지하는 경향이 두드러지게 나타나고 있지 않다는 점에 주목할 필요가 있다. 학자들이 서구적 보편가치로 받아들여지는 인권과 민주주의, 자유에 대해서 상대적으로 부정적 태도를 보이고 있지만, 시장경제나 평등에 대해서는 덜 부정적인 태도를 나타냈다. 그리고 이들 서구적 가치에 대한 응답점수가 다른 가치에 대한 응답점수와 결정적으로 큰 차이를 나타내고 있는 것도 아니다. 또한 전통 중화질서의 기초가 된 신의와 인의, 천하주의나 최근 시진핑 정부가 강조하고 있는 인류운명공동체 등에 대한 점수가 모두 5점대를 나타내고 있으며, 6점대인 윈원과 공생, 공평과 정의, 조화, 포용과 관용과도

결정적인 차이가 나지 않는다. 이는 곧 어떤 것을 중국의 핵심가치로 추구해야 할 것인가에 대해서 여전히 뚜렷한 주장이나 의견이 모아지고 있지 않은 상황에서 다양한 가치항목을 놓고 탐색 중임을 알 수 있다. 실제 심층 인터뷰 과정에서도 중국이 추구해야 할 핵심가치가 무엇인가라고 질문을 던졌을 때, 다수의 학자들은 머뭇거리다 공평, 조화, 포용, 원원과 공생, 의리관 등의 항목을 언급하거나 자유와 민주, 인권 등 현재 보편적인 것으로 간주되는 서구적인 가치는 그에 해당하지 않는다는 점을 강조하는 수준에 그쳤다.

2. 국가 간 관계에 대한 구상

국가 간 관계에 대한 인식에서는 중국이 주권국가로 구성된 현재의 국제질서 속에서 글로벌 거버넌스 체제를 어떻게 개혁하여 국제질서를 주도하고자 하는가를 파악하고자 했다. 즉 종주국과 속국으로 제도화된 중화세계질서 혹은 미국 주도의 자유주의 국제질서를 초월한 새로운 형태의 국제질서를 추구할 것인지를 살펴본 것이다. 이를 위해 중국이 구상하는 국제질서의 특징, 중국과 강대국과의 관계, 그리고 중국과 주변국과의 관계를 어떻게 제도화할 것인가를 조사했다.

1) 신국제질서는 어떻게 구성될 것인가?

이 문제를 살펴보기 위해서 네 가지의 항목을 제시했다. ① 신국제질서에서 모든 국가는 독립된 주권국가로서 평등한(동등한) 지위를 지녀야 한다. ② 신국제질서는 독립된 주권국가로 구성되지만 국제관계에서 강대국과 약소국의 영향력의 차이는 불가피하다. 그러나 권리의 대소와 의무의 대소가 서로 상응한다면, 국가 간의 서로 다른 지위가 불평등을 나타내는 것은 아니라고 생각한다. ③ 세계화와 함께 국가 간 경계가 허물어지고 초국가적 단위체가 등장하는 등 세계는 하나로 통합되어가고 있다. 따라서 향후 주권국가를 단위로 한 국제질서는 사라지고 세계정부와 세계시민사회가 등장할 것이다. ④ 전통시기 동아시아질서인 조공체계와 유사하게 국가 간 위계적인 관계로 구성된 새로운 제국질서가 등장할 것이다.

조사 결과 90% 이상의 국제정치학자들은 신국제질서에서도 세계정부나 세계시민사회(9.09%)보다 민족국가로 구성된 국제질서가 형성될 것으로 전망했다. 조공체계 같은 전통적인 중화질서의 등장에 대한 대답은 2.27%로서 이에 대해 매우 부정적이었으며, 모든 국가가 주권국가로서 평등한 지위를 누려야 한다는 인식이 비교적 높게 나타났다(38.63%). 특히 주목할 점은 독립된 주권국가로 구성되지만 국제관계에서 강대국과 약소국의 영향력의 차이는 불가피하며, 권리의 대소와 의무의 대소가 서로 상응한다면 국가 간의 서로 다른 지위가 불평등을 나타내는 것은 아니라고 생각한다는 항목이 40.90%로 가장 높게 나타났다는 점이다〈그림 3〉참조).

이러한 조사 결과는 심층면접에서도 비교적 유사하게 나타났다. 인터뷰 대상이 된 일부 학자가 조공체계에 장점이 있음을 언급했지만, 조공체계가 다시 등장할 수 없으며 주권국가가 보편가치가 되었다는 점에서는 모든 학자들이 이견이 없었다. 대답자 10번이 상호 의존된 세계를 강조하고 9번이 불명확하다고 대답하기도 했지만, 1번, 2번, 4번, 5번, 6번, 15번, 18번, 20번, 21번 등 이 질문에 응답한 다수 학자들은 주권국가 간 정치적 평등이 있을 수 있지만 강대국과 약소국 사이에 지위와 영향력의 차이는 불가피하기 때문에 실질적으로 불평등한 국제관계가 될 것으로 전망했다.

그림 3 신국제질서는 어떻게 구성될 것인가? (%)

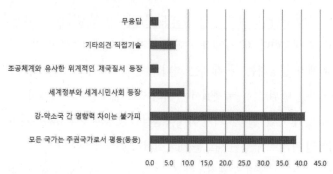

* 총 44명 중 43명이 응답.

　　종합하면, 학자들은 주권국가로 구성된 국제관계를 인정하지만, 동시에 국제관계는 본질적으로 평등할 수 없다는 데 더 큰 이견이 없어 보인다. 이것은 비록 조공질서에서처럼 종주국과 속국의 위계적인 관계를 의미하는 것은 아니지만, 영향력의 불균등성을 전제로 한 국가 간 관계를 사고하는 점에서 유사성 또한 발견할 수 있다.

　　2) 신국제질서에서 중국과 여타 강대국과의 관계는 어떻게 구성될 것인가?

　　중국이 구상하는 신질서에서 중국 주도의 패권적 국제질서를 수립할 의지가 있는가를 살펴보기 위하여, 다음 다섯 개의 질문을 했다. ① 미국이 경제, 군사, 소프트파워 등 전 영역에서 압도적인 우위를 점하고 있어 미국 단극체제가 상당정도 유지될 것이므로 중국이 단일 강대국이 될 가능성은 희박하다. ② 미국의 패권적 지위를 중국 일국이 대체할 수 없으므로 몇몇 강대국이 함께 국제질서를 구성해야 한다. ③ 중국과 미국이 핵심국가가 되어 국제질서를 함께 주도할 것이다. ④ 중국이 단일 강대국으로 국제질

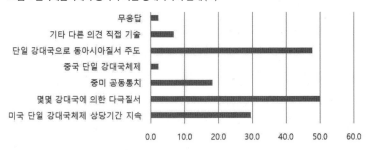

그림 4 신국제질서에서 중국과 다른 강대국과의 관계 (%)

* 복수 선택 가능.

서를 구성해야 한다. ⑤ 세계질서 속에서 중국의 단일 강대국 지위 획득은 어렵겠지만 동아시아 지역에서는 중국이 핵심국가로서 지역질서를 주도해야 한다.

조사에 따르면, 세계적 범위에서 중국 단일의 강대국 지위에 기초한 국제질서의 등장 가능성을 매우 낮게 전망하며(2.27%), 몇몇 강대국에 의한 다극질서를 수립해야 한다는 의견이 50%로 가장 높게 나타났다. 또한 현재의 미국 단일 패권질서가 지속될 것이라는 인식(29.54%)이나 중미 공동통치(18.18%)가 될 것이라는 응답도 그다지 높지 않다(기타 및 무응답이 9.90%). 이런 결과는 학자들이 미래의 국제질서가 미국이나 중국이라는 일국 중심적 질서나 미국과 중국이 공동 통치하는 국제질서보다, 몇몇 강대국에 의해서 주도권이 행사되는 다극질서로 될 것으로 전망하고 있음을 의미한다. 특히 재미있는 점은 47.73%가 동아시아에서 중국의 단일 강대국 지위를 전망하고 있다는 점이다. 이런 결과는 적어도 중국이 동아시아 차원에서는 단일 강대국으로서 지위를 확보해 다극질서의 한 축을 행사할 의지를 비치고 있는 것으로 해석할 수 있다(〈그림 4〉 참조).

실제로 심층면접 과정에서도 1번, 2번, 11번, 20번 등 다수의 학자들이 앞으로 하나의 국가가 세계적 범위에서 중심적인 역할을 하는 국제질서를 구성하는 것은 불가능하며, 다극적인 국제질서를 구성해야 한다는 점을 강조했다. 그리고 중국은 바로 아시아 중심국가로서 제 역할을 수행해야 함을 강조했다. 특히 1번, 3번, 10번, 11번, 16번, 19번 등은 중국의 부상으로 동아시아 지역에서 중국과 미국 간의 힘의 균형이 이루어졌으며, 이 지역에서 중국이 주도적인 지위를 차지해야 한다는 인식을 나타냈다.

3) 중국과 주변국의 관계에 대한 전망

신국제질서에서 중국과 주변국과의 관계가 어떻게 제도화되어야 한다고 생각하는가에 대해 네 개 항목을 조사했다. ① 중국과 주변 국가와의 관계는 화이질서 속에서 군신관계와 유사한 것으로, 중국은 인의(仁義)에 기초하여 주변국을 대해야 한다. ② 중국은 주변국에 안보와 경제 영역 등에서 공공재를 제공하는 등 강대국으로 책임을 다함으로써 형제관계로서 주변국과의 관계를 제도화해야 한다. ③ 중국과 주변국과의 관계는 수평적이고 평등한 관계로 어느 누구도 주도하지 않고 책임지지 않는다. ④ 주변국이 중국의 국익을 침해할 경우 약소국이라도 무력을 사용하여 주변국을 응징해야 한다.

조사에 따르면 72.73%의 학자들이 강대국으로 책임을 다함으로써 형제관계로서 주변국과의 관계를 제도화해야 한다고 응답했다. 다음으로 34.09%가 수평적이고 평등한 관계로 구성되어야 한다고 응답했고, 2.3%가 화이질서에서와 같은 군신관계로 제도화되어야 한다고 대답했다. 결국 이런 결과는 중국이 주변 국가와 과거 중화질서에서처럼 종주국과 속국관계를 맺을 것으로 보지는 않지만, 강대국과 약소국 혹은 형님과 아우 같은

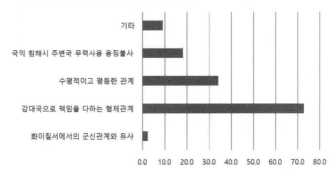

그림 5 신국제질서에서 중국과 주변국과의 관계 (%)

기타

국익 침해시 주변국 무력사용 응징불사

수평적이고 평등한 관계

강대국으로 책임을 다하는 형제관계

화이질서에서의 군신관계와 유사

0.0 10.0 20.0 30.0 40.0 50.0 60.0 70.0 80.0

* 복수 선택 가능.

형제관계라는 비수평적인 관계를 맺을 것으로 전망한다고 볼 수 있다. 주목할 점은 이처럼 비대칭적 관계를 상정하면서도 주변국에 대해서 매우 온정적인 태도를 취해야 한다는 인식을 지니고 있다는 점이다. 이것은 18.18%의 학자만이 주변국이 중국의 국익을 침해할 경우 약소국이라도 무력을 사용하여 주변국을 응징해야 한다고 응답한 점을 통해서 알 수 있다(〈그림 5〉 참조).

심층조사에 따르면, 1번, 2번, 3번, 4번, 6번, 11번, 15번, 18번, 21번 등 다수의 학자들이, 중국과 주변 국가와의 관계는 불평등하지만 중국은 주변 국가와의 관계에서 경제적 혜택 같은 공공재를 제공하여 강대국으로서 책임을 다함으로써 공평을 실천할 수 있도록 해야 한다고 강조했다. 이것은 만약에 권리의 대소와 의무의 대소를 서로 상응시킨다면, 국제질서에서 국가의 서로 다른 지위는 불평등을 나타내는 것이 아니라는 인식에 기초하고 있다. 새로운 국제질서에서 만약에 중국이 강대국으로서 의무를 다한다면 그것에 상응하는 권리도 동시에 가질 수 있다. 이것은 강대국으로서 권리와 의무가 서로 상응한다는 점에서 '공평'한 것으로 간주될 수 있다는 것이다(簡軍波 2015, 40). 응답자 11번은 이런 점에서 중국은 아시아에서 '자발적인 위계질서(volunteer hierarchy system)'의 1극이 될 수 있을 것으로 전망했다.

중국과 주변국과의 관계에 대한 위와 같은 조사 결과는 주권국가로 구성된 국제법상의 형식적 평등을 전제한다는 점에서는 큰 차이가 있지만, 중국과 주변 국가와의 관계를 동등한 관계가 아닌 형제국가 간 관계로 보고 온정주의적 정책을 통해 동의에 의한 주도권 행사 의지를 비치고 있다는 점에서, 중화세계질서에서 나타난 인식에서 크게 벗어나고 있지 않다고 볼 수 있다.

3. 외교(통치) 방식에 대한 구상

강대국 중국의 외교 수단과 방식을 알아보기 위하여 다음 9개 항목에 대해서 조사했다. ① 어떤 외교적 수단을 가장 우선적으로 사용해야 하는가? ② 강대국으로서 권리도 지니지만 동시에 의무를 다함으로써 정당성을 확보해야 한다. ③ 경제력이나 군사력이 아니라 가치와 문화, 정치제도와 외교방식 등 소프트파워 자원을 활용한 외교를 통해 주변국의 민심을 움직여서 세계질서를 주도해야 한다. ④ 강대국은 경제적 공공재의 제공과 경제적 협력을 통해 주변국의 지지를 얻어야 한다. ⑤ 동맹외교에 기초하여 동맹국에게 안전보장을 제공해야 한다. ⑥ 다자적 국제기구에서 주도적으로 규칙과 제도를 만들고 담론 주도권을 행사하는 것을 외교의 주요한 수단으로 삼아야 한다. ⑦ 핵심이익을 해친다면 어느 나라든지 상관없이 무

그림 6 가장 중요한 외교적 수단 1순위 선택 (%)

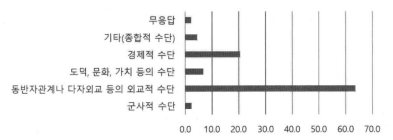

력사용을 불사해야 한다. ⑧ 인권과 민주주의 등의 보편가치를 지키기 위해 인도주의적 개입을 통해 타국의 내정간섭을 할 수 있다. ⑨ 타국에 대해 반드시 주권평등원칙을 견지하면서 내정 불간섭해야 한다.

우선 외교수단에 대한 인식을 알아보기 위하여 "강대국 중국은 다음 외교적인 수단 중 어느 것을 주로 사용해야 한다고 생각하십니까"라는 질문을 던지고 이것을 순서대로 나열하도록 했다. 조사 결과에 따르면 63.6%의 비교적 높은 비율의 학자들이 동반자관계나 다자외교 등 외교적인 수단을 1순위로 뽑았다. 다음으로 경제적 수단이 20.5%이고, 도덕·문화·가치 등의 수단이 6.8%이며, 기타(종합적 수단)와 무응답이 각각 4.5%와 2.3%를 차지했다. 중요한 외교적 수단이 무엇인가에 대한 질문에서, 외교적 수단이 가장 우선이라고 대답한 것에 특별한 의미를 찾기는 어려울 것이다. 그러나 흥미로운 것은 가장 중요한 외교적 수단 2순위로 경제적 수단을 꼽은 응답자가 31.8%라는 점이다. 1순위로 경제적 수단을 선택한 20.5%까지 합하면 52.3%의 응답자가 경제적 수단을 중요한 외교적 수단으로 인식하고 있다고 볼 수 있다. 중요한 외교적 수단 2순위로 경제적 수단의 뒤를 이어서 동반자관계나 다자외교가 22.7%, 가치와 문화적 수단이

그림 7 가장 중요한 외교적 수단 2순위 선택 (%)

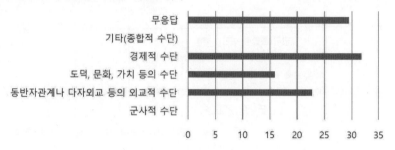

15.9%, 그리고 무응답이 29.5%로 나타났다. 군사적인 수단에 대해서는 1 명(2.3%)이 가장 중요한 외교적 수단 1순위로 선택하고, 2순위로 선택한 응답자는 없으며, 4명(9.1%)이 3순위로 선택했을 뿐이다〈그림 6〉〈그림 7〉참조).

이 조사 결과를 통해 학자들이 다자외교나 동반자외교뿐만 아니라 중국이 상대적으로 강점인 경제력을 중요한 외교적인 수단으로 생각하고 있으며, 도덕과 가치 그리고 문화는 외교적 수단으로 아직 상대적으로 덜 주목하고 있음을 알 수 있다. 중화제국 시기에 가치와 문화가 중요한 외교적 수단으로 강조되었지만, 현재 중국적 신가치를 여전히 탐색 중에 있고 국제사회로부터 뚜렷하게 수용되는 새로운 가치가 없는 상황에서, 가치와 문화를 강조하기보다 세계 2대 경제대국이라는 강점에 기초하여 경제적 수단이 중요한 외교적 수단이 되어야 한다고 인식하는 것으로 해석할 수 있다. 실제로 심층면담 대상자 4번, 7번, 12번은 '전략경제'라는 개념을 사용하면서, 경제적으로 시혜를 베풀어서 주변국을 중국 편으로 끌어들여야 한다고 주장했다. 특히 9번은 전통중화질서에서 중국은 도덕이나 가치외교를 강조했지만, 현재는 도덕이나 가치보다 군사력이나 경제력 등에 기초해

그림 8 강대국 중국의 대외정책 방식 (10점 만점)

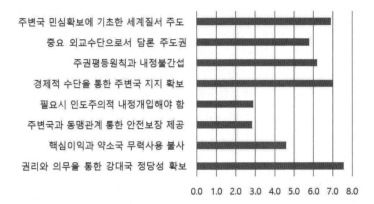

대응할 가능성이 높다는 점을 지적하면서, 냉전시기 미국이 지나치게 힘에 기초한 외교를 함으로써 이미지를 망친 것처럼 중국도 그렇게 될 가능성이 있어 매우 걱정스럽다고 지적했다.

그렇다면 구체적인 외교방식에서 과거 중화제국시기와 미국 주도의 세계질서에서 미국의 외교방식과는 어떠한 차이점이 있는가? 이것을 살펴보기 위해 여덟 개의 외교방식에 대한 질문을 조사했으며, 그 결과는 다음 세 가지로 종합할 수 있다〈그림 8〉참조).

첫 번째, 주변국의 민심확보를 통해 중국의 중심적 지위를 확보하고자 하는 의도를 나타냈다. 이것은 "강대국은 강대국으로서의 권리도 지니지만 동시에 강대국으로서 의무를 다함으로써 정당성을 확보해야 한다"는 응답이 7.57점이라는 높은 점수를 나타내고, "군사력이나 경제력이 아니라 문화, 가치, 정치제도, 외교방식 등의 소프트파워 자원을 활용한 외교를 통해 주변국의 민심을 움직여서 지지를 이끌어냄으로써 세계질서를 주도해야 한다"는 응답 또한 6.91로 높게 나타난 점을 통해 알 수 있다. 심층면접 과정에서도 대부분의 학자들은 중국이 국제사회에서 강대국으로서 권리도 주장해야 하지만 책임을 다함으로써 주변국의 민심에 기반한 강대국이 되어야 함을 강조했다. 그리고 주변국의 지지를 얻기 위해 소프트파워 자원을 적극 활용해야 하지만, 현재 중국은 아직 신중국적 가치를 개발하지 못한 상황에서 경제적 수단을 적극 활용해야 한다는 주장이 제기되었다.

두 번째, 강대국 중국이 사용해야 할 외교적 수단으로 경제적 수단과 담론 주도권을 강조하고, 군사동맹이나 군사력 사용에 대하여 매우 부정적이다. "강대국은 시장과 상품 등 공공재를 주변국에 제공하고 경제적인 협력을 수행함으로써 주변국의 지지를 얻어야 한다"는 항목이 7.02점이라는 높은 점수를 나타냈고, "다자적 국제기구에서 중국이 주도적으로 규칙과 제도를 만들어 담론 주도권을 행사하도록 해야 하며, 이것을 강대국 외교의 중요한 수단으로 삼도록 해야 한다"는 대답도 5.77점으로 비교적 높게 나타났다. 이에 반하여 "강대국은 주변국과 동맹관계를 수립하고 신의(信義)에 기초하여 군사적 안전보장을 제공해야 한다"가 2.84점, "만약에 자국의 핵심이익을 침해한다면, 강대국이든 약소국이든 상관없이 무력공격도 불사해야 한다"가 4.59점이라는 비교적 낮은 점수를 나타내고 있다. 특히 중국정부가 핵심이익의 수호를 사활적인 이익으로 간주하고 있는 점을 고려할 때, 이에 관한 항목이 5점을 넘지 않는다는 것은 매우 의미있는 수치로 보인다.

실제 심층면접에서도 모든 학자들이 동맹정책에 대해 반대 입장을 취했다. 14번은 미국이 동맹정책을 추구하는 것은 군사적 수단으로 모든 것을 해결할 수 있다는 사고에서 나온 것이라고 비판했다. 또한 3번은 제3의 적을 전제하면서 적을 타도하고 견제하고자 하는 동맹외교는 천하이공(天下爲公), 조화, 협력과 윈윈 등을 강조하는 중국의 핵심적 가치와 맞지 않다고 비판하기도 했다. 이것은 덩샤오핑이 제기한 중국외교의 이른바 3불원칙(비동맹, 내정불간섭, 남들보다 앞장서서 강대국 형세를 하지 않음. 不当头) 수용의 연장선상에 있음을 의미한다고 볼 수 있다.

여기서 비동맹정책을 현 시점에서 그대로 수용하는 것 또한 적절하지 못하다는 비판이 제기되었다는 점에 주목할 필요가 있다. 중국이 군사안보 위주의 해법인 동맹정책을 수용할 수는 없지만, 국력이 부상한 새로운 조건 속에서 중국이 과거의 비동맹정책을 새롭게 평가할 필요가 있다는 것이다. "중국은 세계의 어느 정치, 군사집단과도 동맹을 맺지 않을 것이고 독립자주와 '적을 만들지 않는다'는 기초 위에서, 모든 국가와 전방위적 협력 관계를 발전시킨다는 전략은 그동안 중국의 성공적 대외정책과 개혁정책을 추진하는 데 기여했다. 그러나 현재 빠른 속도로 부상한 중국이 우방국들을 잃지 않으면서도 동시에 새로운 전략적 거점과 협력의 무대를 확대해야 하는 주요한 과제를 안고 있는 상황이므로, 전통적 동맹이론과 전략학설을 재검토하고 적절한 대응방법을 찾아야 한다"(王逸舟 2015, 176-181). 이러한 언급은 중국이 그동안 중립적 논리로 비동맹정책을 내세워 국력신장에 주력했지만, 강대국으로 부상하면서 이제 중국의 우방국을 끌어들이는 보다 적극적 정책으로 동맹 혹은 이에 버금가는 정책을 취할 필요성을 지적한 것이라는 점에서 의미심장하다.

세 번째로, 주권국가 간 평등원칙과 내정 불간섭을 강조한다는 점이다. "강대국은 민주주의와 인권 등 인류의 보편적 가치를 지키기 위하여 필요하다면 인도주의 개입을 통하여 다른 국가의 내정에 개입할 필요가 있다"는 항목이 2.89점이라는 매우 낮은 점수를 나타내어 비교적 강한 부정적인 태도를 견지했다. 이와 동시에 "강대국은 다른 국가에 대하여 반드시 주권평등의 원칙을 견지하면서 내정불간섭을 해야 한다"는 항목이 6.18점으로 비교적 높은 점수를 얻고 있다. 이 또한 덩샤오핑이 강조한 내정불간섭 원칙이 일정한 힘을 발휘하고 있는 것으로 해석할 수 있지만, 주목할 점은 최근 중국 내에서 내정불간섭 정책에 대한 시각의 변화 역시 나타나고 있다는 점이다. 주지하다시피 그동안 중국은 타국의 내정불간섭 정책을 강조해왔다. 그러나 중국이 강대국이 되면서 세계와 지역의 거버넌스에 더욱 더 적극적으로 참여하여 발언권과 지도력을 제고할 필요가 있는 상황에서, 기존의 내정불간섭 원칙을 그대로 지속하는 것은 문제가 있다는 주장이 제기되고 있다. 중국의 '참여도' '정책결정 능력' '담론권'을 강화하고 보장하는 것을 생각해내야 한다는 것이다. 이런 이유로 중국의 외교학계와 정책결정 부문은 현재 '창조적인 개입' '건설적인 참여' '적극적인 작위' 등의 개념을 탐색하고 토론하고 있다는 점에 주목할 필요가 있다(王逸舟 2015, 176-181).

IV. 조사 결과에 대한 평가: 어떤 신세계질서를 구상하는가?

지금까지 가치와 문화, 국가 간 관계, 그리고 외교방식 등 세 가지 변수를 중심으로 하여 중국의 국제정치학자들의 인식을 분석해보았다. 이 같은 결과 분석을 중화세계질서와 미국 주도의 세계질서와 비교해 〈표 1〉과 같이 정리할 수 있다.

1. 가치와 문화 영역에서 구상

강대국으로서의 정체성을 분명히 하고 신형 대국외교를 전개하고 있는 시진핑 정권(이정남 2015, 147-150)은 현재 그 어느 때보다도 문화와 가치 영역에서 경쟁력을 강조하고 있다(『新华网』 2013. 12. 31). 이는 중국이 강대국으로 부상하려면 정치 · 경제 능력과 마찬가지로 문화와 가치 영역에서도 경쟁력을 배가하여 세계적 차원에서 보편적인 지위를 확보해야 한다는 판단에 기초하고 있다. 중국의 한 정치학자는 바로 이러한 인식에 기초하여, 로마 · 영국 · 미국 등 패권적 제국으로서 역사적 경험을 가진 강대국들을 비교하고, 선진적인 문화적 이미지와 정치제도의 형성이 제국의 중요한 조건 중의 하나임을 강조하고 있다(门洪华 2006a, 61). 실제 전통 중화세계질서에서 중국 문화와 가치는 적어도 제국의 범위 내에서는 보편적인 문명과 가치로 간주되었고, 미국 중심의 세계질서에서도 자유민주주의와 시장경제 등의 가치는 보편가치로 간주되고 있다. 이런 점에서 중국의 국제정치학자들이 중국이 신국제질서를 구상하는 데 있어서 가치와 문화 영역에서 어떠한 인식을 하고 있는가는 매우 중요한 의미가 있다.

조사에 따르면, 다수의 중국 국제정치학자들은 미래 글로벌 신질서를 구성하는 핵심적 보편가치에 대해, 현존 서구적(미국적) 가치의 지속적인 유지에 대해 부정적 태도를 취함과 동시에, 중국적 가치의 보편화에 대해서도 소극적인 태도를 나타냈다. 반면에 어떤 문화와 가치도 지배적인 영향력을 발휘하지 못하면서 가치와 문화의 다원주의가 등장할 것으로 전망했다. 이처럼 학자들이 가치와 문화의 다원주의를 전망한 것은, 현재 서구의 가치가 보편적인 가치로 수용되고 있지만 중국이 추구해야 할 핵심가치가 불명확할 뿐 아니라 국제사회로부터 수용되고 있지 않은 상황에서, 일

표 1 중국의 국제정치학자들이 구상하는 신세계질서 상(像)

분류 기준	중화세계질서	신세계질서	미국 주도의 세계질서
가치와 문화	▶중국적 가치를 보편적 가치로 간주: 仁(자애), 義(정의), 禮(예절), 智(지혜), 信(신의) ▶문화적 우월성과 열등성에 기초한 화이사상	▶자유와 민주, 인권 등 서구적 가치의 보편화 반대: 다원적 가치의 공존 강조 ▶화이사상 반대 ▶새로운 중국적 가치에 대한 합의 부재, 탐색 중(윈윈과 공생, 공평과 정의, 조화, 포용과 관용, 의리관 등)	▶서구적 가치의 보편성 강조: 자유민주주의, 인권, 시장경제
국제 제도 : 국가간 관계에 대한 시각	▶중국 중심의 동심원적인 위계질서(각국은 세계질서의 유기적 구성 부분) ▶패권국로서 중국의 지위와 존재: 중화제국의 '중심'으로서 제국의 질서유지 ▶주권국가 개념 부재: 윤리 관념에 기초한 제국과 속국의 관계: 군신관계 혹은 종주국과 속국관계	▶국제질서의 특징: 주권국가로 구성, 그러나 강대국과 약소국 간 영향력 차이가 존재하는 등급질서 ▶강대국 간 관계: 글로벌 차원의 단일 국가의 패권적인 질서 부정, 몇몇 강대국에 의한 다극질서/동아시아 차원에서는 중국 단일 주도의 지역질서 형성 ▶중국과 주변국 관계: 중국이 강대국으로서 책임을 다하는 형제관계(평등(동등)한 관계가 아닌 공평한 관계)	▶주권국가 간 평등한 국제관계: 평등한 주권국가 간 조약체계(국제법적) ▶패권국으로서 미국의 지위와 존재: 자유주의 국제질서의 규칙 제정 및 이행 보장 ▶미국과 주변 국가 간 관계: 정치적으로는 평등/실질적으로는 불평등 관계
외교 (통치) 방식	** 수단: 힘(무력)+경제+가치(유교적 가치) ▶주변국에 대해 군사적 수단을 사용하지만, 도덕적인 권위에 기초한 자발적 복종 유도를 강조함(왕도정치의 대외적 연장) ▶조공무역을 통한 경제적 공공재 제공: 경제적 시혜에 기초한 복종 유인 ▶직할통치와 조공체계에 기초한 간접통치 병행/ 약소국에 대한 내정간섭 지지	▶다자 및 동반자외교 강조, 외교수단으로 경제력 중시, 군사적 수단 사용에 부정적. ▶경제적인 수단과 소프트파워 자원(담론과 가치)에 기초한 민심확보를 통한 중국의 중심적 지위 확보(왕도정치) 강조 ▶직할통치 억제: 동반자외교와 다자외교 통한 간접통치/동맹외교 부정하지만, 동맹에 버금갈 정도의 전략적 동반자관계 구축 강조/주권국가의 내정 불간섭 강조, 그러나 신개입 방식 탐색 중(이른바 창조적 개입)	**수단: 힘(무력)+경제+외교+가치(시장, 자유, 민주, 인권) ▶주변국에 대해 가치(자유, 민주, 인권 등)에 기반한 영향력 확대를 도모함과 동시에, 이에 대한 추진과정에서 군사력 운용도 중시 ▶세계(시장)경제에의 참여: 경제적 수단을 통한 주변국지지 확보 ▶식민지에 기초한 제국형식의 직할통치 억제: 동맹과 다자주의 외교를 통한 간접통치/약소국에 대한 인도주의적 개입 지지

66

종의 방어적인 논리로 가치와 문화의 다원성을 강조하는 것으로 보인다. 실제로 심층면접에서 서구적 가치와 구별되는 중국적 핵심가치가 무엇인가에 대한 질문을 던졌을 때, 다수의 학자들은 자유와 민주, 인권, 시장경제 등의 서구적 가치를 수용하기는 하지만, 이러한 서구적 가치를 중국이 지향하는 글로벌 신질서의 핵심가치로 삼는 데에는 대체로 부정적이었다. 이에 반해 공평, 조화, 포용, 윈윈과 공생, 의리관 등이 핵심가치가 될 수 있음을 산발적으로 언급했다.

이와 같은 조사 결과는 가치와 문화 영역에서 중국이 현재 새로운 가치의 발굴과 창조를 위한 탐색과정에 놓여 있으며, 아직까지는 국제사회에 제시할 중국적 가치에 대한 충분한 합의가 이뤄지지 못했음을 말해준다. 따라서 가치와 문화 영역에서 아직은 중국적 가치와 문화의 보편화를 추진할 만한 충분한 준비가 되어 있지 않다고 볼 수 있다. 이런 점에서 21세기 중국은 글로벌 강대국으로 세계질서를 책임감 있게 개조하고 만들어야 하는 단계에 진입했지만, 경제영역을 제외하고 정치, 국제관계, 문화 등의 영역에서 여전히 역량이 제한되어 있다는 왕이저우 베이징대 교수의 지적은 타당해 보인다(张春 2013, 147).

2. 국가 간 관계에 대한 구상

중국이 구상하는 신질서에서 국가 간 관계에 대한 학자들의 인식은 크게 세 가지로 집약된다. 첫째, 전통 중화세계질서에서처럼 중국을 중심으로 한 제국과 속국의 관계 혹은 종주국과 속국의 관계보다는, 근대 민족국가체계에서처럼 주권국가를 단위로 한 국제질서를 상정한다. 그들은 주권국가의 보편적 가치 및 주권국가로 구성된 국제관계를 인정하고 있다. 그러나 비록 개별국가들이 주권국가로서 정치적으로는 평등하지만, 국제질서 속에서 강대국과 약소국의 영향력 차이는 불가피하며, 국제질서가 강대국에 의해서 설립된 질서라는 점에서 실질적으로는 등급질서의 형태를 띨 것으로 인식하고 있다(郑永年 2009, 57).

두 번째로, 학자들은 중국이나 미국이 글로벌 차원에서 하나의 초강대국으로서 단일 패권질서를 형성하기보다는 몇몇 강대국에 의한 다극질서가 형성될 것으로 인식하고 있다. 이것은 아마도 다극질서 간의 균형이 초강력한 군사력을 지닌 미국을 견제할 수 있을 것이라는 인식과 하나의 초강대국에 의해서 설계된 질서가 오래가기 어렵다는 인식에 기초한 것으로 보인다(阎学通 2005, 5-7; 郑永年 2009, 57). 이런 점에서 중국 학자들이 구상하는 국제질서는 중국 중심의 단일 패권적인 국제질서가 아니라 다극질서 속에서 동아시아 혹은 아시아 지역을 기반으로 주도적 지위를 가지는 국제질서를 선호하고 있는 것으로 보인다. 이것은 조사 대상이 된 학자들 가운데 다수가 세계적 차원에서는 다극체계를 주장하면서도(50%), 동아시아 차원에서는 중국 단일 강대국에 의한 지역질서 수립에 대하여 긍정적으로 대답한 점을 통해서 알 수 있다(47.73%). 필자가 심층면접을 하는 과정에서도 몇몇 학자들이 중국 주도의 국제질서가 아시아 혹은 동아시아 차원에 한정될 것이며 세계적 차원으로 확장되기는 어려울 것이라는 의견을 피력했다.

세 번째, 중국과 주변국관계는 중국이 강대국으로서 책임을 다하는 형제관계가 되어야 한다고 인식하고 있다. 중국과 주변 국가의 관계는 형식적으로는 주권국가라는 법률적인 평등에 기초하고 있지만, 실제로는 중국과 주변 국가와의 관계를 동등한 수평적 관계가 아닌 형제국가 간 관계로 보고, 온정주의적 정책을 통해 민심을 얻어 주도권을 행사해야 한다는 인식을 나타냈다. 미국 주도의 세계질서에서 미국과 주변 국가와의 관계와 유사성이 있으면서도, 형제관계인 주변국에 대하여 온정주의적 왕도정치 (도의에 기초하여 자발적인 동의를 이끌어내고, 투쟁이나 압력이 아니라 적극적인 활동을 통하여 책임을 지는 리더십을 발휘하여 주변국의 신망을 얻어야 함)를 강조한다는 점에서(閻学通 2014, 106-112; 杨小勇 2015, 153), 중화세계질서에서 중국과 주변 국가와의 관계와 오히려 더 유사하다고 볼 수 있다. 이것은 시진핑이 등장한 이후 외교사상으로 이른바 '의리관(義利觀)'을 제기하고, 주변국을 대할 때 '이(利)'보다 '의(義)'를 우선해야 한다고 강조한 점을 통해서도 알 수 있다(『人民日報』 2014. 7. 15, 第2版).

3. 외교(통치)방식에 대한 구상

외교(통치) 방식에 대한 학자들 인식의 첫 번째 특징은 다자외교나 동반자외교 등 외교적 수단을 강조하면서도, 중국이 상대적으로 경쟁력을 지닌 경제력을 중요한 외교수단으로 중시하고 있으며, 군사적 수단의 사용에 대하여 지극히 부정적이라는 점이다. 다른 한편 가치와 문화적 수단은 군사력에 비해서는 앞섰지만 경제력에 비해서는 덜 강조되고 있다. 이것은 아마도 가치와 문화 영역에서 중국의 경쟁력이 경제 영역에 비하여 아직까지 그다지 높지 않다고 보기 때문일 것이다. 그러나 전반적으로 강대국 중국이 사용해야 할 외교적 수단으로 경제적 수단과 담론 주도권 같은 소프트파워 자원을 강조하고 군사동맹이나 군사력 사용에 대하여 매우 부정적인 것이 특징이다. 외교적 수단 사용에 대한 이러한 인식은 중국이 이른바 왕도정치에 기반하여 민심을 얻어 주변국 지지를 확보하여 중심적 지위를 확보하고자 하는 의도를 나타낸 것으로 해석할 수 있다.

왕도정치 관념이 등급적인 권위를 전제로 하고 있다는 점에서((日)天儿慧 著 王峥 译 2015, 69), 외교수단에 대한 학자들의 인식은 국제관계를 강대국 중심의 등급질서로 간주하고 있는 것과 일맥상통한다. 이처럼 다른 국가에 대하여 경제적 혜택의 제공과 소프트파워 자원을 통해 영향력을 확보하고자 하는 점은 중화세계질서와 미국 주도의 자유주의 국제질서 모두에서 공히 나타나는 공통된 특징이다. 다만 미국 중심의 질서에서 미국이 동맹외교의 추진과 약소국에 대한 인도주의적 개입과정에서 군사력의 운용을 중시하는 것과 비교하면, 학자들의 인식은 오히려 중화제국 시기 외교방식에 대한 인식과 더 유사해 보인다. 중화제국은 비록 군사적·경제적·문화적 수단을 함께 강조했지만, 동시에 왕도정치를 통하여 주변국의 민심을 얻어서 전쟁을 통하지 않고 주변국을 제압하고자 하는 인식을 줄곧 강조했기 때문이다(门洪华 2006b, 59-60).

다음으로 직할통치를 억제하고 동반자외교와 다자외교를 통한 간접통치와 주권국가의 내정불간섭을 강조하는 특징이 있다. 주목할 점은 다수의 학자가 동맹외교에 대해 비판적 태도를 견지하면서 이른바 동반자외교를 강조하고 있어 주로 (군사적) 동맹관계를 통해 국가 간 관계를 전개하는 미국과 차이가 난다는 점이다. 또한 타국에 대한 인도주의적 개입과 필요 시 군사적인 개입도 과감하게 추진하는 미국과 달리, 타국에 대한 내정간섭에 매우 부정적 시각을 나타내고 있다는 것도 큰 차이점이다. 동맹과 내정간섭에 대한 학자들의 이러한 태도는 1980년대 이래 덩샤오핑에 의해서 제기된 이른바 3불 정책에 대한 인식이 여전히 영향을 미치고 있는 결과로 보인다(王逸舟 2015, 176-181).

그러나 주목할 점은 '동맹'과 '내정 불간섭' '남들보다 앞장서서 강대국

행세를 하지 않는다'는 외교원칙을 지속해야 하는가에 대해 반대의견이 힘을 얻고 있다는 점이다. 현재 중국은 빠른 속도로 강대국으로 부상하면서 국제사회에서 우방국들을 잃지 않음과 동시에 새로운 전략적인 거점 및 협력의 무대를 어떻게 확대할 것인가가 주요한 과제가 되고 있다. 이런 상황에서 비동맹 방침의 단순화와 기계적인 이해에 갇혀서, 중국의 전략적 계획의 거시적인 조망도와 실행배치 과정이 과도한 신중함과 소심함으로 인해 방해받지 않도록 해야 하고, 모종의 전략적인 시간과 기회를 놓치지 않도록 해야 한다는 의견이 제기되고 있다. 따라서 전통적 동맹이론과 전략학설을 재검토하여, 비동맹 방침을 고수함과 동시에, '준동맹' 식의 혹은 '전략적 위험을 막기 위해 필요로 하는 국가 간 전략적 관계'를 개척할 수 있도록 노력해야 한다는 것이다(王逸舟 2015, 176-181).

또한 중국이 강대국이 되면서 세계와 지역의 거버넌스에 더욱 더 적극적으로 참여하여 발언권을 행사하고 지도력을 발휘해야 할 상황에서, 기존의 내정불간섭 원칙을 그대로 지속하기보다는 중국의 '참여도' '정책결정능력' '담론권'을 강화하고 보장하는 방안을 생각해내야 한다는 주장도 제기되고 있다. 이런 이유로 중국의 외교학계와 정책결정 부문에서 현재 '창조적 개입' 등이 제출되면서 내정불간섭 원칙의 변화 필요성이 제기되고 있다(郑永年 2009, 60; Li & Zheng 2009, 617-637). 혹자는 미국이 약소국에 대해 경제제재나 군사적 간섭을 통해 인권침해 등에 인도주의적으로 개입하는 것에는 반대하지만, 그에 반해 중국은 경제관계나 외교적 해결, 그리고 지도자 간 관계 등의 형식을 통한 이른바 '부드러운' '신개입정책'을 추진해야 한다고 주장한다(郑永年 2009, 60; Li & Zheng 2009, 617-637).

상술한 바와 같이 중국의 대외정책과 행위에 대해서는 경제력과 소프트파워 자원에 기초하여 주변국의 마음을 얻는 이른바 왕도정치를 해야 함을 강조하고 있지만, 중국의 국력 상승과 함께 전 세계적으로 확대된 중국의 정치적·경제적·군사적 이익을 지키고, 동시에 글로벌 거버넌스 체제 안에서 강대국으로서의 역할을 수행하기 위해 기존의 비동맹 원칙과 내정 불간섭 원칙의 변경이 불가피하다는 주장이 점점 힘을 얻어갈 것으로 보인다. 따라서 강대국 중국의 대외적 행위방식이 중화제국 시대의 약한 국가와 강한 국가 싸이클—즉 힘이 약할 때는 각종 외교적인 수단을 통해 중화제국의 평화와 안정을 유지하려는 정책을 취했다면, 힘이 강해졌을 때는 외교적 방식보다 힘을 바탕으로 한 팽창주의정책을 취한—을 다시 반복할지 주목할 필요가 있다(서진영 2006, 137-140).

V. 평가와 전망

시진핑 정권은 등장 이후 이른바 중국 특색의 (강)대국외교를 천명하고 국제사회에서 책임과 권리를 주장하는 데 망설이지 않는 모습이다. 이처럼 강대국의 모습을 갖추고 국제사회로 본격적으로 진입하여 그동안 미국 주도로 제도화된 국제질서에 대한 개혁의 목소리를 내면서, 새로운 국제질서의 구성에서 중국의 목소리를 충분히 반영할 것임을 강조하고 있다. 그렇다면 강대국 중국은 어떠한 세계질서를 구성하고자 하는가?

학자들의 인식 속에 나타난 신세계질서는 주권국가로 구성된 질서이지만, 강대국과 약소국 간의 영향력의 차이가 분명히 존재하는 일종의 등급질서다. 그리고 단일 국가에 의한 세계적 차원의 패권질서가 아닌 다극체제다. 적어도 중국은 동아시아 혹은 아시아 차원에서 주도적인(dominant)

지위에서 이 지역을 이끌어갈 의지가 있어 보인다.

문제는 강대국 중국이 주변국에게 내세우고 수용하도록 이끌고자 하는 중국식 가치나 사상에서 아직 뚜렷한 대안이 부각되고 있지 않다는 점이다. 전통시기의 가치인 인의, 신의, 천하주의, 공평과 정의, 포용과 관용, 조화에서부터 자유, 민주, 평등, 인권, 시장경제 등 서구적 가치와 최근에 강조되고 있는 인류운명공동체 또한 일정한 영향력을 발휘하고 있는 상황이다.

외교 방식에서 중국은 군사력의 사용보다 상대적으로 우세자원인 경제력을 사용하고 소프트파워 자원을 사용하여 주변국의 민심을 얻어서 주도 국가가 되고자 하는 의지를 보이고 있다. 이는 전통적으로 중국의 전략사상의 한축으로 자리해온 이른바 왕도정치 사상이 오늘날에도 중국의 학자나 정치지도자 들에게도 비교적 뚜렷하게 나타나고 있음을 말해준다.

그러나 세계적 강대국으로서 중국의 이익을 수호하고 동시에 다른 국가들을 중국으로 결집시켜 중국 주도의 신질서를 확립할 만한 중국식의 뚜렷한 외교적인 방식은 여전히 탐색 단계에 놓여 있다. 이런 상황에서 현재 중국 내에서는 국제사회에서 강대국 및 약소국 우방국들을 잃지 않으면서 동시에 자국의 지위에 걸맞게 새로운 영향력을 확대하기 위해, 과거 덩샤오핑 이래 강조되어왔던 '비동맹' '내정 불간섭' '남들보다 앞장서서 강대국 형세를 하지 않음' 등의 이른바 3불 원칙을 중국의 강대국화라는 시대적인 조건에 맞게 수정하는 문제가 논의되고 있다.

이런 내용을 종합해 볼 때, 중국의 국제정치학자들은 미래의 중국 주도의 신질서에서 국가 간 관계가 위계적으로 구조화될 것이라는 데에 대체로 동의하지만, 이러한 구조가 문화와 가치나 외교적 행위 방식 등을 통해서 어떻게 세워져야 하는지에 대해서는 여전히 탐색하고 있는 것으로 보인다.

이런 점에서 중국은 아직 미성숙한 글로벌 파워로서의 성격을 벗어나지 못하고 있다. 따라서 중국이 어떠한 세계질서 혹은 지역질서를 수립할 것인가는 여전히 명확하지 않다. 분명한 것은 평등한 근대 민족국가를 바탕으로 하는 현재의 세계질서 속에서 중화제국시대의 종주국과 속국의 관계라는 제국질서의 틀이 다시 등장하는 것도 어렵지만, 중국이 서구적 가치와 문화에 기초한 현재의 자유주의 국제질서를 그대로 지속시킬 가능성도 높지 않다는 점이다.

결국 중국이 어떤 세계질서 혹은 어떤 지역질서를 구성할 것인가는 중국과 함께 경쟁하는 다른 강대국들의 상호 견제와 경쟁 속에서, 그리고 수많은 중견국 혹은 약소국과의 상호작용 과정을 통해서 결정될 수밖에 없다. 타국의 민심을 얻어내고 동의를 얻어내지 못한 강대국은 존재할 수 없다는 것을 누구보다 잘 알고 있는 중국은 세계 여타 국가들의 지지를 얻어내기 위해 노력하고 있다. 주권국인 한국이나 중국의 주변 국가들은 이런 상황을 적극 활용하여, 주권국가로 구성된 국제질서하에서 부상하는 강대국과 그 주변국들과의 관계에 대한 새로운 모델을 만들어 중국이 보다 덜 패권적이고 호혜적인 초강대국이 되도록 견인해나가야 할 것이다.

참고문헌

권선홍, 2015, "유교사상에서 본 전통시대 동아시아지역질서," 『동아시아 전통질서의 사상적 기반』(2015년 한국국제정치학회 하계학술회의자료집, 6월 26일).

김봉진, 1997, "화이질서의 재해석," 『전통과 현대』 겨울호.

서진영, 2006, 『21세기 중국 외교정책』, 폴리테이아.

이정남, 2003, "중화사상과 근대 동북아 국제관계의 재편," 『국제지역연구』 제7권 1호.

_____, 2009, "중국의 전략적 동반자외교에 대한 이해와 한중관계," 『평화연구』 제17권 2호.

_____, 2015, "중국의 대한반도 정책의 딜레마: 지속과 전환의 갈림길에서," 『한국과 국제정치』 제31권 3호.

전인갑, 2016, 『현대 중국의 제국몽: 중화의 재보편화 100년의 실험』, 학고방.

조경란, 2016, "중국은 '제국의 원리'를 제공할 수 있는가: 가라타니 고진의 『제국의 구조』에 대한 비판적 분석," 『역사비평』 가을호.

曹秉漢, 1994, "淸代 중국의 '大一統'적 중화세계와 대외인식의 변동: 아편전쟁까지「주제토론」," 『아시아문화』 제10호.

피터 윤, 2002, "서구학계 조공제도이론의 중국 중심적 문화론 비판," 『아세아연구』 제45권 3호.

헤들리 불, 진석용 역, 2012, 『무정부 사회: 세계정치에서의 질서에 관한 연구』, 나남.

헨리 키신저, 이현주 역, 2014, 『헨리 키신저의 세계질서』, 민음사.

王逸舟, 2015, 『创造性介入: 中国外交的转型』, 北京大学出版社.

赵汀阳, 2003, "天下体系: 帝国与世界制度," 『世界哲学』 第5期.

许纪霖·刘擎·白彤东, 2015, "新天下主义三人谈: "君子和而不同"的世界愿景," 『澎湃新闻』 2015/3/22.

郑永年, 2014, "中美关系和国际秩序的未来," 『国际政治研究』 第1期.

简军波, 2015, "从'民族国家体系'到'天下体系': 可能的国际秩序?" 『国际关系研究』 第1期.

郑永年, 2009, "中国国家间关系的构建: 从'天下'到国际秩序," 『当代亚太』 第5期.

李建广·杜文明·邱耀洲·冯慧文, 2015, "500年未有之变局! 习近平对国际局势做5点最新判断," 『人民日报』 2015/10/14.

徐友渔, 2004, "当代中国公共知识分子的生成," 『当代中国研究』 第4期 (总第 87期). http://www.chinayj.net/StubArticle.asp?issue=040402&total=87 (검색일: 2005. 10. 13)

喻希来, 2000, "重新审视中国历史大时代," 『战略与管理』5期.

周方银, 2011, "朝贡体制的均势分析," 『国际政治科学』第1期.

门洪华, 2006a, "西方三大霸权的战略比较-兼论美国制度霸权的基本特征," 『当代世界与社会主义』第2期 (中共中央编译局世界所, 中国国际共运史学会).

_____, 2006b, "中国战略文化的重构: 一项研究议程," 『教学与研究』第1期.

张春, 2013, "中国特色外交理论的新探索-评〈创造性介入-中国之全球角色的生成〉," 『国际展望』第6期.

阎学通, 2005, "国际体系中权力结构的新趋势," 『现代国际关系』第10期.

_____, 2014, "道义现实主义的国际关系理论," 『国际问题研究』第5期.

杨小勇, 2015, "道义现实主义视角下权力转移理论探析," 『当代世界与社会主义』第3期.

(日)天儿慧 著 王峥 译, 2015, "中国21世纪的国际秩序观," 『中国研究』第5期.

邝云峰, 2013, "美国的朝贡体系," 『国际政治科学』第4期 (总第 36期).

张少冬, 2017, "基辛格的世界秩序观," 『陇东学院学报』第6期.

"政治局集体学习一年两次聚焦'全球治理'者," 『齐鲁晚报』2016/10/2.

"中国十八届中央委员会第5次全体会议公报," 『中国广播网』2015/10/29.

"习近平: 建设社会主义文化强国 着力提高国家文化软实力," 『新华网』2013/12/31.

"习近平接受拉美四国媒体联合采访," 『人民日报』2014/7/15 (第2版).

"中国外事工作会议在京举行," 『人民日报』2014/11/30.

Callahan, William A., 2011, "Introduction: Tradition, Modernity, and Foreign policy in China," in William A. Callahan and Elena Barabantseva, eds., *China Orders the World: Normative Soft Power and Foreign policy*, Washington D.C.: Woodrew Wilson Centor Press.

Fairbank, John K. ed., 1968, *The Chinese World Order*, Cambridge: Harvard University Press.

Johnston, Alastair Iain, 1995, *Cultural Realism: Strategic Culture and Grand Strategy in Chinese History*, Princeton: Princeton University Press.

Lee, Jung-Nam, 2013, "Perceptions of Democracy Among Chinese Intellectuals: Evidence from Political Scientists in Beijing and Shanghai," Asian Perspective, 37.

Li, Hak Yin & Yongnian Zheng, 2009, "Re-interpreting China's Non-intervention Policy toward Myanmar: Leverage interest and intervention," *Journal of Contemporary China*, 18(61).

Nye, Joseph S., 1990, "The Changing Nature of World Power," *Political Science*

Quarterly, 105(2).

_____, 2015, "American hegemony or American primacy?" https://www. project-syndicate.org (검색일: 2015. 3. 9)

_____, 2017, "Will the Liberal Order Survive: The History Order Survive?" *Foreign Affairs*, Jan./Feb.

Perdue, Peter, 2015, "The tenacious tributary system," *Journal of Contemporary China*, 24(96).

Rosati, Jerel A., 2000, "The Power of Human Cognition in the Study of World Politics," *International Studies Review*, 2(3).

Schwartz, Benjamin I., 1968, "The Chinese Perception of World Order: Past and Present," in John K. Fairbank, ed., *The Chinese World Order*, Cambridge: Harvard University Press.

Westad, Odd Arne, 2012, *Restless Empire: China and World since 1750*, New York: Basic Books.

Zhao, Suisheng, 2015, "Rethinking the Chinese World Order: the imperial cycle and the rise of China," *Journal of Contemporary China*, 24(96).

제2부

중국이 지향하는 강대국 상(像)

: 어떤 강대국이 되고자 하는가

1장

국제규범질서에서
중국의 역할 인식과 지향*

강수정

I. 들어가는 말

　개혁개방 이후 급속한 경제발전을 통해 신흥 강대국으로 부상한 중국이 동북아시아 지역뿐만 아니라 전 세계적으로 그 영향력을 확대해나가면서, 이제 중국은 한국을 둘러싼 동북아 국제관계뿐만 아니라 글로벌 국제정치에 영향을 미치는 국제정치의 주요행위자로 등장했다. 이러한 중국의 강대국화는 중국이 지향하는 강대국 상(像)에 관한 관심을 촉발한다. 이와 관련하여 주목할 필요가 있는 것은, 증대된 경제력을 바탕으로 국제적 지위와 영향력을 계속해서 확대해가고 있는 중국이 국제관계에서 보다 적극적으로 중국적 외교 원칙과 이념을 제시하고 추구하려는 움직임을 보인다는 점이다(김재철 2015). 이러한 현상은 시진핑(习近平) 지도부 출범 이후 더욱 두드러지게 나타나고 있다. 이와 함께 중국 국내에서뿐만 아니라 국제

---

* 본 장은 『중국연구』 제71권(2017)에 게재된 논문을 수정 · 보완한 것이다.

사회에서는 강대국으로 부상하는 중국이 기존의 자유주의적 국제규범질서에서 규범 준수자(norm taker)로 남을 것인지, 아니면 새로운 규범 제정자(norm shaper)가 될 것인지에 대한 논쟁이 제기되고 있다.

이에 대해, 중국 현대국제관계연구원의 한 전문가는 "중국의 새로운 외교이념은 부상하는 중국이 지향하는 이상적 국제관계에 관한 중국의 생각을 표출한 것"이며, 중국이 국제적 관습에 기초하여 자국이 추구하는 가치와 이익의 실현에 적합한 국제규범과 규칙을 창출하려는 노력을 기울이고 있다는 점에서 새로운 현상이 나타나고 있다고 지적한다(Kun 2014). 베이징대학의 자칭궈(贾庆国 2014) 교수는 이러한 현상이 국제관계를 규율하는 국제규범을 규정하는 데 있어서 국제적 발언권을 강화하려는 중국의 의도를 반영한다고 말한다. 더 나아가 중국의 일부 전문가들은 중국이 국력의 증대와 함께 국제적 지위와 영향력이 확대되면서 새로운 국제규범질서를 형성하는 데 있어서 중요한 규범 제정자가 되어야 한다고 주장한다(『环球网』2014/11/10).

중국의 강대국화 과정에서 나타나고 있는 이러한 현상과 논쟁은 "국제규범질서에서 중국은 어떤 강대국이 되고자 하는가"라는 의문을 제기한다. 즉 부상하는 중국이 과연 미국과 서구사회를 중심으로 구성된 기존의 자유주의적(liberal) 가치와 규범을 계속해서 준수하고 따를 것인지, 아니면 독자적 노선을 추구하면서 국제관계에서 자신이 선호하는 가치와 규범을 제시하고 추구하려 할 것인지, 중국이 국제관계에서 지향하는 가치와 규범에 관한 독자적 구상을 제시하기 시작한다면 그 구체적 내용은 무엇이 될 것인지에 대한 관심이 증대되고 있다. 이러한 문제의식에 기초하여 중국이 지향하는 강대국 상을 규명하는 데 있어서, 이 장에서는 '국제규범질서에서 강대국으로 부상하는 중국의 역할'에 대한 중국 내부의 인식과 지향을 살펴보는 데 분석의 초점을 맞춘다.

이러한 연구를 위해, 중국 지식인들의 담론 분석을 통해 중국 내부의 인식과 지향을 살펴볼 것이다. 중국 지식인들의 인식과 담론을 연구하는 것의 학문적 유용성을 논하면서, 중국 지식인들의 견해가 반드시 중국 정부나 정치지도자들의 인식을 대변하거나 그들의 인식에 영향을 미친다고 주장하는 것이 아님을 명확히 할 필요가 있다. 하지만 중국 내 담론 생산층인 지식인들의 논쟁을 이해하는 것은 중국 내부 담론의 스펙트럼을 이해하는 데 유용한 자료가 될 수 있다. 즉 중국 내부에 어떠한 담론들이 존재하고 있는지, 그러한 서로 다른 담론들 사이에 어떠한 인식의 차이가 존재하는지, 그리고 그러한 담론들 사이에 어떠한 변화의 흐름이 나타나고 있는지를 파악할 수 있다. 이러한 중국 내부 담론의 스펙트럼을 이해하는 것은 강대국으로 부상하는 중국이 국제규범질서에서 선택 가능한 역할의 선택지들과 그에 따른 조건들을 이해하는 데에도 도움이 된다.

과거 중국의 대외정책은 폐쇄적 구조 속에서 소수의 당 지도부에 의해 결정되었지만, 개혁개방 이후 중국의 정책결정 과정이 과거에 비해 훨씬 개방적으로 변화하고 점차 분권화·다원화되면서 각종 당정 기관들뿐만 아니라 각급 지방정부, 싱크탱크 연구기관, 지식인들, 기업 및 이익단체, 언론, 대중여론 등 다양한 행위자들이 직간접적으로 개입하여 영향을 미치고 있다(이문기 2014). 비록 이러한 다원적인 행위자들의 영향력이 서구 자유민주주의 국가들과 비교할 때 상당히 미흡한 것이 사실이지만, 외교정책 결정과정에서도 당정 최고위 지도부뿐만 아니라 다원적 행위자들의 개입이 점차 확대되는 경향이 나타나고 있다. 특히, 개혁개방 이후 갈수록 복잡해지는 대외관계에 대한 전문가들의 정책조언 역할이 중요시되면서, 대외정책 관련 담론에서 중국 지도부들 및 정치엘리트들과 연결망을 가지는 싱크탱크 지식인의 역할이 확대되고 있다.

이러한 맥락에서 이 장에서는 중국 학계와 당정 산하 싱크탱크 연구기관의 학자·전문가들을 포함하는 중국 지식인 집단의 담론을 중심으로, '국제규범질서에서 강대국으로 부상하는 중국의 역할'에 대한 중국 지식인들의 인식과 지향을 살펴볼 것이다. 즉 이러한 문제를 둘러싸고 중국 지식인들 사이에 어떠한 담론들이 존재하며 그러한 담론들은 어떠한 관점의 차이를 내포하고 있는지를 살펴본다. 이러한 연구를 위해 중국 학자와 전문가의 관련 논문과 저서, 기고문, 칼럼에 대한 문헌분석과 중국 현지조사를 통한 중국 국제정치학자들 및 관련 전문가들과의 심층 인터뷰와 설문조사 결과에 근거하여 분석을 진행한다.[1]

본 연구는 국제규범질서에서 중국의 역할에 대한 중국 지식인들 사이의 논쟁이 대체로 다음과 같은 질문들에 대한 실질적인 견해의 차이를 반영한다고 본다. 첫째, 자유주의적 가치와 규범에 기초한 현 국제규범질서와 거버넌스 체제를 어떻게 인식하고 있는가? 즉, 현 국제규범질서와 거버넌스 체제에서 현상 유지(status quo)를 원하는가, 현상 변경(change) 혹은 수정(revision)을 원하는가? 둘째, 강대국으로 부상하는 중국이 글로벌 거버넌스 참여와 기존 국제규범질서의 수호 혹은 변화에서 얼마나 적극적인(혹은 주도적인) 역할을 해야 한다고 생각하는가? 셋째, 중국이 현재의 자유주의적 가치와 규범을 보완하거나 대체하는 대안적인 가치와 규범을 제시해야 한다고 생각하는가?(그렇다면, 어떠한 대안을 제시하고자 하는가?). 따라서

1_본 연구를 위해 2017년 1월 베이징과 상하이에서 현지조사를 시행했으며, 이 지역의 대표적인 대학과 싱크탱크 연구기관의 국제정치학자와 전문가 40여 명에 대해 인터뷰 및 설문조사를 시행했다.

이러한 질문들을 둘러싼 견해의 차이가 국제규범질서에서 중국의 역할에 대한 중국 지식인들의 담론에 어떻게 반영되었는지를 살펴볼 것이다.

　이 장은 다음과 같이 구성된다. 먼저, 핵심 개념인 '국제규범'을 정의하고, 제2차 세계대전 이후 미국을 중심으로 구성된 자유주의적 국제규범질서의 특징을 살펴볼 것이다. 그리고 담론 분석을 통해 국제규범질서에서 중국의 역할에 대한 중국 지식인들의 논쟁에 나타난 인식의 차이와 변화를 분석한다. 끝으로, 그러한 중국 지식인들의 논쟁이 가지는 함의를 살펴볼 것이다.

II. 국제규범과 자유주의적 국제규범질서

　국제규범질서에서 중국의 역할에 대한 중국 지식인들의 담론을 분석하기에 앞서서, 먼저 핵심 개념인 '국제규범(international norm)'을 명확히 정의할 필요가 있다. 국제정치에서 규범은 두 가지 측면에서 정의된다(Hurrell & MacDonald 2012). 첫 번째는 국제정치 주체들의 '행위의 규칙성'에 초점을 맞추어 규범을 정의하는 것이다. 이러한 관점에서 국제규범은 국제정치 행위자들의 행동패턴을 반영하고 특정 상황에서 어떠한 행동을 할 것이라는 기대를 불러일으킨다. 국제정치학자들은 국제관계를 구성하는 주체들의 행위에서 일반적인 규칙성을 발견하고 그러한 규칙성이 규범으로 제도화되는 현상을 실증적으로 분석하는 데 관심을 기울여왔다. 현실주의자들이 합리성에 근거한 행위자들의 물질적 이해관계에서 이러한 규칙성을 찾으려 한다면, 구성주의자들은 주관적 관념에서 비롯된 행위자들의 상호관계에서 구조화된 규칙성을 발견한다(신봉수 2006, 293). 두 번째는 행위의 규칙성보다 '행위의 당위성'에 초점을 맞추어 규범을 정의하는 것이다. 핀네모어(Martha Finnemore)는 규범을 도덕적 당위성에 입각하여 적절하게 행동할 것이라는 집단적인 기대로 정의한다(Finnemore & Sikkink 1998). 그의 관점에 따르면, 특정 시대의 규범은 그 제창자들에 의해 적절한 행위의 기준으로 인식됐으며, 이들의 이런 인식이 도덕적 정당성에 대한 공유된 신념으로 발전하여 제도화되고, 이를 기반으로 사회화를 통한 규범의 확산이 이뤄지게 된다. 따라서 새로운 규범이 생명력을 갖고 확산되는 데 있어서 주요한 요소로 작동하는 것은 새로운 규범이 가지고 있는 도덕적 당위성으로, 그 당위성이 높을수록 국제규범으로 제도화될 가능성도 상대적으로 높아진다(신봉수 2006, 295).

본 연구는 후자의 경우처럼 규범의 당위성에 초점을 맞추어 가치판단적 기능을 중시하는 경향에 따라, 규범을 행위자들이 선택 상황에서 의무감을 가지고 따라야 한다고 인식하는 절차적이고 실질적인 규칙(rule), 기준(standard), 원칙(principle) 등을 포괄하는 광범위한 행동 강령으로 정의한다(Hurrell & MacDonald 2012). 이러한 관점에서, 국제규범은 국제관계에서 특정 행위가 바람직한지, 적절한지, 수용 가능한지, 정당한지 여부에 대한 암묵적 혹은 명시적인 가치체계에 기반을 둔 당위적 행위 기준, 원칙, 규칙 등을 의미한다. 본 연구는 이러한 정의를 바탕으로, 가치체계에 기반을 둔 당위적 행위 기준으로서의 국제규범에 대한 중국 내부의 인식과 태도를 분석한다.

국제규범질서에서 중국의 역할에 대한 중국 지식인들의 담론을 분석하기에 위해서는 현 국제규범질서의 특징을 먼저 살펴볼 필요가 있다. 현재의 국제규범질서는 서구를 중심으로 자유주의적 가치와 규범을 근간으로 형성되었다고 볼 수 있다. 기존 국제질서에서 자유주의는 두 개의 서로 다른 흐름으로 나타났다. 첫 번째 흐름은 근대 초기로 거슬러 올라가서 국가주권과 국가 간 평등을 강조하는 흐름이었고, 다른 하나는 좀 더 최근에 나타난 흐름으로 도덕적 보편주의(moral universalism)에 초점이 맞춰졌다(Ikenberry 2011). 1648년 베스트팔렌 조약으로, 민족 국가들로 구성된 근대 국제정치체제가 형성되었다. 그 체제에서 국가들은 자유롭고 평등하며, 그것은 모든 국가가 스스로 사회 · 정치 · 경제체제를 선택할 자유를 가지며 다른 국가들이 국내 문제에 개입할 수 없는 불간섭 권리를 동등하게 누린다는 것을 의미했다. 국가들은 자발적인 동의에 따라 그러한 베스트팔렌 국제체제에 동참하게 되었다(Ginsburg 2010). 자유주의의 두 번째 흐름은 20세기에 미국의 주도로 나타났다. 미국이 주도한 자유주의 흐름 속에서 민주주의와 인권의 자유주의적 가치에 기초한 도덕적 보편주의 규범들이 도입되었다. 1898년 미국의 필리핀 식민 통치 이후 미국의 정치적 영향력이 미치는 범위가 확대됨에 따라, 자유민주주의의 전세계적 확산이라는 목표는 미국이 국제적 영향력을 행사하는 데 있어서 중요한 요소가 되었다. 1970년대 말부터는 인권 보호가 민주주의 확산과 함께 미국 외교정책의 중요한 목표가 되었다(Smith 2012). 탈냉전 시기, 유럽연합과 그 회원국들, 미국의 동맹국들과 우방국들도 이러한 자유주의 흐름에 동참하여 국제적으로 민주주의와 인권의 확대를 추진해왔다. 인도, 브라질, 남아프리카 공화국 같은 비서구 민주주의 국가들도 민주주의와 인권을 중요한 국제적 가치로 인식하고 (비록 이들은 해외에서 이러한 가치를 추구하는 데 적극적으로 나서지는 않았지만) 이러한 자유주의 흐름에 동참했다.

제2차 세계대전 이후, 더 본격적으로는 탈냉전 이후, 미국과 서구 강대국들은 글로벌 거버넌스 체제의 발전에 상당한 영향력을 발휘하면서, 국제관계에서 자유주의적 가치를 강조하고, 경제적 자유주의, 자유민주주의와 관련된 규범의 확산을 지지해왔다. 미국의 주도로 글로벌 가치로서 민주주의와 인권의 전세계적 확산이 추진되면서, 보편 인권과 보호책임(responsibility to protect)의 개념들이 국제정치 담론에서 널리 통용되게 되었다. 이러한 규범들은 유엔인권위원회 같은 국제기구들에서 제도화되었고, 국제사회가 특정 상황에서 다른 국가의 국내문제에 개입할 수 있는 공식적인 권리뿐만 아니라 심지어 도덕적 의무를 부여했다(Etzioni 2011b). 따라서 이러한 규범들은 국가주권에 대한 베스트팔렌 규범과 충돌이 발생하기도 했다. 긴즈버그는 "베스트팔렌 주권은 전후 국제체제에서 약화되어왔으며, 인권 문제는 시민들에 대한 국내적 처우와 같은 국내문제가 국제적 관심 사항이 될 수 있게 했다"고 말한다(Ginsburg 2010). 그에 따르면, 인권 보호는 전후 체제의 규범적 목표가 되었지만, 국제법의 실제 적용에서는 계속해서 국가의 동의, 불간섭, 자주적 평등이 강조되었다.

글로벌 거버넌스에서 자유주의적 국제주의는 이러한 정치적 규범으로서뿐만 아니라, 경제적 규범으로서도 중요한 부분을 차지해왔다. 미국의 저명한 국제정치학자 아이켄베리(G. John Ikenberry)에 따르면, "자유주의적 국제주의는 가장 기본적으로 국가 간 무역과 협력을 통해 상호이익을 추구할 수 있는 규칙에 기반을 둔 개방적인 체제를 제공한다. 자유주의자들은 자유무역, 호혜, 주권평등의 원칙에 따라 상호 협조적 세계질서를 구축하는 데에 모든 정부가 깊은 관심을 가지고 있다고 본다"(Ikenberry 2010, 19). 20세기 중후반, 미국의 대외정책은 영국이 추구했던 경제적 자유주의의 확대 정책을 기반으로 했고, 이러한 정책은 세계 경제 질서에 큰 영향을 미쳤다. 특히, 1990년대 워싱턴 컨센서스는 IMF, WTO 등 경제 분야의 다자기구뿐만 아니라 국가들의 경제발전 정책에서도 중요한 역할을 했다. 예를 들어, 워싱턴 컨센서스에 따라 신자유주의 개혁을 수용하는 조건으로 개도국들에 개발원조가 제공되었다. 이러한 개혁조치는 물가상승 억제, 재정적자 축소, 무역과 자본시장의 자유화를 통한 국내 시장의 개방, 사유화와 탈규제를 통한 국내 상품 시장과 요소 시장의 자유화와 관련된 것이었다(Gore 2000). 1990년대 이후에는, 아시아 금융위기와 라틴아메리카와 구소련 국가들의 경제위기를 겪으면서, 금융규제와 감독, 반부패 조치, 법적·행정적 개혁, 노동시장 유연화, 사회안전망과 같은 제도적 개혁의 확대가 경제원조의 조건으로 제시되었다(Rodrik 2001, 11). 또한, 국가의 현대화 과정에서 자유시장 개혁과 함께 민주주의와 인권의 확대가 이뤄져야 한다는 인식이 강조되었다. 이러한 워싱턴 컨센서스는 많은 비판을 받아왔으며 현재 더 이상 통용되지 않지만, 국제적으로 경제체제의 개방은 계속 추진되고 있다.

1970년대부터 1990년대까지 서구의 대중국 전략의 본질은 중국을 기존의 국제체제 안으로 통합하여, 국제적 협상 테이블의 적절한 자리를 중국에 제공하고, 기존 체제의 규칙과 규범을 준수하도록 중국을 사회화하는 데 있었다. 이러한 전략적 목표에 따라, 국제체제를 구성하는 다양한 국제기구들은 중국을 발전시켜 국제적 행위 규범을 준수할 수 있도록 지원하고자 했다. 그러한 전략적 측면에서, 중국은 자원을 투입하고 자유주의적 규범을 준수하도록 계도해야 할 대상이었다. 하지만 일부 서구학자들은 아직도 중국이 국제체제에 제도적으로 통합되어 있을 뿐이며, 비록 기존의 국제규범을 준수하고 있기는 하지만 여전히 선택적이고 피상적인 단계를 벗어나지 못하고 있다고 주장한다(Kant 2007). 즉 중국은 서구 자유주의적 가치에 바탕을 둔 현 국제체제의 원칙과 규칙, 그리고 규범에 완전히 동화되지 못하고 있다는 것이다. 2005년 당시 미국 국무부 부부장 로버트 졸릭

(Robert Zoellick)은 중국이 단순히 자유주의 국제체제의 수혜자로 머무는 것이 아니라 보다 적극적인 '책임 있는 이해당사자(responsible stakeholder)'이자 기여자가 되어야 한다고 역설했다. 더 나아가, 일부 서구학자들은 중국이 진정한 '책임 있는 이해당사자'가 되기 위해서는 기존의 자유주의적 국제규범을 사회화하는 데 있어서 단순한 전략적 조정의 차원을 떠나 국제규범을 완전히 내면화하고 그에 내재된 가치를 추구하는 새로운 정체성을 구축하는 과정이 필요하다고 지적한다(Shambaugh 2013).

자유주의적 가치와 규범은 현대 국제 거버넌스 체제에서 중요한 역할을 해왔다. 글로벌 거버넌스에서 자유주의에 기초한 규범들은 미국을 비롯한 서구 자본주의 국가들을 중심으로 한 전후 국제질서를 수립하는 데에 중요했다. 서구 자본주의 국가들은 국제적 차원에서 민주주의, 인권, 자유시장경제로 대표되는 자유주의적 가치들을 추구하고 이러한 가치들에 기반을 둔 국제규범을 제정하고 강화하려고 애써왔다. 다수의 국가들이 자유주의적 가치 추구와 확산에 동참하고 자유주의적 가치가 국제규범으로 제도화되면서 현재의 국제질서는 자유주의적 가치를 발전시켜왔다(Mcfaul 2004). 그뿐만 아니라, 자유주의적 가치체계와 규범은 현대 국제정치에서 어떤 행위가 정당하고 수용 가능한지를 판가름하는 중요한 기준이 되었다. 경제·정치적 영역 모두에서 자유주의적 가치와 규범은 서구 강대국들의 외교정책에 매우 중요하게 작용했고, 글로벌 거버넌스에서 서구 강대국들의 국제적 행위는 자유주의의 규범적 틀에 근거해 정당화되고 합법화될 수 있었다. 따라서 일부 학자들은 중국이 비민주 국가로 남아 있는 한, 중국은 현 국제체제 내에서 완전한 합법성(legitimacy)을 누릴 수 없으며, 강대국으로 부상하는 중국은 이러한 자유주의적 가치체계 및 규범질서와 충돌할 수밖에 없을 것이라는 비관적인 전망을 하기도 한다.

이런 맥락에서, "중국이 글로벌 강대국으로 부상함에 따라 국제적 차원에서 자유주의적 가치와 규범의 역할을 축소하기 위해 자국의 증대된 영향력을 활용할 것인가"라는 의문이 제기되기도 한다. 프리드먼은 중국의 부상은 전 세계적으로 민주주의를 후퇴시킬 것이고, 이러한 과정은 이미 시작되었다고 본다(Friedman 2011). 하지만 중국 지도부는 국내적 차원에서는 정치경제적 자유를 상당히 제한해왔지만, 국제적 차원에서는 현재의 자유주의 국제체제 안에서 중국이 발전할 수 있는 길을 지속적으로 모색해왔다. 아이켄베리는 중국이 자유주의 국제체제의 수혜자 중 하나이며, 그 질서를 변화시키기보다는 그 질서에 순응하는 것이 중국에게 궁극적으로 더 큰 이익을 제공하기 때문에 중국이 현재의 국제질서에 계속 협조적일 것이라고 주장한다(Ikenberry 2011; 2014).

이와 관련하여, 중국의 국제적 위상이 높아지고 국제적 영향력이 확대됨에 따라, 중국 내부에서도 강대국으로 부상하는 중국이 글로벌 거버넌스에서 어떠한 역할을 수행해야 하는가에 대한 논쟁이 제기되어왔다.[2] 글로벌 거버넌스는 국제규범, 즉 국제사회에서 정당하다고 여겨지는 행위 기준을 따르는 것과 밀접하게 관련되어 있다. 현재 미국 주도의 자유주의 국제질서하에서 글로벌 거버넌스는 자유주의적 가치의 실현과 국제규범의 준수를 강조한다. 미국을 비롯한 국제사회는 강대국으로 부상하는 중국이 현 국제체제의 '책임 있는 이해당사자'로서 기존의 국제규범과 가치를 내재화하고 글로벌 거버넌스에 참여하여 이를 실현하는 데 보다 적극적인 역할을

2_예를 들자면, Wang and Rosenau 2009; Medeiros 2009; Etzioni 2011a; Richardson 2011; Xiao 2012; Shih and Huang 2013; Breslin 2013; Yeophantong 2013; Shambaugh 2013; Chan and Pak 2013; Kivimäki 2014; Li 2015.

수행하기를 기대한다.[3] 따라서 글로벌 거버넌스에 대한 중국의 태도는 미국 중심의 자유주의적 규범질서를 기반으로 하여 형성된 현 국제 거버넌스 체제에서 중국이 '현상 유지'를 원하는지 아니면 '현상 변경/수정'을 지향하는지를 보여준다. 이는 강대국으로 부상하는 중국이 기존 국제규범질서의 수호 혹은 변화에서 얼마나 적극적인(혹은 주도적인) 역할을 해야 한다고 생각하는지를 판가름할 수 있는 중요한 단서를 제공한다(Johnston 2003; Feng 2009).

III. 국제규범질서에서 중국의 역할에 대한 중국 지식인들의 논쟁

국제규범에 대한 중국의 인식과 태도를 이해하는 데에 있어서 염두에 둘 필요가 있는 것은 규범에 대한 행위자의 인식과 태도는 그 행위자의 정체성과 상관관계를 가진다는 점이다. 커젠스테인에 따르면, 규범은 "행위자가 주어진 정체성을 기반으로 적절하게 행동할 것이라는 집단적인 기대"를 반영한다(Katzenstein 1996). 이러한 관점에서 볼 때, 행위자들은 특정 상황에서 자신의 정체성에 근거하여 적절한 것으로 판단되는 규범에 따라 행동한다(Sending 2002). 이러한 적절한 행위의 기준은 행위자의 정체성에 따라 달라질 수 있고, 서로 다른 정체성을 가진 집단들 간에는 규범의 충돌이

3_2005년 9월 당시 미 국무부 부장관이었던 로버트 졸릭(Robert B. Zoellick)의 미중관계위원회 연설문 참조(Zoellick 2005).

발생할 수 있다. 따라서 현행 국제규범에 대한 특정 국가의 태도는 그 국가의 정체성과 밀접한 관련이 있게 된다. 즉 특정 국가가 자신의 정체성에 기반하여 기존의 국제규범이 갖는 도덕적 당위성에 이의를 제기할 수 있으며, 이를 대체하는 새로운 경쟁적 규범을 제시할 수도 있다(신봉수 2007). 이는 국가가 자신의 지향하는 가치 및 목표에 상응하는 규범적 환경을 만들기 위해 적극적인 대외활동에 나서기도 한다는 것을 의미한다(Katzenstein et al. 1998).

이러한 관점에서 볼 때, 국제규범과 가치의 영역에서 중국의 역할에 관한 중국 내부의 논쟁은 중국의 국가정체성(national identity)을 둘러싼 보다 광범위한 논쟁의 일부라고 볼 수 있다. 즉 국제규범질서에서 강대국으로 부상하는 중국이 추구하는 가치와 역할에 대한 내부적 인식의 차이는 "어떤 강대국이 되고자 하는가"라고 하는 중국이 지향하는 강대국 상을 둘러싼 근본적인 관점의 차이에서 비롯된 것이라고 할 수 있다. 이러한 맥락에서 중국 내 지식인들의 담론을 살펴보면, 중국이 국력의 급속한 성장과 함께 강대국으로 부상하면서, 중국 지식인들은 중국 내 제한된 토론 환경에도 불구하고 부상하는 강대국으로서 중국이 직면한 기회와 위기, 책임에 대한 활발한 논쟁을 진행해왔음을 알 수 있다(Shambaugh 2010; Lynch 2015). 이런 점에서 볼 때, 자유주의적 가치와 규범에 기초한 현재의 국제규범질서에서 중국이 규범 준수자로 남을 것인지 아니면 규범 제정자가 되고자 하는지(혹은, 되어야 하는지)에 대한 중국 지식인들의 논쟁은 현재의 국제규범질서와 글로벌 거버넌스 체제에서 부상하는 중국의 정체성과 역할에 대해 그들이 서로 다른 인식과 지향을 가지고 있음을 보여준다.

따라서 본 연구는 '국제규범질서에서 강대국으로 부상하는 중국의 역할'에 대한 중국 지식인들의 논쟁이 대체로 다음 세 가지 질문들에 대한 그들의 시각차를 반영한다고 본다. 첫째, 자유주의적 가치와 규범에 기초한 현 국제규범질서와 거버넌스 체제를 어떻게 인식하고 있는가? 즉 현 국제 규범질서와 거버넌스 체제에서 현상 유지를 원하는가, 현상 변경 혹은 수정을 원하는가? 둘째, 강대국으로 부상하는 중국이 글로벌 거버넌스 참여와 기존 국제규범질서의 수호 혹은 변화에서 얼마나 적극적인(혹은 주도적인) 역할을 해야 한다고 생각하는가?, 셋째, 중국이 현재의 자유주의적 가치와 규범을 보완하거나 대체하는 대안적인 가치와 규범을 제시해야 한다고 생각하는가?(그렇다면, 어떠한 대안을 제시하고자 하는가?)

이 장에서는 이러한 질문들을 둘러싼 지식인들 사이의 논쟁을 중심으로, 국제규범질서에서 중국의 역할에 대한 중국 내 지식인들의 담론을 네 개의 그룹으로 나누어 살펴본다. 첫 번째는 중국의 실용주의적 현실주의 성향의 지식인들로, 소극적인 규범 준수자로서의 중국을 강조한다. 두 번째는 중국의 글로벌주의 혹은 국제주의 성향의 지식인들로, 책임감 있는 강대국으로서 적극적인 규범 준수자의 역할을 강조한다. 세 번째는 중국의 민족주의, 마르크스주의, 공격적 현실주의 성향의 반서구 및 반미적 색채를 띠는 지식인들로, 자유주의적 규범과 가치에 기초한 국제규범질서와 글로벌 거버넌스 체제에 대한 비판을 제기한다. 네 번째는 중국 국제정치학계의 소위 중국학파로 언급되는 학자들로 규범 제정자로서 중국의 적극적인 역할을 강조하면서 중국이 주도하는 새로운 규범적 질서를 제시하고자 시도한다.

본 연구는 이러한 중국 내부의 담론들 사이에 변화의 흐름이 존재한다고 본다. 개혁개방 이후 자유주의적 국제질서에 편입되어 경제발전과 현대화를 추진하는 과정에서 소극적인 규범 준수자로서의 중국을 상정하는 실용주의적 담론이 주류를 이뤄왔다. 하지만 중국의 급속한 경제적 성장과 강대국으로의 부상이 본격화되면서, 국제규범질서와 글로벌 거버넌스 체제에서 책임감 있는 강대국으로서 보다 적극적인 규범 준수자의 역할을 수행해야 한다는 주장들이 대두되었다. 이와 함께 다른 한편에서는 반서구 및 반미적 색채를 띠는 민족주의가 대두되면서 미국을 비롯한 서구사회를 중심으로 형성된 자유주의적 국제규범질서와 글로벌 거버넌스 체제에 대한 비판이 제기되기 시작했다. 이러한 비판적 시각을 가진 지식인들의 일부가 최근에는 비판을 넘어서 적극적인 대안으로서 규범 제정자로서의 중국의 역할을 강조하면서 중국이 주도하는 새로운 규범적 질서를 제시하고자 한다.

1. 소극적인 규범 준수자로서의 중국: 실용주의적 현실주의 담론

중국 국제정치학계에서 다수를 차지하고 있는 실용주의적 현실주의 성향의 학자들은 중국의 국력과 국제적인 영향력이 증대되었음에도 불구하고 글로벌 거버넌스에서 중국의 역할 확대에 우려를 표명하면서 소극적인 입장을 취해왔다.[4] 이들은 중국이 여전히 개발도상국(혹은 발전 단계의 부상국)이며, 중국의 급속한 발전은 많은 국내적 문제로 도전을 받고 있다고 인식한다. 따라서 실용주의적인 규범 준수자로서 자유주의적 규범을 전략적으로 수용하고 자유주의 국제질서에서 혜택을 누리되, 글로벌 거버넌스 문제에 관해서는 자국의 역량이 허용하는 범위 안에서 중국의 이익과 직결되

4_중국 국제정치학자 인터뷰, 2017년 1월 중국 베이징, 상하이.

는 문제들에 한해 선택적으로 참여할 것을 주장한다.

기존 국제규범의 사회화 과정은 부상국(rising power)의 발전 초기 단계에서 나타난다. 이는 다음과 같은 이유 때문이다(Li 2010; Pu 2012). 첫째, 발전 초기 단계에 있는 부상국의 최우선과제는 기존 국제사회에서 정상국가(normal state)로서 인정받기 위해 기존의 국제체제에 통합되는 것이다. 따라서 기존의 규범을 학습하는 것은 새로운 행위자가 기존의 국제질서에 편입되는 데 유리하게 작용한다. 둘째, 발전 단계의 부상국은 국제사회에 자신의 아젠다를 제시할 만큼 강력하지 않으며, 서구가 지배하는 패권체제와 대면하게 된다. 국제적 패권은 물질적 능력뿐만 아니라 이념적이고 제도적인 통제력을 포함하는 종합 권력을 의미한다. 따라서 발전 단계에 있는 부상국의 역량은 그러한 패권질서에 도전하기에 역부족이다. 이런 관점에서, 많은 기존 연구들은 새로운 행위자가 어떻게 기존의 국제규범을 학습하고 내재화하는지를 경험적으로 연구해왔다. 예를 들어, 하버드대학의 존스턴(Alastair Iain Johnston) 교수는 중국이 모방, 설득, 사회적 영향이라는 세 가지 메커니즘을 통해 군비통제에 관한 기존의 국제규범을 사회화했다고 주장한다(Johnston 2007).

중국의 발전 초기 단계에서, 중국 국제정치학계의 주요한 논쟁은 기존 국제사회와의 관계를 어떻게 설정할 것인가에 관한 것이었고, 국제사회로의 통합은 중국 국제관계 연구의 핵심 이슈가 되었다(秦亚青 2005). 개혁개방이후 20여 년간(1980~2000), 기존의 국제규범에 대한 중국의 일방적인 사회화 과정은 당시 중국의 주요한 관심사를 반영했다. 국제규범의 변화를 어떻게 주도할 것인가는 당시 중국 외교정책의 주요한 관심 사항이 아니었다. 당시 중국의 주요한 과제는 기존 국제체제 내에 편입되어 기존의 국제규범을 학습하는 것이었다(Johnston 2007). 즉 중국의 규범 사회화는 정상

국가로 국제사회에 편입되려는 노력과 관련이 있었다(Pang 2004). 중국의 국제규범에 대한 인식은 시대, 분야, 이슈 영역에 따라 달라졌지만, 당시 중국의 '국제적 기준에 맞춰(与国际接轨)'라는 슬로건은 기존 국제규범을 수용하고자 하는 중국의 의지를 보여주었다(Wang 2007).

다수의 중국 국제정치학자들은 중국의 국가이익과 국제사회와의 관계에 있어서 실용주의적 현실주의 입장을 취한다.[5] 실용주의자들은 외교정책은 관념과 이론보다는 구체적인 상황과 실제적 국익에 근거해야 한다고 믿는다. 이러한 실용주의적 사고는 중국 엘리트의 다수를 지배하며, 중국 내 정치적 담론에서 중심적 위치를 차지하고 있다. 이들은 중국의 국력 평가와 대외전략 구상에 있어서 신중한 입장을 취한다. 이들 대부분은 도광양회(韬光养晦) 전략이 여전히 중국에게 유효하다고 본다(Xu & Du 2015). 이들은 "국가정책에 이데올로기를 개입시키지 말고, 미국을 중심으로 한 기존 자유주의 국제체제에 도전하지 말고, 반(反) 서구 진영의 우두머리가 되지 말고, 상호 이익을 추구하고 타국과의 충돌을 피하고, 국제적으로 필요한 영역에 공공재를 제공할 것"을 주장한다(『外交评论』 2010年 第2期, 157). 수많은 국내 문제를 안고 있는 중국이 글로벌 거버넌스에 기여한다는 것은 사치스러운 일이라는 관점도 존재한다. 일부 지식인들은 중국이 아직 글로벌 거버넌스에 참여할 준비가 완전히 되어 있지 않으며, 발전 과정에서 중국이 당면한 다양한 국내 문제들을 해결하는 데 당분간 더 집중할 필요가 있다고 주장한다(任晓 2007; 胡键 2007; 薛晨 2009). 이들은 중국이 여전히 개발도상국이며 많은 국내적 문제의 도전을 받고 있다고 보기 때문에, 낮은

5_중국 국제정치학자 인터뷰, 2017년 1월 중국 베이징, 상하이.

자세를 유지하는 도광양회 전략은 중국이 경제발전과 국내문제 해결에 집중할 수 있도록 미국과의 충돌을 피하고 주변국들과의 우호적인 관계를 유지하는 데 유리하다고 지적한다(王缉思 2011, 4). 대부분의 불간섭 원칙 지지자들은 이러한 관점을 공유한다(Zheng 2016).[6]

실용주의적 지식인들을 자유주의에 대응하는 대항 이데올로기(counter-ideology)를 제시하지는 않지만, 국제적 다양성을 존중하는 대항 규범(counter-norm)을 제시한다. 이들은 국제관계에서 중요한 가치와 규범 중에 하나로 조화(和谐)와 화이부동(和而不同)[7]을 강조한다. 국제관계에서의 조화와 화이부동은 국제적 다원성에 기반을 두기 때문에, 다자기구를 통해 자유민주주의와 경제적 자유주의의 확산을 추구하는 서구의 입장과 차이가 있다. 중국이 글로벌 차원에서 정치·경제적 다원성을 지지하는 것은 정치·경제적 자유주의와 관련하여 이념적 균일성을 지지해온 서구의 입장과도 대치된다. 국제적 다양성의 추구는 중국 외교정책 담론의 중요한 구성요소 중 하나이고, 중국의 개발도상국들과의 관계에서 있어서 중요한 역할을 하고 있다. 국제적 다양성의 규범은 서구의 간섭으로부터 중국을 보호하기 위한 하나의 방어기제로 작동할 뿐만 아니라, 개발도상국들에 대한 중국의 영향력을 증대시키고 서구의 영향력을 축소시키기 위해 작동하

6_하지만 강경과 현실주의자인 옌쉐퉁(阎学通) 칭화대 교수를 비롯한 일부 학자들은 이러한 주장에 강한 반기를 든다. 중국이 도광양회 전략을 고수하든지 폐기하든지 간에 다른 강대국들은 중국의 강대국화를 심각한 위협으로 인식할 것이고, 그들은 중국의 내정불간섭 원칙이나 개발도상국으로서의 정체성을 고수하는 것이 국제적 책임을 회피하려는 것으로 해석할 것이기 때문에, 중국에 대한 국제적 압력을 감소시키는 데에도 도움이 되지 않는다고 주장한다. 이러한 옌쉐퉁의 논의는 Yan 2014 참조.
7_화이부동은 화합하면서도 부화뇌동하지 않고 자기 입장을 지킨다는 뜻이다.

기도 한다(Putten 2013). 청샤오허(成曉河) 런민대학교 국제관계학원 교수
는 이처럼 중국이 국제적 다원성을 강조하는 것은 국제문제에 있어서 미국
의 지배를 약화시키고 국제기구에서 개발도상국의 발언권을 강화하려는
의도를 드러낸다고 본다(Cheng 2015). 그는 중국이 미국에 비해 국력이 상
대적으로 약하고 국제질서에서 자국의 지위에 만족하지 못한 채 남아 있는
한, 국제적 다양성의 규범을 계속 옹호할 것이라고 말한다.

2. 적극적인 규범 준수자로서의 책임감 있는 강대국 상
: 글로벌주의 혹은 국제주의 담론

국제규범질서에서 강대국으로 부상하는 중국의 정체성과 역할을 둘러
싼 논쟁에 있어서, 적극적인 규범 준수자로서의 중국의 역할을 강조하는
지식인들도 있다. 중국이 강대국으로 부상하면서 그 규모, 국력, 영향력,
국제적 위상에 걸맞게 글로벌 거버넌스에서 더 적극적인 역할을 해야 한다
고 주장하는 '글로벌주의자(globalist)' 혹은 '국제주의자(internationalist)'로
분류되는 학자들이 주로 여기에 해당된다.[8] 이들은 사상적으로 자유주의적
성향을 띠는 경향이 있으며, 초국가적 연계, 소프트파워, 국제협력을 강조
하는 경향이 있다. 이들의 인식의 출발점은 세계화와 상호 의존이다. 세계
화시대에는 국경을 초월하여 다자적으로 해결해야 하는 비전통안보 문제
가 빈번하게 발생하기 때문에, 국제문제 해결에 있어서 다자주의를 신뢰하

8_중국 국제정치학자 인터뷰, 2017년 1월 중국 베이징, 상하이. 예를 들자면, 王公龙 2008; 胡
   键 2007.

고 지지한다. 일부는 선택적 다자주의를 옹호한다. 선택적 다자주의를 주장하는 학자들은 중국이 국제문제에 대한 개입을 점차 확대해야 하지만, 오직 자국의 이익(안보)과 직접 연관이 되어 있는 경우로 한정해야 한다고 주장한다(长弓 2009).

이들의 시각에서, 중국은 자유주의 국제체제의 수혜자 중 하나이지만, 그 체제에 '무임승차' 했다는 비난을 받아왔다.[9] 따라서 이들은 중국 정부가 글로벌 거버넌스에서 건설적인 역할을 하고 책임감 있는 강대국으로서 기여해야 한다고 주장한다(胡键 2007). 이들은 국제적으로 중국의 위상이 높아지고 더 많은 국제적 책임을 떠맡게 될수록 중국이 고수해온 불간섭 원칙과의 충돌이 불가피하다고 인식한다. 따라서 이들은 보통 자유주의적 보편가치를 수용하고 인도주의적 개입을 옹호하며 불간섭 원칙의 폐기를 주장한다. 반면에 좀 더 실용주의적인 성향을 가진 이들은 글로벌 거버넌스에 적극적으로 참여하는 방향으로 원칙의 폐기가 아닌 수정을 주장한다(王公龙 2008). 불간섭 원칙의 폐기나 수정을 주장하는 이들은 중국이 강대국으로 부상함에 따라 국제문제에 대한 소극적인 도광양회 전략을 수정하고 국익을 보호하고 국제적 영향력을 확대하는 데에 보다 적극적이고 창의적인 적극유위(积极有为) 전략을 도입해야 한다는 입장을 지지한다(朱锋 2008, 29). 이러한 주장은 2008년 세계 금융위기 이후 자국의 국력과 영향력을 평가는 데 있어서 증대된 자신감에서 비롯된 것이라 볼 수 있다.

적극적인 규범 준수자로서의 중국의 역할을 강조하는 이들은 중국이 강대국으로 부상함에 따라 글로벌 거버넌스 문제에 보다 적극적으로 참여

9_여기서 자유주의 국제체제는 제2차 세계대전 이후 브레턴우즈 체제를 의미한다.

해야하며, '책임감 있는 강대국'으로서 역할을 수행해야 한다고 주장한다. 런민대학교의 진찬룽(金灿荣) 국제관계학원 부원장은 중국이 국제사회에서 참된 리더가 되는 법을 배워야 하며 공공의 이익을 위해서 진정한 기여를 해야 한다고 말한다(Jin 2010). 또한 중국 외교담당 정치국 위원인 양제츠(杨洁篪)는 2010년 외교부장을 역임할 당시 국제회의 연설에서 다음과 같이 중국의 국제적 책임을 강조했다: "중국은 발전할수록 더욱 많은 국제적 책임을 수용할 것이며, 결코 다른 나라의 희생을 통해서 우리의 국익을 추구하지 않을 것이다. 현재와 같은 상호의존적 세계에서 중국의 미래는 세계 전체의 미래와 긴밀하게 연결되어 있다는 사실을 우리는 잘 알고 있다. 우리가 공동의 이익을 확대하고 책임을 공유하며 모두에게 유리한 전략을 추구하면서 함께 협력한다면 중국과 다른 국가의 이익을 모두 극대화할 수 있다. 이런 관점에서 중국은 자체적인 발전을 도모하면서도 우리의 국력과 위상에 어울리는 국제적 책임을 보다 많이 수용해야 한다"(Yang 2010).

이들은 강대국으로 부상하는 중국이 여전히 규범 준수자로 남아 있고, 자유무역, 시장경제, 대외개방 같은 자유주의적 규범을 계속적으로 내면화하고 있다고 주장한다.[10] 자유주의적 질서로의 편입은 중국의 성장을 촉진했고, 중국은 기존의 자유주의적 질서하에서 성공적인 수혜자가 되었다고 인식한다. 즉 자유주의적 질서는 서구 강대국들만이 아니라 그 체제에 참여하는 모든 국가들에게 유용하며 부상국들에게도 국력, 안보, 국제적 지위를 향상시킬 수 있는 최상의 기회를 제공해왔기 때문에, 부상국들은 대

10_중국 국제정치학자 인터뷰, 2017년 1월 중국 베이징, 상하이.

개 국제레짐에 참여하고 서구국가들과 협조적인 관계를 형성하면서 기존 체제로의 통합 전략을 추구해왔다는 것이다. 이런 관점에서, 일부 학자들은 자유주의 질서의 핵심 가치 중 하나인 자유민주주의는 보편적으로 유효하며 중국도 결국 민주화의 길을 걷게 될 것이라고 전망하기도 한다.[11]

3. 자유주의적 규범과 가치에 기초한 국제규범질서와 글로벌 거버넌스 체제에 대한 비판: 민족주의, 마르크스주의, 공격적 현실주의 담론

중국의 민족주의자들과 마르크스주의자들, 공격적 현실주의자들 사이에는 기존 서구 중심의 자유주의적 국제질서와 자유주의적 규범과 가치에 기반한 국제 거버넌스 체제에 대한 불신이 광범위하게 퍼져 있다.[12] 이들은 외부세계를 신뢰하지 않고, 국가의 자주권을 무엇보다도 상위의 개념으로 옹호하며, 불간섭 원칙을 중국 외교정책의 핵심적 기반으로 여기고 다른 국가의 국내 문제에 간섭하는 것을 거부한다(Shambaugh 2013). 이들은 자유주의적 규범과 가치에 기반한 글로벌 거버넌스에 반발하며, 국가 주권주의와 불간섭 원칙을 교조적으로 지지하고 글로벌 거버넌스를 통한 자유주의적 가치와 규범의 확산에 반대하고 이를 서구의 타국에 대한 내정 간섭을 정당화하기 위한 책략이라고 생각한다. 일부는 '글로벌 거버넌스' '책임감 있는 강대국' '책임 있는 이익상관자'라는 개념들이 중국의 국력을 약화시키고 중국과 개발도상국들 사이의 관계를 멀어지게 하려는 서구의 함정

11_중국의 민주화에 대한 낙관적 시각은 Yu and Dingding 2012 참조.
12_중국 국제정치학자 인터뷰, 2017년 1월 중국 베이징, 상하이.

이라고 주장한다(张胜军 2007, 50; 林利民 2007, 53).

극단적인 민족주의자들과 마르크스주의자들의 담론을 대표하는 『중국은 불쾌하다』 시리즈의 저자들은 대체로 과격한 반서구적·반미적 색채를 띠고 있다(宋晓军 et al. 2009; 贺雄飞 2009; 周筱赟 et al. 2009). 그들은 중국에서 서구의 영향과 사고방식을 몰아내기 위해 서구세계와의 관계를 조건부로 단절해야 한다고 주장한다. 또한 이들은 글로벌 거버넌스에서 다자주의를 중국이 해외에 많은 비용을 투입하도록 만들기 위해 서구 강대국들이 놓아둔 덫으로 보고 다자주의를 강도 높게 비판한다. 글로벌 거버넌스에서 국제사회가 중국에 보다 큰 역할을 요구하는 것은 중국을 현혹해서 결국 중국이 감당하지 못할 비용이 요구되는 책임을 떠안게 하려는 시도라고 지적한다. 일부는 서구 강대국들이 중국의 주권을 침해하고 국내문제에 관여하여 공산당 통치체제를 전복시키려 한다고 의심한다. 이들은 중국이 미국을 비롯한 서구 선진국들을 중심으로 형성된 자유주의적 국제질서를 거부하고 이에 맞설 뿐만 아니라 중국이 세계를 이끌어야 한다고 주장한다.

중국의 공격적 현실주의자(offensive realist)들도 민족주의적 성향을 띠는 경우가 많지만, 극단적 민족주의자들과 비교하면 보다 실용주의적이며, 국수주의적인 경향은 상대적으로 덜하다. 공격적 현실주의 성향의 지식인들은 민족국가를 분석의 핵심단위로 보고, 무엇보다 국가이익을 최우선시한다. 이들은 신념에 가득 찬 '중국 우선주의자'들이며, 타국의 이익에 관심을 두지 않는다. 이들은 중국이 세계무대에서 스스로 방향을 결정할 수 있고 외세의 압박에 저항할 수 있는 강한 국가가 되어야 한다고 주장한다. 이들은 국제환경을 무정부 상태로 보는 경향이 있어서 중국의 대외 환경에 비관적이며 특히 미국에 관해서는 더욱 그러하다(张文木 2008). 즉 이들의 시각에서 세계는 위험한 곳이고 특히 미국은 신뢰할 수 없는 국가이다. 공격적 현실주의자들은 평화적 발전은 국제적 상황을 잘못 이해한 그릇된 발상이며 중국을 정책적 오류로 이끌 수 있다고 생각한다(张睿壮 2001). 중국과 미국 간에는 본질적으로 경쟁적인 역학관계가 형성될 수밖에 없으며, 중국은 앞으로 미국과의 관계에서 장기적인 경쟁과 충돌에 대비해야 한다고 충고한다. 미국은 오랫동안 중국의 국익을 침해해왔으며 미국에 대해 더욱 강경한 정책을 고수해야 한다고 주장한다(Yan 2014). 이러한 공격적 현실주의 성향의 지식인들은 중국의 국익을 배타적으로 정의하고 방어하며, 다자주의나 글로벌 거버넌스에의 참여에 부정적인 태도를 보인다. 민족주의자들과 유사하게도, 그들은 서구세계가 중국을 글로벌 거버넌스와 다자기구에 참여시키려는 시도를 중국의 자원을 소진시키고 성장을 저해해서 결국 중국을 몰락시키기 위한 위험한 함정으로 인식한다.

글로벌 거버넌스에 대한 회의적인 시각을 가진 많은 평론가들은 '책임감 있는 강대국'이라는 개념이 미국을 포함한 서구세계가 중국으로 하여금 현 국제체제의 규범적 질서를 수용하고 그 안에서 더 큰 책임을 떠맡도록 함으로써 중국의 행동을 통제하고 중국의 국내 정세와 발전과정에 영향을 미쳐 발전을 지연시키려는 의도로 새롭게 고안해낸 '억제'의 수단이라고 날카롭게 비판한다(Li 2007). 전 중국 국제문제연구소장인 마전강(马振岗)도 비슷한 관점을 가지고 있다. 그는 중국 책임론의 기본적인 발상은 중국을 억누르고 통제하는 데 그 목적이 있다고 본다. 미국과 서구사회를 중심으로 형성된 기존의 국제체제에서 '중국의 책임'을 강조하는 것은 서구적(혹은 미국적) 규범과 기준에 맞추어 중국을 변화시키고 미국을 포함한 다른 서구국가들에 협조하게 하기 위한 미국의 의도가 담겨 있다고 비판한다(马振岗 2007, 8-9). 또 다른 비평가는 '강대국의 책임'이라는 개념 자체가 잘못되었다고 지적한다. 이러한 개념은 다른 국가의 주권을 위태롭게 할 소지가 있고, 서구 강대국들이 독점적으로 규정한 '보편가치'를 준수하도록 만드는 국제적 패권주의를 위한 개념일 뿐이라고 비판한다(曹阳 2011, 48-50).

4. 적극적인 규범 제정자로서의 중국: 중국학파 담론

부상하는 강대국들은 수동적으로 기존 서구 강대국들의 규범적 선호를 그대로 수용하는 것이 아니라, 자신의 선호에 맞는 규범을 새롭게 제시하려는 움직임을 보일 수 있다. 이런 관점에서, 부상국들은 그들의 국력과 영향력이 확대될수록 더 이상 기존 국제규범질서의 현상 유지를 원치 않을 수 있다. 더 나아가 그들은 강대국으로서의 지위에 걸맞게 국제사회에서 적절한 행위의 기준으로 받아들여지는 규범들을 규정하는 데 있어서 영향력(발언권)을 가지기를 원할 수 있다(Suzuki 2008). 따라서 부상국들은 기존 질서의 모든 게임의 규칙을 맹목적으로 수용하는 것이 아니라, 패권에 직접적으로 맞서지는 않으면서 상황을 변화시키려고 시도할 수도 있다. 이것은 영국 학자 배리 부잔(Barry Buzan)이 제시한 '개혁적 수정주의(reformist revisionist)'와 유사하다(Buzan 2010, 14).[13] 이는 부상국들이 기존 체제의 근본적인 규칙에는 도전하지 않지만, 적어도 그 안에서 자신의 목소리를 키우거나 그 체제를 일부 수정하거나 개혁하려 하는 것을 의미한다. 이 과정에서 부상국들은 규범 준수자일 뿐만 아니라 점차 규범 제정자로서의 역할을 하게 된다.

13_이러한 논의에 대한 비판은 Qin 2010 참조.

이러한 맥락에서, 중국 국제정치학계의 소위 중국학파를 중심으로 "어떻게 중국이 기존의 서구 중심의 국제질서와 규범체제에 대항하여 글로벌 거버넌스 체제와 국제규범질서의 변화를 추동할 것인가"에 대한 논의에 관심을 기울여왔다(Zhang & Chang 2016; Noesselt 2015). 먼저, 이들은 서구적 가치와 문화가 다른 국가들의 것보다 더 우월하다는 인식에 도전한다.[14] 이들은 국제관계에서 중국의 전통적 가치나 역사적 경험을 적용하여 서구 강대국들이 제시해온 기존의 국제규범이나 가치와 구분되는 중국적 외교 원칙과 가치, 이념을 제시하고 추구해야 한다고 주장한다(김재철 2015).[15]

일부 지식인들은 자유민주주의, 인도주의적 개입과 그 과정에서 발생하는 국가주권 침해(내정 간섭)의 불가피성에 의문을 제기하며, 자유주의적 규범들을 맹목적으로 수용하는 데 불편함을 드러낸다. 자유주의 규범의 사회화는 자유주의적 가치를 공유하며 그 가치를 실현하기 위해 필요한 행위의 규범을 보편적으로 수용하고 있다는 전제를 바탕으로 한다. 이들은 이러한 가치를 공유하지 않으며, 자유주의적 규범의 보편성을 인정하지 않는다. 칭화대학교의 옌쉐퉁 교수는 중국은 글로벌 거버넌스에 있어서 획일적 형태가 아닌 차별화된 규범을 원한다고 말한다. 그에 따르면, 중국은 제2차 세계대전 이후 서구 주도로 형성된 기존의 국제규범과 글로벌 거버넌스 기구들에 불만을 품고 있으며 그것들을 (개혁하기보다는) 대체할 새로운 대안을 찾고 있다고 말한다(Yan 2011a). 그는 오래된 건물을 수리하는 것보다는 새로운 건물을 짓는 편이 더 쉽듯이, 중국이 장래에 기존의 국제규범과 기구들을 개혁하기보다는 새로운 기구의 설립을 선호하게 될 것이라고 말

14_중국 국제정치학자 인터뷰, 2017년 1월 중국 베이징, 상하이.
15_이러한 현상에 대한 서구의 인식은 Mahbubali 2008; Jacques 2009 참조.

한다.

최근 중국의 지식인들과 정치엘리트들은 중국이 국제사회에서 '담론 권력(话语权, discourse power)'을 확대해야 한다고 강조해왔다. 중국사회과학원 부원장인 리선밍(李慎明)은 담론 권력이 국제사회에서 중국의 이익을 확대하는 데 유용하다고 본다(Li 2011). 이런 관점에서, 일부 학자들은 부상하는 중국이 규범적 소프트파워(normative soft power)를 강화해야 한다고 주장한다. 규범적 소프트파워는 자신이 선호하는 가치와 규범을 자국을 뛰어넘어 타국에까지 호소력 있는 보편적인 규범으로 전환할 수 있는 능력을 의미한다. 이러한 소프트파워를 가질 때, 국제적 아젠다(agenda)를 설정하고 국제사회에서 적절하고 정당한 행위의 기준을 세우는 데 영향력을 발휘할 수 있게 된다. 규범적 소프트파워의 중요성을 강조하는 일부 학자들은 중국이 전통적인 문화와 이념을 바탕으로 국제규범 제정에 적극적으로 기여해야 한다고 주장한다. 중국 소프트파워 연구를 주도하고 있는 대표적인 학자인 중앙당교의 먼홍화(门洪华) 교수는 공자와 맹자가 제시한 중국의 네 가지 핵심 가치인 화(和), 덕(德), 예(禮), 인(仁)의 보편성을 강조한다(门洪华 2007). 이에 반해, 상하이 국제문제 연구원의 전 원장이자 저명한 정책 연구가인 위신텐(俞新天)은 중국의 역사와 전통사상만을 강조하는 학자들을 비판한다. 그는 대신 '중국적 특색의 사회주의'와 중국의 '평화적 발전의 길'이라는 현대적 이데올로기와 발전모델이 중국 소프트파워의 핵심적 역할을 담당해야 한다고 주장한다(俞新天 2008; 2010).

최근, 옌쉐퉁, 자오팅양(赵汀阳), 친야칭(秦亚青) 등 소위 '중국학파 (Chinese School)' 학자들은 중국의 전통사상과 역사에 대한 관심을 다시 불러일으켜왔다(Callahan & Barabantseva 2011). 이들은 자유주의적 가치와 규범이 현재의 국제질서를 형성하는 데 중요한 역할을 해왔음을 인정하면서도, 서구적 근대화가 가지는 문제점을 극복하는 데에 있어서 중국 전통사상의 시대를 관통하는 통찰력과 중국 전통가치와 규범의 우월성을 강조한다. 이들은 춘추전국시대의 중국 고대사상가들의 전통사상(유가, 도가, 법가사상)을 현대적으로 해석하여 현대의 국제문제를 해결하는 대안적 담론으로 제시하고자 시도한다. 바이퉁둥(白彤东) 상하이 푸단대학교 철학과 교수와 판뤼핑(范瑞平) 홍콩시립대학 교수는 부상하는 중국은 유가적 덕목인 메리토크라시(meritocracy, 능력주의) 요소를 도입한 통치 거버넌스의 새로운 대안적 모델을 제시하고 있고, 이러한 모델이 서구 민주주의보다 더 민주적일 수 있다고 주장한다(Bai 2012; Fan 2013). 또한, 바이퉁둥은 춘추전국시대의 정치사상에 초점을 맞추어, 중국 전통사상의 덕목들이 특정 시대의 중국에만 적용되는 것이 아니라 보편성을 가지며 현대사회가 처한 문제들을 해결하는 데에도 유용하다고 본다. 중국의 저명한 철학자인 자오팅양(赵汀阳)은 중국의 전통사상이 글로벌 문제들을 해결하는 데 있어서도 더 나은 철학적 틀을 제공한다고 주장한다(赵汀阳 2003; 2005). 특히, 그는 중국의 전통적 천하(天下)사상을 현대적으로 재해석하고 21세기에 적용하려는 시도들을 해왔다(Zhao 2006). 천하세계는 하나의 규범적 이상으로서, 민족국가를 주요한 분석의 단위로 하는 기존의 서구적 논리에서 벗어나 인류가 공동으로 합의한 제도에 기초한 이상적 세계를 형상화한 것이다. 그는 서구식 패권질서를 비판하면서, 베스트팔렌 체제는 무정부 상태의 국제체제와 국가들 간의 제로섬 경쟁, 윤리적 행동강령의 부재로 인한 전쟁 같은 부정적인 속성을 가지는 퇴락한 질서로 규정하고, 천하체계가 21세기를 위한 위계적이지만 안정적인 대안적 세계질서 모델이 될 수 있다고 주장한다.

시진핑 정부의 외교 참모 중 한 명이며 대표적인 강경파 현실주의자로 알려진 옌쉐퉁 중국 칭화대 당대국제관계연구원장은, 중국이 글로벌 리더로서 미국을 대체하기를 원한다면 세계에 더 나은 역할 모델을 제시할 수 있어야 한다고 주장한다(Yan 2011b). 옌쉐퉁이 이끄는 소위 칭화학파는 중국 고대 철학자들의 사상에서 정치적 전략들을 발굴해내고, 국가 통치, 더 나아가서 글로벌 거버넌스의 '올바른 길'을 제시해왔다. 옌쉐퉁은 춘추전국시대의 사상가 순자(荀子)의 사상을 국제체제에 적용하는 것이 현대의 국제문제를 해결하는 데 하나의 대안이 될 수 있다고 주장한다(Yan 2008). 순자의 위계(hierarchy) 사상에 근거하여, 그는 국가들이 서로 동등한 지위를 가진다는 관념은 경험적으로 문제가 있으며 정치적으로도 위험하다고 본다. 세상에는 약자와 강자가 존재하듯이 국제사회에도 약소국와 강대국이 엄연히 존재하기 때문에, 국가들은 평등이 아닌 위계에 따라 위계적 국제체제를 형성하고 강대국이 약소국보다 안보·경제 문제들에서 더 큰 책임을 지도록 하는 것이 실제로 더 공평하고 안전한 세상을 만들 수 있다고 주장한다. 순자의 사상에 따라, 옌쉐퉁은 한 국가의 대외전략을 왕도(王道), 패도(霸道), 그리고 강권(强权)으로 나눈다. 여기서 도덕적 리더십으로 천하를 아우르는 방식이 왕도라면, 군사력을 이용해 경쟁적으로 천하의 일부를 차지하는 게 패도이고 강권은 강압적 방법으로 주변국에 군림하는 것이다. 그는 왕도가 장기적으로 안정적인 질서를 유지하는 유일한 길이며, 중국이 미국을 이기는 길은 경제력이나 군사력에 있지 않고 도덕과 규범에 기초한 모범적 리더십, 즉 왕도의 행보를 걸을 때 비로소 가능하다고 주장한다.

IV. 맺는말

급속한 경제성장과 국제적 영향력 확대와 함께 중국이 강대국으로 부
상하면서, 최근 중국의 지식인들은 중국 내 제한된 토론 환경에도 불구하
고 부상하는 강대국으로서 중국이 직면한 기회와 위기, 책임에 대한 활발
한 논의를 진행해왔다. '국제규범질서에서 강대국으로 부상하는 중국의 역
할'에 관한 중국 지식인들의 논쟁은 중국이 지향하는 강대국 상에 관한 광
범위한 논쟁의 일부라고 볼 수 있다. 중국의 강대국화 과정에서 나타나고
있는 이러한 논쟁들은 강대국으로 부상하는 중국이 과연 기존의 국제규범
이나 가치를 계속해서 준수하고 따를 것인지 아니면 독자적 노선을 추구하
면서 국제관계에서 자신이 선호하는 규범과 가치를 제시하고 추구하려 할
것인지, 중국이 국제규범과 가치에 관한 독자적 구상을 제시하기 시작한다
면 그 구체적 내용은 무엇이 될 것인지에 대한 관심을 촉발한다. 이러한 맥
락에서, 이 장에서는 국제규범과 가치적 측면에서 중국이 지향하는 강대국
상을 둘러싼 중국 지식인들의 다양한 담론을 살펴보았다. 특히, 현재의 자
유주의적 국제규범질서에서 중국이 규범 준수자로 남을 것인지 아니면 새
로운 가치와 규범을 창출하는 규범 제정자가 되고자 하는지(혹은 되어야 하
는지)에 대한 중국 지식인들 사이의 논쟁에 초점을 맞추어 담론 분석을 진
행했다.

그 결과, 국제규범질서에서 중국의 역할에 대한 중국 지식인들의 담론
은 크게 네 개의 그룹으로 나누어 볼 수 있었다. 첫 번째는 중국의 실용주
의적 현실주의 성향의 지식인들로, 이들은 소극적인 규범 준수자로서의 중
국을 상정한다. 두 번째는 중국의 글로벌주의 혹은 국제주의 성향의 지식
인들로, 책임감 있는 강대국으로서 적극적인 규범 준수자의 역할을 강조한

다. 세 번째는 중국의 민족주의, 마르크스주의, 공격적 현실주의 성향의 반서구 및 반미적 색채를 띠는 지식인들로, 자유주의적 가치와 규범에 기초한 기존의 국제규범질서와 글로벌 거버넌스 체제에 대한 비판을 제기한다. 네 번째는 중국 국제정치학계의 소위 중국학파로 언급되는 학자들로 규범 제정자로서의 중국의 적극적인 역할을 강조하면서 중국이 주도하는 새로운 규범적 질서를 제시하고자 한다.

이러한 담론 분석 결과는 국제규범질서에서 중국의 역할에 대한 중국 지식인들의 서로 다른 인식과 지향을 보여주었다. 그리고 그들의 그러한 견해차는 대개 다음 두 가지 측면에 대한 인식의 차이를 반영하는 것으로 나타났다. 첫째, 자유주의적 가치와 규범에 기초한 현 국제규범질서와 거버넌스 체제에 대한 인식의 차이다. 자유주의적 가치와 규범에 기초한 현재의 국제규범질서와 거버넌스 체제에 만족하는가, 아니면 불만을 느끼는가에 따라, 현 국제체제에서 '현상 유지'를 원하는지 아니면 '현상 변경/수정'을 추구하는지에 대한 지식인들의 주장에 있어서 차이가 나타났다. 예를 들어, 현 국제규범질서와 거버넌스 체제가 중국에 유익하다고 인식하는 경우, 중국이 '현상유지세력(status quo power)'으로 남아 있어야 한다고 주장하는 경향을 보였다. 이들은 국제규범질서에서 규범 준수자로서의 중국의 역할을 강조했다. 이에 반해, 현 국제체제에 불만을 가지는 경우, 중국이 현상 변경 혹은 수정을 추구해야 한다고 인식하는 경향을 보였다. 이들은 기존의 국제규범질서나 거버넌스 체제를 비판하거나 '규범 제정자'로서의 중국의 역할을 강조하는 것으로 나타났다.

둘째, 현 국제규범질서와 거버넌스 체제에서의 중국의 역할에 있어서 '적극성' 혹은 '주도성'에 대한 인식의 차이다. 글로벌 거버넌스와 국제규범질서의 변화에 있어서 중국의 소극적인 참여를 지향하는지, 적극적인 참여를 지향하는지는 규범 준수자 혹은 제정자로서 중국의 적극적 혹은 주도적 역할 수행에 대한 기대에 영향을 미치는 것으로 보인다. 예를 들어, 책임감 있는 강대국으로서 글로벌 거버넌스에서 중국의 적극적인 참여를 선호하는 경우, 규범 준수자로서 중국이 기존의 국제규범과 가치를 준수하고 실현하는 데 보다 적극적인 역할을 해야 한다고 주장하는 경향이 나타났다. 이에 반해, 국제규범질서의 변화(혹은 개혁)에 있어서 중국의 적극적이고 주도적인 역할을 지향하는 경우, 규범 제정자로서 기존의 국제규범과 가치를 보완하거나 대체하는 대안적인 가치와 규범을 제시해야 하는 필요성을 강조하는 경향을 보였다.

이러한 중국 지식인들의 논쟁에서 주목할 부분은 중국 내부의 서로 다른 담론들 사이에 변화의 흐름이 존재한다는 것이다. 개혁개방 이후 자유주의적 국제질서에 편입되어 경제발전과 현대화를 추진하는 과정에서 소극적인 규범 준수자로서의 중국을 상정하는 실용주의적 시각이 주류를 이뤄왔다. 하지만 중국의 급속한 경제성장과 강대국으로의 부상이 본격화되면서, 국제규범질서와 글로벌 거버넌스 체제에서 책임감 있는 강대국으로서 보다 적극적인 규범 준수자의 역할을 수행해야 한다는 주장들이 대두되었다. 이와 함께 다른 한편에서는 반서구 및 반미적 색채를 띠는 민족주의가 대두되면서 미국을 비롯한 서구 강대국들을 중심으로 형성된 기존의 국제규범질서와 글로벌 거버넌스 체제에 대한 비판이 제기되기 시작했다. 최근에는 이러한 비판적 시각을 가진 지식인들의 일부가 비판을 넘어서 적극적인 대안으로서 규범 제정자로서의 중국의 역할을 강조하면서 중국이 주도하는 새로운 규범적 질서를 제시하고자 시도하고 있다.

이는 중국의 부상이 가속화되고 중국의 국제적 영향력이 확대되면서, 중국 내부에서 두 갈래의 서로 다른 변화의 움직임들이 나타나고 있음을 단적으로 보여준다. 한편에서는 기존의 국제규범질서에서 소극적인 규범 준수자였던 중국이 적극적인 규범 준수자로서 글로벌 거버넌스에서 보다 적극적인 역할을 수행하려는 움직임이고, 다른 한편에서는 기존의 자유주의적 국제규범질서와 거버넌스 체제에 대한 비판에서 더 나아가 적극적인 대안을 제시하는 규범 제정자로서의 역할을 모색하려는 움직임이다. "국제규범질서에서 중국은 어떤 강대국이 되고자 하는가?"라는 근본적 질문에 대한 대답은 이러한 두 개의 서로 다른 변화의 움직임들이 결국 어느 쪽으로 귀결되느냐에 달려 있다고 볼 수 있다. 이 장에서는 국제규범과 가치 영역에서 중국의 역할에 대한 중국 지식인들 사이의 논쟁을 통해 이러한 질문에 대한 중국 내부의 인식과 지향을 살펴보았다. 중국 지식인들의 견해가 반드시 중국 정부나 정치지도자들의 인식을 대변하거나 그들의 인식에 영향을 미치는 것은 아니지만, 담론 생산층인 중국 지식인들의 논쟁을 이해하는 것은 중국 내부 담론의 스펙트럼을 이해하는 데 유용한 자료가 될 수 있다. 그리고 이러한 중국 내부 담론의 스펙트럼을 이해하는 것은 강대국으로 부상하는 중국이 현재의 국제규범질서와 거버넌스 체제에서 선택 가능한 역할의 선택지들과 그에 따른 조건들을 이해하는 데에도 도움이 될 것이다.

참고문헌

김재철, 2015, "중국식 외교정책의 등장? 2014년 중국외교의 기조," 『2014 중국정세보고』, 국립외교원 외교안보연구소 중국연구센터.

신봉수, 2006, "중국적 규범(norm)의 모색과 한계," 『국제정치논총』 제46집 4호.

_____, 2007, "국제규범에 대한 중국의 전략적 사회구성," 『한국정치학회보』 제41집 3호.

이문기, 2014, "중국 싱크탱크의 발전 현황 및 특징: 국가 의존적 지식인-관료 협력모델," 『중소연구』 제38집 3호.

Bai, Tongdong, 2012, *China: The Political Philosophy of the Middle Kingdom*, London: Zed Books.

Breslin, Shaun, 2013, "China and the Global Order: Signalling Threat or Friendship?" *International Affairs*, 89(3).

Buzan, Barry, 2010, "China in International Society: Is 'Peaceful Rise' Possible?" *Chinese Journal of International Politics*, 3(1).

Callahan, William A., and Elena Barabantseva, 2011, *China Orders the World: Normative Soft Power and Foreign Policy*, Washington, D.C.: Woodrow Wilson Center Press.

Chan, Gerald, and Pak K. Lee, 2013, *China Engages Global Governance: A New World Order in the Making?* London: Routledge.

Cheng, Xiaohe, 2015, "Harmony with Diversity: Some Ignored Facts," *Global Policy*, 6(1).

Etzioni, Amitai, 2011a, "Is China a Responsible Stakeholder?" International Affairs, 87(3).

_____, 2011b, "Point of order: Is China more Westphalian than the West? Changing the rules," *Foreign Affairs*, 90(6).

Fan, Ruiping, 2013, "Confucian Meritocracy for Contemporary China," in Daniel A. Bell and Chenyang Li, eds., *The East Asian Challenge for Democracy: Political Meritocracy in Comparative Perspective*, Cambridge: Cambridge University Press.

Feng, Huiyun, 2009, "Is China a Revisionist Power?" *Chinese Journal of International*

Politics, 2(3).

Finnemore, Martha, and Kathryn Sikkink, 1998, "International Norm Dynamics and Political Change," *International Organization*, 52(4).

Friedman, Edward, 2011, "Understanding China's Global Impact," *The Diplomat*, 2011/2/15. http://thediplomat.com/2011/02/understanding-chinas-global-impact (검색일: 2017. 5. 9)

Ginsburg, Tom, 2010, "Eastphalia as the Perfection of Westphalia," *Indiana Journal of Global Legal Studies*, 17(1).

Gore, Charles, 2000, "The Rise and Fall of the Washington Consensus as a Paradigm for Developing Countries," *World Development*, 28(5).

Hurrell, Andrew, and Terry MacDonald, 2012, "Ethics and Norms in International Relations," in Walter Carlsnaes, Thomas Risse and Beth Simmons, eds., *Handbook of International Relations*, London: Sage.

Ikenberry, G. John, 2010, "The Three Faces of Liberal Internationalism," in Alan S. Alexandroff and Andrew F. Cooper, eds., *Rising States, Rising Institutions: Challenges for Global Governance*, Washington, DC: The Brookings Institution Press.

_____, 2011, "The Future of the Liberal World Order: Internationalism after America," *Foreign Affairs*, 90(3).

_____, 2014, "The Illusion of Geopolitics: The Enduring Power of the Liberal Order," *Foreign Affairs*, 93(3).

Jacques, Martin, 2009, *When China Rules the World: The End of the Western World and the Birth of a New Global Order*, New York: Penguin Press.

Jin, Canrong, 2010, "US-China Relations," 제45회 오타고(Otago) 외교정책학회 〈China's Ascent: New Superpower or New Global System?〉 발표문, University of Otago, 2010/6/26.

Johnston, Alastair Iain, 2003, "Is China a Status Quo Power?," *International Security*, 27(4).

_____, 2007, *Social States: China in International Institutions, 1980-2000*, Princeton: Princeton University Press.

Kant, Ann, 2007, *Beyond Compliance: China, International Organizations, and Global Security*, Stanford: Stanford University Press.

Katzenstein, Peter J., 1996, "Introduction," in Peter J. Katzenstein, ed., *The Culture of National Security*, New York: Columbia University Press.

Katzenstein, Peter J., Robert O. Keohane, and Stephen D. Krasner, 1998, "International Organization and the Studies of World Politics," *International Organization*, 52(4).

Kivimäki, Timo, 2014, "Soft Power and Global Governance with Chinese Characteristics," *Chinese Journal of International Politics*, 7(4).

Kun, Zhai, 2014, "The Xi Jinping Doctrine of Chinese Diplomacy," *China & US Focus*, 2014/3/24. http://www.chinausfocus.com/political-social-development/the-xi-jinping-doctrine-of-chinese-diplomacy (검색일: 2017. 5. 6)

Li, Jie, 2007, "The Transition of the International System: From the Perspective of the Theory of Responsibility," *China International Studies*, 겨울호.

Li, Mingjiang, 2015, *China Joins Global Governance: Cooperation and Contentions*, Lanham: Lexington Books.

Li, Shenming, 2011, "Discourse Power Masks Upper-class Interests," *Global Times*, 2011/6/22, http://www.globaltimes.cn/content/662816.shtml (검색일: 2017. 5. 8)

Li, Xiaojun, 2010, "Social Rewards and Socialization Effects: An Alternative Explanation for the Motivation Behind China's Participation in International Institutions," *The Chinese Journal of International Politics*, 3(3).

Liu, Yu, and Dingding Chen, 2012, "Why China Will Democratize?," *The Washington Quarterly*, 35(1).

Lynch, Danie, 2015, *China's Futures: PRC Elites Debate Economics, Politics, and Foreign Policy*, Stanford: Stanford University Press.

Mahbubali, Kishore, 2008, *The New Asian Hemisphere: The Irresistible Shift of Global Power to the East*, New York: Public Affairs.

Mcfaul, Michael, 2004, "Democracy Promotion as World Value," *The Washington Quarterly*, 28(1).

Medeiros, Evan S., 2009, "Is Beijing Ready for Global Leadership?" *Current History*, 108(719).

Noesselt, Nele, 2015, "Revisiting the Debate on Constructing a Theory of International Relations with Chinese Characteristics," *The China Quarterly*, 222.

Pang, Zhongying, 2004, "China as a Normal State? Understanding China's Unfinished Transformation From State Socialization Perspective," *Journal of East Asian Affairs*, 18(2).

Pu, Xiaoyu, 2014, "Socialisation as a Two-way Process: Emerging Powers and the

Diffusion of International Norms," *Chinese Journal of International Politics*, 5(4).

Qin, Yaqing, 2010, "International Society as a Process: Institutions, Identities, and China's Peaceful Rise," *Chinese Journal of International Politics*, 3(2).

Richardson, Courtney J., 2011, "A Responsible Power? China and the UN Peacekeeping Regime," *International Peacekeeping*, 18(3).

Rodrik, Dani, 2001, "The Global Governance of Trade as if Development Really Mattered," *United Nations Development Programme Background Paper.* http://www.tinyurl.com/lekak8z (검색일: 2017. 5. 9)

Sending, Ole Jacob, 2002, "Constitution, Choice and Change: Problems with the Logic of Appropriateness and Its Use in Constructive Theory," *European Journal of International Relations*, 8(4).

Shambaugh, David L., 2010, "Coping with a Conflicted China," *The Washington Quarterly*, 34(1).

_____, 2013, *China Goes Global: The Partial Power*, Oxford: Oxford University Press.

Shih, Chih-Yu, and Chiung-Chiu Huang, 2013, "Preaching Self-Responsibility: the Chinese style of global governance," *Journal of Contemporary China*, 22(80).

Smith, Tony, 2012, *America's Mission: The United States and the Worldwide Struggle for Democracy*, Princeton, NJ: Princeton University Press.

Suzuki, Shogo, 2008, "Seeking 'Legitimate' Great Power Status in Post-Cold War International Society," *International Relations*, 22(1).

van der Putten, Frans-Paul, 2013, "Harmony with Diversity: China's Preferred World Order and Weakening Western Influence in the Developing World," *Global Policy*, 4(1).

Wang, Hongying, 2007, "Linking Up with the International Track: What's in a Slogan?" *The China Quarterly*, 189.

Wang, Hongying, and James N. Rosenau, 2009, "China and Global Governance," *Asian Perspective*, 33(3).

Xiao, Ren, 2012, "A Reform-minded Status Quo Power? China, the G20, and Changes in the International Monetary System," *Working Paper*, 25, Research Center for Chinese Politics and Business, University of Indiana.

Xu, Jin, and Zheyuan Du, 2015, "The Dominant Thinking Sets in Chinese Foreign Policy Research: A Criticism," *Chinese Journal of International Politics*, 8(3).

Yan, Xuetong, 2008, "Xun Zi's Thoughts on International Politics and Their Implications," *Chinese Journal of International Politics*, 2(1).

_____, 2011a, "China Views China's Role in Global Governance," 조지워싱턴대학교 산하 엘리엇 국제관계대학의 시거 아시아연구센터 발표문, 2011년 11월 8일.

_____, 2011b, "How China Can Defeat America," *New York Times*, 2011/11/20. http://www.nytimes.com/2011/11/21/opinion/how-china-can-defeat-america.html (검색일: 2017. 5. 6)

Yan, Xuetong, 2014, "From Keeping a Low Profile to Striving for Achievement," *Chinese Journal of International Politics*, 7(2).

Yang, Jiechi, 2010, "A Changing China in a Changing World," 뮌헨 국제안보회의 연설문, 2010년 2월 5일.
http://www.fmprc.gov.cn/mfa_eng/wjdt_665385/zyjh_665391/t656781.shtml (검색일: 2017. 5. 7)

Yeophantong, Pichamon, 2013, "Governing the World: China's Evolving Conceptions of Responsibility," *Chinese Journal of International Politics*, 6(4).

Zhang, Yongjin, and Teng-Chi Chang, 2016, *Constructing a Chinese School of International Relations: Ongoing Debates and Sociological Realities*, London: Routledge.

Zhao, Tingyang, 2006, "Rethinking Empire from a Chinese Concept 'All-under-Heaven' (Tianxia)," *Social Identities*, 12(1).

Zheng, Chen, 2016, "China Debates the Non-Interference Principle," *Chinese Journal of International Politics*, 9(3).

Zoellick, Robert B., 2005, "Whither China: From Membership to Responsibility?," The National Committee on U.S-China Relations, New York City, 2005년 9월 21일, https://2001-2009.state.gov/s/d/former/zoellick/rem/53682.htm (검색일: 2017. 5. 9)

贾庆国, 2014, "国际事务中的'中国方案'与'中国智慧'," 『世界知识』 第18期. http://www.faobserver.com/Newsinfo.aspx?id=10623 (검색일: 2017. 5. 6)

贺雄飞 主编, 2009, 『中国为什么不高兴: 中华复兴时代知识分子的文化主张』, 北京: 世界知识出版社.

林利民, 2007, "理性辨析'中国责任论'" 『人民论坛』 第3期. http://cpc.people.com.cn/GB/68742/68758/68847/5521097.html (검색일: 2017. 5. 7)

马振岗, 2007, "中国的责任与'中国责任论'," 『国际问题研究』 第3期.

门洪华 主编, 2007, 『中国: 软实力方略』, 杭州: 浙江人民出版社.

薛晨, 2009, "非传统安全问题与国际公共产品供给—兼论"中国责任论"与和谐世界理念的实践," 『世界经济与政治』 第3期.

宋晓军 等, 2009, 『中国不高兴: 大时代 · 大目标及我们的内忧外患』, 南京: 江苏人民出版社.

王公龙, 2008, "国家利益 · 共有利益与国际责任观—兼论中国国际责任观的构建," 『世界经济
　　与政治』第9期.

王缉思, 2011, "中国的国际定位问题与"韬光养晦 · 有所作为"的战略思想," 『国际问题研究』第
　　2期.

俞新天, 2008, "软实力建设与中国对外战略" 『国际问题研究』第2期.

_____, 2010, 『掌握国际关系密钥: 文化 · 软实力与中国对外战略』, 上海: 人民出版社.

任晓, 2007, "研究和理解中国的国际责任," 『社会科学』第12期.

长弓, 2009, 『中国不折腾: 中国的态度 · 全球角色及别折腾』, 北京: 九州出版社.

张文木, 2008, "世界历史中的强国之路与中国选择," 郭树勇 主编, 『战略与探索』, 北京: 世界知
　　识出版社.

张胜军, 2007, "'中国责任论'可以休矣," 『人民论坛』第6期.

张睿壮, 2001, "重估中国外交所处之国际环境—和平与发展并非当代世界主题," 『战略与管理』
　　第1期.

曹阳, 2011, "国际秩序中'大国责任'的困境与重构," 『当代世界』第11期.

赵汀阳, 2003, "'天下体系': 帝国与世界制度," 『世界哲学』第5期.

_____, 2005, 『天下体系: 世界制度哲学导论』, 南京: 江苏教育出版社.

朱锋, 2008, "在'韬光养晦'与'有所作为'之间求平衡," 『现代国际关系』第9期.

周筱赟 · 叶楚华 · 廖保平, 2009, 『中国谁在不高兴』, 广州: 花城出版社.

秦亚青, 2005, "国际关系理论的核心问题与中国学派的生成," 『中国社会科学』第3期.

胡键, 2007, "'中国责任'与和平发展道路," 『现代国际关系』第7期.

"中国国际关系学会2010年年会在兰州召开," 『外交评论』2010年 第2期.

"百名专家从APEC看中国变化 中国成世界新规则重要制定者," 『环球网』2014/11/10.
　　http://world.huanqiu.com/exclusive/2014-11/5196501.html (검색일: 2017. 5. 6)

2장

중미관계와 동아시아 지역질서에 대한 중국의 인식*

홍은정

중국의 부상이 가속화되면서 동아시아 지역에서 중국과 미국의 경쟁이 본격화되고 있다. 중국은 자국이 위치한 동아시아 지역에서 위상정립이 무엇보다 중요하다는 것을 잘 알고 있다. 따라서 중미관계와 동아시아 지역질서에 대한 이해는 중국의 동아시아 전략뿐 아니라 글로벌 전략을 이해하는데 매우 중요한 기반이 될 것이다.

현재 중국은 동아시아 지역에서 자국이 주도적인 역할을 수행하고 있다고 자부하고 있다. 하지만 역내 미국의 영향력은 여전히 존재하기 때문에 동아시아 지역에서 상당기간 중미 간 협력과 갈등이 교차하는 병존관계가 지속될 것으로 전망된다. 중국은 군사력에서는 미국의 우위를, 경제력에서는 자국의 우위를 인정한 가운데, 역내 중미 간 협력과 갈등의 양상이

---

* 본 글은 『중소연구』 제41권 제2호(2017년 여름)에 게재된 필자의 논문 "Perceptions of Sino-U.S. relations and the East Asian regional order among Chinese intellectuals"을 수정 및 보완한 것임을 밝힌다.

나타나고 있으며, 반면 소프트파워 영역에서는 미국에 비해 크게 뒤쳐져 있다고 인식하고 있다.

I. 서론

　동아시아[1] 지역은 중국에 있어 역사적, 문화적으로뿐만 아니라 경제 및 정치안보적 차원에서도 매우 중요하다. 중국은 주변 아시아 15개국과 접경하고 있기에 동아시아 지역은 안보의 핵심 지역이라 할 수 있다. 따라서 이 지역의 평화와 안정을 수호하는 것은 중국의 지속발전을 담보하는 조건이 될 것이다. 또한 경제적으로도 중국은 동아시아 국가들과 밀접한 관계를 맺고 있다. 다시 말해 중국에게 동아시아는 안보와 경제발전이 직결되는 핵심 지역인 것이다(변창구 2011).

　시진핑 정부 들어 최고지도자의 언술을 통해서도 중국이 동아시아 지역을 매우 중요하게 인식하고 있음을 알 수 있다. 2012년 2월 시진핑 주석은 미국 방문길에서 "아태지역은 중국과 미국의 이익이 가장 집중된 지역이고, 중국과 미국은 아태지역의 핫이슈에서 소통과 협력을 강화해 아태지역의 평화와 번영을 추진해야 한다"고 언급한 바 있다(이정남 2014). 2015년 보아오 아시아포럼 개막식에서 시진핑 주석은 "이제 아시아는 세계경제 총량의 3분의 1을 차지하고, 활력과 성장잠재력도 가장 큰 지역이 되었다"

1_본 글에서 동아시아의 범위는 아세안 10개국과 동북아 국가들 가운데 한중일 3개국을 포함하는 수준에서 설정하고 있다.

고 평가한 뒤 "아시아 각국은 상호의존성이 점점 커졌다"며 아시아는 이제 운명공동체로 나아감으로써 미래를 열어야 한다"고 말했다(〈연합뉴스〉 2015/3/28). 시 주석은 구체적으로 2020년까지 한국, 중국, 일본, 동남아시아국가연합(아세안)을 동아시아경제공동체로 만들자고 제안했다.

오늘날 중국은 국제정치경제에서 지대한 영향력을 행사하고 있다. 2008년 국제금융위기 이후 중국의 부상이 가속화되면서 중국과 미국은 동아시아 지역에서 경쟁을 본격화해나가고 있으며, 전 세계적으로 미치는 중국의 영향력이 어느 정도인가가 논의되어왔다. 동아시아 지역질서의 향방은 중미관계와 매우 밀접히 연결되어 있고, 중국이 미국에 제시한 신형대국관계 역시 동아시아를 중심으로 실현되어야 한다고 보고 있다. 2013년 9월 2일 미국을 방문한 왕이 외교부장은 신형대국관계를 언급하며 신형대국관계는 아태지역부터 시작해야 한다고 언급했다. 그는 "아태지역은 세계에서 가장 빠른 발전을 해오고 있다. 특히 동아시아 지역은 미중관계에서 특별히 중요하다"고 밝힌 바 있다(李开盛 013).

이처럼 중국은 자국이 위치한 동아시아 지역에서 위상정립이 무엇보다 중요하다는 것을 잘 알고 있다. 따라서 중미관계와 동아시아 지역질서에 대한 이해는 중국의 동아시아 전략뿐만 아니라 글로벌 전략을 이해해나가는 매우 중요한 기반이 된다. 중미관계와 동아시아 지역질서에 대한 중국의 인식을 살펴보고, 중국의 동아시아 정책과 동아시아 지역질서의 발전방향을 전망해보는 것은 학술적으로나 정책적으로도 큰 의미를 가진다고 할 수 있다.

중미관계와 동아시아 지역질서(의 변화)에 대한 학계의 다양한 견해가 존재한다. 첫째, 미국과 중국의 실력차이가 줄어들면서 동아시아 지역에서 중미 경쟁구도가 뚜렷하게 나타나고 있으며 앞으로도 경쟁은 더욱 격렬해

질 것이라는 시각이 주류적 견해다. 최소한 동아시아의 지역적 관점에서 군사적으로 미국의 '지역적 동급 경쟁자(regional peer competitor)'로 부상하고 있다는 평가를 받고 있으며, 2030~50년경에는 전 지구적 경쟁자로까지 자리매김하게 될 것이라는 예측이 제기되고 있다(정재호 2016). 일부 학자들은 중미 양국은 동아시아에서 '신냉전' 구도에 이미 처해 있다고 평가한다(Christense 2011; Xiang 2012). 대표적인 학자로 구조 현실주의자인 미어샤이머는 구조적 모순으로 인해 중미 간 경쟁의 불가피성을 주장한다. 과거 미국을 포함한 강대국들은 힘이 성장하면서 자국의 힘을 강화하기 위해 지역패권이 되려 했고, 중국도 예외가 아니라는 것이다. 그는 중국이 빠른 성장을 계속한다면 어느 시점에 이르러 자국의 안보를 강화하여 미국과 전쟁을 유발할 가능성이 있는 안보경쟁을 할 가능성이 높다고 본다(Mearsheimer 2014).

둘째, 중국의 부상 이후 중미 간 격차가 좁아지면서 중미관계와 동아시아 지역질서를 설명하는 시각으로 동아시아 지역에 안보와 경제라는 두 개의 영역이 분리되는 추세가 나타나 '두 개의 아시아'―안보아시아와 경제아시아―가 병존한다는 시각이 있다(Feigenbaum and Manning 2012; Acharya 2013). 안보-경제의 이원구도는 동아시아에서 중국은 경제 중심인 반면, 미국은 안보의 중심이라는 시각에서 출발한다. 이와 같은 안보와 경제의 이원구도 논의는 동아시아 질서에서 미국의 단일 역량의 질서에서 경제와 안보라는 2개의 구조가 형성된 것으로 중국은 미국과 나란히 지역 강대국으로 지위를 차지하고 있음을 인정하는 것이라 할 수 있다(이정남 2014). 한편, 일부 학자들은 동아시아 지역질서와 관련하여 중미 공동통치의 개념인 G2를 사용한다. 이들은 중국의 종합국력이 증대되면서 중국과 미국이 실질적으로 동아시아 지역을 공동으로 통치하고 있다고 주장한다(赵全胜 2012).

셋째, 동아시아 지역에서 중국과 미국의 협력구도를 주장하는 많은 연구가 진행되고 있다. 이들 연구가 중미관계의 협력(구도)을 이야기하는 주된 근거는 능력의 차이, 의도의 문제, 경제의 상호의존성, 국제기구의 제약, (향후) 중국의 민주화 정도 등의 요소들이다. 이들 연구에서는, 첫째, 중미 양국의 능력대비를 기준으로 볼 때 중국의 경제발전이 빠른 속도로 진행되었지만, 향후 상당기간 동안 중국의 종합실력은 미국과 비교의 대상이 되지 않을 것이라고 본다. 중국의 군사력은 미국보다 20년 정도 뒤처져 있고, 중국의 실질적인 경제력은 미국과 큰 차이가 난다. 뿐만 아니라 미국의 국제기구 의제선정 능력이나 소프트파워는 세계적인 영향력을 가지고 있다. 따라서 능력 면에서 중국은 미국에 도전할 수 없기 때문에 동아시아 지역질서에서 중미 간 협력구도가 나타날 수밖에 없다는 것이다(王缉思 2015). 둘째, 의도적 차원에서 중국은 미국에 도전할 의지가 없다고 본다. 2002년 중국의 전략가인 정비젠(郑必坚)은 평화굴기의 개념을 제시한 바 있다. 중국정부 역시 미국의 패권에 도전하지 않을 것임을 공식적으로 밝히고 있다 (People's Daily News 2015). 셋째, 중국은 현 국제질서의 수혜자이기 때문에 현재의 국제체제를 변경할 의도가 없는 현상유지국가라고 본다(Johnston 2003). 게다가 중미 양국은 깊은 경제적 상호의존을 하고 있는 관계다. 경제적 상호의존은 국가 간 상호협력을 불가피하게 하게 함으로써 동아시아 지역에서 중미 양국은 협력의 동기를 가질 수밖에 없다는 것이다(Rosati 2000).

이상의 기존 논의에서 살펴보았듯이 중미관계와 동아시아 지역질서에 대한 서로 다른 주장들이 전개되고 있다. 본 연구는 중미관계와 동아시아 지역질서에 대한 중국의 인식을 분석함으로써 중국의 동아시아의 전략을 이해하고, 중미관계와 동아시아 지역질서의 발전방향을 전망하는 데 그 목적이 있다. 이를 통해 중미관계와 동아시아 지역질서에 대한 기존 논의를 평가할 수 있는 해석의 근거를 마련할 수 있을 것이다.

II. 연구방법과 연구질문

1. 연구 대상

중미관계와 동아시아 지역질서에 대한 중국의 인식을 조사하기 위해 이 글은 중국의 지식인들에 대한 설문조사와 심층 인터뷰, 문헌연구를 주된 연구방법으로 사용했다.

본 연구는 인지적 접근이라는 관점에 기초하고 있다. 국제관계학에서 인지적 접근은 인간이라는 개별 행위자와 그들이 갖고 있는 '신념'이나 '인식'을 핵심으로 삼는다. 즉 국가나 국제기구는 결국 인간에 의해 구성되며 그들에 의해 운영되는 것이기 때문에 인간 행위자들이 무엇을 믿고, 어떻게 상황을 인식하며, 어떤 성격을 소유하고 있는지 등이 국제정치에 매우 큰 영향력을 행사한다고 본다(Rosati 2000). 따라서 인지적 접근에 기초한 국제정치연구는 정치지도자나 정책결정자들의 개별적인 심리·인지적인 요인을 국제정치 변동과 외교정책의 결정에 관한 중요한 설명 대상으로 삼고 있다. 인지적 접근을 토대로 한 본 연구에서도 중국 지식인들이 중미관계와 동아시아 지역질서를 어떻게 인식하는지를 분석함으로써 중국의 동아시아 정책과 동아시아 지역질서의 변화방향을 읽어나갈 수 있을 것이다.

중미관계와 동아시아 지역질서에 대한 중국의 인식을 살펴보기 위한 몇 가지 채널이 있다. 우선, 중국 최고위층 의사결정 권력자들과 정책결정자들의 인식을 살펴볼 수 있다. 이들의 인식은 정책결정자의 연설이나, 정부의 정책, 담화, 성명 등에 나타난다. 둘째, 중국 정책에 영향을 미치는 사회구성원(=대중)의 인식이다. 셋째로 중국 정부의 정책 수립에 영향을 미치는 지식인들의 인식을 살펴볼 수 있다. 중국의 대외정책 수립과정은 그 폐쇄성으로 인해 최고위층 의사결정 권력자들과 정부부서와의 접근은 사실상 어렵다고 할 수 있다. 또한 정부의 공식적인 인식에 포함된 상당한 외교적 수사가 사용되기 때문에 '전략적 모호성'라는 측면이 존재하며, 이는 분석을 어렵게 한다(정재호 2016). 사회구성원의 경우는 중국의 정책에 얼마만큼의 영향을 미치는가는 알기 어려우며, 이들이 지나치게 주관적인 판단을 내릴 수 있다는 한계점이 있다. 따라서 대외정책에 직접적인 권한을 가진 것은 아니지만, 정부의 정책에 영향을 주려고 노력하는 중국 지식인 그룹이 보다 나은 현실적 대안이 될 수 있을 것이다(김재철 2017).

중국 지식인들이 정부의 정책과정에 미치는 영향에 대해서는 학계의 이견이 존재한다. 일부 학자들은 중국의 지식인들은 대외정책 결정의 중심부가 아닌 주변부에 위치하기 때문에 영향력이 미비하다고 평가한다. 하지만 중국이 점차 개방적이고 다원화된 외교정책 결정 체계를 형성하면서 더 큰 영향력을 행사하며 외교정책의 준관방적 행위자로 간주되고 있다. 이들 지식인 집단은 외교정책 결정과정에 다양한 영향력을 행사할 수 있고, 여론에도 중요한 영향력을 미치고 있어 정책엘리트와 대중의 인식을 상호 연결하기도 한다. 따라서 지식인 그룹이 대외정책과 관련된 공적인 담론형성에 참여하는 것은 외교정책 결정과정의 일부분이 되었다고 평가받고 있다(Fewsmith and Rosen 2001).

본 연구의 설문조사와 심층 인터뷰는 베이징 지역에 있는 베이징대학,

칭화대학, 중국인민대학, 중국사회과학원, 중국외교학원과 상하이 지역에 있는 푸단대학, 통지대학, 상하이사회과학원, 상하이국제문제연구원 등에서 활동하는 국제정치학자들을 대상으로 이뤄졌다. 우선 조사 지역으로 선정된 베이징과 상하이는 중국의 정치경제 중심지로 국제정치학자들이 가장 많이 활동하는 지역이다. 즉 중국 지식인들의 대표성을 갖는 지역이라 할 수 있다. 둘째 중국 지식인들 가운데 국제정치학자를 조사 대상으로 삼은 것은 중미관계와 동아시아 지역질서에 대한 학계의 담론형성을 이들이 실질적으로 주도하고 있기 때문이다. 본 연구는 중국의 국제정치학계 담론형성에서 일정한 영향력이 있는 학자를 선정하기 위하여 국제정치 관련 분야에 10년 이상 종사한 학자들을 주요 조사 대상으로 삼았고, 이들은 조사 대상 전체의 81%에 달한다. 이들 학자들은 70.5%(미국 45.5%, 유럽 6.8%, 일본 6.8%, 한국 6.8%, 북한 2.3%, 기타 2.3%) 이상이 해외유학 경험이 있어 중국의 대외정책에 대한 심도있는 이해를 하고 있을 뿐 아니라 국제화 정도가 높은 전문가이기 때문에 국제질서의 전반적인 흐름을 이해하고 있으며, 중국의 부상에 따른 중미관계, 동아시아 지역질서에 대한 분석과 전망에 대한 능력을 갖추고 있다고 평가할 수 있다.

본 연구는 2017년 1월부터 2월 사이에 진행된 중국 지식인에 대한 설문조사 및 심층 인터뷰의 결과들이다. 설문조사는 2017년 1월 15일부터 2월 25일까지 중국의 국제정치학자 44명을 대상으로 진행되었다. 이들이 활동하는 지역은 주로 베이징과 상하이다. 지역 분포는 상하이 23명, 베이징 19명, 기타 지역 2명이다. 이들의 세부 전공은 국제정치 36명, 국제경제 1명, 중국정치 2명, 기타 5명 등이다. 심층 인터뷰는 중국의 국제정치학자 21명을 대상으로 2017년 1월 15일부터 22일까지 베이징과 상하이에서 이뤄졌다. 심층 인터뷰는 필자가 질문을 하고, 이에 대해 중국 학자가 자유롭게 대답하는 형식을 취했다.

2. 연구질문

중미관계와 동아시아 지역질서에 대한 중국 지식인들의 인식을 조사하기 위해 본 연구는 세 개의 독립변수를 설정했다. 이들 독립변수는 각각 군사력, 경제력, 소프트파워이다. 군사력, 경제력, 소프트파워라는 세 개의 독립변수를 설정한 이유는 중국이 중미관계와 동아시아 지역질서를 어떻게 인식하는가는 궁극적으로 군사력과 경제력, 소프트파워의 세 가지 변수에 기초하여 이뤄진다고 판단했기 때문이다.

이와 같은 독립변수의 설정은 '중국의 부상'을 어떻게 개념 정의하는가와 밀접한 관계를 갖는다. 한국의 중국전문가인 정재호 교수는 중국의 부상을 다음과 같이 정의한다. 중국의 부상은 지난 30년 동안의 경제성장, 군사력 증강, 소프트파워 강화를 기반으로 중국이 아시아의 정치경제구조와 게임규칙을 결정하는 데 중요한 영향력을 행사하는 지역강대국에서 전 세계를 대상으로 영향력을 행사하는 세계강대국으로 발전하는 현상을 가리킨다. 중국의 부상을 위와 같이 정의한다면, 중미관계와 동아시아 지역질서에 대한 중국의 인식 역시 중국의 부상을 결정짓는 군사력, 경제력, 소프트파워 영역 등 세 가지 요소에 맞추어 설명될 수 있을 것이다.

따라서 본 연구의 설문조사와 심층 인터뷰는 군사력, 경제력, 소프트파워 등의 세 가지 독립변수에 대한 중미관계와 동아시아 지역질서에 대한 중국의 인식을 읽을 수 있는 연구질문들로 이뤄졌다. 한편, 군사력과 경제력, 소프트파워 영역에 대한 중미관계와 동아시아 지역질서의 흐름을 분석할 때 현재뿐 아니라 미래의 변화에도 초점을 맞추어 질문을 구성했다. 이를 통해 중미관계와 동아시아 지역질서의 변화까지 전망할 수 있기 때문이다.

군사력과 경제력, 소프트파워 영역에 대한 중국의 인식을 분석하고자 설문지는 다음과 같은 구체적인 질문으로 구성되었다. 첫째, 군사력 영역에 대한 중미관계와 동아시아 지역질서에 대한 중국의 인식을 체크할 수 있는 세부 질문항목들이다. ① 동아시아 지역의 군사영역에서 중국과 미국의 영향력을 어떻게 평가하는가? ② 아태지역에서 인민해방군의 강군 도약은 언제쯤 이뤄질 것으로 보는가? ③ 세계적 차원에서 인민해방군의 강군 도약은 언제쯤 이뤄질 것으로 보는가? ④ 중국은 동아시아 안보질서를 어떤 접근 속에서 유지하고자 하는가?

둘째, 경제영역에 대한 중미관계와 동아시아 지역질서에 대한 중국의 인식을 확인하도록 고안된 질문들이다. ① 동아시아 지역의 경제 영역에서 중국은 중국과 미국의 영향력을 어떻게 평가하고 있는가? ② 중국이 동아시아 지역에서 경제력 우위를 지속하기 위해서 중점을 두는 분야는 무엇인가? ③ AIIB와 NDB 등 중국 주도의 다자기구가 기존 IMF, WB 등과 다른 점은 무엇이라고 생각하는가? ④ 중국은 앞으로 WB, IMF와 AIIB, NDB 가운데 어느 쪽의 역할에 더욱 치중할 것인가?

셋째, 연성균형 차원에서 소프트파워 영역에 대한 중미관계와 동아시아 지역질서에 대한 중국의 인식을 평가하는 항목이다. 세부 질문은 ① 동아시아 지역 내 소프트파워 영역에서 중국과 미국의 영향력을 어떻게 평가하는가? ② 중국에 대한 동아시아 주변 국가의 호감도는 어느 정도라고 생각하는가? ③ 중국의 정치발전 모델이 글로벌 리더가 되는 데 있어 도움이 될 것이라고 생각하는가?

심층 인터뷰는 앞서 제시된 기존 연구에서 특징지워진 중미관계와 동아시아 지역질서에 대한 시각을 확인하고 청취해보는 차원에서 진행되었다. 심층 인터뷰의 질문은 다음과 같이 구성되었다. 예측 가능한 미래에 동아시아 지역질서는 누가 주도할 것인가? 동아시아 지역에서 미국과 중국은 협력관계인가 갈등관계인가 아니면 협력과 갈등의 병존관계인가? 동아시아 지역에서 중미 간 경제안보 이원구도가 존재하는가? 동아시아 지역질서에서 중미협력의 구도는 어떻게 볼 수 있는가? 중미 양국은 동아시아 지역질서를 실질적으로 공동통치하고 있는 것인가? 등이다.

III. 연구의 결과

1. 군사력 영역

중국은 군대 및 군사적 역량의 현대화에 박차를 가하고 있다. 영국 국제전략문제연구소의 2016년 통계에 따르면 미국의 국방비 지출은 6천334억 달러로 전세계에서 압도적 1위를 차지하고 있으며, 중국은 1천158억 달러로 미국에 이어 세계 2위이다〈연합뉴스〉 2017/4/1). 그렇다면 중국은 동아시아 지역에서 군사력 영역의 중미 간 우위를 어떻게 보고 있을까?

〈표 1-1〉의 질문은 동아시아 군사영역에서 중국과 미국의 영향력 정도를 중국이 어떻게 보고 있는가를 묻고 있다. 〈표 1-1〉을 통해 중국은 역내 군사력 영역에서 미국의 영향력이 중국보다 훨씬 월등하다고 보고 있음을 알 수 있다. 점수의 분포를 보면, 주어진 1~10점 사이에서 응답자들은

표 1-1 동아시아의 군사 영역에서 중국과 미국의 영향력 정도가 어떠하다고 생각하는가?

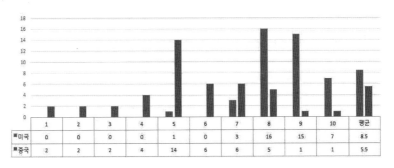

	1	2	3	4	5	6	7	8	9	10	평균
미국	0	0	0	0	1	0	3	16	15	7	8.5
중국	2	2	2	4	14	6	6	5	1	1	5.5

* 그래프 중 왼쪽이 미국, 오른쪽이 중국을 가리킨다.

미국은 8점과 9점, 중국은 5점과 6점에 가장 많은 점수를 주고 있다. 응답자들이 체크한 점수의 평균값을 보면, 미국의 영향력은 8.5점, 중국의 영향력은 5.5점이다. 점수 분포를 보면, 응답자들은 미국의 군사력 영향력을 평가하는 데 5점부터 점수를 부여하고 있는 데 반해, 중국의 영향력을 평가하는 데는 1점부터 점수를 부여하고 있다. 이와 같은 결과는 중국이 동아시아 지역 내 군사력 영역에서 미국의 영향력과의 큰 격차를 인식하고 있음을 보여준다. 이는 중국의 군사력이 빠른 시일 내에 동아시아 지역에서 미국과 동등한 위치를 차지할 것이라는 기존 평가(Krepinevich 2009)와 차이를 보여주는 결과다.

〈표 1-1〉에서 알 수 있었듯이, 중국은 역내 군사력에서 미국과 큰 격차를 인식하고 있다. 그렇다면, 중국은 향후 중미 간 군사력의 영향력을 어떻게 전망하고 있을까? 필자는 이를 위해 두 개의 질문을 만들었다. 〈표 1-2〉와 〈표 1-3〉은 지역 및 글로벌 차원에서 향후 중미 간 군사력 영역의 영향력에 대한 중국의 인식을 보여주고 있다. 인민해방군이 아태지역에서 언제

표 1-2 인민해방군의 아태지역 강군도약은 언제쯤 이뤄질 것으로 보는가?

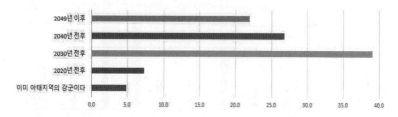

표 1-3 미국에 버금가는 인민해방군의 글로벌 강군도약은 언제쯤 이뤄질 것으로 보는가? (%)

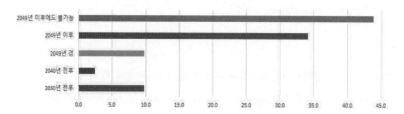

쯤 강군도약이 가능할 것인가?라는 〈표 1-2〉의 질문에 이미 아태지역의 강군이 되었다가 2명, 2020년 전후가 3명, 2030년 전후 16명, 2040년 전후 11명, 2049년 이후 9명으로 응답했다. 응답자의 과반수 이상인 65.8%가 중국은 2030~40년 전후로 아태지역의 강군도약이 가능할 것으로 평가하고 있다.

〈표 1-3〉은 미국에 버금가는 인민해방군의 글로벌 강군도약은 언제쯤 이뤄질 것인가?라는 질문이다. 이 질문에 대해 응답자들은 2030년 전후 4명, 2040년 전후 1명, 2049년 4명, 2049년 이후 14명, 2049년 이후에도 불가능하다 18명이 응답했다. 이 질문에서 응답자의 14명인 31.8%가 글로벌 차원에서 미국의 군사력을 능가하는 시기를 2049년 이후에나 가능하

표 1-4 중국이 동아시아 지역질서를 확보하기 위해 다음 각 항목을 어느 정도 중시해야 하는가? (점수)

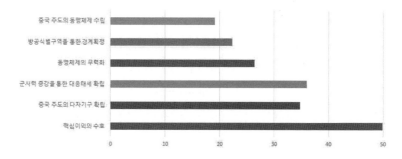

다고 보았다. 또한 18명(40.9%)의 응답자가 2049년 이후에도 중국이 미국의 군사력을 따라잡는 것 자체가 불가능하다고 답했다. 결론적으로 〈표 1-2〉와 〈표 1-3〉을 통해 중국은 향후 10~20년을 전후하여 동아시아 지역에서 강한 군대를 보유할 것으로 예상하는 반면, 글로벌 차원에서는 미국보다 우위의 군사력 보유는 사실상 힘들다는 인식을 보여주고 있다. 심층인터뷰에서도 대다수 응답자들은 인민해방군의 전 지구적(글로벌) 차원의 강군도약은 사실상 불가능할 것으로 답했다. 인터뷰에서 다수의 응답자들은 미국과 중국의 군 발전 목표가 다르다는 점을 강조했다. 이들은 중국은 국내 차원의 군 발전이 목적인 반면, 미국은 전 지구적 차원의 군 발전이 목적이라고 설명했다.

중국정부가 발간하고 있는 국방백서에서 중국은 자국의 역내환경이 매우 복잡하고 어느 때보다 불안정하다고 강조하고 있다. 〈표 1-4〉는 복잡하고 불안정한 역내 안보질서 속에서 중국이 안보질서를 확보하기 위해 어떤 부분에 역점을 두고 있는지를 확인할 수 있는 질문이다. 설문 항목은 핵심이익[2]의 수호, 중국주도의 다자기구 확립, 군사력 증강을 통한 대응태세 확립, 동맹체제의 무력화, 방공식별구역을 통한 경계획정, 중국 주도의 동맹체제 수립 등으로 구성되었다. 설문의 결과 응답자들은 역내 지역질서의 확보를 위해 무엇보다 핵심이익의 수호가 가장 중요하다고 보았다.[3] 중국 정부가 공식석상에서 핵심이익의 수호를 강조해오고 있듯 지식인들도 핵심이익을 절대 양보하지 않는 것이 역내 중국의 가장 중요한 안보이익으로 간주하고 있다. 핵심이익의 수호 다음으로 군사력 증강을 통한 대응태세를 확립하는 것을 중요하다고 보고 있다. 그 다음으로 중국 주도의 다자기구 확립, (한미일) 동맹체제의 무력화, 방공식별구역을 통한 경계획정, 마지막으로 중국 주도의 동맹체제의 수립 등의 순서로 지역안보에 역점을 두고 있다.

2. 경제력 영역

세계은행이 공식발표한 전 세계 국가들의 2015년 GDP통계에 따르면,

2_중국은 자국의 핵심이익을 국가주권, 국가안보, 영토완전, 국가통일, 헌법이 확립된 정치제도와 사회안정, 지속발전 가능한 기본권이 보장되는 경제사회 등을 포함한 개념으로 설명한다. 단 여기서 핵심이익은 군사 영역에 속하는 것이기 때문에 국가안보, 영토 주권적 이익을 의미한다고 할 수 있다.
3_설문조사에서는 핵심이익의 관련하여 중국의 인식을 체크할 수 있는 질문을 포함했다. 이 질문의 항목은 미국의 중국의 핵심이익을 침해했을 경우 중국의 대응은 어떠해야 하는가였다. 이에 대해 44명의 응답자 가운데 25%가 군사력과 경제력을 선별적으로 사용하겠다고 답했다. 군사력 위주의 대응은 응답자의 1명이 긍정적으로 답했는데, 이는 군사력에만 전적으로 의존하지 않겠다는 점이다. 이외에 주변국과의 협력강화를 통해 미국을 견제하겠다는 응답은 9명으로 20.5%가, 미국과 같은 방식으로 대응하겠다는 응답은 7명으로 15.9%였다.

표 2-1 동아시아 지역 내 경제 영역에서 중국과 미국의 영향력을 어떻게 평가하는가?

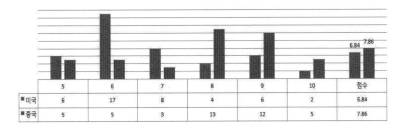

	5	6	7	8	9	10	점수
■미국	6	17	8	4	6	2	6.84
■중국	5	5	3	13	12	5	7.86

* 그래프 중 왼쪽이 미국, 오른쪽이 중국을 가리킨다.

미국(18조 366억 달러)은 세계 GDP 총합의 4분의 1에 가까운 24.32%로 다른 나라가 넘볼 수 없는 수위를 차지했다. 한때 중국의 미국 추월론이 유행하기도 했지만, 중국은 14.84%(11조 77억 달러)로 미국에 비해 10% 포인트 뒤처진 2위다〈연합뉴스〉 2017/2/27). 한편, 중국은 2010년 역내 경제대국인 일본을 제치고, 아시아에서 제1위의 경제대국이 되었다. 그렇다면 중국은 동아시아 지역에서 중미 간 경제적 영향력을 어떻게 인식하고 있을까? 또한 중국은 역내 경제질서 구축을 어떠한 접근(인식)으로 살펴보고 있을까?

〈표 2-1〉은 동아시아 지역 내 경제 영역에서 중국과 미국의 영향력을 어떻게 평가하는가?라는 질문이다. 결과를 보면 중국 지식인들은 동아시아 지역에서 자국의 경제력이 미국보다 우위에 있다고 평가하고 있다. 중국의 영향력을 10점 만점에 평균 7.86점을 준 반면, 미국은 평균 6.84점을 주고 있다. 세계적 차원에서 경제 1위인 미국에 도전할 수는 없지만, 동아시아 지역 차원에서는 자국의 경제적 영향력을 인식한 결과라고 할 수 있다. 하지만 표의 결과는 중국 지식인들이 자국의 동아시아 역내 경제우위를 인정하더라도, 미국의 동아시아 역내 경제력의 영향력도 여전히 크다고 인식하

표 2-2 중국이 동아시아 지역 내 경제력 우위를 지속하기 위해 어느 항목에 중점을 두고 있는가? (점수)

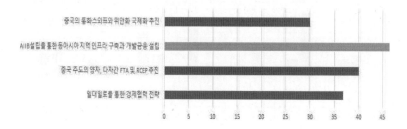

고 있음을 보여준다. 1~10점 사이에서 중국은 8점과 9점(44명 가운데 25명), 미국은 6점과 7점(44명 가운데 25명)이 점수를 부여하고 있다. 특히 미국의 역내 경제적 영향력을 5점 이상부터 점수를 부여하는 것을 통해 중국이 역내 미국의 경제적 영향력을 높게 평가하고 있음을 보여준다고 하겠다.

흥미로운 점은 설문조사의 결과와 달리 심층 인터뷰에서 중국의 경제력 우위를 인정하지 않는 지식인들의 견해도 상당했다는 점이다. 일부 지식인은 미국의 경제력 쇠퇴를 인정하지 않는다고 답변했고, 일부 지식인은 역내 미국 경제의 우위를 중국이 대체할 수는 없다고 언급했다. 중국의 경제력 우위는 과장되어 있으며, 중국이 경제성장의 지속성을 담보할 수 없는 상황이라고 강조한 지식인도 있다. 또 일부 지식인은 중미관계의 기초는 경제에 있다고 설명하며, 중미 간 경제의 상호의존성을 강조했다. 설문조사와 심층 인터뷰의 내용을 종합적으로 볼 때, 중국은 동아시아 지역 내 자국의 경제력 자체의 역량(우위)을 부인하지 않지만, 미국의 경제적 영향력을 결코 무시할 수도 없으며, 나아가 무시해서도 안 된다는 인식을 갖고 있는 것으로 해석할 수 있다.

〈표 2-2〉는 중국이 동아시아 지역 내 경제적 우위를 지속하기 위해서

어떤 항목에 중점을 두고 있는가를 묻고 있다. 응답자들은 동아시아 지역 내 지속적인 중국의 경제력 우위를 위해 첫째, AIIB를 통한 인프라 구축과 개발금융 설립, 둘째, 중국 주도의 양자·다자 FTA 및 RCEP 추진, 셋째, 일대일로를 통한 경제협력 전략, 넷째, 중국의 통화스와프와 위안화 국제화 추진의 순으로 그 중요성을 체크하고 있다. 그러나 네 가지 항목에 30점 이상의 고른 점수가 부여되었기 때문에 중국은 자국의 경제력 우위를 지속하기 위해서 제시된 항목 모두에서 다각적인 접근(=노력)을 하고 있다고 해석할 수 있을 것이다.

중국은 2008년 국제금융위기 이후 미국이 전 세계 경제 불균형 문제를 중국의 문제로 귀결시키고 있으며, 미국이 과도하게 무역보호정책을 펴고 자국에 유리한 환율정책을 취하고 있다는 점을 비판해오고 있다. 앞의 표에서 AIIB 설립을 통한 동아시아 인프라 구축과 개발금융 설립은 중국 지식인들이 역내 경제력 지속강화를 위해 가장 큰 관심을 두는 항목으로 체크되었다. AIIB는 중국정부가 시진핑 주석이 집권한 2013년 시작된 일대일로를 재정적으로 지원하기 위해 중국이 주도적으로 추진한 국제 금융제도다. 즉 AIIB의 설립은 중국이 ADB, IMF 등 기존 국제금융질서의 개정에 실패하면서 독자적으로 새로운 실크로드 구상을 재정적으로 지원하기 위해 마련한 금융제도를 마련한 것이다(김흥규 2016).

〈표 2-3〉은 AIIB와 NDB 등 중국 주도의 다자기구와 기존의 IMF, WB, ADB와 다른 점이 무엇인지를 질문하고 있다. 설문항목은 정치적 조건의 배제, 거부권을 포함한 의결권의 공정성, 투자대상의 선택과 집중, 설립 주도의 정체성, 기타 등으로 구성되었다. 응답자 가운데 18명(40.9%)이 정치적 조건의 배제, 10명(22.7%)이 거부권을 포함한 의결권의 공정성, 8명(18.2%)이 설립주도국의 정체성, 5명(11.4%)이 투자대상의 선택과 집중

표 2-3 AIIB와 NDB 등 중국 주도의 다자기구가 기존의 IMF, WB, ADB와 다른 점이 무엇인가? (%)

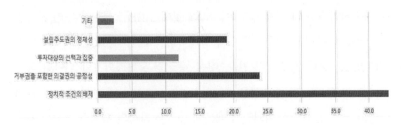

표 2-4 중국은 WB와 IMF, AIIB와 NDB의 설립회원국으로서 향후 어느 쪽의 역할에 더 집중할 것인가? (%)

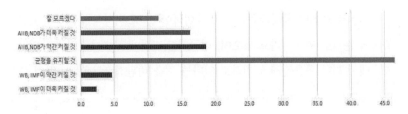

등의 순서로 자국 주도로 설립된 AIIB와 NDB과 서구 중심의 IMF, WB, ADB와 다르다는 인식을 보여주고 있다.

　미국의 동아시아 역내 경제적 영향력이 상당하다고 인식하는 중국이 자국 중심의 경제금융 질서의 수립을 어느 정도의 속도로 가능하다고 생각하고 있을까? 이러한 인식을 살펴보기 위해 〈표 2-4〉는 중국이 WB와 IMF, AIIB와 NDB 가운데 향후 어느 쪽의 역할을 더 키울 것으로 보는가?를 묻고 있다. 양자가 균형을 유지할 것으로 보는 응답은 20명으로 46.5%에 달한다. AIIB와 NDB의 역할이 약간 커질 것에 8명(18.2%), 더욱 커질 것에 7명(15.9%)로 나왔고, 반면 WB와 IMF의 역할이 약간 커질 것은 2명(4.7%), 더욱 커질 것에 1명(2.3%)의 응답이 나왔다. 결과를 해석하자면, 양자 모두의 역할이 모두 균형을 유지할 것이라는 응답이 거의 과반에 이른 것은 중국은 동아시아에서 미국 주도의 기존 경제질서를 유지하는 가운데 자국의 경제금융질서를 만들어가고 있다는 해석이 가능할 것이다. 즉 중국은 기존 경제금융 질서에 대한 불만으로 AIIB와 NDB의 출범을 주도했으나, 중국은 기존의 경제 금융질서를 무리하게 바꾸거나 새로운 경제질서를 급속한 속도로 만들어나가지 않을 것이라고 평가할 수 있다.

3. 소프트파워 영역

세계적인 강대국이 되기 위해서는 경성권력인 경제력과 군사력이 기반이 되어야 하지만, 궁극적으로 연성권력인 소프트파워도 가지고 있어야 한다. 따라서 많은 전문가들은 중미의 경쟁은 궁극적으로 소프트파워의 영역에서 결정될 것으로 보고 있다. 중국은 경제력 및 군사력과 더불어 자국의 글로벌 이미지를 개선하고 문화적 입지를 확대하고자 노력해오고 있다. 2004년 공자학원을 세계 각지에 설립해오고 있는 것도 소프트파워의 영향력을 제고하기 위한 일환이라 할 수 있다. 그렇다면 중국은 동아시아 지역에서 소프트파워의 중미 간 영향력을 어떻게 평가하고 있을까?

〈표 3-1〉은 중국 국제관계 전문가들이 동아시아 지역의 소프트파워 영역에서 중미 간 영향력 평가에 대한 인식을 보여준다. (일반적으로 중국의 소프트파워 영역에서의 중미 간 경쟁이 드러날 개연성이 높을 수밖에 없다는 평가와는 달리) 소프트파워 영역에서 중국은 자국의 영향력이 미국보다 매우 낮다고 인식하고 있다. 이와 같은 결과는 중미 간 경제력 및 군사력의 영향력과는 큰 격차를 보여준다. 1~10점 사이에서 미국은 8~9점에 몰려 있는 반면,

표 3-1 동아시아 지역 내 소프트파워 영역에서 중국과 미국의 영향력을 어떻게 평가하는가?

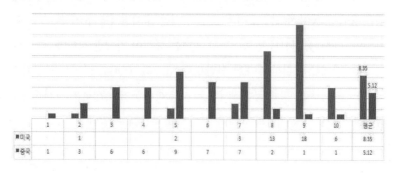

	1	2	3	4	5	6	7	8	9	10	평균
■미국		1			2		3	13	18	6	8.35
■중국	1	3	6	6	9	7	7	2	1	1	5.12

* 그래프 중 왼쪽이 미국, 오른쪽이 중국을 가리킨다.

중국은 1점에서 시작하여 5점을 중심으로 점수가 몰려 있다. 지식인들은 다른 영역보다 소프트파워 영역의 영향력이 미국에 훨씬 못 미치는 정도로 인식하고 있다.

이는 결국 중국이 그 동안 소프트파워 추진에 많은 노력을 기울여왔음에도 불구하고, 실제 동아시아 지역 내 소프트파워 영역에서 중미 간 경쟁에서 효과가 없음을 간접적으로 보여주는 것이기도 하다. 심층 인터뷰에서도 설문조사의 결과와 유사한 견해들을 청취할 수 있었다. 한 지식인은 중국의 부상은 경제가 1순위, 안보가 2순위이고 마지막으로 소프트파워의 순서로 이뤄진다고 설명했다. 중국은 현재 경제 영역에서 부상을 추진 중이며, 안보 영역의 부상은 2030년쯤 가능할 것으로 언급했다. 소프트파워 영역에서의 부상은 그 다음인데 현재로써 그 시기가 언제인지는 예측할 수 없다고 언급했다. 다른 지식인 역시 동아시아 지역 내에서 중미 간 소프트파워 경쟁은 언급할 계제가 아니라고 진술했다. 심층 인터뷰에 응한 대부분 지식인들은 현재 중국의 부상과정에서 소프트파워를 논할 때가 아니라

표 3-2 중국에 대한 동아시아 주변 국가의 호감도는 어느 정도라고 생각하는가?

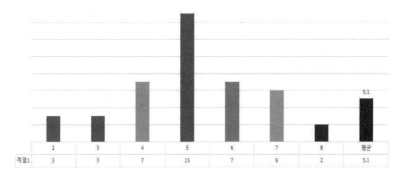

	2	3	4	5	6	7	8	평균
계열1	3	3	7	15	7	6	2	5.1

는 반응을 보였다. 이들 인터뷰를 통해 중국은 군사력과 경제력에 비해 소프트파워는 미국에 비해 절대적 열세에 처해 있다고 인식하고 있음을 알 수 있다.

소프트파워 영역에서 역내 중미 간 격차가 매우 크게 나타났다. 그렇다면 지식인들은 중국의 소프트파워 역량 자체를 어떻게 평가하고 있을까? 〈표 3-2〉는 중국에 대한 동아시아 주변 국가의 호감도는 어느 정도로 평가하는가?라는 설문의 결과를 보여주고 있다. 1점부터 10점까지 주어진 점수표에서 43명의 응답자 가운데 15명이 5점이라고 답하고 있다. 응답자가 내린 평균값은 5.1점이다. 결과를 통해 중국 지식인들이 자국의 소프트파워 역량 자체를 부정적으로 보고 있지 않다는 인식을 살펴볼 수 있다. 〈표 3-3〉은 중국의 정치발전 모델이 강대국이 되기 위해 반드시 필요한 소프트파워 자원이 될 수 있는가?라는 설문에 '매우 그렇다'가 14명(40.5%), '약간 그렇다'가 14명(40.5%)으로 긍정적 답변이 전체 응답의 81%를 차지하고 있다. 종합적으로 〈표3-2〉와 〈표 3-3〉의 결과를 통해 중국 지식인

표 3-3 중국의 정치발전 모델은 중국이 글로벌 리더가 되는 데 도움이 될 것이라 생각하는가?

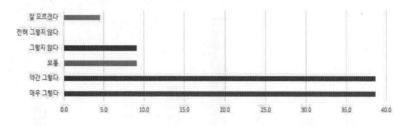

들은 자국의 소프트파워 역량에 대해서는 긍정적인 인식을 하고 있음을 보여준다.

소프트파워 영역에서 중국은 자국의 소프트파워 역량이 어느 정도 경쟁력을 가지고 있다고 인식하고 있으나, 동아시아 역내에서 중미 간 소프트파워의 영향력에서는 중국이 많이 뒤쳐져 있다고 인식하고 있다. 이는 미국보다 약간 뒤져 있거나, 혹은 우위에 있다고 보는 군사력과 경제력의 영역과는 큰 차이를 보여준다.

IV. 심층 인터뷰 결과

이상의 설문조사의 분석과 함께 심층 인터뷰는 중미관계와 동아시아 지역질서에 대한 중국 지식인들의 인식을 분석하기 위해 다음의 몇 가지 질문을 중심으로 이뤄졌다.

우선 중국지식인들에게 (예측 가능한 미래에) 동아시아 지역질서를 누가 주도할 것인가를 질문했다. 예시는 미국과 중국, ASEAN, 한중일, 미국, 중국, 잘 모르겠다 등이었다. 이 질문에 대해 응답자들의 절반이 중국과 미국이 이 지역의 질서를 주도할 것이라고 답했다. 미국과 중국 가운데 어느 국가가 동아시아 지역질서를 더 주도할 것인가 질문에는 미국이 더 주도적 역할을 수행할 것이라고 답했다. 매우 흥미로운 사실은 동아시아 역내 국가인 한중일과 ASEAN이라고 언급한 지식인은 몇 명에 그쳤다는 점이다. 이는 중국 지식인들이 동아시아 지역국가의 역할이나 지위를 매우 낮게 보거나 이들 국가의 역할이 매우 미미하다고 인식하고 있음을 보여준다. 이 질문에 대한 답변과정에서 다수의 지식인들은 국제질서는 하나의 국가가 중심적인 역할을 하는 일극의 국제질서는 이미 지나갔으며, 다극적인 국제질서가 구성되어야 함을 강조했다. 또한 답변과정에서 다수의 지식인들은 중국이 동아시아 지역의 중심국가로 역할을 해야 함을 강조했다. 이는 역내 질서에서 주도적인 지위나 역할에 대한 중국 지식인들의 상당한 자신감을 가지고 있음을 보여준다.

둘째, 동아시아 지역에서 미국과 중국은 협력관계인가, 갈등관계인가 아니면 협력과 갈등이 병존하는 관계인가?의 질문이다. 답변은 협력과 갈등의 병존관계, 갈등관계, 협력관계의 순으로 나타났다. 인터뷰를 한 지식인들의 절반 이상이 동아시아에서 중미관계는 협력과 갈등의 병존관계라고 답했다. 이 질문의 답변과정에서 매우 흥미로운 사실은 다수의 응답자가 동아시아 지역질서에서 미국 중심의 동맹체제가 변하지 않을 것이라는 설명을 한 점이다. 이는 중국 지식인들이 동아시아 지역에서 미국의 지위나 역할에 매우 신경을 쓰고 있음을 보여준다고 할 수 있다. 한편 역내 질서에서 중미관계가 협력과 갈등이라는 단일 선택에 대해서는 갈등적 관계라는 응답이 더 많았다.

셋째, 동아시아 지역에서 중미 간 경제-안보의 이원화 구도에 대한 견해다. 다수의 응답자들은 중국이 동아시아 지역의 경제적 중심국가가 되었지만, 미국과 동맹국들의 안보적 중심축 역시 그대로 유지되고 있다는 반응을 보였다. 이들의 견해는 기존연구에서 확인되듯이 동아시아 지역에서 중미 간 안보경제의 이원구도를 인정하고 있음을 알 수 있다. 한 응답자는 미국이 환태평양경제동반자협정(TPP)과 자유무역지역을 추진하더라도 단기간 내에 중국의 아시아 지역의 경제적 축을 대신하기 어려울 것이며, 중국도 미국의 동맹구조에 전면적으로 대응하기 어려운 안보능력을 가지고 있다고 언급했다. 한편 이와는 전혀 다른 견해를 밝히는 응답자도 있었다. 일부 응답자들은 안보경제의 이원구도는 동아시아 지역질서의 전체성과 상관성을 경시한 시각이라고 언급했다. 이들은 동아시아 지역질서가 중미 양국의 능력뿐 아니라 역내 국가들의 전략에 따라 좌우되는 것이라고 설명했다.

동아시아 지역질서에서 중미 간 협력구도에 대한 견해는 다음과 같이 나타났다. 동아시아 지역에서 중미관계의 협력관계를 이야기하는 응답자들은 중국과 미국은 협력 위주로 나가면서 갈등을 관리해나갈 것이라고 했다. 중미 양국은 상호간 전략적 필요성이 존재하기 때문에 협력관계가 유지될 것이라는 견해를 펼쳤다. 이들은 중국이 동아시아 지역에서 군사력 차원에서 미국에 도전하기는 어렵다고 보고 있다. 또한 경제 영역에서 미국보다 우위를 인정하지만 역내 미국의 경제적 영향력을 무시할 수 없다고 했다. 또한 중국의 부상은 경제력을 최우선 과제로 삼고 지속 발전되는 것이라고 강조했다. 이와 같은 견해들은 중국이 미국과 협력구도를 만들어나가는 것이 자국에 유리하다는 인식을 보여준다. 이들은 중국이 향후 역내 지역질서를 중미 간 협력구도 속에서 만들어나갈 것이라고 굳게 믿고 있었다.

넷째, 동아시아 지역에서 중미 간 공동통치(共治=공치=G2) 여부에 대해 질문했다. 심층 인터뷰에 응한 다수의 지식인들은 중국 정부의 입장과 마찬가지로 동아시아 지역에서 중미 공동통치가 가능하지 않다고 보았다. 중국정부는 공식석상에서 공동통치의 개념을 부정해왔다. 이는 중미 양국이 상호간 신뢰의 부족(=불신)으로 지역의 현안을 처리함에 있어 공동통치를 할 수 없다고 인식하기 때문이다(Lieberthal and Wang 2012). 이에 반해, 공동통치의 개념을 인정한 일부 지식인들도 있었다. 이들은 실제적 차원에서 동아시아 지역질서는 미국과 중국이 공동통치하고 있음을 인정했다. 하지만 이들은 공동통치의 개념을 중국 단독이 역내 질서를 지배하는 것을 방지하는 제도화의 차원이라고 설명했다. 일부 지식인들은 공동통치의 개념을 인정했는데, 중미 공동통치에 기초한 다극화(中美共治基础上的多极化)의 개념으로 설명했다.

흥미로운 점은 동아시아 지역에서 중미 간 공동통치 여부에 대한 질문에 많은 지식인들이 중미 간 공동통치 개념을 대신하여 중미공동책임(中美共責)이라는 개념을 언급했다는 점이다. 이들은 공동통치의 개념보다 공동책임이라는 개념이 중미 양국의 지역 및 국제질서에 있어 기본적 합의에 쉽게 도달할 수 있음을 강조했다. 심층 인터뷰에서 지식인들은 동아시아 지역질서의 제도화를 위해 미국이 역내에서 함께하는 것을 환영한다고 밝혔다. 어떤 지식인은 G2의 개념은 중미 양국이 동아시아 지역에 공공재를 제공하는 제도적 개념이라고 설명했다. 2008년 이후 중국의 부상이 가속화되면서 국제사회에서 G2 개념이 제기되었다. 당시 무조건적인 반대의 입장을 보였던 중국의 입장 변화를 감지할 수 있는 부분이다. 이를 통해 중국이 동아시아 지역에서 이전과는 달리 지역질서의 주도적인 역할자로 자신의 신분을 인식하고 있음을 알 수 있다. 중국 지식인들은 외부(미국)에서 제기한 개념을 그대로 수용하지 않고, 자국이 주도하는 동아시아 지역질서를 이야기하고 있다. 현재 중국은 지역강대국으로서 동아시아 지역질서의 제도화에서 주도권을 행사하는 중미 간 공동통치의 개념에 동의하는 것으로 보인다.

V. 결론: 평가와 전망

본 연구를 통해 중국 지식인들이 중미관계와 동아시아 지역질서에 대한 인식을 살펴볼 수 있었다.[4] 이상의 설문조사와 심층 인터뷰 분석을 기초로, 중미관계와 동아시아 지역질서는 다음과 같이 전개될 것으로 예상해 볼 수 있다.

첫째, 중단기적 차원에서 동아시아 지역에서 미중 간 협력과 갈등이 병존하는 관계가 지속될 것이라고 예상할 수 있다. 중국은 동아시아 지역에서 군사력 영역에서 미국의 압도적인 우위를 인정하고 있다. 비록 경제영역에서는 중국의 역내 우위를 인정하지만, 미국과의 큰 비교우위를 갖는다

4_심층 인터뷰에서 상당수 지식인들은 중국이 동아시아 지역질서에 대한 구체적인 상이 없음을 밝혔다. 필자는 지식인들의 다양한 견해를 통해 중국의 신분과 역할, 지속 가능한 부상의 정도, 능력과 현실의 차이 등에서 지식인 내부의 혼란스러운 이해관계를 엿볼 수 있었다. 중국은 자국이 위치한 동아시아에서 지역질서에 대한 구체적인 상을 갖고 있지 않으며, 자국의 역할(위상정립) 등에 대해서 구체적으로 결정한 것이 없는 것으로 보인다. 이들의 견해를 통해서 볼 때, 동아시아 지역질서의 향방은 일정 부분 불확실성을 배태한 것으로 볼 수 있다.

고 보지는 않는다. 또한 중국은 국내적인 안정을 위해서라도 경제의 지속적인 발전이 매우 절실하다고 보기 때문에 중미 간 공동이익을 기초로 상당기간 협력적 기조를 유지할 것이다. 협력적 기조가 유지된다고 하지만, 그렇다고 해서 중미 간 갈등이 없는 것은 아니다. 설문조사와 인터뷰 결과에서 드러나듯이, 중국은 역내 지역질서의 주도권을 행사하려는 의지를 가지고 있기 때문에 중미 간 갈등적 측면을 배제할 수는 없다. 향후 중국은 자국의 전략목표와 전략능력을 고려하여 신중하면서도, 때로는 공세적인 차원에서 지역질서에 대응하는 행태를 이어갈 것으로 보인다.

한편, 중단기적 차원에서 중미관계는 동아시아 지역에서 근본적인 이익이 충돌하는 구조적 차원의 갈등관계는 아니다. 즉 구조 현실주의자인 미어샤이머로 대표되는 신냉전 구도의 시각은 동아시아 지역 내 중미 간 세력전이의 속도와 중미관계의 경쟁적 측면을 부풀린 측면이 있다. 어느 시기에 중국과 미국과의 실력차이가 비등해질지에 대한 좀 더 객관적이고 과학적인 지표(분석)가 마련되어야 할 것이고, 이러한 분석에 기초하여 중미 간 갈등관계의 성격을 규명할 필요가 있다.

둘째, 장기적 차원에서 동아시아 지역질서에서 중미관계가 갈등관계로 갈 것인지, 아니면 협력관계로 갈 것인지에 대해서는 예상하기가 쉽지는 않다. 설문조사에서 보여주듯이 중국은 향후 10~20년을 전후하여 중국군이 아시아 지역의 강군이 될 것이라고 예상하고 있다. 또한 안보군사 영역에서 핵심이익의 결연한 수호의지, 군사적 대응태세의 확립을 주요하게 중시하고 있는 인식을 보여주었다. 이러한 중국의 인식은 중국이 반드시 역내 현상유지 국가로 남아 있을 것으로 볼 수 없으며, 현상변경 국가가 될 가능성의 여지를 남겨둔다고 할 수 있다. 따라서 장기적인 차원에서 중미 양국이 동아시아 지역에서 반드시 협력 기조를 유지할 것이라는 명확한 결론을 내리기는 쉽지 않아 보인다.

셋째, 동아시아에서 중미 양국의 경제-안보 이원화 구도에 대한 적용 여부다. 중국은 중미 양국이 매우 높은 경제적 상호의존도에 기초하고 있으며, 중국 스스로 지역 국가와의 안보협력의 필요성을 매우 절실히 느끼고 있다. 따라서 경제-안보 이원화 구도가 동아시아에서 실제로 작동한다고 볼 수는 없을 것이다. 하지만 현실적으로 중국은 불안정한 역내 안보질서에 대응하여 경제적 수단을 외교수단으로 사용하겠다는 의지를 밝히고 있는 점, 지역 및 글로벌 차원에서 경제력에 기초한 자국의 국제영향력을 유지/발전시켜 나가려는 의지를 밝히고 있다는 점 등의 연구 결과를 종합해 볼 때 중국은 향후 동아시아 지역에서 자국의 경제적 우위(수단)를 전략 카드로 활용할 가능성이 높아 보인다. 또한 미국 역시 아시아 지역의 안보적 우위를 포기할 만한 동기가 없다고 할 수 있다. 따라서 현실적 차원에서 중국은 경제 영역에서, 미국은 안보 영역에서 상호 '절대적' 이익이 아닌 '상대적' 이익의 관점에서 동아시아 지역질서의 문제에 접근하려 할 것이다.

마지막으로 동아시아 지역에서 중미 간 협력구도의 지역질서를 예상하기 위해서는 지역질서의 제도화 차원을 살펴보아야 할 것이다. 중국은 동아시아 지역협력에 많은 문제점을 안고 있다고 인식하며, 역내 다자협력구도에 큰 기대를 하고 있지 않다(韩彩珍·时殷弘 2014). 아울러 동아시아 역내 국가의 역할과 지위에 대한 중국의 인식이 매우 미미한 것으로 나타났다. 따라서 중국은 자국 주도의 동아시아 질서를 추진하고, 이를 견제하려는 미국, 역내 국가들의 전략적 이해관계가 복잡하게 얽히면서 동아시아 지역에서 제도적 차원의 공동체 논의는 상당기간 힘을 발휘하기 어려울 것으로 예상된다.

참고문헌

김재철, 2017, 『중국과 세계: 국제주의, 민족주의 외교정책』, 한울아카데미.

김흥규, 2016, "중국 일대일로(一帶一路) 전략과 동북아 국제관계의 변화: 한계점과 전망," 『중소연구』 49(3).

변창구, 2011, "중국의 동아시아 전략과 동아시아공동체 구상," 『한국동북아논총』 59.

이정남, 2014, 『세력 전환기 동아시아의 국가 정체성과 지역 인식』, 아연출판부.

정재호, 2016, 『평화적 세력전이의 국제정치』, 서울대학교출판문화원.

홍은정, 2014, "동맹정책에 대한 중국학계의 인식담론 고찰," 『아태연구』 21(2).

"시진핑, '아시아 운명공동체' 구축 중국 주도 천명," 〈연합뉴스〉 2015/3/28.

"그림으로 보는 세계나라별 경제력 비교," 〈연합뉴스〉 2017/2/27.

"한국 1인당 국방비 644달러, 미국의 3분의 1 수준," 〈연합뉴스〉 2017/4/1.

Acharya, Amitav, 2013, "Why Two Asia May Be Better Than None," *World Politics Review*, January 8, 2013.

Brenzinski, Jbigniew, 2012, *Strategic Vision: America and the Crisis of Global Power*, New York: Basic Books.

Christense, Thomas, 2011, "The Advantages of an Assertive China: Responding to Beijing's Abrasive Diplomacy," *Foreign Affairs*, 90(2).

Chung, Jae Ho, 2015, *Assessing China's Power*, New York: Palgrave.

Cliff, Roger, Mark Burles, Michael Chase, Derek Eaton, and Kevin Pollpeter, 2007, *Entering the Dragon's Lair: China's Antiaccess Strategies and Their Implications for the United States*, Santa Monica, CA: RAND.

Cooper, Richard, 1972, "Economic Interdependence and Foreign Politics in the Seventies," *World Politics*, 24(2).

Feigenbaum, Evan A. and Robert A. Manning, 2012, "Asia-A Tale of Two Asias," *Foreign Policy*, October 31, 2012.

Fewsmith, Joseph, and Stanly Rosen, 2001, *The Making of Chinese Foreign and Security Policy in the Era of Reform, 1978~2000*, Stanford: Stanford Univ. Press.

Johnston, Alastair Iain, 1995, *Cultural Realism: Strategic Culture and Grand Strategy in Chinese History*, Princeton: Princeton University Press.

_____, 2003, "Is China a Status Quo Power?" *International Security*, 27(4).

Keohane, Robert, and Joseph Nye, 1997, *Power and Interdependence: World Politics in Transition*, Boston: Little Brown.

Krepinevich, Andrew, 2009, "The Pentagon's Wasting Assets: The Eroding Foundation of American Power," *Foreign Affairs*, 88(4).

Kenneth, Lieberthal, and Jisi Wang, 2012, "Addressing U.S.-China Strategic Distrust," John L. Thornton China Center Monograph Series 4.

Mearsheimer, John, 2014, *The Tragedy of Great Power Politics*, New York: W.W.Norton&Company.

_____, 2005, "The Rise of China will Not Be Peaceful at All," *The Australian*, 2005/11/18.

Rosati, Jerel A., 2000, "The Power of Human Cognition in the Study of World Politics," *International Studies Review*, 2(3).

Russett, Bruce, and John ONeal, 2001, *Triangulating Peace: Democracy, Interdependence, and International Organization*, New York: W.W.Norton.

Xiang, Lanxin, 2012, "China and the Pivot," *Survival*, 54(5).

韩彩珍·时殷弘, 2014, "东亚区域合作的瓶颈问题与中国,"『现代国际关系』2.

李开盛, 2013, "东亚是建构中美新型大国关系的试验场,"『世界经济与政治』12.

凌胜利, 2015, "中外学者论中美互动与亚太新格局,"『和平与发展』6.

习近平, 2015, "习近平: 中国永远不称霸 永远不搞扩张,"『人民日报』2015/9/3.

王缉思, 2015,『大国关系』, 中信出版社.

3장

중국의 해양 강국화 전략 인식

모준영

I. 서론

중국이 해양에 관심을 갖게 되면서 동아시아의 해양성(seascape)이 재부각되고 있다(Kaplan 2014, 5).[1] 2012년 11월 전국대표대회 보고에서 중화민족의 위대한 부흥(中华民族伟大復兴)과 더불어 '강군몽(强军梦)'을 언급한 시진핑 정부는 '해양강국 건설'을 공식 선포하며, '해양굴기(海洋崛起)'를 강대국으로 나아가는 하나의 과정으로 제시했다(程宏毅 · 杨丽娜 2012). 이와 같은 중국의 '해양강국 건설' 선포는 곧 해양 군사력 증강과 확장으로 이해되었다. 해군력의 지원 없이 해양강국을 만든다는 것은 거의 불가능한 일이기 때문이다. 실제로 당시 국가해양국의 류츠궤이(劉賜貴) 국장은 『인

1_메이닝은 오래 전에 아시아의 지정학 역사를 기술하면서 서구의 외부사람들이 군사적으로 침범하고 경제적으로 약탈하면서 대륙지향에서 해양지향으로 지정학적 성격이 변화되었다고 평가한 바 있다(Meining 1956, 563).

민일보』 기자와의 인터뷰에서 '해양강국'의 특징의 하나로 해양 방위능력을 강력하게 하여, 국가 주권을 효과적으로 방위하고 해양의 평화발전을 보호하도록 하는 것을 언급했다(徐建斌 2012).

대체로 해양강국이 되겠다는 것은 경제적으로 시장을 확대하겠다는 의미와 더불어 국가의 힘을 보다 멀리까지 투사할 수 있는 능력을 증강하겠다는 것으로 이해된다. 이는 과거 자국의 힘을 세계에 널리 투사할 수 있는 전략적 조직으로 강력한 해군력을 보유하고 있었던 국가들이 세계적 강대국의 지위를 확보했던(Modelski 1978) 데에서 추론된 것이다. 더욱이 500년간 세계 해군력의 10% 이상을 보유한 국가들만이 세계적 규모의 전투를 할 수 있었고, 이들 중 세계적 지도국가가 된 국가는 세계 해군력의 50% 이상을 보유했음을 제시한 실증적 연구(Modelski and Thompson 1988, 97-132)는 이를 뒷받침했다.

실제로 포르투갈, 스페인, 네덜란드, 프랑스, 영국 등이 제해권(command of the sea)을 갖고 인도양과 태평양으로 나아가 세계적 강대국이 되었다(Gray 1992). 달리 표현하면, 이 국가들은 자국의 전략적인 목적 달성에 해양을 활용하고, 적국의 전략적 해양 활용을 거부할 수 있는 힘을 갖고 있었다는 것이다(Till 2009, 184). 이러한 점에서 해양력(seapower)은 세계화를 이뤄가는 데 있어 핵심이고(Till 2007, 30), 해양강국은 세계적 강대국으로 발전하기 위한 중요한 단계라 할 수 있다.

한편 과거 15세기 초반까지 다른 어떤 국가들보다 앞선 해양 과학기술과 해군력을 갖고 있었던 중국은 스스로 그 능력을 포기함으로써 이후의 외부세력의 해양을 통한 침투를 막지 못해 패배의 굴욕을 경험해야 했던 역사를 갖고 있다(Swaine and Tellis 2000, 24-25; Grygiel 2006, 37-39; Cole 2014, 46). 또한 국공내전 시기 해방군은 해상무장력의 열세로 장제스 정부군을 섬멸할 수 없었다. 당시 장제스 정부군은 해군을 보유하고 있었을 뿐만 아니라 미국 해군의 지원을 받고 있었다. 가령 1946년 1월부터 6월까지 미국이 지원했던 약 54만 명의 병력은 내전 초기에 해방군이 지배한 지역에 전면적인 공격을 가했다(张连忠 外 1989, 14). 이에 해방군은 대만 완정(完整)을 할 수 없었고, 결국 완정을 보류하게 되었다.

이와 같은 몇 가지 요소들, 즉 세계적 강대국들이 해양세력이었다는 보편적 역사, 해양력의 열세로 인한 굴욕적 패배의 경험, 그리고 대만 완정(完整)의 실패 등에서 유래했을 해군력 확보의 인식은 시진핑에 국한된 것은 아니다. 이전의 중국 지도자들 역시 해군력의 필요성을 알고 있었지만, 소련의 해체 등 육상에서의 위협이 줄어들기까지는 어떤 지도자도 해양에 관심을 집중시킬 수 없었다. 그것은 장쩌민 집권 시기에 와서야 가능했고, 이후 중국의 지도자들은 해양에 대한 관심을 표명하며, 해양으로의 진출을 검토하고, 해군의 현대화를 추진했다. 특히 현재의 시진핑 정부는 해군력 증강을 국가적 핵심 의제로서 전면에 제시하고 적극 추진하고 있다.

이 장에서는 현안으로 떠오르는 중국의 대전략인 해양강국 건설 구상을 살펴보고, 그러한 구상의 한계점을 약술한 후, 중국 내 학자들이 현재 중국 정부가 구상하고 제시하는 해양강국을 어떻게 이해하는지를 검토한다. 이에 2절에서는 중국의 대전략과 해군전략을 개괄하고, 3절에서는 해양강대국화 조건과 중국 해군의 현대화 현황을 검토, 분석한다. 그리고 4절에서 그 한계점과 중국 내 국제정치학자들의 인식을 확인할 것이다.

II. 중국의 대전략과 해군 전략

1. 대전략이란?

전략은 고대 '지휘관의 전쟁 기술'로부터 오늘날 각 분야의 '가용 자원을 투입해 목적을 달성하는 계획'으로까지 발전해온 다의적이고 논쟁적인 개념으로, 클라우제비츠가 "전쟁의 목적을 달성하기 위해 개개의 전투들을 운용"(Clausewitz 1976, 128)하는 것으로 구체화한 이후, 보다 포괄적인 것으로 발전해 "정치적 목표 달성을 위해 군사적 수단을 배분하고 운용하는 기술"(Hart 1967, 128)로 의미가 확대되었다.

이를 달리 표현해보면, 전략이란 목표(end), 수단(mean), 방법(way)을 적절하게 섞어서 사용하는 것(Jablonsky 2012, 3)으로, "수단과 목표를 연계시키는 개념"(Builder 1989, 3)으로 이해될 수 있다. 여기서 목표는 국가가 이루고자 하는 궁극적인 지향점이고, 수단이란 그러한 목표를 달성하는 데 있어 동원될 수 있는 자원이며, 방법이란 목표를 달성하기 위해 보유하고 있는 가용 자원을 운용하는 기술을 가리킨다. 이에 전략 수립은 목표를 설정하고, 수단을 결정하며, 수단과 목표를 연계하는 방법을 선택하는 행위라고 할 수 있다.

대전략은 이러한 개념의 연장선에서 외교전략, 경제전략, 문화전략 등 모든 것을 포함하는 보다 상위의 개념이라고 할 수 있다. 하지만 아직까지 일반화된 개념으로 합의된 것이 없기 때문에, 학자들마다 조금씩 다른 개념 정의하에 자신들의 논지를 전개해왔다.

가령 케네디(Paul Kennedy)는 국가가 정치 · 경제 · 군사적 자원과 목표를 효과적으로 통합해야 하는 복잡한 세계에서 국가의 장기적인 이익을 보전하기 위해 '우선순위 간의 균형'을 잡아주는 것이라고 주장했고(Kennedy 1991, ix-xx), 크라스너(Stephen D. Krasner)는 "특별한 정책에 맞게 기획된 것으로, (외교적, 관료적, 관념적, 군사적, 경제적) 자원들을 할당하는 것"으로 제시했으며(Krasner 2010, 2) 마르텔은 "정책결정자 및 국가가 외교정책을 수행하는 데 있어 일관된 선택을 하도록 하는 원칙들을 조정해주는 틀을 제공"(Martel 2015, 32)하는 것으로 정리했다. 또한 최근에 브랜즈(Hal Brands)는 "국가 업무에 있어 가장 높은 수준에서, 수단을 목표에 연결시키고, 생각을 행동으로 옮기도록 하는 지적 틀"(Brands 2018, ix)이라고 언급했다.

결국 대전략이란 "장기적인 시간에 걸쳐 국가가 가장 중요시 하는 목표를 실현하기 위해 국가운영의 모든 수단(군사, 외교, 경제 등)을 적절하게 활용하는 것"으로 이해될 수 있다. 다음 절에서는 이러한 이해를 토대로 중국의 대전략을 살펴본다.

2. 중국의 국가목표와 대전략

한 국가의 대전략을 이해하기 위해서는 우선 그 국가의 장기적인 목표를 파악해야 하는데, 국가가 대외관계에 있어서 장기적으로 추구해온 국가목표는 그 국가의 지도자들의 글이나 말, 대표적인 국가 정책 등에서 찾을 수 있다. 이는 대전략의 핵심이 국가가 최상의 이익을 보전하고 증강할 수 있도록 국가의 모든 요인들을 결합시키는 정책, 내지 국가 지도자들의 능력에 있기 때문이다(Kennedy 1991, 5). 이에 우선 지도자의 글이나 말을 살펴보면, 시진핑은 이러한 목표를 비교적 선명하게 드러내놓은 바 있다.

2012년 11월, 그가 '중국의 꿈(中国梦)'으로 제시한 '중화민족의 부흥'이 그 것이다. 여기에서 부흥이란 과거의 영화(榮華)를 되찾는 것이다. 그것은 중국이 최소한 청일전쟁 이전에 누렸던 역내 패권의 위상을 되찾아야 한다는 것이다.

돌이켜보면, '중화민족의 부흥'은 중국의 국가 목표로 반복해서 나타났던 것이다. 장쩌민은 2002년 11월 중공 제16차 전국대표대회 보고문에 '중화민족의 위대한 부흥'을 제시했고(中共中央文獻研究室 2007),[2] 후진타오는 2007년 제17차 전국대표대회 개막사를 통해 '중화민족의 부흥'을 언급했다(苏向东 2007). 예쯔청(叶自成)은 이들 지도자들이 공통적으로 제시한 중화민족의 부흥이라는 목표를 마오쩌둥과 덩샤오핑의 대전략의 연속으로 보았고(叶自成 2011, 74), 시진핑 역시 마오쩌둥과 덩샤오핑이 중화민족의 부흥에 기여했다고 언급한 바 있다. 이에 중화민족의 부흥은 중국의 건국 시부터 현재까지 중국 지도자들의 언술에서 나타난 국가 목표라 할 수 있다.

이는 정책에서도 잘 드러난다. 가령 제18기 중앙위원회 제5차 전체회의에서 중국공산당의 주요 지도사상의 하나로 공식화한 '4개 전면' 전략('四个全面战略布局)에서도 그와 같은 국가 목표가 나타난다. 그 전략은 그 궁극적인 목표가 새로운 중국 특색의 사회주의를 통한 중화민족의 부흥임을 제시하고 있다. 이를 보면, 중국은 지난 한 세기 동안 민족 '부흥'이라는 장기적 목표를 행한 긴 행군을 해왔다고 할 수 있다(Schell and Delury 2013, 5). 이에 중국이 추구하는 궁극의 목표를 중화민족의 부흥이라고 보아도 크게 문제는 없을 것으로 본다.

2_처음 '중화민족의 부흥'이 공식 문건에 등장한 것은 1997년 제15차 당대회임.

한편 시진핑 정부는 이와 같은 국가 목표를 실현하기 위한 대전략으로 강병을 통한 해양강국 건설을 얘기하고 있다. 제18차 당대회 보고와 2013년 중앙정치국 집체학습에서 강조한 '강군몽(强军梦)'과 '해양강국 건설'이라는 구호가 그것이다. 바꿔 말해 해군력을 증강함으로써 제해권을 확보하고, 그 제해권을 통해 중국의 안보와 번영을 이루며, 영향력을 확대해 강대국으로 부상하겠다는 것이다.

이는 해양을 지배함으로써 중국의 국가안보 이익과 국가발전 이익을 확보하겠다는 것으로, 종국에는 중국의 활동범위를 원해로까지 확장해 중국의 대외적 영향력을 세계로 확대하겠다는 것이다. 이에 군사체제 개혁이 필요하고, 해군력의 증강이 요구된다. 이는 4개 전면 전략 중 '전면심화개혁(全面深化改革)'의 일환으로 국방 개혁이 독립적으로 분리되어 진행되고 있고, 그 개혁의 핵심이 해군력 강화인 점이 잘 보여 준다. 다음 절에서는 이를 실천하기 위해 수립된 해군전략을 검토해본다.

3. 중국의 해군전략

해군전략은 대체로 전시나 평시에 자국의 해양력을 건설하고 지원하며 증강하는 것을 목적으로 한다(Mahan 1898, 23). 군사과학원 군사전략연구부가 발간한 『전략학(战略学)』에 따르면, 중국의 해군전략은 대체로 ① 1950년대에서 1970년대 후반까지 '연안방어-근안방어(沿岸防御-近岸防御)', ② 1980년대부터 21세기 초까지 '근해방어(近海防御)', 그리고 ③ 2004년 이후의 '근해방어(近海防御), 원해방위(远海防卫)' 등의 3단계로 변화해왔다(軍事科學院軍事戰略研究部 2013, 207-209). 우선 인민해방군 창설

이후부터 1970년대 후반까지는 주로 제1도련선 내로 진입하는 적을 견제하는 연안방어에 집중한 시기로. 이때에는 육지로부터의 침략을 최대 위협으로 간주하고 있었기 때문에, 해군의 역할은 지상군 전력을 보충하는 데그쳤다. 해전과 해양력에 익숙하지 않았던 마오쩌둥이 군사전략을 수립하면서 해군을 지상군 병력의 일부로서 연안방어 임무를 담당한 것으로 보았기 때문에 별도의 해군 전략이 없었다. 이에 이 시기의 해군전략은 지상군위주의 인민전쟁 전략에 포함되어 다뤄졌다.

다음으로 1980년대 이후 21세기 초까지의 시기에는 대양해군으로의전환이 시도되었다. 이 시기에 덩샤오핑은 육군 중심의 인민해방군을 변화시키고자 하면서, 해군의 지위를 높이고자 했다. 덩샤오핑은 류화칭(刘华清)을 중앙군사위원회로 영입해, 해군전략의 변화를 가져왔다. 1982년 류화칭은 일종의 해상방어선인 도련선 개념을 제시했는데, 제1도련선은 일본-대만-필리핀-남중국해로, 제2도련선은 일본-괌-팔라우로 연결된다(Heginbotham 2002, 113). 특히 류화칭이 제시한 3단계 발전 개념은 오늘날에도 중국 해군전략 개념의 기초로서 활용되고 있다. 당시 그는 2000년까지 1도련선 밖에서의 방어를, 2020년까지 2도련선 밖에서의 방어를 할 수있도록 해군력을 증강해야 한다고 했다. 이후 중국은 기존의 근해방어전략을 선제공격으로 적을 섬멸한다는 근해적극방어전략으로 전환했고, 근해의 개념도 일본 본토와 오키나와 그리고 대만과 필리핀을 잇는 제1방어선이내로 규정하여 전통적인 국제법상의 영해의 범위를 넘어 실질적으로 중국의 군사력이 미치는 전략상의 영토개념으로 확대했다(Zhan 1994, 181).

그리고 2004년에 후진타오가 중앙군사위원회 주석으로 취임한 이후에는 근해방어를 넘어선 해양군사전략이 적극적으로 추진되기 시작했다. 그해 발간된 국방백서는 '해양주권과 해양권익의 수호' 임무(维护领海主权和

海洋权益的任务)를 제시함으로써 해양력을 주변 해역으로 확대하겠다는 의지를 표명했고(中华人民共和国国务院新闻办公室 2004), 2007년 중국해군사령관 우셩리(吳胜利)와 정치위원 후옌린(胡彦林)은 해군의 임무를 ① 정상 조업활동, 해양자원 개발, 해양측량과 과학조사를 위한 안전보장, ② 해상교통로의 안전보장, ③ 인접해역, 대륙붕 배타적 경제수역에 대한 관할권 수호, ④ 해양권익에 대한 효과적인 보호 제고 등 네 가지로 제시했다(吳胜利·胡彦林 2007). 또한 2009년에 후진타오는 해군 창설 60주년 연설에서 "근해해군에서 벗어나 대양해군으로 거듭나자"라고 했고(周兆军 2007), 해군의 지속적인 발전을 독려해왔다.

그리고 2012년 중국공산당 제18차 전국대표대회에서 중국 지도부는 '해양강국' 건설을 선언했는데, 2013년 발간된 국방백서(中国武装力量的多样化运用)는 이를 반영해 해양강국 건설이 국가의 중요한 발전전략이라고 제시했다(中华人民共和国国务院新闻办公室 2013). 그리고 2015년 발간된 국방백서(中国的军事战略)를 통해 '강군몽'이나 '해양강국 건설'의 실천 방안을 제시했다. 백서는 그동안 육지를 중시하고 해양을 경시(重陆轻海)해오던 사고에서 탈피해서 해양관리와 해양권익 수호를 중시해야 함을 강조했다. 또한 해군은 전략적 요구에 따라 근해방어형에서 근해방어와 원양호위(원해방위)형 조합으로 점차 전환될 것이라고 밝힘으로써 중국해군의 작전범위 확대를 공식화했다. 또한 해양강국으로서의 위상을 수립해야 한다고 했다. 아울러 "국가안보와 발전이익에 맞는 현대 해양군사력을 보유해야 하고, 국가주권과 해권을 보호하고, 전략적 해상교통로(SLOC) 안전 및 해외 권익을 확보해야 한다"고 제시했다(中华人民共和国国务院新闻办公室 2015).

현재 중국의 해군전략은 중국이 미국과 유사한 힘의 투사 능력을 갖추는 데 초점을 맞추고 있다. 이에 중국 해군의 현대화는 적어도 역내 군사균형을 변경시키는 전력을 구축하는 것(Krepinevich 2010, 13; Erickson 2012, 61)으로 이해될 수 있다. 다음 절에서는 중국의 해양 강국화 현황과 중국 해군의 현대화 내용을 살펴본다.

III. 해양강대국화와 인민해방군 해군의 현대화

1. 해양강대국화

중국의 지도자들은 해양에 대한 중요성을 인식하고 있었지만, 육상에서의 위협을 대비하는 것이 보다 우선적인 문제였기 때문에 해양력 강화보다는 육군력 증강에 집중했다. 중국 해군의 현대화가 시작된 것은 소련의 해체로 육상에서의 위협이 감소된 시기였던 장쩌민 정부 시기였다. 실제로 중국은 러시아와 1996년 전략적 동반자 관계를 맺고, 2001년 7월 선린우호협력조약을 체결하면서 해양으로의 진출을 본격화할 수 있는 기반을 마련했다(Wishnick 2001, 803). 같은 맥락에서 중국은 중앙아시아 3개국, 인도, 베트남 등과의 국경선 획정 문제를 외교적으로 해결해(Fravel 2008) 육상에서의 위협을 줄이고자 했다. 이후 2002년 16차 전국대표대회 보고에서 경제대국 발전 전략과 해양 개발을 역설하면서 본격적인 해양 진출 의지를 밝혔던(中国共産党新聞, 2002) 중국은 그로부터 10년 후인 2012년 시진핑 정부가 출범하면서 해양강국 건설 의지를 분명히 했다.

해양강대국의 건설은 기본적으로 해상에서 경제역량과 무장역량을 발휘할 수 있는 기반을 갖추는 데서 시작된다. 이에 시진핑 정부는 제도적 정비 차원에서 우선 해양정책 부서를 통합했다. 2013년 제12기 제1차 전국 인민대표대회에서 기존의 공안부, 농업무, 세관총서, 교통운수부에 분산되어 있던 해양정책 수립과 집행 업무를 중국 해경국(海警局)으로 통합했던 것이다. 또한 공산당 당중앙, 국무원 군사위원회를 포괄하는 '국가해양위원회'를 신설했다(이동률 2017, 377). 그 외에도 중국 정부는 중국 해양을 3대 권역으로 나누어 발전시킨다는 계획을 발표하기도 했다(조영남 2013, 222). 또한 군사력 증강에도 박차를 가하고 있는데, 2013년 국방백서는 해양권익을 수호하는 것이 인민해방군의 중요한 책무라고 강조했다. 즉 중국의 지속가능한 발전을 위한 중요한 공간으로서 해양을 개발, 이용, 보호하며 해양강국을 건설하는 것이 국가의 중요한 발전 전략이라는 것이다(中华人民共和国国务院新闻办公室 2013). 그리고 군사개혁을 준비했다.

아울러 중국 지도부는 미국과의 갈등을 피하는 것과 주변국가들의 의구심을 해소하고 협력관계를 형성하기 위한 외교적 노력을 했다. 특히 주변 국가들과의 관계를 개선하고자 노력했는데, 2013년 인도네시아를 방문해 해상 실크로드 구상을 제의하면서 '일로(一路)'를 만든 것도 '해양강국 건설'을 위한 일종의 프로젝트라고 볼 수 있다. 이후 중국은 이들 국가들의 주요 항구를 개발하고 운영권을 확보하는 이른바 차항출해(借港出海) 정책을 추진하고 있다. 2014년 9월 인도양의 몰디브와 스리랑카를 방문한 것 역시 이러한 측면에서 이뤄진 것이다. 특히 동남아 지역은 기본적인 기간시설이 갖춰져 있고, 상대적으로 안정적인 정세이기 때문에 이들 국가들과의 협력을 중요하게 생각하고 있다.

하지만 이들 국가들이 미국과 긴밀한 관계를 유지하고 있기 때문에 해양강대국이 되기 위해서는 미국과의 갈등이 불가피할 것이다. 또한 대내적으로 부서를 통합하고, 대외적으로 주변국들과의 관계를 유리하게 만든다고 하더라도, 해군력이 약하면 해양으로 진출할 수 없다. 이에 다음 절에서는 중국 해군의 현대화 현황과 추세를 살펴본다.

2. 인민해방군 해군의 현대화

1) 현대화 현황

이미 언급한 바와 같이 중국 해군의 현대화는 장쩌민 정부 시기부터 본격화되었는데, 이 시기부터 중국은 노후한 함정들을 퇴역시키고 현대식 함정들을 배치하기 시작했다. 현재의 중국 해군은 잠수함, 구축함, 호위함 등을 개발하고, 통합전자정보체계 구축을 추진하고 있다. 또한 수송 작전을 수행하고 국제협력을 이행하며 비전통안보 위협에 대응하는 원해 능력을 개발하고 전략억지와 반격능력을 강화하고 있다(O'Rourke 2017). 해군 전력을 항목별로 살펴보면 다음과 같다.

우선 항공모함은 연안을 벗어나 '원해(far seas)'에서의 작전 수행을 지원할 수 있다는 점에서 중국 해군력의 투사 범위를 보다 확장시킬 수 있는 장점을 갖고 있다(Cordesman and Kendall 2016, 45; Busset and Elleman 2011, 62). 이에 항공모함은 원양해군으로의 변화를 꾀하고 있는데, 중국 해군은 2011년부터 항공모함 건조를 시작해 2012년에 1척(랴오닝)을 취역시켜 운영 중이고, 2017년에 1척(산둥)의 진수식을 거행했으며, 현재 세 번째 항공모함을 상하이에서 건조 중에 있는 것으로 알려져 있다. 이는 작전, 교육, 정비를 동시에 수행할 수 있는 최소한의 항공모함 전력을 구축하게 될 것임을 의미한다. 더욱이 현재 건조 중인 것으로 알려져 있는 항공모함은 몇 가지 점에서 이전의 항공모함보다 발전된 형태일 것으로 예측되는데,

우선 첫 번째는 크기이다. 기존의 항공모함들이 6만 7천 톤 정도였다면, 이 세 번째 항공모함은 8만 톤 정도일 것으로 예상되고 있다. 또한 다른 하나는 항공기 발진과 관련된 것으로 세 번째 항모는 이전의 것들과 다르게 캐터펄트를 사용할 것으로 예상되고 있다. 또한 이전의 것들과 다르게 핵추진 체계를 채택해, 미국 항공모함 수준이 될 것으로 예상되고 있다(O'Rourke 2017).

다음으로 중국 해군의 잠수함 전력은 반접근(A2/AD) 전략에 활용될 억지 수단으로서, 항공모함과 더불어 향후 원해해군을 만드는 데 있어 중요한 해군전력이다. 현재 중국은 공격잠수함 전력을 계속해서 증강하고 있는데, 핵심 기종은 진(晉)급 잠수함이다. 2016년에 등장한 진급 잠수함(Type 094A)은 수중 저음 장치를 적용해 기존의 잠수함(Tyoe 094)에 비해 소음이 작은 것으로 알려져 있다. 또한 유체역학적 항력(hydrodynamic drag)을 줄이고 예인음탐기(TAS)를 장착해 상대로부터의 위협을 감지하고 피할 수 있도록 성능을 개선했다고 한다(O'rourke 2018, 13). 또한 러시아에서 수입해 온 킬로급 잠수함은 소음이 적어 탐지가 매우 어려운 것으로 알려져 있다(Busset and Elleman 2011, 62-82). 2004년 등장한 위앤(元)급 잠수함 역시 공기불요추진체계(air independent propulsion)[3]를 도입해 저속으로 잠수해 운용하는 경우 2~3주까지도 작전이 가능하고, 킬로급에 필적할 만큼의 저소음과 무장력을 갖춘 것으로 알려져 있다. 그리고 2006년부터는 노후화된 한(汉)급 핵추진 잠수함을 대체하기 위해 샹(商)급 잠수함을 전력화했다. 이들 신형 잠수함은 선체의 규모, 설계기술, 항해정숙성, 그리고 탑재

3_외부 공기의 유입 없이 전기를 발생시켜 추진하는 체계. 함 내에 저장된 산소 및 연료를 사용해 수중에서 필요한 전원을 생산 공급이 가능함.

무장의 성능 측면에서 그동안의 주력 잠수함들보다 월등히 우수하다고 평가된다.

또한 독립적으로 작전이 가능한 무기체계인 구축함의 경우 중국은 1999년부터 2006년까지 러시아로부터 소브레메니(Sovremennyy)급으로 4척을 도입했다. 그리고 2004년과 2005년에는 4척의 뤼양(旅洋) I / II급 구축함이 취역되었고, 2006년과 2007년에는 2척의 뤼저우(旅洲) I / II급 구축함이 전력화되었다. 뤼양 I급 구축함은 중국이 처음으로 조립식으로 건조한 선박으로, 생산 방법에 있어 진전을 보여준다(Medeirois et al. 2005, 146). 또한 뤼양 II급 구축함은 위상단열 레이더를 채택하는 등 무기와 감지장치 기술에 있어 중요한 진전을 가져왔다(Bussert and Elleman 2011, 38).

호위함의 경우 1990년대 초반 이후 장웨이(江卫) I / II급, 장카이(江凯) I / II급 등 4가지 종류가 건조, 전력화되었다. 그리고 2006년부터는 6척 이상의 장카이급 호위함이 건조 및 취역 중에 있다. 최근 건조되고 있는 이와 같은 함정들은 중국이 전통적으로 취약했던 대잠 및 대공 능력을 보강하고 있는 것으로 평가되고 있다. 무엇보다도 중국 해군은 이러한 함정을 보유함으로써 연안 지역에서 수백 해리 떨어진 근해 지역에서 작전할 수 있는 능력을 구비해나가고 있다(O'Rourke 2017, 28-32).

중국은 군사력 투사 능력을 현대화함과 동시에, 대규모 병력이 참여하는 상륙작전 훈련을 실시하거나 연합 상륙작전 훈련을 전개하고 있다(Blasko 2012, 188). 이에 중국 해군은 2005년부터 위자오(玉昭)급(Type 071) 신형 상륙함을 건조해 배치했다. 또한 Type 071에 토대를 둔 신형 대형 상륙강습함 Type 075를 건조 중인 것으로 알려졌다. 이 상륙함은 구형 상륙함에 비해 '훨씬 더 유연한 원거리 작전'이 가능한 것으로, 항공모함과 더불어 중국이 해외 무력투사 능력 개발 의도를 보여준다.

2) 현대화 추세

다음으로는 군 장비의 현대화 추세를 살펴보는데, 여기에서는 중국이 보유하고 있는 전체 함대 중 전투력의 핵심을 이루는 잠수함, 구축함, 호위함 등을 중심으로 살펴본다. 이를 통해 정부의 해군에 대한 관심 정도나 집중도를 확인할 수 있고, 지속 가능성, 최첨단 기술의 활용 가능성 등을 가늠할 수 있기 때문이다.[4]

이를 그래프화한 〈그림 1〉을 보면 대체로, 2015년 전후로 급속도로 현대화되었음을 알 수 있고, 특히 구축함의 경우 90% 이상이 최신형으로 전환되었음을 알 수 있다.

아울러 해군의 현대화가 군 전체적으로 이뤄진 결과인지, 해군에 집중적인 지원이 있었던 결과인지를 확인하기 위해 육군의 현대화 추세를 확인해봤다. 육군에서 운용하는 무기체계는 다양하지만, 여기에서는 세 가지 무기체계에 대한 현대화 비율을 〈그림 2〉로 정리했다.[5] 이를 보면, 자주포만 50%를 조금 넘는 현대화 비율을 보이고 나머지는 50%도 되지 않는 수준이었다.

4_ 〈그림 1〉에서 현대화된 것으로 분류된 것은 잠수함의 경우, 칭(青), 킬로, 송(宋, Type 039/039G), 위앤(Type 039A/B), 샹(商, Type 093), 진(晉, Type 094)급을, 구축함의 경우 소브레메니, 뤼양(Type 052B), 뤼양II(Type 052C), 뤼양III(Type 052D), 뤼하이(旅海)(Type 051B), 뤼후(旅沪)(Type 052)급을, 호위함의 경우 장카이(Type 054), 장카이 II (Type 054A), 장웨이(Type 053H2G), 장웨이II(Type 053H3), 뤼다(旅大)III(Type 051DT), 뤼다III(Type 051G)급을 현대화된 것으로 보았다.

5_ 여기에서 현대화된 장비는 자주포의 경우 Type 07(PLZ-07), Type 07B(PLZ-07B), Type 09(PLC-09), Type 09(PLL-09), Type 05(PLZ-05) 등을, 보병전투차의 경우 Type 04(ZBD-04), Type 04A(ZBD-04A), Type 05 AAAV(ZBD-05), Type 09(ZBL-09), Type 09A(ZBL-09A), Type 89, Type 93 등을, 그리고 탱크의 경우에는 Type 96, Type 86A, Type 98, Type 99, Type 99A 등을 대상으로 했다.

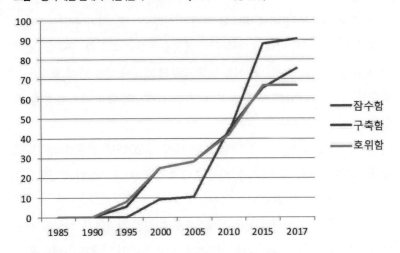

그림 1 중국 해군 현대화 비율 (출처: IISS Military Balance 해당 연도)

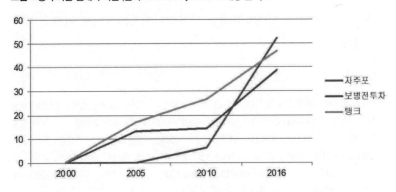

그림 2 중국 육군 현대화 비율 (출처: IISS Military Balance 해당 연도)

이상의 내용으로 볼 때 중국은 육군전력보다 해양전력 증강에 적극적으로 나서고 있음을 알 수 있다. 이는 중국의 힘을 해외로 투사하기 위한 군 현대화 양상으로 이해될 수 있는 것이고, 중국의 장기적인 목표가 역내 패권을 넘어 세계적 강대국까지 염두에 둔 것임을 보여주는 것이라고 이해될 수 있다. 아래에서는 이를 전문가들의 평가를 근거로 살펴본다.

3. 평가

이와 같은 현대화의 결과, 현재 중국의 해군 전력은 장비 면에 있어서 상당 수준에 이른 것으로 평가되고 있다. 가령 키르히베르거(Sarah Kirchberger)는 중국의 해군 전력이 세계 150여 개 국가 가운데 28위 안에 드는 것으로, 원양(blue water) 해군력을 갖춘 것으로 제시했다. 이는 일본, 호주, 한국, 파키스탄, 대만 등과 대등한 수준으로 분류한 것으로, 중국 해군이 조만간 보다 발전될 것으로 전망하고 있다(Kirchberger 2015). 또한 텔리스(Ashley Tellis) 등이 총 9단계로 분류해 작성한 해군의 전투 숙련 수준 평가에서도, 중국은 현재 7단계인 "해상공격능력 및 제한적인 제해권"을 확보한 것으로 분류되고 있다. 이는 이론상 미국, 러시아, 프랑스, 영국, 인도, 스페인, 브라질 다음의 수준에 해당하는 것으로, 초기단계이기는 하지만 중국의 해군력 수준이 공격적인 힘의 투사 작전을 목표로 한 것이라고 평가한 것이다(Kirchberger 2015, 69).[6] 2016년 미국 국방부의 연례 의회 보고서에 의하면, 중국 인민해방군 해군은 대함전 수행 역량을 향상시켰고,

---

6_본래 아이잭슨(Jeffrey A. Isaacson) 등이 개발한 체계해 분류한 것으로, 텔리스 등은 가장 낮은 단계의 '해안방어 및 지뢰부설'로부터 높은 단계의 '전 범위 제해권'에 이르기까지 총 9단계로 제시했다.

잠수함의 경우에도 원자력 추진 잠수함, 탄도유도탄 잠수함 등을 운용하고 있다. 또한 구축함과 호위함도 지속적으로 생산을 늘리며 전력을 향상시키고 있다.

이상에서 볼 때 중국 해군의 전력은 상당한 수준에 올라와 있음을 알 수 있다. 하지만 그 수준이 세계 강대국 수준의 해양력에는 여전히 미치지 못한다고 평가되고 있다. 가령 2016년 미 국방부 연례 의회 보고서는 현재의 중국 해군의 수준이 제1도련선 내에서의 군사적 목적을 달성했고 제한적인 국지전에서 상당한 전투력을 발휘할 수 있을 정도이지만 아태지역을 벗어나서 인도양과 태평양 원해에서 작전을 감행하기에는 여전히 군수 및 정보력이 부족한 것으로 평가하고 있다(Department of Defense 2016).

다음 절에서는 이와 같은 평가를 받고 있는 중국 해양강대국화의 한계점을 제시하고, 중국 내 학자들이 중국 정부가 대전략으로 제시하고 있는 강병에 기반한 해양 강국에 대해 어떻게 생각하고 있는지를 인터뷰 결과를 토대로 제시한다.

IV. 해양강대국화의 한계점과 내부 인식

1. 한계점

해양강대국으로 발전해 가는 데 있어 해군력의 증강이 중요한 요소이기는 하지만, 앞 절의 평가에서 보았듯이 해군의 현대화가 곧 세계적 해양 강대국으로 발전할 수 있음을 보장해주는 것은 아니다. 기존의 해양강대국들의 역사를 보면, 그 외에도 몇 가지 조건이 더 필요함을 보여준다. 가령 해안선의 특성, 육상국경의 안보적 상황, 기술력(technology), 해외 기지와 요충지(chokepoints)에 대한 통제력, 전략적 사고(mindset) 그리고 전략 문화 등이 그러한 조건들이다(Grygiel 2012, 18). 본 절에서는 이러한 다섯 가지 조건들을 중심으로 중국의 해양강대국화에 있어서의 한계점들을 살펴본다.

1) 해안선의 특성

우선 해안선은 국가가 해양강대국으로 발전하는 데 있어 가장 직접적인 조건의 하나다. 공해로 쉽게 나아갈 수 있고 동시에 세계 교통로의 요충지를 통제할 수 있다면 그 해안선은 전략적인 가치를 갖고 있다고 할 수 있다. 하지만 그러한 지리적 위치를 점하고 있는 해안선을 갖고 있다 하더라도 정부가 그러한 조건의 해안선을 통합적으로 운용할 수 없다면 그 해안선은 장점이 될 수 없다. 가령 이탈리아는 레반트나 수에즈 해협으로 가는 무역로에 영향을 미칠 수 있는 곳에 위치해 있었지만, 몰타와 코르시카를 각각 영국과 프랑스에게 잃게 됨으로써 그러한 지리적 장점을 활용할 수 없게 되었었다(Mahan 1987, 32).

또한 해안선이 해양에 접하고 있더라도 해양으로의 진출이 어렵다면 해양세력이 되기는 그만큼 쉽지 않을 것이다. 이는 러시아가 세계에서 네 번째로 긴 해안선을 갖고 있음에도 해안선의 대부분이 얼어 있거나 막혀 있어 부동항을 찾아 나서야 하는 것에서도 잘 드러난다.

끝으로 해안선의 방어에 어려움이 없어야 한다. 접근이 용이한 항구들이 적절한 방어 조치를 갖추지 않는다면, 전쟁 발발 시 그 해안선은 오히려 약점이 될 수 있다. 1667년 네덜란드인이 템스 강을 거슬러 올라가 영국의 함정을 불태운 것은 그러한 사례가 될 수 있다(Mahan 1987, 35). 그리고 해안선이 외부의 공격에 취약하다면, 해군의 역할은 원거리 지역으로 힘을 투사하기보다는 해안선 방어에 국한될 것이기 때문에 해양강대국화라는 목표를 갖기 어렵다.

중국의 경우 약 1만 8000km에 달할 만큼 해안선이 길지만, 대만, 일본, 한국, 동남아 국가들이 가로막고 있어서 해양력 투사가 쉽지 않다(Homes and Yoshihara 2008, 69). 이를 수중까지 확장해 생각해보면 문제는 보다 심각하다. 중국의 해안선 주변 수심이 깊지 않기 때문이다. 동중국해 지역의 4분의 3 정도가 수심이 200m가 되지 않고, 평균 수심이 350m이며, 대부분이 대략 60에서 80m 정도의 수심을 갖고 있다. 이러한 환경에서는 억지 수단으로서 원해해군을 만드는 데 있어 중요한 전력인 잠수함 운용 작전이 여의치 않다. 그나마 남중국해 지역의 평균 수심이 1210m로 깊지만, 중국의 선박이 그곳까지 진출하기 위해서는 대만해협을 통과해야 하는데, 대만해협은 평균 수심이 70m 정도이고, 소음 등의 문제로 잠수함 운용에 불리한 지역이다(Cole 2010, xxi). 이에 전력을 현대화하더라도 운용에 어려움이 있을 것이다.

이를 해결하지 못하면, 그만큼 중국의 해양강대국화는 어려울 것이다. 이에 중국의 해양 전략가인 장원무(張文木)는 "대만을 대륙과 통합하고 중국의 해양 영토를 회복하는 것이야말로 중국 정부가 책임지고 해야 할 역사적 임무이자, 해권(sea rights)을 지키는 필수적인 토대"(Zhang 2006, 25)라고 하기도 했다.

2) 육상 국경의 안보적 상황

다음으로 제시된 육상 국경에 있어서의 안보 상황이란 접경국가와의 관계를 의미한다. 적대적인 국가와 육상 국경을 접하고 있는 국가는 인접 국가로부터의 위협 때문에 해양 전력 증강에 집중하기 쉽지 않다. 그렇기에 마한은 육상에서의 방어가 필요하지 않고, 육상에서의 영토 팽창 야심도 생기지 않는 지리적 위치의 국가가 일부가 대륙에 접해 있는 국가들보다 해양력 증강에 유리하다고 했다(Mahan 1898, 29).

주지하듯이 중국은 14개의 국가와 육상 국경을 접하고 있고, 그중 인도, 베트남과는 전쟁을 치렀고, 러시아, 인도, 파키스탄 등은 이미 핵무기 실험에 성공한 국가들이다. 국경지역에서 전쟁 혹은 군사적 충돌을 경험했던 이들 국가들과 분쟁이 고조될 가능성이 있기 때문에, 중국은 육상에서의 경계를 게을리 할 수 없는 상황에 있는 것이다. 또한 일부 잠재적인 적대 국가들은 미국과 동맹을 맺고 있을 뿐만 아니라 중국의 해양 국경에서 매우 가까운 곳에 위치해 있다. 육상에서의 위협이 감소되었다고는 하지만, 러시아와 인도 등 대륙강국에 대한 경계를 느슨하게 할 수는 없기 때문에(Tow 2001, 27-32), 어느 정도의 육군력을 유지해야 하는 중국으로서는, 해군력을 증강한다고 하더라도 육군력을 배제하고 해군력에만 집중 투자하기는 쉽지 않다. 이에 중국이 해양강대국으로 발전해가는 데 있어 육상 국경의 안보적 상황 역시 안정적으로 유지되는 것이 중요하다.

3) 기술력

또한 기술력은 선박 등을 필요조건에 맞게 건조/운용할 수 있는 역량을 의미한다. 이는 기술의 다각화를 통해 지리적 전장에 부합하는 다양한 유형의 무기체계(platform)를 개발하고 유지할 수 있어야 함을 말하는데, 카플란(Robert Kaplan)은 미국의 해군력을 평가하면서 다양한 무기체계를 준비하고 있음을 지적한 바 있다. 즉 미국은 이라크나 아프가니스탄에서의 전쟁에서처럼 작전을 지원하는 원거리 폭격(offshore bombing) 체계, 인도네시아, 말레이시아 등에 기지를 둔 테러집단에 대한 연안 특수 작전 체계, 중국 대륙과 대만 간 양안지역을 관리하는 스텔스 체계 등 3개의 개별적 해군을 구축하고 있다는 것이다(Kaplan 2005, 58). 반면에 중국은 아직 그만큼의 운용 전력을 갖추고 있지 못하다.

이를 볼 때 중국은 해양강대국으로 나아가는 데 있어 최우선적으로 극복해야 할 대상인 미국에 비해 기술력이나 운용의 유연성에 있어서 많이 부족하다. 또한 기술력을 뒷받침하는 데 필요한 국방비 면에 있어서도 미국은 시퀘스터에 의한 예산 감축에도 불구하고 6천 28억 달러로 여전히 세계 1위의 국가다. 이는 중국(1천 5백 5억 달러)의 4배가 넘는 액수이고, 미국을 제외한 상위 10개 국가의 국방비 총액을 합한 것보다도 큰 액수다(IISS 2018). 특히 해군력은 장비의 도입에서부터 운영에 이르기까지 비용이 많이 든다. 이에 중국이 격차를 줄일 수는 있겠지만, 단기간에 해군력의 역전을 가져오는 것은 쉽지 않은 일이다.

기능과 역량에 있어서도 미국은 필요하다면 최첨단 기술을 장착한 무기체계를 구축할 수 있다. 중국은 상당한 수준의 상업 선박 건조 기술을 갖고 있지만, 이 기술을 해군 함대 건조 기술로 전환하는 데는 성공하지 못했다. 현재 중국은 전함을 건조하는 데 있어 필요한 요소들인 디젤 엔진이나 가스 터빈과 같은 추진 체계, 중무기 및 감지 기술, 핵무기 및 생화학 무기로부터의 방어, 스텔스, 함포 장치, 무기 저장 시설 등에 관한 기술 등을 수입하고 있다. 가령 추진체계의 경우 소련, 동독, 체코슬로바키아, 폴란드, 유고슬라비아 등으로부터 수출해 왔다(Bussert and Elleman 2011, 9). 최근에는 유럽의 회사들로부터 수입되나 라이센스 생산된 중간급 디젤 엔진을 이용하고 있다(Bussert and Elleman 2011, 29). 더욱이 톈안먼 사태 이후 진행된 서구의 무기 금수 조치는 중국의 해군 선박 건조 관련자들이 다양한 학습 기회를 갖지 못하게 했고, 혁신을 어렵게 만들었다. 한편으로 주요 해군 기술의 금수 조치는 중국으로 하여금 이미 해결된 문제에 대해 고유의 해결책을 개발하게 만들었다. 끝으로 소브레메니급 구축함, 킬로급 잠수함, 그 밖의 다양한 체제 등 선진 해군 기술을 수출하는 러시아에 대해 중국의 의존도가 여전히 매우 높다. 이러한 점에서 중국의 해양강대국화는 단기간에 이뤄지기는 힘들 것으로 보인다.

4) 해외 기지와 요충지에 대한 통제력

해외 기지 문제는 기술 발전으로 선박의 운항 거리와 기지 간 이동 거리가 증가한 오늘날에도 여전히 중요하다. 기지는 우선 선박에서 소비되는 물자들을 보충하고, 선박의 파손이나 고장 시 수리를 위한 장소로서 필요하고, 또한 전투 상황에서 중요한 육상 지원을 제공받기 위해서도 필요하다. 특히 해군전력이 자체 항공기를 갖고 있지 않는 경우 지상 발진 공군력은 중요한 지원전력이 될 수 있다. 그렇기에 해외 기지를 확보하지 못한 해군력은 작전 수행에 한계가 있고, 그만큼 해양 강국으로 발전해가는 데 어려움이 있다. 다른 한편 해외 기지는 경쟁 국가의 해군 작전 범위를 제약하고, 정치적 영향력을 행사하는 데도 활용될 수 있다.

아울러 해외로 나가는 관문인 요충지(chokepoints)에 대한 통제력을 확보하는 것 역시 해양력과 직결된다. 가령 16세기 인도양을 장악했던 포르투갈의 사례는 요충지 통제의 중요성을 보여준다. 당시 포르투갈은 아덴만의 소코트라 섬, 인도의 고아 항구 등에 대한 통제권을 확보했고, 1511년 말라카를 급습했다. 말라카를 통해 포르투갈은 중국(마카오)까지 영향을 미쳤고, 인도양 국가들뿐만 아니라 동아시아와 유럽 간의 무역을 독점했다

(Grygiel 2012, 31).

중국은 해외기지가 부족하고 그만큼 힘의 투사에 있어서도 한계가 있다. 해양으로 진출하는 데 있어서 기지 확보의 문제는 미국과의 경쟁을 의미한다. 동아시아의 해양 국가들이 미국과 안보 동반자 관계를 맺어 공식적으로나 비공식적으로나 강력한 동맹을 형성하고 있고, 군사기지를 미국에게 제공하고 있기 때문이다. 그러한 점에서 중국이 최초로 확보한 지부티 군사보급기지 확보는 의미 있는 출발이라고 볼 수 있다(McDevitt 2016).

또한 해양에서의 활동이 증가함에 따라 봉쇄나 통항 제한에 대한 중국의 취약성을 의미하는 '말라카 딜레마'는 요충지의 통제와 기지 확보의 중요성을 잘 보여준다. 장원무는 중국이 해양에서의 방어에 무기력해지는 이러한 상황에 대해 오늘날 중국의 아킬레스건이라면서 해양안보에 주목하고 해양력을 통해 이권을 보호할 수단을 강구해야 할 것을 강조했다(Zhang 2006, 20). 중국이 해양강대국으로서의 지위를 확보하기 위해서는 이러한 문제들을 해결해야 하는데, 아직까지는 초보적 수준에 그치고 있다.

5) 전략적 사고와 전략 문화

해양을 적극 이용하는 전략적 사고와 전략 문화 역시 중요하다. 이는 마한이 해양력의 요소로 제시했던 인구 수, 국민의 특성, 정부의 성격 등(Mahan, 1987)을 아우르는 것이다. 카플란은 전략적 사고와 관련해서 대규모의 해군력, 긴 해안선, 안정적인 육상 국경, 그리고 전략적 위치를 갖고 있는 국가더라도 해양세력의 시각이 아닌 대륙강국의 시각으로 생각할 수 있음을 지적한다(Kaplan 2010, 34). 즉 특정 지점을 차지하는 영토의 팽창을 생각한다는 것이다. 본래 해양강국은 지점들과 지점들 간의 연결선으로 팽창을 생각한다(Spykman 1938, 224). 한 곳에서 다른 곳으로 이동하는 데 있어 자주 사용되는 몇 개의 길을 '광대한 고속도로(great highway)'나 '광활한 공유지(wide common)'로서 지배하는 것(Mahan 1987, 25)으로, 그것은 지상의 영토처럼 완전한 소유를 의미하지 않는다. 이러한 차이 때문에 그레이(Colin S. Gray)는 해양강국이 되기 위해 국가가 전략적 사고를 조정해서 팽창은 덜 생각하고, 해군력과 연계된 원거리 전략 지점들의 측면에서 보다 더 생각해야 한다고 한다(Gray 1988, 49).

또한 전략문화는 물리적 요소들로 구성되는 것이 아니고 쉽고 빠르게 변화될 수 있는 것도 아니다. 대륙국가가 해양에 관심을 갖고 해군 체계를 갖췄다고 해서 전략문화가 바뀌었다고 볼 수는 없다. 새로운 기술력을 습득할 수는 있지만, 제공국가의 전략문화까지 함께 습득하는 것은 아니고, 습득된 기술을 사용하는 방식은 이념적 · 문화적 · 역사적 조건에 따라 달라질 수도 있기 때문이다.

2. 중국 국제정치학자들의 인식

서론에서 제시한 바와 같이 이 장의 목적은 세계 강대국을 목표로 한 해양강대국화 전략에 대한 중국 내 국제정치학자들의 인식을 확인하는 데 있다.[7] 우선 중국의 세계 강대국을 목표로 한 해양강대국화 전략에 대해서는 인터뷰 대상이었던 학자들 대다수가 중국이 현재 갖고 있는 조건과 한계점을 이유로 회의적인 반응을 보였다. 대부분의 학자들은 역내에서 압도

7_이 장에서의 국제정치학자들 인식 분석은 2017년 1월 15일부터 22일까지 베이징과 상하이 내 주요대학과 연구기관의 중견급 이상의 대표적 학자 20명과의 인터뷰를 토대로 한 것이다.

적인 우위를 점하고 있는 미국과 해군력의 격차가 너무 크기 때문에, 현재로서는 해양강국 건설이 시기상조라고 보았다. 또한 일부 학자들은 해양으로 진출하기 위해서는 해외에 충분한 군사기지와 협력 국가를 확보해야 하는데, 중국은 그런 부분에서 아직 미진하기 때문에 해양강국 건설이 쉽지 않을 것이라고 했다. 즉 미국은 이미 세계 전역, 중국이 가장 많이 진출입하는 중앙아시아와 동남아시아의 국가들과 협력 내지 동맹 관계를 맺고 있는 데 반해, 중국은 그러한 국가들을 설득해서 기지를 확보해야 하기 때문에 어려울 것이라는 것이다. 또 일부 다른 학자는 중국의 당면 과제가 경제적 성장의 지속임을 강조하면서, 미국, 일본과의 충돌을 가져올 수 있는 해양력 강화를 불필요한 것으로 인식하고 있었다.

한편으로 현재 중국이 추진하는 정책은 서구적 관점과 다른 것이라면서, 해양력을 증강한다기보다는 해양국가와 대륙국가를 동시에 추구하는 것이라고 주장하는 학자도 있었다. 즉 중국이 해양강국을 건설하는 것보다는 대륙해양복합국가로 전환을 꾀하고 있다는 것이다.

이러한 결과는 중국 내 국제정치학자들 역시 앞에서 이미 살펴보았던 해양강대국이 되는 데 있어 필요한 조건들 중 기술력과 기지 및 요충지 확보와 같은 문제점들을 인식하고 있음을 보여줬다. 즉 인터뷰에 응했던 중국 내 학자들 상당수가 전력구조면에서 중국의 해군력이 미국에 비해 부족하다는 현실과 해군력을 새롭게 구축하는 데 있어서 나타나는 한계를 파악하고 있음을 보여주었다. 또한 기지 및 요충지를 확보하기 어렵기 때문에 힘의 세계적 투사도 그만큼 할 수 없다고 보고 있었고, 운영에 있어서도 융통성을 갖춘 종합적인 지휘체계가 구축될 필요가 있음을 제시했다.

다음으로 현재 진행 중인 군현대화로 확보할 수 있는 각 분야별 향상 가능성에 대한 질문에 대해서는 해군력이 미국을 압도할 정도로 크게 발전하지는 못할 것으로 평가했다. 이는 중국 내 학자들이 해군력 증강과 그 결과로서의 해양강국화가 단기간에 이뤄질 수 있는 것이 아님을 알고 있기 때문에 나온 결과라고 판단된다. 이는 인터뷰 대상 학자들이 국방재정과 같은 단기간에 수정, 보완될 수 있는 부문에 대해서는 긍정적으로 평가한 데 반해, 해군에 적합한 인력 양성과 같은 장기적인 부문에 대해서는 상대적으로 저평가를 한 것에서도 드러난다. 더욱이 해군력이나 전지구적 투사 능력은 미국을 비롯해 미국의 동맹국들과의 관계도 고려해야 하는 것이기 때문에 시간을 두고 외교적으로 풀어가야 한다고 판단하고 있는 것으로 이해되었다.

다른 한편으로 학자들은 미국의 우위가 지속되고 있는 역내 질서 속에서, 경제발전을 지속해야 하는 중국이 미국과의 갈등을 방지하고, 잘 관리하는 것이 해군력을 증강하는 것보다 중요하다고 인식하고 있음을 보여주었다. 이는 중국이 아직 세계 강대국 내지 패권이 되기에 부족하기 때문에, 해양력을 증강하더라도 당분간은 역내에 국한한 강대국에 그쳐야 할 것으로 인식하고 있음을 보여주었다.

이상의 인터뷰 결과를 보면 중국 내 학자들은 중국이 미국에 비해서는 여전히 상대적으로 약하고, 세계 강대국으로 나아가기에는 준비해야 할 것이 많으며, 특히 해군력과 해외투사 능력을 신장시키기 위해서는 보다 많은 시간이 걸릴 것이라는 인식을 상당 부분 공유하고 있음을 알 수 있다. 중국 내 국제정치학자들은 중국 정부가 염두에 두고 있는 해양강국을 통한 세계 강대국 실현에 많은 준비가 필요하다고 인식하고 있는 것이다.

V. 결론을 대신해서

주지하듯이 2012년 시진핑 지도부는 중국공산당 창당 100주년이 되는 2020년까지 전면적 소강사회(全面小康社会)를 이루고, 중화인민공화국 창립 100주년이 되는 2050년까지 부강하고 민주적이며 조화로운 사회주의 강대국으로 올라서겠다면서 중국의 꿈(中国梦)과 중화민족부흥이라는 국가적 목표를 제시했다. 특히 국가 목표를 실현하기 위한 대전략으로 시진핑은 '해양강국 건설'을 제시했다. 이는 중국이 해양력을 강화해 국제적 지위를 향상시키겠다는 것으로, 중국도 과거 해양력을 수단으로 세계적 강대국이 되었던 국가들의 경로를 밟아 가겠다는 것이다.

이에 이 장에서는 우선 문헌들을 통해 중국의 현 지도부가 제시한 대전략인 해양강국 건설과 해군전략, 군현대화 현황 및 추세 등을 검토함으로써 중국의 해양강국 지향이 세계적 강대국을 목표로 한 것임을 확인했다. 이는 중화민족의 부흥이라는 목표가 장기적으로는 역내 강대국을 넘어 세계적 강대국임을 보여주는 것이라 하겠다. 또한 중국이 보다 멀리까지 해양력을 투사하려는 전략을 추구하고 있고, 군체제도 해군력을 증강시키는 방향으로 추진하고 있으며, 실제로 해군 전력 가운데 원거리 작전이 가능한 전력의 증강이 이뤄지고 있음을 확인했다.

다음으로 이와 같은 정부의 목표에 대한 중국 내 국제정치학자들의 인식을 확인해보았는데, 이들 학자들 대부분이 시진핑 정부가 제시한 해양강국 건설을 시기상조라거나 단기적으로는 실현될 수 없는 것으로 응답했다. 중국 내 국제정치학자들의 인식은 정부의 목표인 해양강국 실현을 통한 세계적 강대국 건설에 대해 회의적임을 확인할 수 있었다. 오히려 이들 학자들은 중국이 계속 성장하기 위해서는 미국을 비롯해, 미국의 동맹국들과의 갈등을 피해야 한다면서, 해양력 강화를 전면에 내세우는 것에 대해 부정적인 입장을 보였다. 이러한 결과는 현 정부가 추구하는 강대국 상과 국제정치학자들의 현실 인식 간의 간극이 존재함을 보여주는 것이다.

참고문헌

이동률, 2017, "시진핑 정부 '해양강국' 구상의 지경제학적 접근과 지정학적 딜레마," 『국제정치 논총』 57(2).

조영남, 2013, "시진핑 시대의 중국 외교 전망: 중국공산당 제18차 당대회의 정치보고를 중심으로," 『한국과 국제정치』 29(2).

하도형, 2015, "중국 해양전략의 양면성과 공세성-국가정책적 추진 목표 및 방식과 현황을 중심으로," 『국제정치논총』 55(4).

Blasko, Dennis J., 2012, *The Chinese Army Today: Tradition and Transformation for the 21st Century*, New York: Routledge.

Brands, Hal, 2014, *What Good is Grand Strategy?: Power and Purpose in American Statecraft from Harry Truman to George W. Bush*, Ithaca, N.Y.: Cornell University Press.

_____, 2018, *American Grand Strategy in the Age of Trump*, Washington D.C.: Brookings Institution Press.

Builder, Carl H.. 1989, *The Masks of War: American Military Styles in Strategy and Analysis*, Baltimore,Md.: Johns Hopkins University Press.

Bussert, James C., and Bruce A. Elleman, 2011, *People's Liberation Army Navy Combat Systems Technology, 1949-2010*, Annapolis: Naval Institute Press.

Cheng, Tai Ming, 1990, "Growth of Chinese Naval Power: Priorities, Goals, Missions and Regional 'Implications'," Pacific Strategic Papers. Singapore, Institute of Southeast Asian Studies.

Clausewitz, Carl von, eds. and trans. by Michael E. Howard and Peter Paret, 1976, *On War*, Princeton, N.J.: Princeton University Press.

Cole, Bernard D., 2010, *The Great Wall at Sea: China's Navy in the Twenty-First Century*, 2nd edition, Annapolis: Naval Institute Press.

_____, 2014, "The History of the Twenty-First-Century Chinese Navy," *Naval War College Review*, 67(3).

Corbett, Sir Julian, 1907, *England in the Seven Years War*, vol. I, London: Longmans, Green.

Cordesman, Anthony H. & Joseph Kendall, 2016, *Chinese Strategy and Military Modernization in 2016*, CSIS.

Erickson, Andrew S., 2008, "Can China Become a Maritime Power?," in Toshi Yoshihara and James Holmes, eds., *Asia Looks Seaward: Power and Maritime Strategy*, Westport, CT: Praeger Security International.

_____, 2012, "China's Modernization of Its Naval and Air Power Capabilities," in Ashley J. Tellis et al., *Strategies Asia 2012-13: China's Military Challenge*, Seattle: Washington, D.C.: National Bureau of Asia Research.

Erickson, Andrew and Gabe Collins, 2012, "China's Real Blue Water Navy," *The Diplomat*, August 30. http://thediplomat.com/2012/08/chinas-not-so-scary-navy (검색일: 2017. 10. 10)

Fravel, M. Taylor, 2008, *Strong Borders Secure Nation: Cooperation and Conflict in China's Territorial Disputes*, Princeton: Princeton University Press.

Freedman, Lawrence, 2013, *Strategy: A History*, New York: Oxford University Press.

Friedman, George, 2009, *The Next One Hundred Years: A Forecast for the Twenty-First Century*, New York: Doubleday.

Goldstein, Avery, 2006, *Rising to the Challenge: China's Grand Strategy and International Security*, Stanford, CA: Stanford University Press.

Gray, Colin S. 1992, *The Leverage of Sea Power: The Strategic Advantage of Navies in War*, New York: The Free Press.

_____, 1988, *The Geopolitics of Super Power*, Lexington: The University Press of Kentucky.

_____, 1999, *Modern Strategy*, New York: Oxford University Press.

Gries, Peter Hays, 2004, *China's New Nationalism: Pride, Politics, and Diplomacy*, Berkely and Los Angeles, California: University of California Press.

Grygiel, Jakub, 2005, *Great Powers and Geopolitical Change*, Baltimore, Md.: Johns Hopkins University Press.

_____, 2012, "Geography and Seapower," in Peter Dutton, Robert S. Ross & Øystein Tunsjø, eds., *Twenty-First Century Seapower: Coopeartion and conflict at sea*, London & New York: Routledge.

Hagan, Kenneth J., 1991, *This People's Navy*, New York: Free Press.

Hart, Basil Liddell, 1928, *When Britain goes to war*, London: Faber & Faber.

Heginbotham, Eric, 2002, "The Fall and Rise of Navies in East Asia: Military Organization, Domestic Politics, and Grand Strategy," *International Security*, 27(2).

Hoffman, Frank G., 2014, "Grand Strategy: The Fundamental Considerations," *Orbis*, 58(4).

Holmes, James R. and Yoshihara Tosh, 2008, *Chinese Naval Strategy in the 21st Century: the turn to Mahan*, New York: Routledge.

International Institute for Strategic Studies(IISS), 2018, *The Military Balance, 2018*, Vol.118. London: Routledge.

Jablonsky, David, "Why is Strategy Difficult," in J. Boone Barholomees, Jr. ed., *U.S. Army War College Guide to National Security Issues, Vol.1: Theory of War and Strategy*, Charlisle Barracks, PA: Strategic Studies Institute. http://publications.armywarcollege.edu/pubs/2182.pdf

Kaplan, Robert D., 2005, "How We Would Fight China," *the Atlantic*, June. https://www.theatlantic.com/magazine/archive/2005/06/how-we-would-fight-china/303959 (검색일: 2018. 1. 10)

_____, 2010, "The Geography of Chinese Power," *Foreign Affairs*, 89(3).

_____, 2012, *The Revenge of Geography: What the Map Tell Us About Coming Conflicts and the Battle Against Fate*, New York: Random House.

_____, 2014, *Asia's Cauldron: The South China Sea and the End of a Stable Pacific*, New York: Random House.

Kennedy, Paul M., 1983, *The Rise and Fall of British Naval Mastery*, London: The Ashfield.

_____, 1991, "Grand Strategy in War and Peace: Toward a Broaden Definition," in Paul Kennedy (ed.), *Grand Strategies in War and Peace* (New Haven: Yale University Press.

Kirchberger, Sarah, 2015, *Assessing China's Naval Power: Technological Innovation, Economic Constraints, and Strategic Implications*, Berlin, Heidelberg: Springer.

Krasner, Stephen D., 2010, "An Orienting Principle for Foreign Policy: The Deficiencies of Grand Strategy," *Policy Review*, 163. www.hoover.org/publications/policy-review/article/49786 (검색일: 2017. 10. 15)

Krepinevich, Andrew F., 2010, *Why Airsea Battle?*, Washington, D.C.: Center for Strategic and Budgetary Assessments.

Kuhn, Robert L., 2013, "Xi Jinping, a nationalist and a reformer," *South China Morning Post*, June 6.

Mahan, Alfred T., 1918, *The Interest of America in Sea Power, Present and Future*, Boston: Little, Brown.

_____, 1898 (1987), *The Influence of Sea Power upon History 1660-1783*, New York:

Dover Publication.

Marshall, Tim, 2015, *Prisoners of Geography*, New York and London: Scribner.

Martel, William C., 2015, *Grand Strategy in Theory and Practice: The Need for an Effective American Foreign Policy*, New York: Cambridge University Press.

McDevitt, Michael, 2016, "China's Far Sea's Navy: The Implications of the 'Open Seas Protection' Mission," A Paper for The "China as a Maritime Power" Conference, CNA. https://www.cna.org/cna_files/pdf/China-Far-Seas-Navy.pdf (검색일: 2017. 9. 25)

Medeiros, Evan S. et al., 2005, *A New Direction for China's Defense Industry*, Santa Monica, CA: RAND.

Meining, D. W., 1956, "Heartland and Rimland in Eurasian History," *Western Political Quarterly*, 9(3).

Modelski, George 1978, "The Long Cycle of Global Politics and the Nation States," *Comparative Studies in Society and History*, 20(2).

Modelski, George and Thompson, William R., 1988, *Seapower in global politics: 1494-1993*, Seattle: University of Washington Press.

Morgenthau, Hans J., 1973, *Politics among Nations: The Struggle for Power and Peace*, 5th ed., New York: Alfred A. Knopf.

O'Rourke, Ronald, 2017, China Naval Modernization: Implications for U.S. Navy Capabilities-Background and Issues for Congress, Congressional Research Service, December 13, 2017. https://fas.org/sgp/crs/row/RL33153.pdf

Rozman, Gilbert, 2013, *Chin's Foreign Policy: who make you, and how is it made*, N.Y: Palgrave Macmillan.

Schell, Orville and John Delury, 2013, *Wealth and Power: China's Long March to the Twenty-First Century*, New York: Random House.

Spykman, Nicholas J., 1938, "Geography and Foreign Policy, II," *American Political Science Review*, 32(2).

Strachan, Hew, 2005, "The Lost Meaning of Strategy," *Survival*, 47(3).

_____, 2013, *Direction of War: Contemporary Strategy in Historical Perspective*, New York: Cambridge University Press.

Swaine, Michael D. and Ashley J. Tellis, 2000, *Interpreting China's Grand Strategy: past, present, and future*, Santa Monica, CA: RAND.

Thompson, William R., 1989, *On Global War: Historical Structural Approaches to World Politics*, Columbia: University of South Carolina Press.

Till, Geoffrey, 2007, "New Directions in Maritime Strategy? Implications for the U.S.

Navy," *Naval War College Review,* 60(4).

_____, 2009, *Seapower: A Guide for the Twenty-First Century,* London & New York: Routledge.

U. S. Department of Defense, 2016, *Annual Report to Congress: Military and Security Development Involving the People's Republic of China 2016,* Office of Secretary of Defense.

Wishnick, Elizabeth, 2001, "Russia and China: Brothers Again?," *Asian Survey,* 41(5).

Ye Zicheng, 2011, *Inside China's Grand Strategy: The Perspective from the People's Republic,* Lexington: The University Press of Kentucky.

Yoshihara, Toshi & Holmes, James R., 2010, *Red Star over the Pacific: China's Rise and the Challenge to U.S. Maritime Strategy,* Annapolis: Naval Institute Press.

Zhan, Jun, 1994, "China Goes to the Blue Waters: The Navy, Seapower Mentality and the South China Sea," *Journal of Strategic Studies,* 17(3).

Zhang, Lianzhong, J. Downing, 1996, "China's evolving maritime strategy: part 2," *Janes' Intelligence Review,* April.

Zhang, Wenmu, 2006. "Sea Power and China's Strategic Choices," *China Security,* 2(2), Summer.

"建设一支听党指挥·能打胜仗·作风优良的人民军队," 『人民网』 2013/3/11. http://cpc.people. com.cn/xuexi/BIG5/n/2015/0720/c397563-27332090.html (검색일: 2017. 10. 15)

江泽民, 2007, 『为全面建设小康社会, 开创中国特色社会主义事业新局面而奋鬪: 党的十六大以 来大事记』, 北京: 中共中央文献研究室.

军事科学院军事战略研究部 编著, 2013, 『战略学』, 北京: 军事科学出版社.

雷阳, 2005, "吴建民: 中国要长期坚持韬光养晦 有所作为方针," 『人民网』(中国新闻网) 2005/ 7/25. http://politics.people.com.cn/GB/1026/3565534.html (검색일: 2017. 10. 15)

刘华清, 2005, "思虑新时期国家最高利益需求展望大海军时代的黎明我提出中国'海军战略'问 题," 『军事历史』 1期.

毛泽东, 1993, 『毛泽东军事文集』 第5卷, 北京: 军事科学出版社, 中央文献出版社.

百战刀, 2017, "中国海军陆战队将如何进行扩编 或由2个旅增至7个旅," 『新浪军事』 2017/ 3/14. http://big5.china.com.cn/news/txt/2016-02/02/content_37714029.htm (검 색일: 2017. 10. 15)

苏向东, 2007, "胡锦涛: 改革开放是中华民族伟大复兴的必由之路," 『中国网』 2007/10/15. http://www.china.com.cn/17da/2007-10/15/content_9054669.htm (검색일: 2017. 10. 15)

习近平, 2015, "现实中华民族伟大復兴是中华民族近代以来最伟大的梦想," 『习近平 谈治国理政』, 北京: 外文出版社.

吴胜利 · 胡彦林, 2007, "锻造适应我军历史使命要求的强大人民海军," 2007/7/17. http://military.people.com.cn/GB/42967/5993686.html (검색일: 2018. 1. 10)

周兆军, 2009, "胡锦涛乘石家庄号导弹驱逐舰检阅中外海军," 2009/4/23. http://mil.news.sina.com.cn/2009-04-23/1617549856.html (검색일: 2018. 1. 10)

徐建斌, 2012, "国家海洋局长谈建设海洋疆国: 向海而兴背海而衰," 『人民网』 2012/12/17. http://politics.people.com.cn/BIG5/n/2012/1217/c1001-19916204.html (검색일: 2017. 8. 6)

王欣, 2004, "温家宝在亚洲合作对话外长会议上发表重要讲话," 『人民网』 2004/6/22. http://www.people.com.cn/GB/shizheng/1024/2590443.html (검색일: 2017. 10. 15)

张连忠 外, 1989, 『海军史』, 中国人民解放军 军兵种歷史丛书, 北京: 解放军出版社.

程宏毅 · 杨丽娜, 2012, "中国共产党第十八次全国代表大会开幕 胡锦涛作报告," 『人民网』 2012/11/8. http://www.gzljmy.com/big5_/gate/big5/news.xinhuanet.com/18cpcnc/2012-11/17/c_113711665.htm (검색일: 2017. 10. 15)

郑必坚, 2003, "中国和平崛起新道路和亚洲的未来," 『学习时报』 2003/11/24. http://news.sina.com.cn/c/2003-11-24/12541176473s.shtml (검색일: 2017. 10. 15)

中國共产黨新聞, 2002, "在中国共产党第十六次全国代表大会上的报告: 全面建设小康社会, 开创中国特色社会主义事业新局面." http://cpc.people.com.cn/GB/64162/64168/64569/65444/4429121.html (검색일: 2018. 1. 10)

中华人民共和国国务院新闻办公室, 2004, "2004年中国的国防: 白皮书," 2004/12. http://www.mod.gov.cn/affair/2011-01/06/content_4249947_3.htm (검색일: 2018. 1. 10)

中华人民共和国国务院新闻办公室, 2013, "中国武装力量的多样化运用," 2013/4/16. http://www.mod.gov.cn/affair/2013-04/16/content_4442839.htm (검색일: 2017. 10. 15)

中华人民共和国国务院新闻办公室, 2015, "中国的军事战略," 2015/5/26. http://www.mod.gov.cn/auth/2015-05/26/content_4586723.htm (검색일: 2017. 10. 15)

何毅亭, 2014, 『学习习近平总书记重要谈话』, 北京: 人民出版社.

胡锦涛, 2012, "坚定不移沿着中国特色社会主义道路前进 为全面建成小康社会而奋斗—在中国共产党第十八次全国代表大会上的报告," 2012/11/8. http://news.xinhuanet.com/18cpcnc/2012-11/17/c_113711665.htm (검색일: 2017. 10. 15)

4장

강대국 중국의 정치발전 모델 탐색*

정주영

I. 서론

　'강대국'이라는 개념은 다른 국가와의 관계에서 평가되고 제기되는 것으로, 중국의 강대국화 또한 국내정치보다는 국제정치 영역에서의 연구들에서 더욱 활발하게 진행되고 있다. 즉 중국의 강대국화와 관련되어 부상하는 중국과 다른 국가와의 힘의 관계는 어떠한가, 중국의 파워가 국제 체제와 질서에 본질적인 변화를 야기할 수 있는가, 그리고 그것이 가능하다면 어떠한 형태일 것인가 등의 질문이 핵심적으로 제기되고 있다. 물론 이러한 국제정치적 접근들은 중국의 강대국화 연구에 필수적인 것임에 틀림없다. 그러나 중국의 강대국으로의 존재 가능성과 미래 형태에 대한 가장 근본적인 질문은, 중국 그 자체에 던져져야 할 것이다. 즉 다른 국가와의

---

* 이 글은 "강대국 중국의 정치발전 모델 탐색: 소프트파워 자원이 될 수 있는가?," 『현대중국연구』, 제19집 3호 (2017)에 게재된 글을 수정 보완한 것이다.

관계에서 강대국이 된 중국을 논하기 전에, 중국이 강한 국가가 될 수 있는 가에 대한 내적 조건을 탐색하는 작업이다. 이는 중국이 국내정치적으로 안정을 유지할 수 있을 것인가, 중국의 국내 정치적 특징이 강대국 중국에 어떻게 투영될 것인가, 그리고 강대국이 된 중국의 정치적 특징이 세계에 어떠한 영향력을 발휘할 것인가 등의 문제로 축약될 수 있다. 중국의 정치적 안정의 유지 및 정치 모델은 바로 그 '주체'의 문제이며, 이 주체의 문제를 해결하지 않고, 주체가 외부에 발휘하는 힘에 대한 접근은 결국 핵심을 건너뛴 연구라 할 것이다. 따라서 중국이 강대국으로 부상할수록, 국제정치적 접근만이 아니라 중국 국내정치와 정치모델에 대한 연구의 병행이 필수적으로 요구된다. 본 연구는 강대국화 과정에 있는 중국이 현재 추구하고 있는 정치발전 모델에 대한 분석을 통해, 국제정치적 접근으로 설명하지 못하는 강대국 중국의 상을 찾아내고 이를 구체화시키는 것을 그 목적으로 한다.

최근 자국의 정치모델에 대한 중국 지식인들의 자신감이 높아지고 있음은 여러 학자들의 발언을 통해서도 확인할 수 있다. 홍콩중문대학의 왕샤오광(王紹光) 교수는 "자유경쟁선거를 통해 국가의 통치자를 선출했으나 그 통치자가 민심에 이반한 정책을 펼친 국가가 있다고 하자. 그리고 자유경쟁선거가 아닌 방식으로 국가의 통치자를 선발했으나 그가 민심을 적극적으로 수용하고 그에 기반한 정책을 펼친 국가 있다고 하자. 전자의 국가가 민주국가이고, 후자의 국가가 비민주국가인가?"라고 질문을 던진다 (Wang 2008, 58-59). 푸단대학의 장웨이웨이(张维为) 교수는 "중국이 서구로부터 많은 것을 배워왔지만, 그러나 이제는 서구가 중국에게 배워야 할 때이다"(Zhang 2012)라고 과감하게 현 시기의 중국과 서구의 입장이 바뀌었음을 선언하고 있다. 이 두 중국 학자는 민주와 좋은 정치에 대한 일반적 평가 기준에 도전적 질문을 던지고 중국의 정치모델이 자유민주주의 모델보다 실질적 차원에서 더 민주적일 수 있으며, 이제는 중국이 서구가 배워야 할 모델이 될 수 있음을 강조하고 있다. 그간 중국은 국제사회의 비판과 위협론에 수세적·방어적으로 대응하며 '중국의 길'에 대한 선언적 강조를 계속해왔지만, 그것은 개혁개방 이후 중국의 경제적 성과에 대한 자부심에 근기하고 있었다. 그러나 최근에 와서 중국 정치 영역에서도 '중국의 길'을 이론화하며 '중국의 길이 더 좋다'라는 담론을 과감하게 제기하고 있는 것이다.

중국이 부강해질수록, 그리고 글로벌 무대에서 그 위상이 강화될수록 중국이 '어떤 국가인지'는 점차 더 중요한 문제가 된다. 글로벌 리더가 된다는 것은 국제사회에서 보편적으로 통용되는 행위의 준거로서의 규범과 행동 방식을 결정하는데 큰 영향력을 갖는다는 것을 의미한다. 따라서 중국이 글로벌 리더가 된다는 것은, 중국이 가지고 있는 도덕적 당위성과 정치적 가치를 기준으로 국제사회의 규범이 만들어지고 행위의 적절성이 판단되는 것을 의미한다.[1]

그러나 중국의 '정치모델'은 중국이 글로벌 리더로 성장하는 중국의 아킬레스건이다. 중국이 강대국으로 부상하고 있음에도 계속적으로 '위협론'이 제기되고 있는 것은 권위주의적이고 비민주적인 중국 정치의 속성에 기인한다. 중국의 권위주의적 정치제체는 강압적이고 독재적이며, 따라서 그 안에서 자유·민주·인권 등의 인류 보편 가치의 실현이 담보될 수 없다는

1_핀네모어는 규범을 도덕적 당위성에 입각하여 적절하게 행동할 것이라는 집단적인 기대로 정의하며, 규범이 규칙(rules)와 구별되는 이유는 당위성(oughtness)에 있다고 강조한다 (신봉수 2006, 294).

믿음이 국제사회에 너무 확고하게 형성된 것이다. 특히 서구 선진 국가들은 중국의 경제발전에 대해서는 우려를 동반하기는 하지만 찬사를 보내는 반면, 중국의 정치에 대해서는 '위협적인 국가' '민주결핍' '인권침해' '부패' 등의 이미지로 묘사하며 통상 부정하거나 비방해왔다(门洪华 編 2014, 319).

문제는 중국이 강대국에 가까이 다가갈수록 정치적 아킬레스건은 더욱 중국을 강하게 압박할 것이라는 점이다. 왜냐하면 이 시대의 강대국은 경제와 군사력 등의 하드파워에만 의존할 수 없으며, 상대국에게 매력과 존중을 받음으로써 얻을 수 있는 소프트파워[2]를 함께 겸비해야만 하기 때문이다. 중국 또한 '평화로운 부상'을 계속 강조하고 있으며, 중국의 발전이 주변국에게 위협이기보다 기회가 될 것임을 실제로 보여주려 노력하고 있다. 시진핑 집권 이후 '운명공동체' 담론의 확산, 일대일로(一帶一路) 전략의 전개, 친(親)성(誠)혜(惠)용(容)의 주변국 정책 수립 등은 중국이 글로벌 무대에서 존중과 신임을 받는 리더가 되고자 하는 것으로 이해할 수 있다. 그러나 중국이 글로벌 리더로서의 위상을 정립하기 위해서는, 중국이 추구하는 정치적 가치와 실현 방식에 대한 국제사회로부터 인정과 존중을 받는 것이 필수적이다. 이러한 관점에서 보았을 때, 중국 정치 모델을 구상해가는 데에 있어 국내 정치 혹은 이데올로기적 요소뿐만 아니라 대외적 요소

2_현재 소프트파워 개념은 일반적으로 조지프 나이(Joseph S. Nye)의 개념이 가장 보편적으로 수용되고 있다. 나이(Nye)는 권력을 하드파워(hard power)와 소프트파워(soft power)의 두 개의 범주로 나누고 하드파워가 주로 군사적 경제적 측면의 권력이라면 소프트파워는 군사력과 같이 상대를 강제로 순응시키는 강압(coercion)이나 경제력에 의한 보상(payment)을 통해서가 아니라 매력(attraction)을 통해서 원하는 것을 얻는 능력이라고 규정지었다(Nye 2004, 9). 행위 면에서 보자면, 소프트파워는 "매력적인 파워"를 말하며 자원 면에서 보자면, 소프트파워 자원은 그런 "매력을 만들어내는 자산"이다(Nye 2004, 32). 나이는 소프트파워의 자원으로 문화, 정치적 가치, 외교를 제시했다.

가 점차 중요하게 작용할 것이라는 분석이 가능해진다.

본 연구는 강대국 중국의 정치발전 모델에 대한 구체적인 상의 도출을 연구 목적으로 한다. 그러나 중국은 현재 강대국이 되어가는 과정에 있으며, 따라서 강대국 중국의 정치발전 모델은 미래적 예측만 가능하다. 현재와 미래라는 간극 차의 문제를 해결하기 위하여 "현재 중국이 구상해가고 있는 정치발전 모델이 소프트파워 자원이 될 수 있는가"라는 질문으로 지식인들의 인식을 조사했다. 현재 중국 정치발전 모델에 대한 평가는 미래 중국 정치발전 모델과 깊은 상관성을 갖는다. 만약 현재 중국 정치발전 모델에 대한 평가가 긍정적이고, 서구 모델과의 경쟁력이 높게 평가되어 결과적으로 중국의 정치발전 모델이 중국 소프트파워의 자원이 된다고 인식한다면, 현재의 모델이 미래에도 지속될 가능성이 높지만, 그 반대의 경우라면 수정 변경될 가능성이 높을 것이다.

세부적으로 중국 내부에서 전개되고 있는 소프트파워와 정치발전 모델에 대한 담론을 통해 다음과 같은 사실을 확인하고자 한다. 글로벌 강대국으로 부상하는 중국이 추구하는 정치발전 모델 상은 무엇인가? 중국이 구상하는 정치발전 모델의 소프트파워 경쟁력을 중국 지식인들은 어떻게 평가하며, 향후 어떠한 전략적 방향으로 발전시키려 하는가? 중국 지식인들은 소프트파워 경쟁에서 서구자유민주주의 체제와의 관계를 어떻게 규정하고 있으며, 이것은 전체 정치발전 모델 담론과 새로운 탐색에서 어떠한 의미를 제공할 수 있을 것인가? 이러한 질문들을 통하여 강대국 중국의 정치발전 모델 상을 구체화하고 이것의 세계적 영향력을 평가하는 연구의 단초를 마련하고자 한다.

물론 지식인에 대한 인식 조사라는 한정된 연구 범위는 몇 가지 한계를 갖는다. 우선, 중국 지식인의 대표성의 문제다. 중국과 같이 소수의 최고위상층부에 의해 정책결정이 폐쇄적으로 이뤄지는 국가에서 지식인의 인식이 실제 정책결정과정에 미치는 영향력은 한계가 있다. 따라서 지신인의 인식이 중국의 발전방향을 결정하는 것으로 과도하게 해석하는 것은 지양되어야 한다. 그러나 중국에서 지식인들의 역할과 위상이 강화되고 있으며, 실제 정책결정과정에 다양한 루트를 통해 참여하고 있음을 감안하면, 중국의 변화에 대한 평가와 예측에서 지식인의 인식 연구는 유의미한 것이다. 두 번째로 현재 중국의 정치발전 모델이 완벽히 구성된 것이 아니라 구상과 실험의 단계에 있다는 점 또한 주요하게 감안해야 하는 문제다. 어떠한 공식적인 정부의 발표와 제시가 없는 상황에서 모색단계의 분산된 개별적 의견으로 중국의 입장을 정리하려 한다는 것은 매우 위험한 일일 것이다. 그러나 앞서도 밝혔듯이 본 연구는 현재 중국 내에서 전개되고 있는 모색의 내용들을 반영하여 아직 모호하게 남아 있는 중국의 정치발전 모델에 대한 구체화를 시도하는 것에 연구의 목표를 한정할 것이다. 세 번째로 중국 지식인의 인식 조사에 초점을 맞추었기에 기존의 엄밀하게 유형화된 정치체제나 정치모델에 대한 타이폴로지를 적용하여 중국 정치모델을 평가하는 것이 아닌, 중국 지식인들 사이에서 주되게 논의되고 있는 내용들을 중심으로 했다. 중국의 개혁과정은 기존 유형화된 정치모델로는 설명될 수 없는 예외적 내용을 많이 내포하고 있으며, 또한 본 조사와 연구의 목적이 중국 지식인들의 인식을 통해 중국이 구상하는 중국 정치발전 모델에 대한 구체화를 시도하는 것이므로 이를 충실히 수행하고자 했다. 기존 유형화된 정치발전 모델과 중국 모델에 대한 비교 연구는 향후의 연구 수행 과제로 남기고자 한다.

　이외에도 중국의 발전 모델이 소프트파워 자원이 될 수 있는가의 질문을 중국 내 지식인에게 하고 있다는 점도 한계로 지적될 수 있다. 소프트파워는 상대국이 어떻게 수용하느냐의 문제이다. 따라서 다른 국가들이 중국의 정치발전 모델을 어떻게 평가 혹은 수용하느냐의 질문을 통해 중국 정치발전 모델이 갖는 소프트파워 자원으로서의 가능성이 평가되어야 한다. 그러나 아직 중국 정치발전 모델이 만들어져가고 있다는 점, 그리고 본 연구의 목적이 중국 정치발전 모델에 대한 중국 스스로의 구상을 분석하는 것이라는 차원에서 그 질문의 대상이 중국 국내 지식인임을 밝혀두고자 한다.

이렇듯 한계와 제약이 많은 연구지만, 나날이 가중되어가고 있는 중국 정치모델에 대한 분석과 전망의 필요성에서 시작하여 향후 논의를 심화시킬 수 있는 기반이 되는 연구의 성과를 내고자 했다.

II. 설문 항목 설계 및 이론적 배경

본 연구는 "중국 정치발전 모델이 강대국 중국의 소프트파워 자원이 될 수 있는가"라는 질문을 중심으로 구성된 항목에 대해 베이징과 상하이 지역의 44인의 국제정치전문가들의 설문조사분석과 문헌연구를 토대로 진행되었다.[3]

설문항목은 크게 세 가지 내용을 조사 및 확인하고자 설계되었다. 첫째, 현재 중국이 구상하고 있는 정치발전 모델과 그 핵심 내용이 무엇인가,

---

3_자세한 조사 대상과 방법에 대해서는 〈서론〉을 참고바란다.

둘째, 중국의 정치발전 모델이 서구 모델과 같은 경쟁력을 가질 수 있는가에 대한 평가, 셋째, 중국의 정치발전 모델이 소프트파워 자원이 되기 위한 과제는 무엇인가에 대한 평가이다.

질문 항목에 구체적으로 제시된 정치모델의 유형으로는 크게 권위주의와 민주주의를 대별하여 제시했다. 마오쩌둥 시기 중국은 사회주의적 전체주의로 규정되었으나, 개혁개방 이후 줄곧 권위주의로 규정되고 있다. 또한 권위주의는 중국의 경제적 발전의 최대 공신으로 인정받으며(Zakaria 1997), 중국의 성공을 이끈 중국적 권위주의의 특징들을 분석해내는 연구들이 이뤄지면서 중국은 하이브리드 체제로 규정되고(Panda, 2010, 47-48) 다양한 권위주의의 유형이 중국에 적용되었다. 이에 본 조사에서 권위주의 모델 중 대표적으로 중국의 성공 요인으로 제시되었던 탄력적 권위주의, 개혁개방 이후 중국의 정치모델로 설명된 신권위주의, 최근 중국 학계에서 주목하고 있는 싱가폴식 모델을 구체적 선택 항목으로 제시했다. 또한 권위주의 모델과 대별하여 자유민주주의 모델과 북유럽형 사회민주주의를 제시했다. 구체적인 정치모델의 내용으로 현재 중국이 정치개혁을 위해 중요하게 제시하는 정치적 내용인 법치(法治), 당의 청렴과 능력, 국가의 안정과 통일, 정부의 효율성, 정치적 자유와 참여를 선택 항목으로 제시했으며, 중국 정치과정에서 중요하게 제기하고 있는 목표인 제도화, 합리화, 효율성 제고 등을 제시했다. 또한 모든 질문은 선택 항목으로 기타 란을 만들어 응답자가 설문지에 제시된 것 외에 다양한 의견을 제기할 수 있도록 했다.

전체 설문 항목은 세 개의 문제군으로 구성되며, 첫 번째 문제군은 질문 세 개를, 두 번째 문제군은 질문 두 개를, 세 번째 문제군은 질문 한 개를 구체적으로 제시하고 이에 대한 답변을 요구했다.

첫 번째 문제군은 "현재 중국이 추구하고 있는 정치발전 모델을 어떻게 규정지을 수 있으며, 그 핵심적 내용은 무엇인가"에 대한 규명을 시도하기 위해 설계되었다. 구체적으로 세 개의 문제항목으로 구성되었는데, 〈질문 1〉은 각 개별 전문가가 생각하는 가장 이상적인 정치발전 모델이 무엇인지에 대한 것이다. 그리고 〈질문 2〉는 현재 중국이 추구하는 정치발전 모델이 무엇이라고 생각하는 지에 대한 질문이고 〈질문 3〉은 그것이 추구하는 핵심 내용에 대한 것이다.

〈질문 1〉은 〈질문 2〉와 대비하여 중국 지식인들이 이상으로 생각하는 정치발전 모델과 현재 중국이 추구하고 있는 정치발전 모델과의 부합 혹은 괴리의 정도를 알아보기 위한 것이다. 또한 이상적으로 생각하는 정치발전 모델은 현재가 아닌 미래의 상을 보여줄 수 있으며, 조사 대상이 일반인이 아닌 중국 국내외에서 저명한 국제정치전문가라는 점에서 그들이 생각하는 이상적 모델에 대한 조사는 향후 중국의 정치개혁의 방향을 파악하기 위해 매우 유의미한 조사다.

구체적으로 선택 항목으로 싱가폴식 법치권위주의 모델, 자유·민주, 북유럽형 복지민주주의, 신권위주의 그리고 기타 의견으로 제시했다. 싱가폴식 법치권위주의는 중국 정부와 지식인이 오랫동안 학습의 대상으로 관심을 가지고 연구하는 모델이고, 자유민주는 현재 세계에 가장 지배적인 모델이기 때문에 선택 항목으로 채택했다. 북유럽형 복지민주에서 추구하는 사회민주 역시 중국이 많은 관심을 갖는 모델이며, 신권위주의는 1980년대 후반부터 중국의 정치발전 모델을 설명하는 데 사용되었던 모델이므로 선택 항목으로 선별했다.

〈질문 2〉와 〈질문 3〉은 현재 중국이 추구하고 있는 정치발전 모델과 그 핵심적 내용을 파악하기 위한 것이다. 이는 두 번째 문제군인 과연 중국의 정치발전 모델이 소프트파워 자원으로서의 경쟁력을 가지고 있는가에 대한 질문을 하기 전에 필수적으로 명확히 확인하고 정리해야 하는 문제다. 〈질문 2〉의 '중국이 추구하는 정치발전 모델'에 대한 선택 항목으로는 우선 시진핑 정부 집권이후 중앙집권적 통치강화와 법치가 강조되고 있다는 분석에 기반하여 법치에 기반한 권위주의를 선별해 제시했다. 그리고 개혁개방기 권위주의적 기본 속성을 유지하면서도 변화에 민감하게 반응했던 중국의 정치적 특징을 표현하기 위해 많이 사용된 탄력적 권위주의를 제시했다. 그리고 서구식 민주주의와 신권위주의를 선별해 제시했다.

〈질문3〉의 '중국 정치발전 모델의 핵심 내용'에 대한 선택 항목으로는 중국이 중시하는 체제안정과 법치 및 능력 있는 정부 등 그간 중국에서 공식적으로 발표되었던 내용들을 중심으로 선별하여 제시했다.

두 번째 문제군은 "중국의 정치발전 모델이 소프트파워 자원으로서 서구 모델과 대비하여 경쟁력을 가지고 있는가"에 대한 지식인의 판단을 알아보기 위한 것을 목적으로 구성되었다.

중국은 1990년대 초반[4]에 소프트파워 개념[5]을 수용한 이후 학계의 다

4_중국 학자로는 처음으로 중국공산당 중앙정치국위원(中共中央政治局委員), 중앙정책연구실(中央政策研究室) 왕후닝(王滬宁)주임이 『푸단학보(复旦学报) 1993년 제3집에서 「국가 파워로서의 문화: 소프트파워(作为国像实力的文化:软实力)」를 발표하면서 소프트파워 개념이 중국에 소개되었다.

5_현재 중국 학계에 소프트파워는 '软力量'(李希光, 치杰, 贺颖), '软实力'(阎学通, 郑永年), '软权力'(치德斌), '软国力' 등 여러 가지 방식으로 번역되고 있다. 그러나 '软权力'(소프트권력)는 미국식 패권 사상이 내재되어 있는 것으로 평가되면서(치杰 2006) '软力量'나 '软实力'로 번역하는 학자들이 많아지고 있다. 중국 학계에서도 나이의 개념에 일반적으로 동의하면서도 나이의 소프트파워 이론을 미국적 경험에 주로 의존하는 것으로 인식하고 중국의 상황에 맞게 수정하고자 하는 노력들이 전개되고 있으며, 중국인들이 이 개념을 잘 이해할 수 있도록 영향력, 추동력, 흡인력, 감화(매력), 동화력, 설득력 등 같은 개념어로 그 정의를 설명하

양한 담론과 함께 소프트파워를 국가 전략적 차원에서 중요하게 다루며 실천적 차원에서의 노력을 경주해왔다. 실제 2000년대 중반에 이르러서는 그 성과가 가시적으로 나타났으며, 각종 여론조사에서 중국의 대외 이미지가 호전되고 중국 부상에서 '기회' 측면이 부각되는 경향이 나타났다.[6] 그러나 중국 소프트파워 성장에 가장 큰 장애요소는 바로 중국의 국내정치 모델의 독새적이고 폭력적 억압적 이미지가 형성하는 '소프트파워 버전'의 중국 위협론이다. '중국 위협론'은 언제나 사그라들지 않았고, 중국 정치발전 모델의 매력은 개발도상국에게 한정된 것이었으며, 지역을 넘어서 글로벌 차원으로의 중국 소프트파워의 확대는 그다지 긍정적으로 평가받지 못했다. 2005년 중국의 소프트파워가 확대되고 있다고 평가한 조지프 나이도 바로 뒤이어 중국의 소프트파워가 개발도상국에서는 환영받지만 중국 정치의 부패와 불평등 그리고 민주와 인권 및 법치의 부족으로 인해 서방 선진국에서는 오히려 혐오의 대상이라고 비판했다(Nye 2005). 중국의 국제정치 전문가들도 중국이 진정한 글로벌 리더로서의 강대국이 되고자 한다면 자국의 정치적 가치와 체제로부터 유발되는 위협론을 불식시키고, 세계의 인정과 존경을 받아야 한다는 사실을 강조하고 있다(阎学通·徐进 2008).

구체적으로 질문은 크게 "중국이 강대국이 되기 위해 소프트파워 자원으로서의 정치발전 모델의 중요성에 대한 평가"를 묻는 질문과 "중국의 정치발전 모델이 서구의 자유민주주의 체제와의 경쟁에서 다른 국가로 수용될 수 있다고 생각하는지"에 대한 질문으로 구성되었다. 두 질문 모두 "매

고 있다.

6_2005년 BBC의 "중국에 대한 세계인의 심리적 태도" 조사 대상인 22개 국가의 국민들은 중국의 영향력을 미국의 그것보다 더 긍정적인 것으로 평가했다.

우 그렇다"와 "매우 그렇지 않다" 사이에서 응답자 개인의 평가를 반영하는 구조로 제시되었다.

세 번째 질문군은 "중국이 소프트파워 자원으로서 정치발전 모델을 강화하기 위해 어떠한 부분을 보완 혹은 강화해야 하는지"에 대한 것으로, 중국이 글로벌 차원에서 경쟁력 있는 정치발전 모델을 만들기 위해 어떠한 부분을 개혁 혹은 증강해야 하는지에 대한 구상을 파악하고자 하는 목적에서 질문이 설계되었다. 구체적 선택 항목으로 능력 있고 청렴한 정부, 시민의 시민적·정치적 자유와 참여에 대한 권리 보장과 확대, 법치를 통한 통치과정의 제도화, 평등, 인권, 자유 등의 세계 보편적 가치 구현, 사회 거버넌스 개혁을 통한 통치과정의 합리화, 다원성에 기반한 자유로운 경쟁체제 구현 등을 제시했다.

설문을 통하여 이 세 가지 문제군의 질문에 대한 전문가들의 답변을 분석하고, 이를 다시 중국의 정치학자들의 소프트파워와 정치발전 모델에 대한 기존 문헌연구의 분석 내용과 비교 및 재분석을 통하여 강대국화 중국의 정치발전 모델에 대한 구체적 구상을 이해하고자 했다.

III. 중국 정치발전 모델의 유형과 내용

기존의 중국의 체제전환에 대한 연구의 주류적 입장은 중국의 정치체제가 마오쩌둥 시기의 전체주의에서 일당권위주의(one party authoritarian regime)로 전환했다는 것이다(Nathan 2003). 현재 주류 비교정치의 권위주의체제 비교의 관점에서 파악할 때 중국은 게디스(Barbara Geddes)의 리더

십 유형[7]에 기반해 비선거일당권위정권(non-electoral one party author-
itarian regime)로 분류되며, 중국 개혁의 성공적 결과를 묘사하는 '탄력적'
권위주의[8]로 자주 그 특징이 설명되고 있다. 그러나 기존의 엄밀하게 규정
된 비교정치이론의 정치모델에 대한 타이폴로지로 중국을 규정하기에는
중국의 체제이행의 과정과 체제의 속성이 많은 예외성들을 갖는다.

사실 개혁개방 이후, 특히나 1989년의 톈안먼 사건을 보면서 자유주의
적 시각에서는 중국의 경제성장이 결국 정치적 민주화를 가져올 것이라는
근대화론적 입장을 확고히 가지고 있었다. 그러나 중국은 자유민주주의 체
제로의 전환을 거부하고, 공산당 일당독재체제의 권위주의적 속성을 유지
하면서 시장경제적 요소를 도입하여 성공적인 경제발전을 이룸으로써 하
나의 모델로서의 위상을 만들어냈다. 이러한 권위주의적 속성을 유지하면
서도 제한적인 민주적 방식, 예컨대 촌민자치와 기층선거의 실시, 전인대
와 군중조직의 입법 참여 확대, 청문회나 정부업무공개 등의 제도 도입을
통해 구축한 중국의 권위주의적 사회변혁 모델은 이미 전통적 권위주의의
범주를 벗어난 것이다. 그렇다고 중국의 체제전환과정은 다른 구공산권 국
가들의 탈사회주의화와도 일치하지 않는다. 러시아를 비롯하여 동유럽, 중
앙아시아 등 구공산권 국가들은 탈사회주의 과정(post-socialist process)에

7_게디스는 개인, 군대 및 일당 패권주의와 같은 리더십 유형에 기반하여 권위주의를 분류했
　다(Geddes 2003).

8_많은 중국 연구자들이 중국 권위주의의 '탄력' 혹은 '적응성'이라는 특징을 강조하면서 중국
　안정의 주요 요인을 제시했다. 즉 권위주의체제를 유지하면서 정치과정에 사회의 다양한 주
　체들이 참여할 수 있도록 제도화하고, 언론매체와 비정부조직을 체계적으로 통제하면서 통
　제된 민주를 확대하여 대중들을 설득할 수 있는 능력을 갖추었다는 것이다(Nathan 2003;
　Chen 2010; Shambaugh 2009; Lawrence 2005).

서 지방 지도자 선출을 위한 경쟁선거(competitive election)를 다소 불완전하게나마 도입하면서 다양한 권위주의 정치체제로 발전해갔다. 그러나 중국은 이와 같은 수준의 경쟁선거를 도입하지 않고 탈사회주의 국가들이 형성한 권위주의 체제와도 상이한 정치체제를 형성해왔다(백우열 2013, 366; 장윤미 2009, 157).

중국은 '아시아'라는 지역적 속성을 공유하는 국가들의 체제적 특징으로도 한 범주로 묶일 수도 없는데 이는 중국이 문명사적 관점에서 아시아적 권위주의 유형에 속하기도 하고 체제 속성으로는 사회주의권에 속하는 이중적 특징에서 기인한다. 또한 중국은 동아시아 발전주의 국가들과는 국가 주도 경제발전의 강력한 권위주의적 통치와 그 맥을 공유하면서도, 정치와 경제의 동시적 전환을 자본주의적 틀 내에서 진행되어왔던 동아시아의 탈권위주의적 민주화모델과 분명한 차이를 갖는다(Alagappa 2004; Gilley and Diamond 2008; Unger and Chan 1995).

이러한 예외성은 중국 체제에 대한 규정에 많은 모호성을 주지만 기존 유형으로 설명되지 않는 새로운 유형의 개발에 대한 하나의 가능성을 기대하게도 한다. 중국 권위주의는 변화되어가는 현실적 조건과 배경에서 도출되는 과제에 대응하여 진지한 고민과 탐색의 과정에 있으며, 새로운 정치 실험을 전개해가고 있다(Zhao 2010, 424-442; He and Warren 2011).

이러한 정치실험의 과정에서 중국이 추구하고 있는 정치발전 모델에 대한 중국 지식인의 인식을 조사하기 위하여 이상적으로 생각하는 정치발전 모델, 현재 정치발전 모델의 유형, 그 속성 및 특징에 대한 질문을 중심으로 설문조사를 실시했다.

우선 〈질문 1〉, "당신이 생각하기에 가장 이상적인 정치발전 모델은 무엇이 되어야 한다고 생각하는가?"라는 질문에 대한 답은 싱가폴식 법치

그림 1 이상적인 정치발전 모델

권위주의(31.7%), 자유민주(24.4%), 기타(19.5%), 북유럽형 복지국가민주 (14.6%), 신권위주의(9.8%) 순위로 나타났다(〈그림 1〉 참조).

가장 많은 응답자가 선택한 '싱가폴식 법치권위주의'는 중국 정부와 지식인 모두 오랫동안 관심을 가지고 학습을 해온 모델이다. 1965년 말레이시아연방으로부터 탈퇴하여 독립한 이후 강력한 일당지배체제를 유지하면서 세계 경제사상 유례없는 고속의 경제성장을 이룩한 싱가포르 인민행동당(PAP, People's Action Party) 통치의 경험적 사례는 중국 지식인은 물론 정부에게 권위주의적 통치에 대한 많은 아이디어를 제공했다.

일당 전체주의(one-party totalitarian), 일당 권위주의(one-party authoritarian), 일당 다원주의(one-party pluralistic)의 세 가지 일당지배체제의 유형 중, 싱가포르는 법제도적으로는 야당의 존재가 제한적으로 혹은 완전하게 인정되지만 실질적 차원에서는 그 설립 및 정치활동을 통한 경쟁이 제한되어 있는 일당 권위주의 유형에 속한다. 반면, 중국의 정치체제는 법제도적으로 실질적으로 야당의 존재나 선거경쟁이 부정되고 지배정당이 유일정당으로서 정당체계를 형성하는 일당 전체주의로 볼 수 있다(이동윤 2003, 201-205).[9] 향후 중국사회에서도 보다 다원화된 정치환경으로의 변화가 확실시되는바, 이에 일당 전체주의와 일당 다원주의 사이에 위치하는 싱가포르의 경험은 중국이 모델화를 시도해볼 가치가 있다. 물론, 중국이 싱가포르처럼 자유경쟁선거를 수용할 수 있는지의 여부는 매우 불확실하며 부정적이기까지 하지만, 싱가포르가 일당지배를 유지하기 위하여 당의 권위를 강화하고 통치과정의 제도화를 통해 권위주의 체제를 안정적으로 유지해왔다는 점은 특기할 만하다.

한편에서는 인구 300만의 세계에서 가장 작은 도시국가의 정치발전 모델은 세계 4위의 영토면적과 인구 13억의 중국과는 객관적 조건과 환경이 다르기 때문에 싱가포르 모델의 중국 적용에 대한 비판적 의견도 있지만, 정용녠(鄭永年)은 국가의 크기를 이유로 배우지 못하는 것은 아니라고 강조하며 싱가폴 모델을 적극 학습할 것을 주장한다(鄭永年 2013). 정용녠은 중국 현재 개혁의 관건이 바로 주체를 세우는 것이라며, 싱가폴의 성공요인이 곧 주체를 강화시킬 수 있는 사상과 권위 그리고 제도화라고 설명하고 있다.

이상적인 정치발전 모델에 대해 두 번째 많은 선택을 받은 것은 '자유민주'(24.4%)였다. 중국의 정치개혁 논쟁은 2000년대 중반부터 '민주'를 인류 보편적 가치로 적극적으로 수용하고, 중국식 민주에 대한 보다 적극적인 담론을 전개해왔다. 민주는 중국에서 더 이상 자본주의와 서구정치의

9_일당 다원주의는 야당의 존재나 활동이 법제도적으로나 실질적으로 보장되고 국민의 자유로운 선택에 의해 일당지배가 유지된다(이동윤 2003, 201-205).

산물이 아니며 인류 보편이 지향해야 할 가치로 수용되고 있다. 2012년에 중국 지식인의 민주의식을 조사한 심층 인터뷰와 설문조사에서 "민주주의가 다른 정치체제보다 더 좋다고 생각하는가?"라는 질문에 71.4%(28명 중 20명)가 "그렇다"고 답했다. 또한 "왜 민주화가 필요한가"라는 질문에 대해서 "민주주의는 인류 역사발전의 결과이며 보편적 가치이기 때문에"라고 답한 사람이 28.6%(28명 중 8명), "민주주의는 역사적 경향이므로 그것은 중국의 필요에 대한 고려 없이 발전할 것이다"라고 대답한 사람이 28.6%(28명 중 8명)로 민주주의를 인류 보편적 가치와 역사의 발전으로 인식하는 대답이 절반을 넘은 57.2%에 이르렀다. 또한 "글로벌 파워를 증대시키기 위해 필수불가결한 것"으로 인식하는 대답은 17.8%(28명 중 5명)였다(Lee 2013, 344). 이러한 설문조사를 통해 중국 지식인이 민주를 인류 보편적 가치로 받아들이고 중국의 글로벌 강국으로의 성장을 위한 필수불가결한 요소로 인식함을 확인할 수 있다.

1980년대 이후 중국 개혁방향과 정치체제의 성격을 가장 잘 특징화하는 것으로 여겨지던 '신권위주의'는 9.8%로 가장 적은 사람이 선택했다. 1980년대 개혁개방을 시작한 중국이 정치개혁과 경제개혁의 우선순위를 두고 벌인 발전방향과 관련된 논쟁은 1980년대 후반 '선 경제개혁, 후 정치개혁' 즉 선 경제발전, 후 민주화의 '신권위주의'로 귀결되었다. 권위주의적인 정부에 의한 계획적 통제하에서 시장경제발전과 경제발전을 위한 후속적 정치개혁이라는 신권위주의의 담론은 1980년대 상하이 지역의 학자들을 중심으로 시작되었으며, "당-국가 체제의 위기에 맞서 개혁을 지속시키기 위해 전개되면서 이후 냉전 사고의 틀 내에서 정치-경제 관계의 선후 문제를 논의했다. 이 논쟁은 1989년 톈안먼 사건을 거치면서 국가의 역할에 관한 조정으로 귀결되었고, 1992년 덩샤오핑의 남순강화 이후 국가의 경제조정능력이 전면으로 부각되었다. 그러나 현재 신권위주의는 중국 국내 학자들에게도 과거 비민주적인 전제정권의 기초에서 형성된 것으로 그 기본적 속성과 구조가 비민주적이고 독재적이라는 비판을 받고 있다(陈尧 2010). 신권위주의의 대표적 학자 샤오공친은 '신권위주의 2.0시대(萧功秦 2014)'를 발표하며 신권위주의에 대한 새로운 논의를 제기했지만 본 조사 결과에서도 드러났듯이 신권위주의는 현재 대다수 중국 지식인들에게 매력을 상실한 모델이 되었다.

기타 의견은 전체의 19%로, 중국모델, 중국식, 중국에 부합하는 모델 등의 답변(4명), 협상민주와 능력정치(1명), 사회주의(1명) 그리고 "없다"라고 답하거나 답변을 하지 않았다. 기타 의견 중 4인이 특정 모델보다는 중국에 부합해야 한다는 기준을 중시함을 알 수 있었다. 능력정치(meritocracy)는 서구 모델과 대별되는 중국 정치 모델의 우월성의 근거로 강조되고 있다. 다니엘 벨(Daniel A. Bell)은 중국이 미국과 비견되는 경제적 정치적 대국이 될 수 있었던 주요 요인으로 현대 중국의 능력주의에 기반한 리더 선발과 그를 통해 선발된 뛰어난 리더를 제시했다(Bell 2015). 장웨이웨이(张维为)는 현재 7인의 정치국 상무위원은 모두 2~3회 정도 성 당서기를 역임하면서 능력을 검증받은 사람임을 강조하며 '1인 1표'로 계산하는 민주 논리에 따르면 중국 정권이 합법성이 없지만, "치국은 반드시 인재에 의존해야 한다"는 논리에 따르면 미국 정부가 합법성이 없다며 중국의 능력정치에 기반한 중국 정치 모델의 우월성을 주장하고 있다.

〈질문 2〉 "중국이 추구하는 정치발전 모델이 무엇이라고 생각하는가?" (개인의 이상형이 아니라 현재 중국이 추구하고 있는 모델)라는 질문에 대해서는 '법치에 기반한 권위주의'(17명, 42%), '탄력적 권위주의'(24%), 기타(24%), 신권위주의(7%), 서구식 민주주의(3%) 순으로 결과가 도출되었다〈그림 2〉

그림 2 중국이 추구하는 정치발전 모델

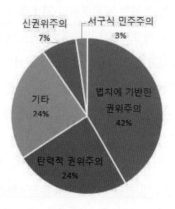

참조).

　가장 많은 응답자가 생각하는 현재 중국 정치발전 모델은 법치에 기반한 권위주의였다. 이는 〈질문1〉 이상적 정치발전 모델의 선택에서 가장 많은 응답자가 권위주의와 제도화가 강조된 싱가포르 모델을 선택했다는 사실과 맥을 이어 고찰해볼 필요가 있다.

　중국은 정치개혁에서 민주화와 제도화의 우선순위에 대한 치열한 논쟁을 벌였으며 중국의 선택은 제도화로 귀결되고 있다. 이러한 방향성은 시진핑 정부 들어와 보다 명확하게 드러난다. 중화민족의 위대한 부흥이라는 '중국몽'을 제시하며 야심차게 출발한 시진핑 정부는 18기 3중전회에서 〈개혁의 전면적 심화에 관한 중대 문제 결정(中共中央关于全面深化改革若干重大问题的决定)〉을 통과시키고 전면적 심화개혁 발표하며 그 주된 내용으로 중국특색사회주의 제도를 잘 발전시킬 것을 강조했다. 이는 2014년 18기 4중전회의에서 보다 명시적으로 드러나는데, 18기 4중전회는 그 회의 주제를 '의법치국(依法治国)'으로 하고 '의법치국' '헌법치국'을 당의 공식

노선으로 채택했다. 현재 시진핑은 집권 이후 공산당 지도부의 부패척결과 능력 강화 및 공산당 일당 지배의 강력한 중앙집권적 권위주의적 통치의 정당성과 기반을 공고화하는 한편 법치의 강화로 통치과정을 제도화하는 법치 권위주의를 추구하고 있는 것으로 보인다. 민주와의 관계에서도 민주를 법치를 통해 실현하고, 민주를 법치화하는 정치모델에 대한 실험적 연구가 진행되고 있다(王新生 2014).

두 번째 많은 답변을 차지한 것은 탄력적 권위주의(24%)였다. 탄력적 권위주의는 권위주의의 유연성을 강조한 것으로 권위주의적 통치를 유지하면서도 변화에 민감하고 과감하게 개혁을 한 중국 정치의 특징을 보여준다. 평화적인 권력승계, 사회경제 엘리트의 체제 내 흡수, 언론매체와 비정부조직의 체계적 통제, 민주실천의 점진적 확대 등의 중국 권위주의의 '탄력' 혹은 '적응성' 특징은 권위주의임에도 중국공산당이 대중들을 설득할 수 있는 능력을 보유하게 하고, 중국의 개혁을 성공으로 이끈 중요한 요인으로 평가받고 있다(Nathan 2003; Chen 2010; Shambaugh 2009).

신권위주의는 7%로 매우 소수의 응답자만이 현재 중국이 추구하는 정치발전 모델로 신권위주의를 선택했다. 〈그림 1〉에서도 확인했듯이 신권위주의는 현재 중국에서 실효성을 잃은 정치발전 모델로 분석된다.

서구식 민주주의는 44명 중 1명(3%)만이 선택했다. 이것은 이상적인 정치발전 모델에서 자유민주가 24.4%를 차지했던 것과 매우 상반되는 결과로 이상적인 모델로 자유와 민주의 가치를 평가하는 것과 현재 중국에서 추구되고 있는 실제 현실 모델과의 괴리를 보여주는 것이다. 중국 지도부와 지식인들은 중국이 서구식 민주를 절대 추구하지 않을 것임을 계속해서 강조해왔으며, 중국은 중국식 민주를 실행하고 발전시킬 것임을 명확히 하고 있다.

2012년 지식인 조사의 결과에 따르면, "중국이 채택할 민주의 종류"에 대한 답변으로 '서구 모델과는 다른 중국특색의 새로운 모델'의 답변이 82%(28명 중 23명)이었으며 서구식 자유민민주주의 모델은 0%가 나왔다 (Lee 2013, 347). 그리고 '이후 장기적 관점에서 서구식 자유민주 모델이 중국에 필요하지만 현재는 아니다'는 대답이 14%(28명 중 4명)이었다. 이를 종합해서 볼 때, 중국의 권위주의 체제는 서구식 민주화로의 과도기적 단계에 있는 것이 아니라 권위주의를 유효화하고 공고화할 수 있는 보충적 방식들이 개발될 것으로 전망된다.

기타 의견(서술 요구)은 24%, 10명이었다. 이들이 서술을 통해 밝힌 의견은 중국의 현실에 부합하고 특수성이 반영된 모델이라는 대답이 4명, 중국 사회주의를 강조한 대답이 2명, 아직 개괄하기 어려우며 향후 관찰이 필요하다는 대답이 3명, 공평정의가 실현되는 모델이 1명이었다.

〈그림 3〉은 〈질문 3〉 "중국이 추구하는 정치발전 모델이 추구하는 가장 중요한 내용이 무엇인가?"라는 질문에 대한 응답 결과를 보여준다. 가장 많은 응답자가 "체제 안정과 국민통합"(16명, 39%)이라고 답했으며, 두 번째 많은 응답자가 "능력 있고 청렴한 정부 건설"(9명, 22%)을 선택했으며 그 다음으로 "법치를 통한 통치과정의 제도화"(6명, 15%), 그 다음이 "시민의 시민적·정치적 자유와 참여에 대한 제도적 보장"(5명, 12%)이었다. 그리고 "정치과정의 효율성 제고"와 "사회분배의 정의실현"이라는 응답이 각각 5%로 나왔다.

가장 많은 응답자가 "체제 안정과 국민통합"(16명, 39%)은 중국 정치개혁의 궁극적인 목적이라고 할 수 있다. 그리고 두 번째와 세 번째로 많은 선택을 받은 항목이 "능력 있고 청렴한 정부 건설"과 "법치를 통한 통치과정의 제도화"라는 사실을 종합적으로 볼 때 현재 중국이 구상해가고 있는

그림 3 현재 중국 정치발전 모델이 추구하는 핵심 내용

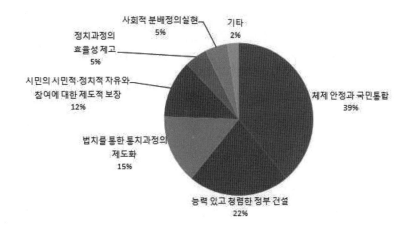

정치발전 모델의 핵심적 내용은 '주체의 재정립(권위의 강화)'와 '통치과정의 제도화'라고 할 수 있다.

　이상의 설문조사 결과를 통해 현재 중국은 체제안정과 국민통합을 제일의 가치로 두고, 능력 있는 공산당에 의해 영도되며, 법치와 제도화를 통해 통치과정의 제도화뿐만 아니라 통제된 민주를 확대하는 법치권위주의적 모델을 구상하고 있다는 결론을 도출할 수 있다.

IV. 중국 정치발전 모델의 소프트파워 경쟁

　소프트파워는 군사력과 같이 상대를 강제로 순응시키는 강압(coercion)

이나 경제력에 의한 보상(payment)을 통해서가 아니라 매력(attraction)을 통해서 원하는 것을 얻는 능력이다(Nye 2004, 9). 과거 강대국의 파워는 강력한 경제나 군사력을 중심으로 한 하드파워를 기반으로 구축되었다. 그러나 지난 강대국의 역사는 국가의 지속적 발전과 강대국화를 위해서는 하드파워에 기반한 소프트파워가 필수적으로 발전해야 함을 보여주고 있다. 미국이 세계 초강대국이 될 수 있었던 것에는 경제적 군사력이라는 히드파워뿐만 아니라 미국이 민주주의와 자본주의의 세계적 지배력에 기반을 둔 세계질서와 제도를 만들었기 때문이라는 것은 주지의 사실이다(Leonard 2011, 30). 그러한 미국의 최근에 나타나는 쇠락이 '자유시장과 민주주의' 가치라는 미국의 소프트파워에 대해 각국 사람들이 이를 이중적이고 위선적인 것으로 인식하기 시작한 것과 관련이 있다. 또한 스탈린 시대의 소련이나 히틀러의 독일은 소프트파워를 충분히 구비하지 못했거나 하드파워에만 의존한 강대국의 쇠락의 사례이며, 하드파워보다 소프트파워에 기반해서 국제무대에서 더 큰 정치적 발언권과 영향력을 갖게 된 국가로 노르웨이 등을 들 수 있다(Nye 2004).

일반적으로 국력 증강의 기본 경로는 하드파워가 먼저 증강되고 소프트파워가 그 후에 증강되지만, 그러나 일정한 단계에 이르면 소프트파워는 하드파워의 증강과 총체적 국력의 발전을 제약하는 중요한 요인으로 작용한다(门洪华 2014, 14-17). 소프트파워가 취약한 하드파워의 발휘에 대해 타국이 매우 위험스럽게 느끼며 반발하는 경우가 많지만, 한 국가가 파워를 정당하게 형성하거나 행사하고 있다고 다른 국가들이 판단할 경우 그 나라는 목표를 추구하는 과정에서 타국의 저항을 덜 받고 묵종을 이끌어낼 수 있다. 오늘날의 강대국은 상대국가의 마음을 사지 못한다면 국제사회에서 존중받을 수 없다는 인식이 보편화되었으며, 이에 따라 소프트파워는 점차

그림 4 중국의 글로벌 강국이 되기 위해서는 소프트파워 자원으로서의 정치발전 모델이 필요한가?

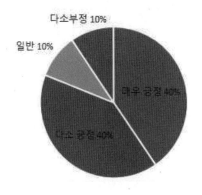

한 국가의 국제적 위상에 핵심적인 요소로 부상했다. 따라서 하드파워 중심으로 성장한 중국이 글로벌 리더십을 갖춘 강대국이 되기 위해서는 소프트파워의 강화가 필수적 요건이다.

소프트파워를 "매력적인 파워"라고 한다면, 소프트파워 자원은 그런 "매력을 만들어내는 자산"이다(Nye 2004, 32). 따라서 소프트파워를 강화시키기 위해서는 구체적으로 그 자원에 속하는 요소들을 강화시켜야 한다. 조지프 나이에 따르면, 소프트파워의 자원으로 문화, 정치적 가치, 외교 등이 있다.

〈질문 4〉는 "중국이 글로벌 강대국이 되는 과정에서 정치발전 모델이 소프트파워 자원이 되어야 하는가"에 대한 질문으로, 중국 강대국 발전 전략에서 정치발전 모델에 대한 가중치를 평가하기 위한 것이다. 이 질문에 대해 '매우 그렇다'(40%), '다소 그렇다'(40%)라는 긍정적 응답자가 전체 80%에 달했다. 즉 중국의 정치 전문가들은 중국의 정치발전 모델이 중국이 강대국이 되기 위해 반드시 갖추어야 할 소프트파워 자원이라고 생각하

그림 5 중국의 정치발전 모델이 다른 국가로 수용 가능한 정치 발전 모델이 될 수 있다고 생각하는가?

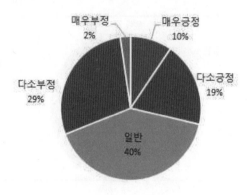

고 있다고 결론지을 수 있다〈그림 4〉 참조).

중국의 국가이미지의 제고는 강대국 발전에 필수적이라는 인식은 황핑(黃平)의 발언에서도 그래도 확인된다. 황핑은 "마오는 초기 혁명을 성공시켰고 덩샤오핑은 경제문제를 해결했으니 이제는 중국에 대한 비난을 해결할 차례이다"라고 강조하고 있다(李希光 2013, 347).

그렇다면 중국 정치발전 모델의 서구 자유민주주의 체제와 소프트파워 경쟁에서의 승산에 대한 중국 지식인의 평가는 어떠할까? 〈질문 5〉 "중국의 정치발전 모델이 자유민주주의체제와의 경쟁 속에서 다른 국가로 수용 가능한 정치발전 모델이 될 수 있다고 생각하는가?"라는 질문에 대해서는 매우 부정 1명(2%), 다소 부정 12명(29%), 중립 17명(40%), 다소 긍정 8명(19%), 매우 긍정 9명(10%)의 응답 결과가 나왔다(〈그림 5〉 참조).

사실 중국의 소프트파워는 중국이라는 한 국가의 실력증강의 문제가 아니라, 신흥국의 강대국으로의 부상을 둘러싼 위협과 경계의 긴장이 얽혀 있는 복잡한 문제다. 즉 중국의 소프트파워는 미국과 중국 혹은 서구와 중국이라는 대응적 구도에서 볼 수밖에 없다. 미국은 중국의 소프트파워 강화를 미국에 대한 도전으로 인식하며,[10] 중국 또한 중국의 부상에 대한 위협의 시선들을 해소하고 미국의 소프트파워의 침투로부터 자국을 보호하기 위해 자국의 소프트파워 강화할 것을 강조하고 있다. 중국 학자들은 소프트파워는 여러 가지 방식으로 다른 나라에 침투해 그 나라의 정부와 국민의 정책이나 제도심리, 그리고 행위에 영향을 끼칠 수 있고, 다른 나라의 제도의 작성자가 될 수도 있다는 측면을 강조하며, 자국의 소프트파워를 발전시킴으로써 다른 나라가 소프트파워를 통해 '화평연변(和平演变)'하는 것을 방지할 수 있다고 강변한다(李晓明 2002; 贺颖 외 2005). 또한 리시광은 중국은 '아메리칸드림'의 가치관 외교 공세를 막아내는 '중국몽'을 중심으로 하는 가치관 외교를 해야 한다고 주장한다(李希光 2013).

가장 많은 응답자(40%)가 중립적 입장을 보였는데, 그간 정치발전 모델 차원에서는 미국과 중국의 소프트파워로서의 영향력에 있어 큰 폭의 차이가 있었다는 점을 감안한다면 부정이 아니라는 것 자체에서도 중국 지식인의 변화된 태도를 포착할 수 있다. 또한 매우 부정을 선택한 응답자가 1명(2%)뿐이라는 사실은 중국 지식인들이 서구와의 정치발전 모델 경쟁의 결과에 대해 패배적이지 않다는 점을 보여준다. 중국 정치발전 모델의 서구와의 경쟁에서 소프트파워 영향력을 가질 수 있다는 것에 대해 매우 긍정하는 입장이 10%로 다소 긍정 19%와 합산하면 29%로, 이는 부정을 선택

10_중국 소프트파워의 강화를 기존 세계 질서 특히 미국에 대한 도전으로 인식하고 미국이나 다른 나라들의 입지를 위협하는 것으로 바라보는 관점이 지배적이다. 나이는 미국에서는 권위주의적 통치방식뿐만 아니라 앞으로 언젠가는 미국에 위협이 될 것이란 인식 때문에 중국에 대한 호감도를 제한한다고 밝히고 있다(Nye 2004, 161).

한 응답자 31%보다 근소하게 낮다. 그러나 종합적으로 볼 때 중립적 입장
을 부정이 아니라고 간주한다면 69%가 서구 자유민주주의 체제와의 소프
트파워 경쟁에서 정치발전 모델의 경쟁력에 대해 긍정적으로 평가한다는
결론을 도출할 수 있다.

V. 중국 지식인 인식에 투영된 중국 정치모델 분석

본 연구는 미래 강대국 중국의 정치발전 모델을 현재 시점에서 유추하
는 것을 목적으로 하고 그 방법으로 중국 지식인에 대한 설문을 실시했다.
우선 설문조사를 통하여 중국 지식인들이 현재 중국이 추구하고 있는 정치
발전 모델의 유형과 내용 및 서구 자유민주주의 모델과의 경쟁력, 즉 소프
트파워 자원으로서의 가치에 대해 어떠한 평가를 하고 있는지를 분석하고,
이에 기반하여 미래 중국 정치발전 모델의 구체화를 시도했다.

설문조사의 결과들을 종합해보면, 중국 지식인들은 현재 중국을 법치
(제도화)에 기반한 권위주의로 규정하고 있으며, 중국 정치모델이 소프트파
워 자원이 될 수 있다는 가능성을 열어놓고 있는 것으로 분석할 수 있다.
이외에도 의미 있는 발견들은 중국 지식인들이 중국식의 정치모델을 추구
하고 있으며, 체제에 대한 자신감 또한 높아져가고 있다는 것이다.

중국의 권위주의적 정치모델과 관련하여 권위주의에서 민주주의로의
이행과정에 있는 과도기적인 것으로 보아야 하는지, 아니면 권위주의 그
자체가 궁극적으로 목적이 되는 모델인지에 대한 논의가 있었다. 설문조사
와 여러 문헌조사를 통해 내릴 수 있는 결론은 현재 중국의 정치체제에서

권위주의는 과도기적 성격을 지닌다기보다는 그 자체가 근본이고 목적이라는 것이다. 이는 이번 설문에서 이상적인 정치발전 모델에 대한 질문에서 싱가폴식 법치권위가 가장 많이 선택되었으며 현재 중국이 추구하고 있는 정치발전 모델에 대한 질문에서도 '법치권위주의'가 선택되었음을 통해 확인할 수 있다.

그러나 중국 정치모델의 핵심적인 특징은 공산당 영도의 권위주의가 변화될 수 없는 기본적 틀이면서도 이러한 권위주의를 보다 합리화하고 효율성을 높이며, 다원주의적 민주의 효과를 발휘할 수 있는 모델이 구상되고 있다는 것이다. 때문에 중국 권위주의의 모델 안에서 중국의 법치(제도화)와 민주와의 관계설정은 매우 중요한 변수로 작용한다. 현재 중국에서 추진 중인 법치권위주의에서 법치는 민주를 발전시킬 수 있는 필수조건으로 제시되고 있다. 이는 1980년대 민주와 선행여부를 두고 경쟁적 관계를 설정하고, 민주를 제쳐놓거나 억압하기 위한 법치와는 엄연히 차이를 보인다. 설문의 결과에서도 가장 많은 중국 지식인들이 권위주의적 모델을 선택했지만, 다수의 지식인들이 자유민주주의와 관련된 모델 및 요소들을 선택했다. 이상적 정치모델에 대한 설문에서도 권위주의적 모델(싱가폴식 법치권위주의, 신권위주의)가 41.5%였으나 민주적 모델(자유민주, 북유럽형 복지국가)를 선택한 지식인이 38.6%로 2.9%밖에 차이가 나지 않았다. 중국이 현재 추구하고 있는 정치발전 모델에 대한 규정에서도 "법치에 기반한 권위주의" 다음으로 통제된 민주의 확대와 제도화가 반영된 "탄력적 권위주의"를 선택한 지식인들이 많았다.

현재 중국에서 논의되는 '법치'는 자칫 방종으로 이어져 오히려 혼란과 붕괴를 야기할 수 있는 민주를 통제하고 발전시키는 도구이자 하나의 경로로 인식되고 있다. 즉 민주를 법으로 절제시키고 통제하는 한편 제도적으로 보장하여 궁극적으로 중국의 현실에 맞는 민주로 발전시키기 위하여 '법치'를 하는 것이다. 이는 설문의 결과뿐만 아니라 여러 학자들의 문헌자료에서도 확인되는 바다. 통더즈(佟德志)는 민주의 실패 원인을 민주가 부족한 것으로 파악하고, 더 많은 민주를 실행함으로써 이를 극복할 수 있다는 주장은 '불난 데 기름 붓는 격'이라고 비판하고 있다. 그는 민주실패는 민주의 부족이 아니라 민주권력이 효과적으로 통제되지 못했기 때문이며, 따라서 민주는 매우 많이 절제(节制)가 필요하다고 강변한다. 따라서 민주실패를 피하기 위해서 법치로 민주를 규제하여 양자간의 긴장관계가 어느 정도 균형을 이루게 해야 한다(佟德志 2016, 14). 더 급진적으로 루안웨이(阮炜)는 일당제와 작은 범위의 통제가능한 경쟁 공선(公选)을 결합하여 집정자의 정책결정, 집행능력과 정책연속성을 충분히 보장할 수 있는 "일당제 민주"를 제안한다(阮炜 2015, 5). 루안웨이에 따르면 민주의 요의는 인민에 대한 책임(对人民负责)이며, 권위주의체제에서 책임은 보다 효율적으로 실행될 수 있다.

이렇듯 권위주의적 시스템에서 인민에 대한 책임을 보다 효율적으로 질 수 있는 현재 중국의 권위주의 정치모델이 서구 자유민주주의 모델과 비교해서 경쟁력을 가질 수 있다는 것에 대해 부정적이기보다는 긍정적인 중국 지식인들의 의견이 형성되고 있다. 중국 정치발전 모델과 서구 자유민주주의 모델과의 소프트파워 경쟁에 대한 질문에서 가장 많은 40%의 응답자가 중립적인 입장을 취했다는 것은, 본 연구가 최종적 결론을 내리기에 매우 신중할 수밖에 없는 이유이고, 또한 다른 연구를 통해 검토해야 할 부분이지만 그럼에도 이 40%가 결코 부정을 표명하지 않았다는 사실은 평가에 대한 긍정적 입장으로의 가능성을 열어두게 한다.

마지막으로 〈질문 6〉 중국 정치체제의 소프트파워 경쟁력을 높이기

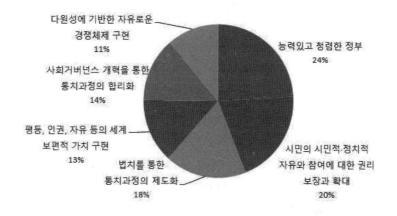

그림 6 중국의 정치체제의 소프트파워 경쟁력을 높이기 위해 더욱 발전시켜야 하는 것은 무엇인가?

위해 더욱 발전시켜야 하는 부분에 대한 중국 지식인의 입장을 통해 중국 지식인의 정치발전 모델에 대한 인식을 살펴보면, 질문에 대한 응답은 능력 있고 청렴한 정부(24%), 시민의 시민적·정치적 자유와 참여에 대한 권리 보장과 확대(20%), 법치를 통한 통치과정의 제도화(18%), 평등, 인권, 자유 등의 세계 보편적 가치 구현(13%), 사회거버넌스 개혁을 통한 통치과정의 합리화(14%), 다원성에 기반한 자유로운 경쟁체제 구현(11%) 순으로 나타났다(〈그림 5〉 참조).

중국 정치체제가 소프트파워 경쟁력을 높이기 위해 발전시켜야 하는 것은, 다른 말로 하면 중국 정치체제가 다른 국가로부터 가장 인정받지 못하기 때문에 반드시 개선이 필요한 부분이고, 또한 중국이 경쟁력 있게 만들어야 하는 중국 정치체제의 우수한 점이라 할 수 있다.

이 질문에 대한 응답 결과에서 가장 많은 응답자가 선택한 것은 "능력 있고 청렴한 정부"이다. 이는 두 가지 차원에서의 해석이 유의미한 시사점을 줄 수 있다. 첫째, '정치적 안정과 발전'이라는 중국 모델의 강점에 대한 중시로 해석할 수 있다. 중국의 개혁은 공산당 지도부에 의해 주도되어왔으며 향후 장기간 동안 '공산당 영도'의 원칙은 다른 통치 원칙보다 더욱 강고하게 지켜질 것이다. 따라서 개혁의 주체인 정부의 능력제고와 청렴은 곧 중국의 안정과 발전에 관건이 되는 요소다. 중국 모델의 특징은 강력한 중앙집권적 권위주의 체제에 의한 시상경제의 발전으로 축약될 수 있다. 때문에 중국 모델의 가장 큰 매력 요소인 '안정과 발전'은 정부의 능력과 청렴이 직결된다. 싱가포를 모델의 핵심 또한 능력 있고 청렴한 정부이다. 둘째, 중국의 정치체제가 소프트파워의 자원이 되기 위해서는 공산당 일당지배체제에 대한 지배정당성과 설득력을 확보해야 한다. 중국식 민주가 비판받는 가장 핵심적인 이유는 자유경쟁선거의 부재이며 정권 교체가 불가능하다는 점이다. 대표자에 대한 국민의 선택과 해임의 권리는 주권실천의 가장 근본적인 것이라 할 수 있다. 그러나 그러한 근본적인 국민의 권리가 원천적으로 차단된 중국의 정치체제는 비민주적인 것으로, 민주가 부족한 것으로 평가받고 있다. 그러나 현재 중국은 '능력정치'를 통해 공산당 지배의 정당성을 확보하고 자국 정치체제의 우월성을 입증하려는 전략적 노력을 하고 있다. 시진핑 집권 이후 부패척결작업을 치열하게 치러 중국공산당의 청렴성을 인민에게 인정받고, 선발과 선거가 결합된 중국식 지도자 선발제도로 우수한 인재를 영입하는 시스템이 서구 자유경쟁선거의 인재 선발 시스템보다 능력 있는 정치를 할 수 있음을 강조하고 있다.

　두 번째로 많은 응답자가 선택한 것은 "시민의 시민적 · 정치적 자유와 참여에 대한 권리 보장과 확대"이다. 시민의 정치적 참여와 자유의 보장은 인류가 보편적으로 지향하는 가치다. 1989년 톈안먼 사건에서 학생들을 상대로 한 중국 정부의 발포와 국민의 정치적 자유와 참여를 제한하고 억압하는 각종 기제들은 중국 정부의 속성을 독재적이고 비민주적인 것으로 인식하게 한다. 따라서 권위주의 체제를 유지하면서 시민의 정치적 참여와 자유를 어떻게 효과적으로 확대할 것인가는 중국 정치발전 모델의 중요한 과제이며, 반드시 해결해야 하는 문제다. 현재 중국은 선거민주를 거부하는 대신 협상 민주를 강화하고 거버넌스 구조 개혁을 통해 권위주의 체제를 유지하면서도 실제 민주의 효과가 나타나는 모델을 구상 중에 있다고 여겨진다.

또한 〈질문 6〉의 전체설문 결과를 종합해보면 강력한 정부와 제도화의 측면(능력 있고 청렴한 정부, 법치를 통한 통치과정의 제도화, 사회거버넌스 개혁을 통한 통치과정의 합리화)과 다원민주주의적 시민의 참여와 권리보장의 차원(시민의 시민적·정치적 자유와 참여에 대한 권리 보장과 확대, 평등·인권·자유 등의 세계 보편적 가치 구현, 다원성에 기반한 자유로운 경쟁체제 구현)이 각각 56%와 44%로 비교적 대등하게 선택되었다는 것은 향후 중국이 강대국화의 과정에서 민주적 요소가 강조되는 법치권위주의적 모델을 견지할 것이라는 결론 도출을 가능하게 한다.

VI. 결론 및 전망

본 연구의 궁극적 목적은 강대국 중국의 정치발전 모델이 어떠한 것인지를 예측해보고자 하는 것이었다. 이를 위한 방법으로 선택한 것이 중국의 지식인들을 대상으로 하는 인식조사였다. 즉 중국 지식인들이 중국의 정치발전 모델에 대해 어떠한 구상을 가지고 있는가에 대한 질문이었다.

물론, 지식인이 중국에서 갖는 정치적 영향력을 감안한다면, 지식인의 구상을 중국의 구상으로 규정하는 것은 과도한 것이다. 그러나 한 국가와 사회에서 지식인이 하는 본원적 역할들, 즉 국가와 사회의 시대적 과제와 문제를 분석하고 해결에 대한 다양한 구상과 아이디어를 전문적이고 학술적으로 제공하는 것을 상기한다면 중국 지식인의 구상을 분석하는 것은 중국 미래에 대한 예측에서 가장 기본적으로 해야 할 작업이다.

지식인 설문조사를 통하여 도출한 결과를 종합하면, 현재 중국이 추구하고 있는 정치발전 모델은 법치에 기반한 권위주의 모델이며, 이 모델의 핵심적 내용은 정치적 안정과 국민통합, 능력 있고 청렴한 정부, 법치, 시민의 정치참여 등으로 정리될 수 있다. 응답자들은 이 모델이 서구자유민주주의 체제와의 경쟁에서 소프트파워 자원으로서 경쟁력이 있으며, 이 모델이 소프트파워 자원이 되기 위해서 더욱 발전시켜야 할 것은 능력 있고 청렴한 정부 건설, 시민의 정치 참여의 확대, 법치 등이다.

결론적으로 중국의 정치발전 모델에서 중요시하는 가치는 "안정과 발전"이며, 중국공산당의 강력한 중앙집권적 권위주의 통치하에서 강력한 법의 지배를 통해 통치과정을 합리화·제도화하고, 중국적 방식의 민주를 통제적으로 확대함으로써 체제안정과 지속적 발전을 이뤄가는 법치권위주의 모델이라고 정리할 수 있다.

중국 지식인들은 이러한 모델에 대한 경쟁력에 대해서도 긍정적으로 평가하고 있으며, 따라서 중국의 정치모델을 소프트파워 자원으로 발전시킬 가능성도 점쳐진다. 그리고 중국이 자국의 정치발전 모델을 소프트파워 자원으로 활용하려 하는 시점에서는 분명히 다른 국가들이 이를 어떻게 평가하는지에 대한 후차적 연구가 진행되어야 할 것이다.

그러나 중국의 정치발전 모델이 구상단계에 있으며, 그것을 소프트파워 자원으로 활용하려는 중국의 시도가 가시적으로 나타나지 않는 현 단계에서는 그 가능성에 대해 이론적으로 접근할 수밖에 없다. 소프트파워는 타인의 선호대상을 만들어내는 능력에 바탕을 두고 있다(Nye 2004, 30). 따라서 중국의 정치발전 모델이 소프트파워 자원이 될 수 있는가에 대한 답은 그것이 현재 정치발전과 관련된 세계인들의 관심과 요구를 충족시킬 수 있는 조건들을 가지고 있는가? 혹은 적어도 그에 대한 비전을 제시할 수 있는가의 질문으로 구체화되어야 할 것이다.

21세기는 인류 역사상 가장 많은 인구와 국가가 민주주의를 향유하는 시대이다. 그것은 인류 보편의 가치로 인정되는 민주, 자유, 평등 등을 가장 잘 담보해낼 수 있는 제도로 민주주의가 선택받았다는 의미로 해석할 수 있겠다. 그러나 지난 민주의 실행과정에서 나타난 실망과 회의는 민주주의에 대한 질문을 바꾸었다. 이제 질문은 어떤 체제가 민주주의인가 비민주주의인가, 또는 어느 정도로 민주적 또는 비민주적이가 아니라, 그 체제가 어느 정도의 민주의 질과 성과를 담보하고 있는가가 되었다(마인섭 외 2014). 다른 한편에서 좋은 질의 정치에 대한 질문은 권위주의에 대한 새로운 해석과 연구들을 불러일으켰다. 민주주의가 폭발적으로 확대되면서 민주는 '좋은 것', 권위주의는 '나쁜 것'에 대한 편견이 보편화되었으나 민주주의의 결함과 역기능에 대한 비판은 업그레이드된 권위주의 정치가 가지는 안정과 발전의 가치에 가중치를 두는 결과를 가져왔다. 향후 중국도 민주주의의 책임성과 반응성의 문제를 집중적으로 추궁하면서 중국적 정치발전 모델을 통해 이러한 문제들을 해결할 수 있음을 증명하고, 권위주의 통치를 통한 안정과 발전의 성과를 강조하는 방식으로 자국의 정치발전 모델을 인정받으려 할 것으로 보인다.

그러나 민주의 질과 성과에 대한 논쟁은 민주가 표방하는 '자유와 평등'

의 가치에 대한 포기나 능력부족으로 평가된 민주를 해고시키는 것이 아니다. 좋은 정치의 질을 담보할 수 있는 '좋은 민주'를 탐색해가는 과정이다. 이에 대해서 중국의 정치발전 모델이 과연 좋은 정치의 질을 담보할 수 있는지에 대한 질문을 던질 필요가 있다.

중국이 현재 추구하고 있는 정치발전 모델의 특징을 간단히 정리하면, 공산당 일당 체제의 권위주의적 속성을 유지한 채, 실제 다당제의 효과를 도모하는 것이다. 즉 능력정치를 앞세운 공산당의 중앙집권적 일당지배체제하에서 가부장적이고 전면적 통제와 관리를 실행하는 한편, 협의 민주의 확대와 법치를 통한 통치과정의 제도화를 통해 민주와 사회 공정이 작동하도록 하는 것이다. 실제 중국 정치발전 모델의 핵심은 공산당의 지배다. 때문에 그 안에서 실행되는 민주는 실질적 민주라기보다는 공산당 지배 정당성(권위주의)의 유지 및 강화를 전제로 하는 민주이다.

중국의 정치발전 모델은 좋은 정치에 대한 근본적 질문을 하게 한다. 즉 '자유와 평등'의 보편적 가치를 '안정과 발전'을 위해 인류가 포기할 수 있을까하는 것이다. 때문에 중국의 정치발전 모델은 부분적으로 인정되고 수용될 수 있지만, 좋은 정치, 좋은 민주를 담보하는 정치발전 모델로서 존중받고 수용되기에는 어렵다는 결론을 내리게 된다.

물론, 중국 정치발전 모델의 실험이 과연 어떠한 변화를 만들어낼 것인가에 대해서는 보다 관찰할 필요가 있다. 아리프 달릭(Arif Dirlik)은 중국 모델이 있다면, 그것의 가장 큰 특징은 다른 모델과 실험을 기꺼이 한다는 것이라고 했다. 때문에 그는 '중국모델'이 아닌 '중국패러다임'이 더 적합할 수도 있다는 제안을 한다(Dirlik 2012). 중국 학자들도 중국 모델이 변화 중에 있음을 강조하고 있다(潘维 2013, 326-327). 또한 중국의 실험이 서구적인 것과 중국적인 것을 모두 뛰어넘는 완전한 재창조가 되어야 함이 강조되기도 한다. 왕시는 중국이 용기 있게 서구의 정형화된 사유를 타파하고 역사적인 시각으로 서구와 미국의 발전을 보아 그들의 발전과정에서 출현한 문제들을 인식하고 처리할 방안들을 찾아야 한다고 강조한다(王希 2013). 중국의 정치발전 모델은 이제 국내정치에 한정시키지 말고 중국의 부상과 함께 바뀌게 될 국제정치적 환경 조건의 변화 및 중국의 강대국화 전략안에서 논의하되, 동시에 좋은 정치의 질과 관련된 고민과 담론 속에서 지속적으로 비교분석해나가야 할 것이다.

참고문헌

리시광, 2013, "중국몽에 대한 이해," 리시광 편, 김용경 역, 『중국몽과 소프트차이나: 시진핑, 중국의 부활을 꿈꾸다』, 차이나하우스.

마인섭·이희옥, 2014, "아시아에서의 '좋은 민주주의'의 모색: 개념과 평가," 『비교민주주의연구』 제10집 1호.

마크 레너드, 장영희 역, 2011, 『중국은 무엇을 생각하는가』, 돌베개.

먼훙화 편, 성균중국연구소 역, 2014, 『중국의 매력국가 만들기: 소프트파워 전략』, 성균관대학교출판부.

백우열, 2013, "현대 중국의 탄원(信访, petition)정치: 권위주의정권의 정치참여, 쟁의정치, 그리고 거버넌스," 『한국정치학회보』 제47집 5호.

신봉수, 2006, "중국적 규범의 모색과 한계," 『국제정치논총』 제46집 4호.

왕시, 2013, "소프트파워의 핵심내용-국가제도와 핵심가치관," 리시광 편, 김용경 역, 『중국몽과 소프트차이나: 시진핑, 중국의 부활을 꿈꾸다』, 차이나하우스.

이동윤, 2003, "싱가포르 일당지배체제의 변화와 지속성," 『21세기 정치학회보』 제13집 2호.

이정남, 2014, "'좋은 민주주의 관점에서 본 중국의 집단지도체제," 『중소연구』 제38권 3호.

장윤미, 2009, "중국식 민주로 구축되는 신국가권위주의 체제: 비교사회주의 관점에서 본 중국의 정치체제전환," 『세계지역연구논총』 제27집 1호.

전성흥 편, 2010, 『체제전환의 중국정치: 중국식 정치발전 모델에 대한 시론적 연구』, 에버리치홀딩스.

정주영, 2017, "강대국 중국의 정치발전 모델 탐색: 소프트파워 자원이 될 수 있는가?" 『현대중국연구』 제19집 3호.

조영남, 2007, "중국의 소프트파워와 외교적 함의," 손열 편, 『매력으로 엮는 동아시아: 지역성의 창조와 서울컨센서스』, 지식마당.

조지프 S. 나이, 홍수원 역, 2004, 『소프트파워』, 세종연구원.

Alagappa, Muthiah, ed., 2004, *Civil Society and Political Change in Asia: Expanding and Contracting Democratic Space*, California: Stanford University Press.

Bell, Daniel A., 2015, *The China Model: Political Meritocracy and the Limits of Democracy*, Princeton, NJ: Princeton University Press.

Cao, Tian Yu, ed., 2005, *The Chinese Model of Modern Development*, New York:

Routledge.

Chen, Titus, 2010, "China's Reaction to the Color Revolution: Adaptive Authoritarianism in Full Swing," *Asian Perspective*, 34(2).

Diamond, Larry, ed., 2015, *Democracy in Decline?*, A Journal of Democracy Book, Baltimore: Johns Hopkins University Press.

_____, 2016, *Authoritarianism Goes Global: The Challenge to Democracy*, A Journal of Democracy Book.

Dirlik, Arif, 2012, "The idea of a 'Chinese model': A critical discussion," *China Information*, 26(3).

Geddes, Barbara, 2003, *Paradigms and Sand Castles: Theory Building and Research Design in Comparative Politics*, Ann Arbor: The University of Michigan Press.

Gilley, Bruce and Larry Diamond, 2008, *Political Change in China: Comparisons with Taiwan*, Boulder: Lynne Rienner.

He, Baogang and Mark E. Warren, 2011, "Authoritarian Deliberation:The Deliberative Turn in Chinese Political Development," *Perspectives on Politics*, 9(2).

Lee, Ann, 2012, *What the U.S. can learn from China: an open-minded guide to treating our greatest competitor as our greatest teacher*, San Francisco: Berrett-Koehler Publishers.

Lee, Jungnam, 2013, "Perceptions of Democracy Among Chinese Intellectuals: Evidence from Political Scientists in Beijing and Shanghai," *Asian Perspective*, no. 37.

Nathan, Andrew, 2003, "Authoritarian Resilience," *Journal of Democracy*, 14(1).

Nye, Joseph S. Jr., 2004, *Soft Power: The Means the Success in World Politics*, New York: Public Affairs.

_____, 2005, "The Rise of China's Soft Power," *Wall Street Journal Asia*, no. 29.

Panda, Jagannath P., 2010, "China's Regime Politics: Character and Condition," *Strategic Analysis*, 34(1).

Rosati, Jerel A., 1995. "A Cognitive Approach to the Study of Foreign Policy," eds., Laura Neack, Jeanne A. K. Hey, and Patrick J. Haney, *Foreign Policy Analysis: Continuity and Change in its Second Generation*, Cambridge, MA: Pearson College Div.

Shambaugh, David, 2009, *China's Communist Party: Atrophy and Adaptation*, Berkeley: University of California.

Unger, J. & A. Chan, 1995, "China, corporatism, and the East Asian model," *The Australian Journal of Chinese Affairs*, 33.

Wang, Shaoguang, 2008, "Changing Models of China's Policy Agenda Setting," *Modern China*, 34(1).

Whitehead, Lawrence, 2005, "Freezing the Flow: Theorizing About Democratization in a World in Flux," *Taiwan Journal of Democracy*, 1(1).

Wright, Teresa, 2015, *Party and State in Post-Mao China*, Cambridge: Polity Press.

Zakaria, Fareed, 1997, "The Rise of Illiberal Democracy," *Foreign Affairs*, 76(6).

Zhang, Weiwei, 2012, *The China Wave -Rise of a Civilizational State*, Hackensack: World Century.

Zhao, Suisheng, 2010, "The China Model: can it replace the Western model of modernization?." *Journal of Contemporary China*, 19(65).

刘杰, 2006, "中国软势力建设的几个基本问题," 上海社会科学院世界经济与政治研究院编, 『国际体系与中国的软力量』, 上海: 上海人民出版社.

刘德斌, 2004, "软权力说的由来与发展," 『吉林大学社会科学学报』4期.

李晓明, 2002, "国家形象与软势力论: 运用非军事手段维持增进国家的对外影响力," 『太平洋学报』, (4)

李希光・周庆安 主编, 2005, 『软势力与全球传播』, 北京: 清华大学出版社.

玛呀, 2013, "中国崛起的规模效应与世界意义: 一专访学者张维为," 『决策与信息』04-01.

庞中英, 1997, "国际关系中软力量及其他," 『战略与管理』2.

_____, 2006, "发展中国软力量," 『瞭望新闻周刊』1.

萧功秦, 2014, "新权威主义2.0," 『中国企业家』01-05.

阎学通, 2005, "从和谐世界看中国软实力," 『全球时报』2005/11.

阎学通, 徐进, 2008, "中美软实力比较," 『现代国际关系』, (1)

倪世雄, 2001, 『当代西方国际关系理论』, 上海: 复旦大学出版社.

吴稼祥, 2010, "从新权威到宪政民主: 探索中国特色政治改革理论," 『共识网』 2010/1/20, http://blog.renren.com/share/231497520/477551895.

王新生, 2014, 『中国民主政治: 法治化研究』, 北京: 人民出版社.

王翠云, 2015, "近30年来关于'新权威主义'思潮的研究述评" 『思想政治课研究』12-05.

王沪宁, 1993, "作为国家实力的文化: 软权力," 『复旦大学学报社会科学版』3.

愈可平 主编, 2006, 『中国模式与'北京共识': 超越'华盛吨共识'』, 北京: 社会科学文献出版社.

俞正梁 等, 2004, 『全球化时代中国的国际关系』, 上海: 复旦大学出版社.

张维为, 2013, "西方民主面临的六大困境," 『时事报告』(2)

郑永年, 2013, "解读新加坡模式," 『中国党政干部论坛』(10)

郑永年, 张弛, 2011, "理解现今中国软实力的叁个维度: 文化外交,多边外交,对外援助政策," 『社会科学论坛』(8)

陈尧, 2006,『新权威主义政权的民主转型』, 上海: 上海人民出版社.

楚树龙, 2004,『国际关系基本理论』, 北京: 清华大学出版社.

佟德志, 2016,『法治民主』, 北京: 北京大学出版社.

贺颖·周际翔 项玫, 2005, "浅析国家'软权力'理论,"『国际关系学院学报』(2)

胡键, 2006, "中国软力量: 要素, 资源, 能力," 上海社会科学院世界经济与政治研究院编,『国际体系与中国的软力量』, 上海: 时事出版社.

黄平 主编, 2005,『中国与全球化: 华盛顿共识还是北京共识』, 北京: 社会科学文献出版.

제3부

강대국화를 위한 전략적 구상
: 어떻게 강대국이 되고자 하는가?

5장

일대일로(一帶一路)와 중국의 강대국화*

공커위(龔克瑜)

I. 서론

2012년을 전후로, 미국, 중국 등 주요 강대국과 한국을 포함한 각국에서 새로운 지도자들이 속속 국제무대에 등장했다. 이에 따라, 국가는 물론 지역 차원의 구상과 계획도 잇따라 제시되었다. 국가적 차원에서, 중국은 '일대일로'[1] 전략, 한국은 '유라시아 이니셔티브(Eurasia Initiative)'와 '동북아 평화협력구상', 러시아는 '극동시베리아개발정책', 카자흐스탄은 "'광명의 길' 신경제정책", 몽골은 '초원의 길' 등을 내놓았으며, 지역 차원에서는 유라시아경제연맹(Eurasian Economic Union) 협력, 아세안 연계성 마스터 플랜(Master Plan on ASEAN Connectivity), 유럽투자계획(Investment Plan

---

* 이 글은 공커위 박사가 중국어로 쓴 논문을 유희복 박사가 한국어로 번역하였고, 필자의 허락하에 일부 내용을 수정 보완한 것이다.

1_'일대일로(Belt and Road)'는 '실크로드 경제벨트(Silk Road Economic Belt)'와 '21세기 해상실크로드(21st Century Maritime Silk Road)'의 약자이다.

for Europe), 아프리카 인프라 건설 계획(Programme for Infrastructure Development in Africa), APEC 연계성 청사진(APEC Connectivity Blueprint) 등이 제시되었다. 이러한 계획, 전략, 이니셔티브들은 그 추진과정에서 상호 중복, 연계되거나 경쟁관계에 놓이면서, 국가 및 지역 차원에서 협력과 경쟁이 동시에 나타나고 있는 양상이다.

이와 동시에, 이 시기 이후 국제정세가 요동치며 많은 변화가 나타났고, 테러세력들의 만연과 확산, '역(逆) 세계화' 사조가 등장했으며, 보호주의, 고립주의, 포퓰리즘 사조가 고개를 들었다. 세계경제는 여전히 금융위기의 여파에서 벗어나지 못하고 있으며 그 회복력도 약해, 성장의 기초가 불안정한 상태다. 이처럼 세계는 현재 개방과 보호, 협력과 폐쇄, 개혁과 보수 사이에서 중요한 선택을 해야 하는 상황에 직면해 있다.

이러한 시대적 배경하에서, 시진핑 중국 국가주석은 2013년 9월 7일 카자흐스탄 나자르바예프 대학교에서 행한 연설에서 처음으로 '실크로드 경제벨트' 공동 건설을 제기하며 일대일로를 공식적으로 추진하기 시작했다. 실제로 시진핑 주석은 실크로드 경제벨트 공동 건설을 제기한 지 약 한 달 뒤인 10월 3일에 행한 인도네시아 국회연설에서 아세안 국가들과 공동으로 '21세기 해상 실크로드'를 건설할 것을 연이어 제안하며, 국제사회를 향해 실크로드 경제벨트와 21세기 해상 실크로드를 두 축으로 하는 일대일로가 공식적으로 추진될 것임을 공표했다. 시진핑 주석의 행보에 이어, 중국공산당은 동년 11월 개최된 제18기 3중전회에서 "주변 국가 및 지역과 인프라 연계를 가속화하고, 실크로드 경제벨트와 해상 실크로드 건설을 추진해, 전방위적으로 개방적인 새로운 구도를 형성"할 것을 〈중앙위 결정〉[2]에 명시함으로써 중국이 일대일로를 국가차원에서 전략적으로 추진할 것임을 공식화했다. 이로써 일대일로는 중국의 국가전략으로 정식 승격되었고, 단기간에 국제사회의 높은 관심을 받게 되었다(崔景明·王建 2015).

중국은 일대일로가 공동발전을 촉진하고 공동번영을 실현시키는 협력과 공영의 길이며, 이해와 신뢰를 증진시키고 전방위적 교류를 한층 강화하는 평화와 우의의 길이라고 인식한다. 일대일로를 통해 중국은 평화와 협력, 개방과 포용, 상호 학습, 호혜와 공영의 이념을 견지하고, 실질적 협력의 전방위적 추진, 정치적 상호 신뢰, 경제융합, 문화적 포용의 이익공동체, 운명공동체 및 책임공동체를 만들어나갈 것을 제의한 것이다.

일부 학자들은 중국의 내부적 상황으로 미루어 볼 때 일대일로가 중국이 화평굴기를 위해 제안한 강대국화 책략의 일환이라고 주장한다. 즉 중국은 일대일로 건설을 통해 내적 역량을 쌓는 동시에, 경제적 유대와 이익의 공유 등을 통해 외부세계, 특히 주변 국가들과의 관계를 발전시키고자 하고 있다는 것이며, 일대일로를 통한 점진적 발전은 중국이 글로벌 강대국으로 성장하는 데 도움이 될 것이라는 것이다. 따라서 일대일로 이니셔티브는 중국의 강대국화 과정에서 특수하고 중대한 의미와 기능을 갖는다는 것이다.

실제로 글로벌 강대국은 군사력 및 경제력 같은 하드파워뿐만 아니라, 글로벌 의제 설정 능력과 흡인력 있는 제도 및 외교정책 등 국제사회의 평화와 발전에 기여할 수 있는 소프트파워도 함께 갖춰야만 한다(Nye 2004). 이러한 시각에서 볼 때, 금세기 중반까지 '사회주의 현대화 강국'의 실현을 통해 글로벌 강대국으로 성장하고자 하는 중국에게 있어, 일대일로 공동건설은 국제무대에서 자신의 소프트파워를 강화함으로써 강대국으로 도약하

2_ 공식명칭은 '중공중앙의 전면적 개혁심화를 위한 몇 가지 중대문제에 관한 결정'임.

기 위한 중대한 전략적 실험이라 할 수 있다. 이 같은 배경 아래에서 이 장에서는 상하이와 베이징의 국제정치학자들을 대상으로 행한 조사 자료에 대한 분석을 통해, 중국이 제창한 일대일로의 내용과 진전에 대한 이해를 기초로 일대일로가 갖는 중대한 의미와 주요 과제 및 영향에 대해 진일보한 분석을 시도했다. 결과적으로 본 장은 일대일로가 사실상 강대국화를 향한 중국의 새로운 국가전략의 일환이며, 실제로 중국이 일대일로 건설을 통해 점차 글로벌 강대국이 되어가고 있는 것으로 평가했다.

II. 일대일로의 내용, 진전과 현황

1. 일대일로의 내용

2015년 3월, 중국은 일대일로의 실행을 추진하기 위한 〈실크로드 경제벨트 및 21세기 해상 실크로드 공동건설 추진에 대한 비전과 행동〉을 특별 제정, 발표했다. 중국의 주요 관영언론의 해석에 따르면, 이는 옛 실크로드에 생기와 활력을 불어넣음으로써 새로운 형식으로 아시아, 유럽, 아프리카 각국을 더욱 밀접하게 연계시키고, 호혜협력을 향한 발걸음을 역사적으로 제고시키기 위한 것이었다(『新华网』 2015/3/28). 그로부터 약 2년 뒤인 2017년 5월 14일과 15일 이틀에 걸쳐, 중국은 「일대일로」 국제협력 고위급 포럼」을 베이징에서 개최하고, 일대일로의 목적을 보다 명확히 밝혔다. 동 포럼의 원탁정상회의에서 행한 "새로운 협력의 기점 개척과 새로운 발전의 동력 모색"이라는 제목의 개막사를 통해, 시진핑 국가주석이 직

그림 1 일대일로 안내도

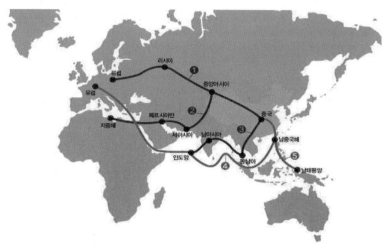

출처: http://weekly.chosun.com/client/news/viw.asp?ctcd=C03&nNewsNumb=002354100005

접 일대일로의 핵심내용은 "인프라 건설과 상호 연계 및 소통을 촉진하고, 각국의 정책과 발전 전략을 접합하여 실질적인 협력을 심화하고, 협조적이고 연동적인 발전을 촉진함으로써, 공동번영을 실현"하자는 것임을 강조한 것이다.[3]

주지하듯 일대일로는 아시아, 유럽, 아프리카 대륙을 관통하는 대륙 간 이니셔티브로서, 그 한쪽에는 활기를 띤 동아시아 경제권, 다른 한쪽에는 선진 유럽 경제권이 존재하며, 그 중간에는 거대한 경제발전 잠재력을 지닌 광대한 내륙 국가들이 자리하고 있다. 〈그림 1〉에서 볼 수 있듯이, 일대

3_ 习近平在'一带一路'国际合作高峰论坛圆桌峰会上的开幕辞," http://www.fmprc.gov.cn/web/ zyxw/t1461700.shtml

일로를 구성하는 두 축의 하나인 실크로드 경제벨트의 중점(重点)은 또 세 갈래로 나뉜다. 하나는 중국에서 중앙아시아와 러시아를 거쳐 유럽(발트해)까지 이어지는 선, 다른 하나는 중국에서 중앙아시아와 서아시아를 거쳐 페르시아만과 지중해에 이르며, 마지막 선은 중국에서 동남아시아, 남아시아, 인도양으로 이어진다. 일대일로의 다른 한 축인 21세기 해상 실크로드의 중점 방향 역시 두 갈래로 나뉜다. 하나는 중국 연해의 항구에서 남해를 지나 인도양에 다다른 후 다시 유럽으로 이어지며, 다른 하나는 중국 연해의 항구에서 남해를 거쳐 남태평양에 닿는다.

〈그림 1〉에 표시된 일대일로의 방향을 따라가 보면, 중국이 육상과 해상에서 건설하고자 하는 일대일로의 전체적인 모습을 파악할 수 있다. 먼저, 육상에서 일대일로는 중국에서 시작해 유라시아를 가로지르는 국제 대통로에 의지한다. 이 통로는 중심 연선(沿線)도시들을 그 버팀목으로 삼고, 중점 경제무역산업지구를 협력 플랫폼으로 삼아, 새로운 유라시아 대륙 교량, 즉 중국-몽골-러시아, 중국-중앙아시아-서아시아, 중국-인도차이나 반도 등 국제 경제협력 회랑을 공동으로 건설하게 된다. 한편, 해상에서는 중점 항구들을 21세기 해상 실크로드의 노드(nod)로 삼아, 원활하고 안전한 고효율의 운송 대통로를 공동 건설한다는 계획이다. 여기서 중국은 특히 중국·파키스탄, 그리고 방글라데시·중국·인도·미얀마 두 개의 경제 회랑과 일대일로 건설의 추진이 밀접한 관계에 있다고 본다. 따라서 중국은 일대일로의 진전을 위해 이들 국가와 향후 진일보한 협력을 추진할 것으로 보인다.

중국에게 일대일로 건설은 각 연선국들의 개방과 협력을 위한 웅대한 경제적 염원이다. 그러나 이는 중국은 물론 모든 연선국들이 서로 협력하고 노력함으로써 상호 이익과 호혜, 공동안보의 목표를 향해 함께 행동에 나설 때에만 실현 가능하다. 즉 이들이 적극적으로 나서 지역 인프라를 완비하고, 안전하고 효율 높은 육·해·공 통로 네트워크의 토대를 세움으로써 상호 연계 수준을 획기적으로 높여야 하는 것이다. 또한 투자와 무역의 편의성도 한층 더 업그레이드하고 높은 수준의 자유무역지구 네트워크를 기본적으로 완성하여, 경제적 연계를 더욱 긴밀히 하고 정치적 상호 신뢰도 한층 심화할 필요가 있다. 이에 더해, 인문교류를 더욱 광범위하고 깊이 있게 추진해 서로 다른 문명 간 상호 학습을 통해 공동 번영할 수 있도록 해야 하고, 각국 국민들이 상호 이해와 교류를 통해 평화롭고 우호적인 관계를 형성할 수 있도록 노력해야 한다.

중국의 입장에서 긍정적인 것은 일대일로가 그 추진 면에서, 향후 중국과 유관 국가들 간에 이미 존재하는 다양한 양자 및 다자 간 기제를 충분히 활용할 수 있다는 것이다. 즉 일대일로는 실효성을 갖춘 기존의 지역협력 플랫폼을 십분 이용할 수 있는 구상으로, 출발부터 상당한 전략적 가치를 내포한 상태에서 추진된 이니셔티브라 할 수 있고, 현재는 이미 가히 중국의 국가급 최상층 전략이 되었다고 할 것이다.

2. 일대일로의 진전과 현황

일대일로를 제기한 후, 중국은 적극적으로 관련 사항들을 추진하고, 연선국가들과의 소통과 협상을 강화하기 시작했다. 또한, 그 국가들과의 실질적 협력을 추동하고, 일련의 정책 조치들을 실시했으며, 이미 적지 않은 초기 성과를 거두었다.

1) 고위층의 외교활동과 성과

시진핑 국가주석을 포함한 중국 지도부는 중국의 국가 최상층 전략으로 자리 잡은 일대일로의 실현을 위해 지난 수년간 많은 시간과 공을 들여왔다. 실제로 시진핑 국가주석과 리커창 국무원 총리 등 중국 지도자들은 일대일로의 추진을 위해 2013년 9월 카자흐스탄, 우즈베키스탄, 키르기스스탄, 투르크메니스탄을 순방하며 '육상 실크로드' 공동구축을 제안하고, 10월 인도네시아, 말레이시아를 방문하여 '21세기 해상실크로드' 공동건설을 제안한 것을 시작으로, 2016년 6월까지 아시아 18개국, 유럽 9개국, 아프리카 3개국, 라틴아메리카 4개국, 오세아니아 3개국 등 총 37개국을 방문하면서 일대일로 공동건설을 적극 추진했다. 또한 2017년 4월까지 총 56개 국가 및 국제기구와 일대일로 참여와 관련한 공동서명을 발표하고, 관련 양해각서와 협의를 체결하는 등 일대일로 공동건설을 선두에서 진두지휘해왔다(中国共产党新闻网 2016/09/06; KIEP 북경사무소 2017a). 이 과정에서 시진핑 주석을 포함한 중국 지도부는 일대일로 공동건설의 추진을 위해 연계성과 동반자관계 강화를 위한 회담 및 중·아랍국가 협력포럼, 보아오 포럼, G20 정상회담, APEC 회의 등 다양한 회담, 회의, 포럼에 참석하여, 양자관계와 지역발전문제에 대해 유관국 정상 및 정부와 수차례에 걸친 수뇌회담을 가졌다(中国一带一路网 2017).

이를 통해 중국은 일대일로에 담긴 본질적 의미와 긍정적 의의를 유관국들에게 상세하게 설명하고, 일대일로를 공동으로 건설하는 데 대해 광범위한 공통 인식을 이끌어내는 등, 적지 않은 실질적 성과를 거두었다. 예를 들어, 중국은 러시아와 실크로드 경제벨트와 유라시아경제연맹 협력을 연계한다는 공동성명에 서명하고, 이의 실행을 위한 협력업무기제를 조직하고, 향후 상하이협력기구(SCO)를 그 주요 플랫폼으로 삼기로 결정하는 등,

표 1 일대일로 관련 주요 추진 과정 및 내용

추진 시점	주요 내용
2013. 9	시진핑 주석, 중앙아시아 및 동남아시아 순방 중 '일대일로' 공동건설을 제창
2013. 11. 12	중국공산당 〈3중 전회〉에서 '일대일로' 건설 추진에 관한 내용을 공식적으로 명시
2014. 11. 6	베이징 APEC 정상회의에서 400억 달러 규모의 '실크로드 기금' 설립 발표
2014. 12. 29	실크로드 기금 설립
2015. 2. 8	'일대일로' 건설 공작영도소조 구성
2015. 3. 28	실크로드 경제벨트 및 21세기 해상 실크로드 공동 건설을 위한 비전 및 행동 발표
2015. 7. 21	브릭스 국가 신개발은행(NDB) 설립
2015. 10. 29	〈5중 전회〉에서 '일대일로' 건설 가속화 및 협력확대, 전방위적 개방 추진 강조
2015. 12. 25	아시아인프라투자은행(AIIB) 설립
2016. 3	〈13·5 규획〉에 '일대일로'를 핵심 국가사업으로 포함
2016. 6. 25	'제1차 아시아인프라투자은행(AIIB) 2016년 연차총회' 베이징 개최
2016. 10. 1	위안화의 국제통화기금(IMF) 특별인출권(SDR) 통화바스켓 정식 편입
2016. 11. 17	UN 총회에서 '일대일로' 구상을 193개 회원국의 만장일치로 최초로 결의안 채택
2017. 5. 14	〈2017 일대일로 국제협력 고위급 포럼〉 베이징 개최
2017. 6. 16	'제2차 아시아인프라투자은행(AIIB) 2017년 연차총회' 제주도 개최

출처: "중국의 '일대일로' 추진 현황 및 평가와 전망," 『KIEP 북경사무소 브리핑』 제20권 11호, 2017년 5월 12일, 5면 일부 수정.

유라시아대륙에서 러시아와 함께 일대일로 이티서티브의 실행을 강력히 추진해오고 있다. 또한 2017년 3월, 시진핑 주석의 영국 국빈 방문기간 동안, 중·영 양측이 "'일대일로'와 '잉글랜드 북부경제센터' 등의 발전전략 연계 강화에 대한 중요 인식을 공유"한 것도 주요 사례의 하나로 들 수 있다(每日电讯报[英] 2017/03/13).

앞서 언급한 2013년 9월 시진핑 주석의 일대일로 공동건설 제창 이후, 2017년 5월 일대일로 관련 최초의 대규모 국제회의인 〈2017 '일대일로'

국제협력 고위급 포럼〉의 개최까지, 중국 지도부와 고위층의 일대일로 관련 주요 추진 내용을 요약하면 〈표 1〉과 같다.

2) 협력 프레임에 관한 조약

2016년 12월 현재 일대일로에 대한 적극적인 지지와 참가 의사를 표명한 국가와 국제기구는 100여 개에 달하고, 중국은 이 중 40개 국가 및 국제기구와 일대일로 공동건설을 위한 협력 협약에 서명했다(中华人民共和国 外交部 2016/12/03). 보다 구체적으로, 현재까지 중국은 유럽과 일대일로와 유럽투자계획을 상호 연계하기로 결정하고, 중·유럽공동투자기금의 설립과 상호 연계성 협력 플랫폼 건립에 대해 논의하고 있으며, 독일과는 '중국제조 2025'와 '독일공업 4.0'을 연계하기 위한 협력기제를 수립했다. 또한 폴란드, 체코, 헝가리 등 6개국과 일대일로 정부 간 양해각서에 서명했으며, 중동 및 유럽 각국들과는 '16+1' 협력 프레임하에서 아드리아해, 발트해, 흑해연안의 '3해 항구 협력'을 시작하고, 헝가리·세르비아 철로를 골간으로 하는 중·유럽 육해 연계운송 고속노선 건설 추진에 속도를 내는 동시에, 연계성을 더욱 높이는 새로운 틀을 모색해 나아가기로 공동 결정했다.

2013년 시진핑 국가주석의 일대일로 공동건설 제창 이후, 중국은 정책소통, 인프라 연계, 무역 원활화, 자금융통, 민심상통, 싱크탱크 영역에서 연선국가들과 지역 및 국제기구들과 꾸준히 협력을 추진해왔으며, 2017년 5월 14일과 15일 이틀간 베이징에서 개최된 〈2017 '일대일로' 국제협력 고위급 포럼〉에서는 그간의 성과를 집대성하고, 추가 성과를 도출했다. 아시아, 유럽, 남미, 아프리카 등의 국가 정상 29명을 포함하여 130개국의 고위급 대표단과 유엔, 세계은행, 국제통화기금 등 70여 개 국제기구 지도자

표 2 〈2017 일대일로 국제협력 고위급 포럼〉 영역별 회의 주제 및 성과 요약

영역	회의 주제	주요 성과
정책소통	정책 소통 및 발전전략 협력과 혁신 메커니즘 및 공동발전	18개 국가 및 8개 국제기구와 32개의 양자·다자 간 협력 문건 및 기업 간 협력 프로젝트 체결
인프라 연결	인프라 시설의 상호연결 및 변영	16개 국가와 7개 국제기구 등 총 50여 개의 양자·다자 간 협력 문건 및 기업 간 협력 프로젝트 체결
무역 원활화	원활화, 고효율, 공영, 발전, 심화의 '일대일로' 경제무역 협력	30개 국가와 60여 개 국가의 유관기관 등 총 90여 개의 양자·다자 간 협력 문건 및 기업 간 협력 프로젝트 체결
자금융통	투·융자 다원화시스템 구축 및 '일대일로' 건설 촉진	30여 개 국가와 10여 개 국제금융기구 등 총 50여 개의 양자·다자 간 협력 문건 및 기업 간 협력 프로젝트 체결
민심상통	민심 교량 공동 건설 및 번영 발전 공동 촉진	30여 개 국가와 20여 개 국제금융기구 등 총 70여 개의 양자·다자 간 협력 문건 및 기업 간 협력 프로젝트 체결
싱크탱크	싱크탱크 간 협력방안	40개 국가와 10개 국제기구 등에서 총 200여 명이 참석하여 싱크탱크 간 협력을 위한 6개 공감대 도출

출처: "〈2017 일대일로 국제협력 고위급 포럼〉의 주요 내용 및 평가," 『KIEP 북경사무소 브리핑』 제20권 12호, 2017년 6월 7일. 2면 일부 수정.

등 총 1,500여 명이 참석한 이 포럼을 통해 중국은 일대일로 공동건설이 2013년 이후 여러 분야에서 270여 개의 성과를 거둔 것으로 발표했다(『新华网』 2017/05/16). 이 포럼의 회의 주제 내용과 대표적 성과를 표로 간략히 정리하면 〈표 2〉와 같다.

3) 프로젝트의 추진

일대일로와 관련된 프로젝트도 활발히 추진되고 있다. 중국기업들은 이미 20여 개의 일대일로 연선국가에 56개의 경제무역협력지구를 설립했고, 지금까지 총 185억 달러가 넘는 금액을 투자했다(中华人民共和国外交部 2017/03/20). 한편, 중국정부는 유관 국가들과의 소통과 협상을 강화하고, 인프라 연계, 산업투자, 자원개발, 경제무역협력, 금융협력, 인문교류, 생태보호, 해상협력 등의 영역에서 조건이 성숙한 일단의 중점 협력 프로젝트들을 추진 중에 있다. 동북아에서 중국은 몽골과 협의해 '실크로드'와 '초원의 길'을 연계하기로 결정했으며, 러시아 및 몽골과는 3국 경제회랑을 건설하는 데 인식을 같이하고, 3자 협력 발전을 위한 중기 노선도에 서명했다.

동남아에서는 인도네시아와 발전 전략을 연계하고 가속화하는 데 합의했고, 베트남과는 일대일로와 '양랑일권(兩廊一圈)'의 협력에 관한 협의에 박차를 가하고 있으며, 싱가포르와도 일대일로 이니셔티브 아래에서 제3자 시장을 개척하는 방안을 논의하고 있다. 중국·인도네시아 자카르타-반둥 고속철 프로젝트는 이미 확정되었고, 중국·라오스, 중국·태국 철로는 공사 개시가 임박했으며, 중국·베트남 철도선로는 프로젝트 기획에 속도를 내는 등, 범아시아 철도 네트워크 건설이 적극 추진되고 있는 상황이다. 남아시아에서도 중국은 인도와 일대일로 건설 영역에서 협력을 강화하기로 했고, 중국·파키스탄 경제회랑 노선도는 보다 더 명확해지고 있다. 많은 중요한 프로젝트들이 속속 공사를 개시하고 있고, 방글라데시·중국·인도·미얀마 경제회랑의 4개국 연합 작업그룹은 초기부터 성과를 내고 있어, 동아시아와 남아시아를 연결하는 대통로는 그 완성이 머지않은 듯한 기세다(『新华网』 2015/12/13).[4] 한편, 2017년 1월에는 중국 동부의 도시 이우(义乌)발 중·유럽 국제화물운송열차가 최초로 런던에 도착했는데, 이는

4_왕이는 2015년 12월 12일 중국국제문제연구원과 중국국제문제연구기금회가 주최한 〈2015년 국제정세와 중국외교 연구토론회〉 개막식에서 "중국특색 대국외교 전면추진의 해(中国特色大国外交的全面推进之年)"를 제목으로 연설한 바 있다. 이는 2015년이 중국특색 대국외교가 전면적으로 추진된 해임을 의미한다(『新华网』 2015/12/13).

일대일로가 이미 유럽의 서쪽 끝까지 뻗어나갔다는 것을 의미한다. 전체적으로 볼 때, 일대일로 관련 프로젝트들은 중국 기업과 정부의 적극적인 움직임으로 상당한 진전을 이루고 있다고 할 수 있다.

4) 정책의 완비

규모와 상관없이 어떠한 구상도 정부의 정책적 지원 없이는 그 실현이 불가능하다. 일대일로도 당연히 예외가 아니다. 중국정부는 일대일로의 건설을 위해 각종 국내 자원을 총괄하고, 정책적 지원을 강화해왔다. 중국은 이미 아시아인프라투자은행과 실크로드 기금을 설립했으며, 중국-유럽경제협력기금의 투자 기능을 강화했다. 또한 은행카드 결제기구의 국제결제업무와 지급기구의 국제지급업무 확대를 추진했고, 투자와 무역의 편의성 제고와 지역통관의 일체화 개혁도 적극 추진했다. 뿐만 아니라, 중국은 각 연선국가들과 연구 토론 및 협력을 강화하고, 일대일로 건설이 조기에 더 많은 수확을 거둘 수 있도록 정책적으로 지원했으며, 아시아인프라투자은행과 실크로드기금 및 생산능력협력의 대표적 프로젝트들을 만들었다. 이 밖에도 중국은 새로운 자유무역협정의 체결과 기존 자유무역협정의 향상을 추진하여, 상호이익과 공동번영의 기초 위에서 국내경제발전을 위해 해외시장을 개척하고 외부동력을 늘려왔다.

5) 플랫폼으로서의 기능 발휘

2013년 일대일로가 공표된 후 현재까지, 중국 각지에서는 일대일로를 주제로 한 일련의 국제정상회의, 포럼, 연구토론회, 박람회가 개최되었다. 이는 일대일로에 대한 국제사회의 이해 증진, 공통인식의 수렴, 협력의 심화 면에서 중요한 역할을 수행해왔다. 특히 2017년 5월 14일과 15일 베이징에서 개최된 〈2017 '일대일로' 국제협력 고위급 포럼〉은 29개 국가의 정상 혹은 정부 고위급 관계자, 50여 명의 국제기구 수장, 100여 명의 장관급 관료 그리고 세계 각국 및 지역 대표 등 총 1500여 명이 한자리에 모인 가운데 성대하게 치러졌다.

중국은 이 고위급 포럼에서 세 가지 측면의 성과를 기대했다. "첫째, 각국의 공통 인식을 총정리해서 응집하고, 각국의 발전 전략을 상호 연결하여, 각자의 우위로 서로를 보완하며 공동으로 번영한다는 큰 방향을 명확히 하는 것. 둘째, 중점 영역의 협력을 정리하고, 인프라 연계, 무역투자, 금융지원, 인문교류 등을 둘러싼 일단의 중대 협력 프로젝트들을 확정하는 것. 셋째, 중장기적 협력 조치를 제출하고, 장기적 효과가 있는 '일대일로' 공동 건설 협력기제에 대한 연구 토론을 진행하며, 더욱 긴밀하고 실질적인 동반자관계 네트워크를 형성하는 것"이 그것이었다(中华人民共和国外交部 2017/03/08).

일대일로의 추진과 이에 대한 관련 국가들의 협력이 필요한 이유를 왕이 외교부장은 다음과 같이 요약했다. "경제 세계화가 이미 세계 발전의 필연적 추세가 된 상태에서, 협력과 공영은 분명 각국이 할 수 있는 최상의 선택이라 할 것이다. 중국이 제의한 일대일로는 바로 이러한 시대적 조류와 발전 추세에 순응한 것이다. 일대일로는 단지 중국이 제창한 '신형대국관계'와 '운명공동체' 건설의 조합에 그치지 않고, 더 나아가 중국의 평화발전에 기여하는 대전략이기도 하다"(王黎 2017/05/09). 이는 일대일로 건설이 세계 발전의 필연적 추세를 반영하는 중국의 대전략으로서, 일대일로에 연관된 국가들이 부상하는 중국과 적극 협력해야 하는 이유를 제시하는 동시에, 그 협력의 플랫폼이 일대일로가 되어야 하는 이유를 설명한 발언이라 할 수 있다.

III. 조사 결과 분석

1. 일대일로에 대한 인식

일대일로에 관한 본 조사에 참여한 사람은 모두 44명이었으며, 그중 42명이 일대일로에 대해 "매우 잘 알고 있다" "비교적 숙지하고 있다", 혹은 "비교적 이해하고 있는 편이다"라고 응답했다. 이는 전체 응답자의 95%를 넘어서는 것이다(〈그림 2〉 참조).

그중, 약 83%의 조사 대상자들이 일대일로 전략에 대해 "매우 관심이 있다"거나 "매우 흥미가 있다"라고 대답해 대표성을 갖추었으며, 따라서 이번 조사 연구의 기초 자료로 활용 가능했다(〈그림 3〉 참조).

설문결과에 따르면, 조사 대상자들은 일대일로의 협력 중점이, 중요성에 따라, 각각 시설의 연계(42.9%), 무역의 원활화(26.2%), 민심의 상통(21.4%)에 있다고 여기는 것으로 나타났다(〈그림 4〉 참조).

그림 2 일대일로에 대한 이해도 (%)

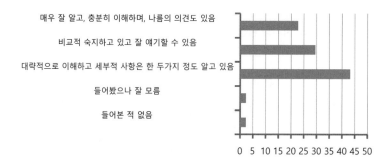

그림 3 일대일로에 대한 관심도 (%)

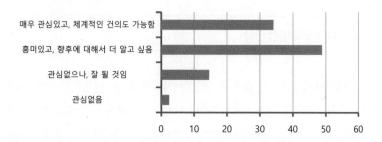

그림 4 일대일로의 협력 중점 (%)

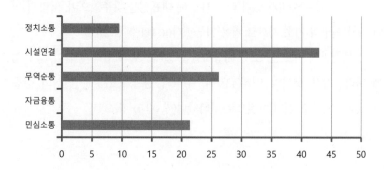

2. 일대일로의 의의와 영향

오늘날 세계는 복잡하고 심각한 변화를 겪고 있다. 글로벌 금융위기의 심층적 영향이 지속적으로 나타나고 있고, 세계경제의 회복 속도는 여전히 완만하다. 발전은 분화되어 있고, 국제 투자무역의 구조와 다자 간 투자무역 규칙은 심각한 조정을 배태하고 있다. 게다가 각국이 직면하고 있는 발

그림 5 일대일로에 대한 시각 (%)

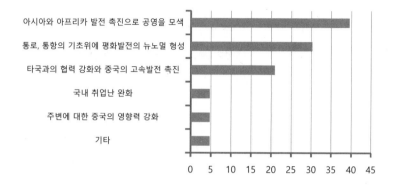

전의 문제는 여전히 가혹한 상황이다. 이 같은 상황하에서 일대일로가 제기되었다. 따라서 일대일로가 갖는 의의와 영향에 대한 평가는 향후 그 추진 시에 상당한 전략적, 이론적 중요성을 갖는다 하겠다.

설문조사 결과에 따르면, 응답자의 절대 다수가 일대일로의 전략 목적이 "아시아·아프리카의 발전을 촉진함으로써, 공영을 모색하는 것"(39.5%), "통로, 통항, 통상과 평화발전의 뉴노멀 형성"(30.2%), "타국과의 협력 강화를 통해 중국의 신속한 발전을 촉진하는 것"(20.9%)에 있다고 보고 있다(〈그림 5〉 참조).

일대일로의 주요 의의에 대해서는 응답자의 절대 다수가 "지역협력에서 중국의 적극적 역할 발휘"(68.3%), "중국 경제개방의 질적 제고"(26.8%)에 있다고 보았다(〈그림 6〉 참조). "미국의 경제협력협정(TTP, TTIP)이 야기할 외부 압력에 대한 대응"이 주요 의의라고 생각하는 응답자는 소수(2.4%)에 그쳤다.

이는 2017년 1월 18일, 시진핑 국가주석이 제네바 유엔 총본부 연설에

그림 6 일대일로의 주요 의의 (%)

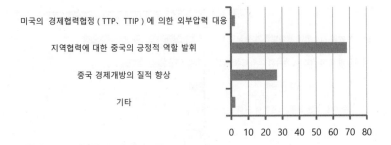

서 중국의 성장과 국제사회의 관계에 대해 발언한 것과 유사한 맥락에서 일대일로가 이해되고 있음을 보여준다. 그는 "중국은 가난하고 약한 국가에서 세계 2위의 경제 대국으로 성장"했고, "그 동력은 대외적 군사 확장과 식민지 쟁탈이 아니라 인민들의 근면한 노동과 평화의 수호"였으며 "앞으로도 시종일관 평화발전의 길을 걸어갈 것"이고, "아무리 발전하더라도 중국은 영원히 패권을 추구하지 않고, 확장하지 않을 것이며, 세력권을 모색하지 않을 것"이라고 했다. 특히 그는 "중국은 국제사회 덕분에 발전할 수 있었고, 중국 역시 세계의 발전에 공헌했습니다. 중국은 향후에도 상호이익과 공동번영의 개방전략을 지속할 것이고, 중국의 발전 기회를 전 세계 각국과 공유할 것입니다. 모든 국가들이 중국발전이라는 '순풍차(順風車)'에 탑승하는 것을 환영합니다"(中国一带一路网 2017/01/18)라고 했다.

한편, 싱가포르국립대 동아연구소 소장 정용녠(郑永年)은 시진핑 취임 이후 수동적이었던 중국의 외교정책이 변화를 보였다고 평가하면서, 다음과 같이 분석했다. "중국은 '삼위일체(叁位一体)'의 외교정책, 즉 개도국들을 겨냥한 '일대일로', 미국 등 강대국들을 겨냥한 '신형대국관계', 그리고 아시아 이웃 국가들을 대상으로 한 '주변외교' 등의 세 가지로 구성된 외교정책을 추진"하고 있으며, "시진핑은 '일대일로'를 중국 대국외교의 '손잡이(抓手)'로 삼고 있는데, 그 취지는 주변외교와 국내의 발전수요에 부응하는 동시에, '투키디데스 함정'과 '중진국 함정'을 피하는 것이다. 전자는 신흥 강대국은 필연적으로 기존 강대국과 패권을 다투고 결국 전쟁까지 하게 된다는 것을 뜻한다. 또한 후자는 개발도상국의 1인당 평균소득이 세계 중간 수준에 도달한 후에 만일 발전방식의 전환을 이루지 못할 경우, 종종 경제성장 정체기에 빠지게 되는 것을 가리킨다"(鄭永年 2016a).

위에서 소개한 시진핑의 연설과, 시진핑 정권의 외교정책에 대한 정용 녠의 분석은 중국의 강대국화와 이를 위한 외교전략에서 일대일로가 차지하는 위상과 의의를 단적으로 보여준다. 현 단계에서 중국에게 일대일로의 공동건설은 다극화, 경제 세계화, 문화 다양화, 정보사회화라는 시대 조류에 순응한 것이며, 개방적 지역협력정신을 견지하는 것으로 세계자유무역 체계와 개방형 세계경제의 유지와 보호에 진력하는 것이다. 중국은 일대일로 공동건설의 취지가 경제요소의 질서 있고 자유로운 유동, 자원의 고효율적 분배와 시장의 심도 있는 융합을 촉진하고, 각 연선국가들의 경제정책 협조를 추동하며 더 넓은 범위와 더 높은 수준에서 더 심층적인 지역협력을 전개하여, 개방적·포용적·균형적이며 보편적 혜택이 주어지는 지역경제 협력 프레임을 함께 만들어가는 데 있다고 강조한다. 중국은 또 일대일로 공동건설은 국제사회의 근본적인 이익에 부합할 뿐만 아니라, 인류사회 공동의 이상과 행복한 미래의 추구를 잘 보여주는 것이라고 평가한다. 이에 더해 일대일로 공동건설은 새로운 국제협력 및 글로벌 거버넌스 모델에 대한 적극적 탐색으로, 향후 세계의 평화적 발전을 위한 새롭고도 긍정적인 에너지를 불어넣어줄 것이라고 중국은 기대한다.

강대국화를 향한 과정에서 중국은 일대일로의 긍정적 의의를 적극 홍보함으로써, 지속성장을 위한 교두보를 확보하고 자신의 소프트파워를 드높이고자 한다는 것이다. 이런 차원에서 일대일로는 단순한 대규모 공사나 프로젝트가 아닌, 거대한 국제협력 구상으로서 제시된다. 또한 개방과 포용의 원칙을 견지하고 공동논의(共商), 공동건설(共建), 공동향유(共享)의 이념을 제창한다. 그리고 그것의 양상은 중국과 연선국가 간 프로젝트, 자금, 기술과 표준의 연결 방안 모색, 정치적 상호신뢰, 경제적 융합, 문화적 포용의 이익공동체 건설을 비롯하여, 위험에 대한 공동 대처, 공동 거버넌스, 중국과 연선국가의 책임공동체 건설, 그리고 상호이익과 공영의 이념에 의한 중국과 연선국가의 공동번영과 일대일로 실현, 그뿐만 아니라 도전과 위험에 대한 공동 대처로 중국과 연선국가의 운명공동체 최종 형성 등으로 체현된다(王义桅 2015a).

구상과 당위의 차원에서, 일대일로 공동건설이 주력하는 것은 아시아·유럽·아프리카 대륙 및 근해의 연계, 각 연선국가들과의 연계 동반자 관계 수립 및 강화, 전방위적·다층적·복합적 연계 네트워크 건설, 각 연선국가들의 다원적·자주적·균형적이며 지속가능한 발전의 실현이다. 따라서 일대일로의 연계프로젝트는 앞으로 연선국가들의 발전전략 접합과 결합을 추진하고, 역내 시장의 잠재력 발굴, 투자와 소비의 촉진, 수요와 일자리의 창조, 연선국가 국민들의 인문교류와 문명 간 상호학습 증진을 이끌어내야 할 것이다. 또한 이로써 각국의 국민들이 서로 만나 이해하고 믿고 존중하며, 조화롭고 편안하며 부유한 삶을 함께 누릴 수 있도록 해줄 수 있어야 한다.

실천과 현실적 차원에서 일대일로는 중국의 국가전략을 구성하는 중요한 부분으로, 중국 국가전략의 실현 면에서 중대한 의미를 갖는다. 먼저,

대내적으로 일대일로 건설은 서쪽으로 개방을 확대함으로써, 개방을 통해 발전을 촉진하고 서부발전의 발걸음을 가속화하는 데 유리하며, 동·중·서부의 단계적 연동병진(連動竝進) 추진에도 도움이 된다. 동시에 일대일로는 중국의 중서부와 연해 성시(省市)를 포괄하고 있어, 중국의 지역발전전략, 신형도시화전략, 대외개방전략을 서로 밀접하게 연계하여 전방위적 개방 구조를 만들어가는 데에도 유리하게 작용할 것이다.

일대일로 건설은 또한 대외경제협력과 국내개혁의 심화, 개방의 확대를 긴밀히 융합하여, 각 국과 함께 혁신발전·협력발전·녹색발전·개방발전·공동발전의 새로운 미래를 그려가는 데 유리하다. 그뿐만 아니라 '13·5' 경제발전규획, 전면심화 개혁 및 대외개방 확대를 구체적으로 실행함으로써 '두 개의 백년' 목표의 실현이라는 위대한 역사적 발전 과정에도 도움이 될 것이다"(杨洁篪 2017/02/03).

한편 대외적으로 볼 때 일대일로의 추진에 따라 중국의 전방위적 외교도 심도 있게 펼쳐지고 있는 형국이다. '중국특색 대국외교'의 전면적 추진과 전방위적이고 다층적이며 입체적인 외교구도의 형성은 중국의 발전에 양호한 외부조건을 제공해주었다. 예를 들어 그동안 "'일대일로' 공동건설 이니셔티브의 실시, 아시아인프라투자은행의 발기와 창립, 실크로드기금의 설립, 제1차 '일대일로' 국제협력 고위급 포럼 개최, APEC 경제 지도자 회의(Economic Leaders' Meeting), 항저우(杭州) G20 정상회의, 샤먼(厦门) 브릭스(BRICS) 정상회의, 아시아 교류 및 신뢰구축회의(CICA) 정상회의의 개최 등이 연이어졌다. 중국은 또한 인류운명공동체 건설을 제안했고, 글로벌 거버넌스 체제의 변화와 개혁을 촉진했다. 이로써 중국의 국제적 영향력, 호소력, 설정능력은 한층 제고되었고, 중국은 세계 평화와 발전에 새로운 중대 공헌을 했다"(新华网 2017/10/27).

정용녠은 전략적 차원에서 일대일로와 관련하여 다음과 같은 분석을 제시한 바 있다. "국제관계의 경험으로 볼 때, 중국은 신형 대국관계만으로는 국제정치무대에 제대로 서기 어렵다. 그러나 '일대일로'를 통해 수많은 개도국들과의 관계를 강력히 개척한다면, 이는 중국이 국제전략을 펼치는 데 있어 '후방의 큰 힘'이 되어줄 수 있다. 이 '후방의 큰 힘'이 있어야 더욱 강한 실력과 기초를 갖추어 신형 대국관계를 건설할 수 있는 것이다. 중국의 거의 모든 주변 국가들이 모두 '일대일로'의 연선국가들이다. 지난 수년간, 중국정부는 '목린(睦鄰), 안린(安鄰), 부린(富鄰)' 그리고 '친·성·혜·용(亲·诚·惠·容)'의 주변외교 이념과 목표를 제시했는데, '일대일로'는 이 이념들을 행동에 옮기도록 함으로써 그 목표를 실현하는 가장 좋은 방법이다. 일대일로는 중국기업이 생산한 상품을 넓은 해외 시장에 판매할 수 있는 새로운 기회를 제공할 뿐만 아니라, 국내의 과잉 생산력을 순차적으로 해외로 옮겨 연선 개도국들의 경제발전 요소로 바꿔낼 수 있으므로, 이 국가들의 경제발전을 촉진하는 동시에, 중국의 국내산업 구조조정을 추동하는 데에도 도움이 된다. 이 과정에서 중국기업들의 국제 경영능력도 전면적으로 높일 수 있다. 또한 일대일로는 연선국가들의 경제발전에 새로운 동력을 제공할 수 있다. 연선국가의 대다수는 개도국으로, 이들이 현재는 물론 앞으로도 장기간 동안 해결해야 할 주요 문제는 바로 발전의 문제다. 일대일로는 이 국가들에 외부 경제요소(자본과 기술)를 끌어들여 이 국가들이 가진 내부 요소(저렴한 노동력과 풍부한 자원)와 서로 결합함으로써, 이 국가들의 경제발전 동력을 대대적으로 자극하고 중국과 동남아, 남아시아, 중앙아시아, 중동, 아프리카 등 지역 국가들과의 경제동반자관계 업그레이드와 함께 지역경제발전을 촉진"할 수 있다(鄭永年 2016b).

이는 일대일로의 전략적 의미가 단순히 중국의 경제발전에만 국한되지

그림 7 일대일로의 주요 영향 (%)

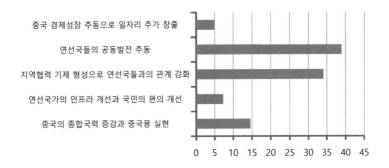

않는다는 것을 보여준다. 즉 일대일로는 향후 '중진국 함정'을 벗어나기 위한 경제발전 동력의 확보와 강대국화 과정에서 '투키디데스의 함정' 회피라는 두 마리 토끼를 동시에 잡는 것은 물론, 의제설정 능력과 리더십의 확보를 통해 강대국으로서 중국의 국제적 영향력과 소프트파워를 높이는 등 다면적 목적을 포괄한 일종의 대전략으로서 의미를 갖는 것이다.

본 설문조사의 응답자들 역시 일대일로가 미칠 중요한 영향으로, 주로 "연선국가들의 공동발전 추동"(39%), "지역 협력기제의 형성"(34.1%) 그리고 "중국의 종합국력 증강과 '중국몽'의 실현"(14.6%)을 선택했고, 소수의 응답자만이 "더 많은 일자리 창출"(4.9%) 또는 "생활의 편의 증진"(7.3%)을 꼽았다(〈그림 7〉 참조).

현재, 중국경제와 세계경제는 고도로 상호 연관되어 있다. 중국은 대외개방의 국책을 일관되게 견지하고 있으며, 전방위 개방이라는 새로운 구조를 구축하고, 세계경제체제에 깊이 융합되어 있다. 중국은 이러한 현실을 반영해 일대일로 건설의 추진이 대외개방의 확대와 심화라는 중국의 필요에 의한 것이기도 하지만, 아시아 · 유럽 · 아프리카 및 세계 각국과의 상호

이익과 협력 강화라는 필요에 의한 것이기도 하다는 점을 강조한다. 이에 따라 중국은 또한 향후 최대한 더 많은 책임과 의무를 분담하고, 인류의 평화발전을 위해 더 큰 공헌을 할 것이라는 점도 강조한다.

이런 차원에서 중국 외교부장 왕이는 일대일로가 중국만이 아닌 세계의 것임을 국제사회에 주지시키고자 했다. 2017년 3월 8일 양회(兩会, 전국인민대표대회·중국인민정치협상회의) 기자회견에서 행해진 그의 발언에 의하면, "일대일로는 중국의 것이지만 더 큰 의미에서 세계의 것이다. 일대일로의 저작권은 중국에 속하지만, 그 수익은 각 국가들과 공동으로 향유한다. 시진핑 국가주석이 일대일로 구상을 제시한 지 3년여가 지나는 동안, 일대일로로 인한 국가 간 협력은 지속적으로 순조롭게 결실을 맺고 있고, 그 영향도 전 세계로 신속하게 파급되면서, 일대일로는 지금까지 가장 환영받는 글로벌 공공상품이자, 현재 가장 전망 밝은 국제협력 플랫폼이 되었다"(中华人民共和国外交部 2017/03/08).

이에 앞서 정용녠도 일대일로와 '중국의 책임'에 대해 왕이의 시각과 유사한 분석을 제시한 바 있다. 그에 따르면 중국은 "점차 글로벌 강대국이 되어가고 있으며, 국제무대에서 국가이익을 지키는 동시에 대국으로서 국제적 책임도 함께 짊어지기 시작해야 한다. 일대일로는 오늘날 중국이 세계를 향해 전면적으로 나아하는 시발점이 될 수 있으며, 중국이 굴기하는데 반드시 통과해야 할 중요한 '시험'이기도 하다. 일대일로가 본격적으로 시행됨에 따라, 중국은 '두 개의 다리, 한 개의 권역'(两条腿·一个圈)이라는 거시적 외교정책을 만들었다. '두 개의 다리'는 미국, 러시아, 인도 등과 수립하는 신형 대국관계, 그리고 주로 개도국들을 대상으로 한 일대일로를 포괄하며, '한 개의 권역'은 아시아 이웃 국가들을 겨냥한 주변외교를 가리킨다. 이 셋은 서로 맞물리며, 상호보완과 완성의 관계에 있다. 일대일로는 평화, 존중, 개방, 포용의 시대정신을 잘 보여주며, 그 국제 전략적 의의는 주로 세 가지 방면에서 체현된다. 먼저, 중국과 유관 국가들 간의 안보 딜레마 극복에 도움이 된다. 다음으로, 다수의 개도국들과 공영을 실현해, 대국의 책임을 보다 더 잘 지도록 한다. 끝으로, 국제사회에서 중국의 소프트 파워를 형성한다"는 것이다(鄭永年 2016b).

3. 일대일로의 과제

설문조사 결과에 의하면, 응답자들은 일대일로의 주요 도전은 외부가 아닌 중국 내부에서 제기될 것이라고 답했으며, 그중 51.2%가 "중국 내부의 요인"을, 그 다음으로 22%가 "미국 요인"을 택했다. "러시아와 일본 요인"을 선택한 응답자는 각각 4.9%에 그쳤다(〈그림 8〉 참조).

1) 향후의 계획
중국은 〈실크로드 경제벨트 및 21세기 해상 실크로드 공동건설 추진에 대한 비전과 행동〉을 발표했으나, 그 주요 내용은 원칙·방침·비전에 편중된 일반적인 방향을 제시한 것이었을 뿐 구체적인 실천방안은 아니었다. 구체적 추진과정에서는 여전히 유관국들과의 협상과 논의를 통해 인식을 같이한 상태에서 연합행동계획을 만들고 프로젝트 가이드를 작성하는 등, 각국이 일대일로를 보다 쉽게 이해하고 공동으로 실행에 옮길 수 있도록 해야 한다.

중국은 이미 국제 및 국내 연구토론회의 다수 개최를 통해 일대일로 건설 대책에 관한 대규모 연구 토론을 시작했다. 이에 관한 각종 연구 성과들

그림 8 일대일로의 주요 과제 (%)

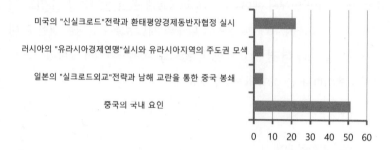

미국의 "신실크로드"전략과 환태평양경제동반자협정 실시

러시아의 "유라시아경제연맹"실시와 유라시아지역의 주도권 모색

일본의 "실크로드외교"전략과 남해 교란을 통한 중국 봉쇄

중국의 국내 요인

0 10 20 30 40 50 60

도 속속 출판되고 있다. 그러나 그중 다수가 아직도 기본적으로 표면적·원칙적·이론적 측면에 머물러 있어, 진정한 전략 협상과 전략 컨센서스가 부족하고, 고정적인 국제협상 기제가 결핍되어 있을 뿐만 아니라, 다자 협상을 통해 합의된 실행계획도 없이 여전히 비교적 파편화되어 있는 상태다.

2) 복합적 복잡성

일대일로의 연계성을 사례로 들자면, 일대일로 건설은 선로나 항로 몇 개를 복구하거나 신설하는 그런 간단한 것이 아니다. 일대일로의 연계는 하드웨어와 소프트웨어 두 측면에서의 거대 시스템을 포괄하는 것으로, 유라시아대륙을 가로지르는 철도, 고속도로, 항공, 해상운수, 송유관, 가스관, 송전선 및 통신네트워크로 구성된 종합적 입체 연계 교통네트워크를 건설하는 것이다. 그뿐 아니라 아태지역을 세계 최대 경제체인 유럽연맹과 연계시켜, 유라시아대륙에 새로운 발전의 공간과 기회를 제공하는 동시에 동아시아, 서아시아 및 남아시아 경제 복사지역체(经济辐射区)를 형성하는 것

그림 9 일대일로에서 무역 또는 교류와 협력이 강화되어야 할 지역 (%)

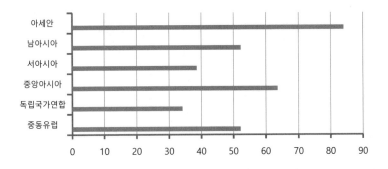

이다. 또한 투자와 개발을 통해 광범위한 경제무역 연계 네트워크를 만들고, 기존의 무역·투자·금융·문화교류협력 등 제도체계를 혁신하는 것이다.

일대일로의 각종 인프라 등 하드웨어 건설을 완비하는 데에는 또한 대량의 자금, 기술, 각 부분의 투입 및 사전준비 등이 필요하다. 소프트웨어 완비의 경우, 각국의 세관, 화폐, 금융, 투자, 노동 등 제도적 차이가 크다. 또한 무역 자유화, 무역장벽 축소, 관리제도 완비, 국경통과 절차 간소화, 통관규칙 간소화, 관료주의와 부정부패 극복 등을 포함한 계획과 협조 및 제도적 조정이 필요하기 때문에 하드웨어 건설보다 난이도가 더욱 더 높을 수 있다(李建民 2013, 20-25). 소프트웨어 건설이든 하드웨어 건설이든 그에 필요한 막대한 자금은 누가 부담할 것인가? 또 장기간의 건설주기에 권익은 어떻게 분배할 것인가 등 여전히 많은 불확실성과 해결해야 할 복잡한 문제가 남아 있다.

또한 설문조사 결과에 따르면, 응답자들은 현 단계에서 중국이 무역 또는 교류와 협력을 강화해야 할 필요가 있는 지역으로 아세안(84%)과 중앙아시아(63.6%)를 선택했다(〈그림 9〉 참조).

일대일로 공동건설에 따르는 이런 불확실성과 복합적 복잡성은 연선국가들과의 부단한 교류와 협력을 통해서만 해소될 수 있다. 주지하다시피, 일대일로는 '21세기 해상 실크로드'와 '실크로드 경제벨트'라는 두 축으로 구성되어 있다. 따라서 일대일로 공동건설이 성공적으로 진행되기 위해서는 이 두 축을 둘러싼 다수의 연선국가들과의 교류와 협력은 필수적이다. 이 중에서도 본 실문조사에서도 확인할 수 있듯, 아세안과 중앙아시아와의 협력이 특히 중요하다. 아세안은 '21세기 해상 실크로드' 건설 면에서 핵심적인 국가들이 포함된 지역다자기구이고, 중앙아시아는 중국에서부터 유럽과 아프리카를 잇는 '실크로드 경제벨트'의 중심부에 위치하기 때문이다. 2013년 9월과 10월 시진핑 국가주석이 카자흐스탄과 우즈베키스탄 등 중앙아시아 4개국과 인도네시아와 말레이시아 등 아세안의 중심 국가를 순방하면서 일대일로 공동건설을 제안한 것도 그 때문이다.

　특히 아세안은 중국의 발전에 매우 중요한 다자기구로서, 다음과 같은 몇 가지 전략적 중요성을 갖는다. 먼저, 아세안은 발전의 잠재력이 매우 큰 협력 동반자이다. 실제로 1991년부터 2016년까지 25년간 중국과 아세안의 교역액은 60배 증가했고, 이에 힘입어 아세안은 일본을 넘어 중국의 3대 교역대상으로 올라섰다. 투자 면에서도 아세안은 2015년을 기준으로 중국에 1154개의 기업을 신설하고 미화 78.6억 달러를 투자해, 71.1억 달러를 투자한 유럽연합을 넘어 중국의 2대 해외 직접투자 주체가 되었으며, 중국 또한 2015년 아세안에 미화 94.5억 달러를 직접 투자했다. 일대일로 공동건설을 계기로 생산협력이 중요한 영역으로 떠오르고 있는데, 아세안은 중국이 국제 생산능력 협력을 전개하는 데 있어 중요한 지역으로서, 향후 양자 간 교역과 투자는 더욱 증가할 전망이다. 다음으로, 아세안은 당해 지역협력 및 조정자로서의 기능을 발휘해왔고 동아시아 지역협력 측면에서도 중심적 역할을 담당해왔다. 특히 1997년 아시아 금융위기 이후, 아세안은 '10+1' '10+3' 등 한국, 중국, 일본을 포함한 확대 기제와 호주, 뉴질랜드, 인도까지를 포함한 '10+6'까지 다양한 기제를 통해 금융과 무역 등 영역에서 지역협력을 위해 주도적으로 움직였다. 또한 RCEP(역내포괄적경제동반자협정) 담판을 제기해 '10+' 국가들로부터 지지를 이끌어내기도 하는 등, 지역 및 협력국가들로부터 그 중심적 역할을 인정받아왔다.

지금까지의 논의에서 볼 때, 상당한 성장 잠재력을 지닌 협력 파트너로서, 지역의 협력 및 조정자로서 그리고 동아시아 지역협력의 중심적 역할자로서 아세안은 '21세기 해상 실크로드' 공동건설의 지리적·지정학적·지경학적 중요성을 갖는다고 할 수 있다. 따라서 중국의 발전은 물론, 일대일로 공동 건설에서 중국이 무역과 교류 및 협력을 강화해야 할 지역으로 '아세안'이 가장 높은 비중을 차지한 것은 전혀 놀라운 일이 아니다(王玉主 외 2017, 7-10).

3) 제도적 보장

장기적으로 볼 때, 지역경제협력의 지속가능성은 결국 제도화를 통해 보장되어야 한다. 그러나 현실의 상황은 한편으로는 일대일로 연선국가들이 규칙에 대해 인정하는 정도가 달라, 규칙의 선제적 시행을 위한 회담 비용이 비교적 크다. 다른 한편으로, 연선 지역에는 상하이협력조직(SCO), 아시아태평양 경제협력체(APEC), 아세안(ASEAN) 10+1 등 이미 비교적 많은 협력기제가 존재하고 있어, 중국의 입장에서는 이러한 기존의 규칙과 기제를 조정하여 재조합하는 데 어려움이 클 수 있다.

학계에서는 통상 어떤 협력 이니셔티브 또는 협력 프레임의 제도화 정도를 평가하는 데에는 다음의 세 가지 기준이 적용된다고 본다. 첫째, 이니셔티브 제기의 공식화(正式化)로, 각국 정부의 공식 진술과 공개적 비준 여부이다. 둘째, 안정화(稳定化) 즉 상설 사무실이나 안정적인 행정시설의 존재 여부이다. 셋째, 수권화(授权化)로, 제3자에 규칙집행과 분쟁해결 권한을 부여했는가의 여부이다.

이 세 가지 기준으로 평가했을 때 현재 일대일로는 여전히 제도화 수준이 낮은 편이다. 먼저, 통상 중국의 지도자들이 해외로 나가거나 국제회의에서 건의하는 방식으로 협력을 제기하는데, 이는 공식적이거나 통일적인 정부협력 기제가 아니다. 둘째, 상설 사무실이나 안정적인 기제가 아직 만들어지지 않고 있다. 셋째, 집행과 분쟁처리 방면에서 권리와 의무, 이익의 분배에 관해 상세히 설명하는 명확한 가이드라인 원칙이 아직 없다. 분쟁처리 방면에서 안정적인 기제에 의해 해결하기보다는, 아직도 비공식 담판 같은 방식에 의존하는 경향이 있다(陈晨晨 2017). 일대일로가 강대국으로서 반드시 갖춰야 할 소프트파워 강화의 일환으로서 추진되고 있다는 측면에서, 일대일로의 제도화 수준을 높이는 문제는 향후 중국이 가장 주의를 기울여야 할 과업이다.

4) 이해와 신뢰

중국이 추진 중인 일대일로에 대해 서구국가들은 여전히 의혹의 시선을 거두지 않고 있으며, 이해와 신뢰도 부족한 것이 현실이다. 실제로 중국이 일대일로 이니셔티브를 제창한 이후, 일부 국가들은 지속적으로 우려를 표명해왔다. 일대일로의 추진이 혹시 다극화, 패권 제거, 공동안보 등 중국이 추구하는 외교정책 목표와 서로 일치하는 것은 아닌지, 아시아로의 회귀 또는 환태평양경제동반자협정(TPP) 등 미국의 전략적 움직임에 대한 대응은 아닌지, 혹은 중국이 현재 미국의 패권에 도전해 지정학적·지경학적 틀을 규정하는 규칙을 다시 제정하려 하고 있는 것은 아닌지 등이 그런 우려들이다(Deepak 2014).

일대일로가 실행되는 과정에서 일부 국가들은 또 중국의 일대일로 구상을 미국의 '마셜플랜'에 비유하면서, 향후 중국이 일대일로의 추진을 통해 무역장벽의 돌파, 과잉생산 문제의 해결, 상품수출의 확대, 해외 직접투자의 제고, 인민폐 국제화의 촉진 등 다양한 목표를 달성함으로써, 결국 중국의 장기적 이익에 부합하는 국제무역 및 화폐 체제를 확립할 것이라는 추측을 내놓기도 한다(The Wall Street Journal 2014/11/11; Shen 2016).

더 나아가 일부 인사들은 일대일로에 대한 호응이 초래할 정치적 위험이 너무 크다고 우려한다. 이들은 비록 일대일로가 경제적 차원의 구상으로 묘사되기는 하지만, 중국의 중요한 지정학적 전략의 한 측면을 반영하고 있기도 하다는 점을 경고한다(Wang 2015; Aris 2016; Hendrix 2016; Ratner 2018). 일대일로는 결국 현재 주도적 지위를 점하고 있는 미국이 주도하는 안보 구조를 배척하기 위한 수단으로 변용될 것이고, 향후에는 미국과 러시아를 제치고 중국이 이 지역에서 결정적 영향력을 갖춘 유일한 강대국이 될 수도 있다는 것이다(Cossa et. al. 2014; 马建英 2015, 15-16).

중국은 이러한 의구심과 우려에 대해 염려하면서, 이러한 시각들은 일대일로에 대한 오해에서 비롯된 것이라고 반박한다(王义桅 2015b; 金玲 2015). 전술한 바와 같이 일대일로에 대한 이러한 의심과 우려 및 회의의 목소리, 그리고 부정적 시각을 담은 일부 여론들은 대대적으로 전력 홍보되고 있는 것이 사실이며, 이는 곧 일대일로 연선국가들을 주저하게 만드는 효과로 이어져 의식적이든 아니든 일대일로에 대한 이들의 호응도를 떨어뜨릴 수도 있기 때문이다.

4. 일대일로의 전망

설문조사의 결과에 따르면, 응답자의 53.7%가 일대일로 전략의 실행에 대한 "전망이 매우 밝다"고 보았고, 60%의 응답자가 일대일로에 대한 기대치에 80점 이상을 부여했다(〈그림 10〉〈그림 11〉 참조).

향후 발전의 측면에서 중국은 일대일로가 국제 및 국내 정세를 총괄하여 대외개방을 확대하고 심화할 것으로 본다. 중국의 의도대로 추진될 경우 일대일로는 중국의 서부개발에 유리하게 작용하고 국내 산업을 업그레이드시킬 뿐만 아니라, 연해 지역이 세계무역을 전개하는 데 더욱 큰 편의를 제공할 것이다. 일대일로는 또한 연선국가들과의 경제·문화 교류를 강화하고 국제시장을 개척함으로써, 중국의 국내 산업발전을 위해 더욱 광활한 시장공간을 창출해낼 것이다.

현재 일대일로는 세계에서 가장 긴 지역에 걸친 경제 대회랑(大走廊)이자 세계에서 가장 발전 잠재력이 큰 경제벨트로서, 이미 중국의 경제발전을 촉진하는 중요한 플랫폼이 되었다. 중국은 이 일대일로가 앞으로 중국의 과잉 생산력 해소를 위한 시장의 획득, 전략종심(縱深)의 개척 그리고 국가안보의 강화라는 세 가지 중요한 전략문제를 해결해줄 것이며, 향후 중국에 중대한 정책 보너스가 되어줄 것으로 전망한다. 즉 일대일로가 중국의 국력을 늘리고, 민족부흥이라는 중국몽을 실현해줄 것이라는 기대인 것이다. 이렇게 본다면, 중국에게 "일대일로 구상은 '중국몽'의 이념과 상호보완적이고 상호완성적이며, '신형 대국관계'와 함께 '중국몽'이 갖는 외교 영역에서의 공백을 채워주는, '중국몽' 전략의 합리적 연장"이라 할 수 있다(崔景明 외 2015).

그림 10 일대일로의 실행 전망 (%)

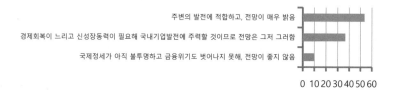

그림 11 일대일로에 대한 기대치 (100점 만점, %)

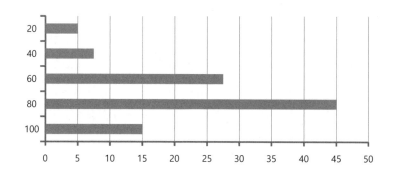

IV. 결론

이상을 종합하면, 설문조사 응답자들은 대부분 일대일로를 긍정적으로 평가하고 있고 그 전망도 밝게 보고 있다고 할 수 있다. 또한 일대일로에 대한 이들의 시각은 중국 정부의 시각과 상당히 일치하고 있음을 알 수 있다. 즉 이들은 대부분 중국정부와 마찬가지로 일대일로 이니셔티브가 "함께 상의하고, 함께 건설하며, 함께 나눈다는 원칙을 견지하고, 연선국 및 관련국들과 정책소통, 시설연동, 무역순통, 자금융통, 민심상통을 추동함으로써, 각자의 강점으로 약점을 보완하고 발전격차를 줄이며 지역일체화 과정을 가속화하여 공동발전과 공동번영을 실현"하기 위한 것이라는 인식을 갖고 있다고 볼 수 있다.

중국은 일대일로의 실천과정에서 "함께 상의하고 함께 건설하고 함께 나눈다"는 원칙을 견지하며, 평등한 협상과 각국의 자주적 선택을 존중한다고 주장한다. 그뿐 아니라 중국은 각국의 적합도(舒适度)에 대한 고려, 투명성과 개방성의 유지, 각국 발전전략과의 상호 연계, 기존 지역협력 기제와의 상호보완과 완성 역시 중시한다. 이를 통해 중국은 세계를 향해 자신이, 책임지는 대국이고 패권을 추구하지 않으며 세력권을 필요로 하지 않는다는 것을 보여줄 수 있기를 기대한다. 즉, 강대국으로서 중국은 일대일로 공동건설을 통해 자신이 공공상품의 제공자이지 '무임승차(白搭车)'자가 아니라는 것, 자신의 성과를 주변국들과 같이 향유하고 그들과 함께 번영하겠다는 것, 그리고 굴기하고 있는 중국은 앞으로 국제사회에 더 많은 공헌을 하게 될 것이라는 점들을 세계에 보여주고자 한다.

이러한 측면에서 중국에게 일대일로는 중대한 전략적 의미를 갖는다. 즉, 일대일로는 중국이 대외경제협력을 국내개혁의 심화 및 개방의 확대와 긴밀히 융합하는 데 유리하다. 마찬가지로 '13·5' 경제발전규획의 구체적 실행, 개혁의 전면적 심화와 대외개방의 확대, '두 개의 백년' 목표의 실현이라는 위대한 역사적 발전 과정을 추동하는 데에도 유리하다. 대외적으로도 일대일로는 '중국특색 대국외교'의 전면적 추진, 전방위적이고 다층적이며 입체적인 외교구조의 형성에 유리함은 물론, 인류운명공동체 구축의 제창과 글로벌 거버넌스 체제의 개혁 촉진에도 유리하다. 그뿐 아니라 일대일로는 중국의 국제적 영향력, 호소력, 의제설정능력을 높이는 데에도 유리하게 작용한다. 이렇게 볼 때 일대일로는 결국 강대국화를 위한 중국의 국가전략 측면에서 중대한 의의를 갖는 실천적 구상으로서 추진되고 있다고 결론지을 수 있다.

참고문헌

KIEP 북경사무소, 2017a, "중국의 '일대일로' 추진 현황 및 평가와 전망,"『KIEP 북경사무소 브리핑』제20권 11호.

KIEP 북경사무소, 2017b, "〈2017 '일대일로' 국제협력 고위급 포럼〉의 주요 내용 및 평가,"『KIEP 북경사무소 브리핑』제20권 12호.

陈晨晨, 2017, "'一带一路'下的中国: 区域经济治理的探路者,"『国际在线』2017/3/20.

崔景明·王建, 2015, "'一带一路': 中国外交大战略,"『时事报告』第1期.

金玲, 2015, "'一带一路': 中国的马歇尔计划?,"『国际问题研究』第1期.

李建民, 2013, "'丝路精神'下的区域合作创新模式: 战略构想·国际比较和具体落实途径,"『学术前沿』第23期.

马建英, 2015, "美国对中国'一带一路'倡议的认知与反应,"『世界经济与政治』第10期.

王黎, 2017, "'一带一路'展现中国大国风范,"『光明网 理论频道』 2017/5/9. http://guancha.gmw.cn/2017-05/09/content_24429973.htm

王义桅. 2015a. "'一带一路'的中国智慧."『人民网 理论频道』2015/8/4. http://cpc.people.com.cn/n/2015/0804/c191095-27410091.html

_____, 2015b, "'一带一路'绝非中国版'马歇尔计划',"『求是』第12期.

王玉主·张蕴岭, 2017, "中国发展战略与中国—东盟关系再认识,"『东南亚研究』第6期.

郑永年, 2016a, "'一带一路'面临大国竞争挑战,"『联合早报』 2016/8/14. http://www.zaobao. com.sg/news/china/story20160814-653856

_____, 2016b, "'一带一路'与中国大外交,"『人民网』 2016/2/18 http://cpc.people.com.cn/n1/2016/0218/c191095-28134578.html

Deepak, B. R., 2014, "'One Belt One Road': China at the Centre of the Global Geopolitics and Geo-economics?' South Asia Analysis Group Paper, No. 5838, December 4, 2014. http: www.southasiaanalysis.org/node/1672

Hendrix, Cullen S., 2016, "Rough Patches on the Silk Road?: The Security Implications of China's Belt and Road Initiative," *In China's Belt and Road Initiative: Motives, Scope, and Challenges*, eds.. by Simeon Djankov and Sean Miner. PIIE Briefing 16(2). https://piie.com/system/files/documents/piieb16-2_1.pdf

Ratner, Ely, 2018, "Geostrategic and Military Drivers and Implications of the Belt and Road Initiative." Council on Foreign Relations, January 25, 2018. https://www.cfr.org/sites/default/files/report_pdf/Geostrategic%20and%20Mili tary%20Drivers%20and%20Implications%20of%20the%20Belt%20and%20Road %20Initiative%20Final.pdf

Nye, Joseph S. Jr., 2004, *Soft Power: The Means To Success In World Politics*, New York: PublicAffairs.

Cossa, Ralph A. and Brad Glosserman, 2014, "A tale of two tales: competing narratives in the Asia Pacific," Pacific Forum CSIS PacNet, no. 84. https://www.csis.org/analysis/pacnet-84-tale-two-tales-competing-narratives-asia-pacific

Shen, Simon, 2016, "How China's 'Belt and Road' Compares to the Marshall Plan," *The Diplomat*, 2016/2/6. https://thediplomat.com/2016/02/how-chinas-belt-and-road-compares-to-the-marshall-plan

Aris, Stephen, 2016, "One Belt, One Road: China's Vision of 'Connectivity'," CSS Analyses in Security Policy, no. 195.

Wang, Zheng, 2015, "China's Alternative Diplomacy," *The Diplomat,* 2015/1/30. https://thediplomat.com/2015/01/chinas-alternative-diplomacy

"China's 'Marshall Plan'," *The Wall Street Journal*, 2014/11/11. http://www.wsj.com/articles/chinas-marshall-plan-1415750828

"加强国际合作, 共建'一带一路', 实现共赢发展, 杨洁篪谈'一带一路'国际合作高峰论坛筹备工作,"『人民日报』2017/2/3.

"习近平: 决胜全面建成小康社会 夺取新时代中国特色社会主义伟大胜利——在中国共产党第十九次全国代表大会上的报告,"『新华网』2017/10/27. http://www.xinhuanet.com/politics/19cpcnc/2017-10/27/c_1121867529.htm

"习近平: 中国将继续奉行互利共赢开放战略 欢迎各国搭"顺风车"."『中国一带一路网』2017/1/19. https://www.yidaiyilu.gov.cn/xwzx/xgcdt/5232.htm

"习近平'一带一路'足迹2017,"『中国一带一路网』. https://www.yidaiyilu.gov.cn/footprint.htm#zuji

"习近平的'一带一路'足迹,"『中国共产党新闻网』2016/9/6. http://cpc.people.com.cn/xuexi/n1/2016/0906/c385474-28694919.html

"王毅: 2015年是中国特色大国外交的全面推进之年,"『新华网』2015/12/12. http://www.xinhuanet.com/politics/2015-12/12/c_1117440011.htm

"'一带一路'国际合作高峰论坛成果清单(全文),"『新华网』2017/5/16. http://www.xinhuanet.com/silkroad/2017-05/16/c_1120976848.htm

"中国国家发展改革委·外交部·商务部联合发布了《推动共建丝绸之路经济带和21世纪海上丝绸之路的愿景与行动》,"『中华人民共和国国家发展和改革委员会网』2015/3/28. http://www.ndrc.gov.cn/gzdt/201503/t20150328_669091.html

中华人民共和国外交部,"习近平在"一带一路"国际合作高峰论坛圆桌峰会上的开幕辞," 2017/5/15. http://www.fmprc.gov.cn/web/zyxw/t1461700.shtml

中华人民共和国外交部,"王毅谈'一带一路':'撸起袖子一起干'的共同事业·构建人类命运共同体的重要实践," 2017/3/8. http://www.mfa.gov.cn/web/zyxw/t1443973.shtml

中华人民共和国外交部,"外交部部长王毅在2016年国际形势与中国外交研讨会开幕式上的演讲," 2016/12/3. http://www.fmprc.gov.cn/web/wjbz_673089/zyjh_673099/t1421108.shtml

中华人民共和国外交部,"外交部部长王毅在中国发展高层论坛年会上发表午餐演讲'共建伙伴关系,共谋和平发展'," 2017/3/20. http://www.fmprc.gov.cn/web/ziliao_674904/zyjh_674906/t1447084.shtml

中华人民共和国外交部, "外交部部长王毅在两会记者会上就"一带一路"国际合作高峰论坛回答记者提问," 2017/3/8. http://www.mfa.gov.cn/web/zyxw/t1443973.shtml

中华人民共和国外交部,"驻英国大使刘晓明在《每日电讯报》发表署名文章:《中英共建新丝绸之路》," 2017. 3. 13. http://www.fmprc.gov.cn/web/ziliao_674904/zt_674979/dnzt_674981/qtzt/ydyl_675049/zwbd_675055/t1445421.shtml

6장

국제질서의 제도 및 규칙 변경과 중국의 강대국화*

유희복

I. 서론

　1978년 개혁개방 이후 중국은 신흥 강대국으로 부상해왔다. 이에 대해 글로벌 강대국인 미국과 지역 강대국 일본은 1990년대 이후 중국 위협론의 제기, 미일방위협력지침 개정의 추진 등을 통해 동맹관계를 지속적으로 강화, 확대시키며 중국에 대한 경계와 의심을 감추지 않았다. 그러한 경계와 의심은 보다 포괄적으로 아태 재균형 등을 통해 지속되어왔으며, 그 기저에는 안보는 물론 경제, 환경, 인권 등 제반 영역에서 중국이 기존의 자유주의 국제질서에 대해 변화를 추구할 것이라는 기존 강대국들의 우려가 존재한다. 미국과 유럽, 일본 등 기존 국제제도의 설계자이자 수혜자 들은 따라서 중국이 구상하는 변화가 무엇이며, 그것을 어떻게 현실화하려 할

---

* 이 논문은 『아태연구』 24-3호에 게재된 「신흥 강대국 중국의 국제질서 인식과 실천」을 수정한 것이다.

것인가에 대해 경계 섞인 의구심을 갖고 중국이 모색 혹은 시도하고 있는 변화에 대응하려 한다.

세력전이론에 따르면 기존 강대국에 의해 형성된 국제제도에 불만을 갖는 신흥 강대국은 기존의 국제질서에 수정을 가하려 할 것으로 간주된다(Organski 1968, 366-367). 신흥 강대국으로 부상한 중국은 실제로 그러한 불만을 표출하며 기존의 국제질서에 대한 자신의 주장과 요구를 지속적으로 제기해왔다. 이로 인해 중국이 수정세력인가 현상유지세력인가에 관한 연구도 꾸준히 진행되어왔는데, 기존의 관련 연구를 종합해보면 해외 학자들 각자 정도의 차이는 있지만 대체로 중국을 현상유지세력으로 규정하는 것으로 보인다.[1] 다만 중국을 현상유지세력으로 보는 이 같은 연구들도 비록 강도는 다르지만 중국이 기존의 국제규범과 질서에 일정한 불만을 갖고 있다는 것은 대체로 인정하고 있으며, 따라서 중국이 향후 수정주의 성향으로 기울 가능성도 배제하지는 않는다.

현실은 물론, 이론적 측면에서도 국가의 성향 혹은 정체성을 규정하기란 쉽지 않다. 신현실주의 내에서도 방어적 현실주의와 공격적 현실주의는 각자의 안보 시각에 따라 국가성향이 각각 현상유지적, 수정주의적이라고 본다. 세력전이론은 국력과 만족도에 따라 현상유지와 수정주의 성향을 구분하고, 세력의 평화적 전이 가능성도 열어두고 있다. 실제로 연구자들도

---

[1] 미국 내의 보수적 시각과 달리 중국을 현상유지적이라 보는 연구 사례들로는 Johnston 2003; Kang 2003; 2005; 2007; Buzan 2010 등이 있다. 중국은 자신이 현상유지세력임을 주장하지만, 기본적으로 현상유지세력/수정주의세력이라는 이분법적 정체성 규정에 문제가 있다고 보며, 이런 시각 자체가 서구 강대국의 혹은 서구 국제정치이론의 한계라고 비판한다. 시앙(Lanxin Xiang)의 경우, 오히려 미국이 규칙과 규범을 변경하려는 현상타파국가라고 주장한 바 있다(Xiang 2001).

기존의 이론을 재해석, 수정하거나 각자의 기준 혹은 모델을 세워 국가성향을 판단하며, 현상유지, 현상변경, 현상타파, 수정주의, 혁명주의, 보수세력, 개혁세력 등, 이분법적·중복적·연속적 개념을 포함한 용어들을 사용해 국가성향을 종합적으로 판단하는 것이 현실이다. 기존 연구들은 또한 국가성향이 고정적이거나 극명하지 않고 성향과 행위 사이에 시간적 격차가 존재할 수 있으며, 현상유지와 수정주의적 성향이 영역과 이슈에 따라 나타나거나 겹쳐져 나타날 수도 있음을 보여준다. 무역, 비확산, 환경 레짐의 세 영역에서 중국의 이슈별 성향을 판단하고 이를 종합한 연구(Combes 2011), 중국을 "불만족한 '책임' 대국"으로 본 연구(Breslin 2010) 등이 그러한 사례라 할 수 있다.

　이 글은 이러한 시각의 연장에서 벗어나 중국의 불만과 그에 따라 국제제도와 규칙에 대해 중국이 취하고 있는 행위 및 인식의 분석을 통해 현상유지와 수정주의의 스펙트럼 사이에서 중국이 수립하고자 하는 국제질서의 모습과 그 구축의 방법적 측면을 포착해보려 한다.[2] 이에 따라 이 글은 중국몽의 실현을 대내외에 천명하고 지역 강대국을 넘어 글로벌 강대국으로 성장하고자 하는 중국이 기존 국제제도에 대해 불만을 제기하면서 여하한 형태로든 그에 대한 변화를 추구해갈 것임을 전제하고, 그 실천적 사례들을 살펴볼 것이다. 이를 위해 본 글은 기존의 규칙과 제도에 대한 중국의 불만과 그 내용을 중국 지도자들의 발언과 성명, 정부의 공식 문건, 학자들

2_중국의 국가성향을 이분법적으로 규정하는 데 초점을 두기보다는 포스트 냉전 시대의 현 상태(status quo)가 아닌 가야 할 미래의 상태(status ad quem)에 초점을 맞춰야 한다는 주장도 있다. 즉 패권 이후 시대의 지속가능한 국제관계, 새로운 시대에의 적응 가능성에 의해 모든 국가의 향후 외교가 판단되어야 한다는 것이다(Womack 2015).

의 관련 담론과 주장, 현지 인터뷰와 설문조사를 통해 확인하고, 이와 관련하여 중국이 몇 가지 영역에서 추진 중인 국제규범과 제도에 대한 수정 노력이 중국의 강대국화 전략의 일환으로서 추진되고 있음을 실천적 측면에서 보이고자 한다.

이상을 위해 이 글은 다음 절에서 중국의 부상에 따른 정체성의 변화와 그것이 기존의 국제규범과 제도에 대해 갖는 의미를 살펴본다. 이를 기초로 미국과 서구 강대국에 의해 설립된 기존 국제규범과 제도에 대한 신흥 강대국 중국의 불만과 개혁 요구를 살펴볼 것이다. 이어지는 절에서는 기존의 국제규범과 질서에 대한 불만을 해소하기 위해 중국이 취해온 실천적 사례들을 살펴본다. 기존의 문헌 검토와 중국의 국제정치학자들에 대한 설문조사 결과에 따라 중국이 우선시하는 경제적 측면에서의 실천적 사례들을 먼저 3절에서 다루고, 안보적 측면에서의 사례들은 4절에서 다루기로 한다. 이에 따라 3절에서는 달러, 국제통화기금(International Monetary Fund: IMF), 세계은행(World Bank: WB), 세계무역기구(World Trade Organization: WTO)를 주축으로 하는 기존 국제 경제질서에 대해 중국이 추진하는 현상 변경 노력을 아시아인프라투자은행(Asian Infrastructure Investment Bank: AIIB) 등의 사례를 통해 분석한다. 이어 4절에서는 안보영역에서 UN 안보리의 역할과 안보 측면에서 중국이 제기하고 있는 개념인 신안보관, 그리고 이에 기반하여 추진하고 있는 상하이협력기구(Shanghai Cooperation Organisation: SCO)와 아시아교류및신뢰구축회의(Conference on Interaction and Confidence Building Measures in Asia: CICA) 등의 사례들을 통해 중국이 형성하고자 하는 안보질서의 모습을 살펴본 후 5절에서 결론을 맺는다.

II. 중국의 부상과 기존 국제질서 인식

1. 중국의 부상과 정체성 변화

1978년 개혁개방 결정에 이어 1992년 남순강화를 통해 개혁개방의 의지를 재확인하며 빠르게 성장해온 중국은 2001년 미국이 중동에 관심을 빼앗긴 사이 WTO 가입을 통해 세계경제질서에 본격적으로 통합되기 시작하면서 괄목할 만한 성장을 이룰 수 있었다. 즉 2001년 발생한 9·11테러로 미국이 테러와의 전쟁을 선언하며 중동에 관심과 국력을 집중시키고 중국의 협력을 구하면서, 중국은 자신에 대한 최대의 견제세력인 미국의 관심에서 벗어나 소위 '전략적 기회의 시기(战略机遇期)'를 맞아 경제발전에 박차를 가하면서 자국의 국력을 기르는 데 집중할 수 있게 된 것이다(杨洁勉 2003, 15). 특히 그런 와중에 2008년 뉴욕발 글로벌 금융위기가 드러낸 미국식 자본주의와 달리 기축통화의 폐단은 1997년 아시아 금융위기에 이어 중국이 다시 한 번 자국의 정치경제발전모델에 대한 모종의 자신감을 갖고 사회주의국가로서 그리고 대국으로서 자신의 정체성을 확인하는 계기가 되기도 했다.

이 시기에 미국은 중국에 대해 이익상관자이자 '2대 강대국'(Group of two: G2)으로서 책임과 역할을 이행할 것을 요구했고, 중국은 책임대국론을 통해 그러한 역할을 수행할 것임을 강조했다.[3] 그러나 중국은 자신의 책

3_이정남은 미국이 제기한 '이익상관자'와 'G2', 그리고 중국이 제기한 '신형대국관계'의 개념과 그 변화과정에 대한 분석을 통해, 중국이 인식의 변화를 거쳤으며 이에 따라 중국이 향후 중미관계는 물론 국제질서의 변화에 대해서도 적극적이며 주동적인 역할을 담당하려 할 것

임과 정체성을 부각시킨 'G2'에 부담을 느낀데다 전략적 기회의 시기를 이용해 자국의 발전을 지속적으로 추동해야 할 필요로 인해 대국으로서의 정체성에 더해 개발도상국으로서의 정체성을 동시에 내세우며 대국으로서 책임은 지되 그 내용은 자신이 규정하려는 모습을 보였다(Kent 2013). 즉 중국은 미국 및 서구 중심의 기존 국제질서로의 편입과 함께 급속한 국력의 성장을 이루었으나, 그 과정에서 기존 국제제도에 대해 자의적 태도를 보이며 자신의 권리와 이익은 최대화하되 의무와 손실은 최소화하려 했다.[4] 이는 2009년 기후변화에 대한 중국의 태도에서도 단적으로 드러난 바 있다.

중국은 이처럼 기존의 국제규범과 제도에 대해 수용과 수정이라는 전략적 태도를 보여왔는데, 이는 중국의 정체성 변화 그리고 미국과 서구 강대국이 형성하고 유지해온 기존 국제질서의 특성이라는 두 가지 요인의 상호작용에 기인한다. '전략적 기회의 시기' 이전의 중국은 신흥 강대국의 면모를 충분히 갖추지 못했었고, 기존의 국제제도와 질서의 형성과 개혁에 주도적으로 임할 수 있는 국력과 환경이 마련되지 않았다. 그러나 전술한 바와 같이 전략적 기회의 시기를 거치면서 중국은 성공적으로 신흥강대국으로 부상했고, 증강된 자신감과 종합국력을 바탕으로 '국제 정치경제 신질서'의 수립을 위해 기존의 국제 정치경제 질서에 대해 개혁과 수정의 목

이라고 전망했다(이정남 2013).

4_새뮤얼 킴(Samuel S. Kim)은 중국의 이 같은 전략을 '최대/최소 원칙(maxi/mini principle)'이라 명명한 바 있다(Kim 1992). 그러나 미국 등 다른 강대국들의 행위도 이러한 원칙에서 크게 벗어나지 않으며, 따라서 이 원칙이 중국에만 해당되는 것은 아니라는 비판도 있는데, 이런 지적은 타당한 것으로 보인다. 2001년 미국, 러시아, 일본 등의 교토의정서 탈퇴, 2017년 6월 초 미국의 파리 기후변화협정 탈퇴 등이 그러한 예다.

소리를 내며 이를 행동으로 옮기기 시작했다. 자유무역과 투자 등 기존의 국제 정치경제 질서가 제공한 절대적 이익으로 성장한 중국은 이제 그 질서의 일부 특성과 상대적 이익의 측면에 주목하며 절대적 이익은 수용하되 상대적 이익의 재분배를 위해 기존 제도와 규칙의 개혁 혹은 수정에 나선 것이다.[5] 즉 중국은 사회주의국가, 개도국 등 기존 정체성에 더해 신흥 강대국이라는 정체성을 추가로 획득하면서 국제사회에서 그에 상응하는 지위의 인정과 이익의 획득을 위한 전략을 실천에 옮기기 시작했다고 할 수 있다.

국가의 정체성은 사회적이고 가변적이며 다중적이다. 또한 국가의 정체성은 그 국가의 대내 정책 및 대외 전략과도 상호 불가분의 관계에 있다. 행위는 이익에 의해 추동되고 이익은 정체성에 그 기반을 두기 때문이다 (Wendt 1992, 398). 중국은 비서구국가, 아시아 국가, 사회주의 국가, 분단 국가, 개발도상국가, 인구 및 국토 등 여러 측면에서 대국의 정체성을 갖고 있다. 이와 함께, 역사적으로 19세기 중반까지 중화질서를 수립 및 유지시켰던 전통적 강대국이었으나 이후 서구 열강 및 일제에 의해 유린당한 경험과 기억을 되새기며 사회주의 혁명을 통해 백년의 치욕을 뒤로 하고 중화민족의 위대한 '부흥'을 꿈꾸고 있는 '신흥' 강대국이라는 정체성을 갖고 있기도 하다.[6]

5_자유주의 국제질서의 특성 중 하나는 '자유민주주의와 자본주의 국가들의 연합에 기초한 리더십'으로, 이는 사회주의국가라는 정체성과 발전 모델의 다양성을 주장하는 중국의 정체성 및 입장과 맞지 않으며, 중국은 기존 질서가 산출하는 경제적 이익이 기존 질서 수립 주체들에게 상대적으로 집중 분배되고 있다고 본다는 점에서 기존의 국제질서가 자신의 유무형적 상대적 이익을 충분히 반영하지 못하고 있다고 인식한다.

6_이 때문에 중국을 '신흥' 강대국이 아닌 '부흥' 강대국으로 보기도 한다. 중화민족의 위대한

무엇보다도 중국은 미국에 이은 세계 2위의 경제대국이자 UN안보리 상임이사국으로서, 2차 대전 이후 국제 정치경제 질서를 형성 및 유지해온 '기존 강대국' 미국에 대해 부상하는 강대국으로 기존의 자유주의 국제질서에 대한 수정을 도모할 가능성이 가장 높은 '신흥 강대국'이라는 정체성으로서 인식되고 있다. 'G2'가 이를 대변한다. 그러나 중국은 필요에 따라 다양한 정체성을 내세우며 국익을 추구하려 했다. 국제사회가 중국의 책임을 언급할 때 중국은 이를 수긍하면서도 자신이 개도국임을 강조하며 국제사회가 요구하는 책임의 내용과 범위를 선택적으로 해석하려 했다. 'G2'는 초기에 '타칭'이었고 중국은 이를 경계하며 '두 강대국의 공동 협력'을 강조한 'C2'(Cooperation Two)로 대체하려 했지만 이후 'G2'임을 '자칭'한 것이 그렇다. 책임대국을 자처하면서도 기후변화에 전략적으로 대응하는 중국의 모습, 사회주의국가로서 대내외적으로 각종 규제를 통해 시장에 개입하면서도 시장경제지위(Market Economy Status: MES)의 인정을 요구하는 모습, 안보리를 포함한 UN개혁을 요구하면서도 안보리의 이사국 수와 거부권 개혁에는 보수적인 모습들이 이를 잘 보여준다.

신흥 강대국의 정체성은 이처럼 그 국가가 기존의 국제질서에 대한 '현상유지세력'인지 '수정주의세력'인지, 혹은 '보수주의 국가'인지 '개혁주의 국가'인지를 가늠하는 데 중요한 변수로 기능할 수 있다.[7] 정체성은 자신에

'부흥'이나 중화문명 '부흥'론 등이 그런 시각을 반영한다. '부흥'의 관점은 당연히 변형된 조공체계에 기반한 현대판 중화질서와 '신유교' '조화세계' 등 재해석된 전통적 중국 문화를 통해 중국적 세계질서를 논하게 된다. 비록 중국 스스로도 과거와 같은 중화질서는 재현 불가능할 뿐만 아니라 시대착오적이라고 인정하지만, '부흥'의 관점은 향후의 세계질서 내에서 중국의 역할과 그에 따른 국제질서의 변화 논의에서 역사와 문화적 요소를 반영함으로써 중국의 정체성을 논할 수 있게 해준다는 측면에서 분명 유의미한 접근법이라 할 수 있다.

대한 비교적 안정적이며 역할 특정적인 이해와 기대이다(Wendt 1992, 397). 그러나 이와 동시에 정체성은 가변적인 것으로, 자신과 타자 사이의 지속적인 상호작용의 결과 생성·변화·소멸되며, 본질적으로 관계적이라는 점에서 사회적인 성격을 갖는다. 이런 측면에서 아시아 국가, 사회주의 대국, 신흥 강대국 등 중국이 갖는 다양한 정체성은 국제사회에서 중국의 이익과 그에 따른 전략적 행위를 분석하고 중국이 추구하는 국제제도와 규칙의 모습을 예측하는 데 유용한 창구가 될 수 있다.

국제사회에서 중국의 정체성을 신흥정치체(新兴政治体), 신흥공업국(新兴工业国家), 그리고 신흥권력체(新兴权力体) 세 가지로 분류한 한 연구에 따르면, 신흥정치체로서 중국은 서구식 민주주의 제도를 따르지 않아 비민주적인 국가로서 비판과 체제전환의 압력에 노출되어왔고, 신흥공업국으로서 중국은 선진산업국들로부터 환태평양경제동반자협정(Trans-Pacific Strategic Economic Partnership: TPP), 범대서양무역투자동반자협정(Transatlantic Trade and Investment Partnership: TTIP) 등을 통해 국가의 역할 제한과 자유화 촉진이라는 압력을 받고 있다. 신흥권력체로서 중국은 글로벌 권력구조 내에서 정치력·군사력·경제력의 상승에도 불구하고 여전히 미국과 서구의 권력에 맞서 주도적으로 국제안보와 정치경제 질서를 만들어갈 만큼 강하지 않다(牛新春 2014). 중국의 지속적 국력 상승이 담보되지 않는다

7_구조 현실주의와 세력전이론은 안보 특히 물질적 힘의 관점에서 현상유지와 수정주의 세력을 논할 수 있게 하지만, 외교와 제도 등 행위체 간 내적·질적 차이를 논하지는 않는다. 자유(제도)주의와 구성주의는 발전모델, 소프트파워, 안보관, 정체성처럼 비물질적·인지적 관점에서 행위체를 분석함으로써 국가 간 차이를 구별하고 국제규범과 제도의 질적 변화를 논할 수 있게 해준다는 장점이 있다. 이에 따라 본 연구는 이론 틀의 복합적 활용과 함께 중국 학자들에 대한 설문조사를 통해 중국의 국제질서에 대한 인식을 분석하고자 했다.

면 이 연구가 분류한 중국의 정체성은 유지될 것이며, 따라서 중국은 기존 국제제도와 규칙에 대한 수정주의세력으로는 규정되지 않을 것이다. 반면, 중국의 국력이 꾸준히 강화된다면 그에 따라 중국의 수정주의적 움직임이 강화되면서 보완과 개혁을 거쳐 수정주의 세력이 될 가능성도 높아지리라고 예상할 수 있다.

한편, 먼훙화(Men, Honghua)는 1982년부터 2012년까지 중국의 국가 정체성이 강대국 지위의 추구를 중심으로 변화, 규정되어왔다고 보고, 이를 제도적 · 사회-경제적 · 문화적 · 정치적 · 전략적 속성에 따라 분류하고 있다(Men 2014, 194-203). 제도로서 중국은 '신형 사회주의 대국(a new type of socialist major power)'의 속성을 가지며, 사회-경제적으로 중국은 '개발도상대국(a large developing country)'이고, 문화적으로는 '풍부한 문화 자원의 전통을 지닌 대국(a great country with a rich tradition of cultural re-sources)'이다. 정치적으로 중국은 '책임지는 대국(a responsible major pow-er)'이며, 전략적으로는 '막대한 글로벌 영향력을 가진 아태지역 대국(a ma-jor Asian-Pacific country of great global influence)'이다. 이 시각에 따르면, 강대국으로 부상한 중국은 향후 사회주의국가와 개발도상국들의 발전, 유교를 비롯한 중국 혹은 아시아의 문화와 가치의 확산을 위해 지역과 세계적 차원에서 기존 제도와 규범의 개혁 또는 수정을 추진할 것으로 예측할 수 있다.

중국을 글로벌 강대국이 아닌 '제한적 강대국(partial power)'으로 규정했던 데이비드 샴보(David Shambaugh) 역시 중국의 정체성이 다양하며 그로 인해 중국의 국제관계에 대한 시각과 역할이 단일하거나 일관되게 표출되지 않는다고 본다(Shambaugh 2013, 35). 그에 따르면 중국 엘리트들이 보는 중국의 국제적 정체성은 서로 다른 일곱 가지로 분류된다. 글로벌리스트(Globalists), 선택적 다자주의자(Selective Multilateralists), 글로벌 사우스(Global South), 아시아 우선주의(Asia First), 강대국(Major Powers), 현실주의자(Realists), 본토주의자(Nativists)가 그것이다(Shambaugh 2013, 22-36). 첫 번째 극단인 글로벌리스트는 글로벌 거버넌스와 제도(institutions)에 완전히 관여하고 마지막 극단인 본토주의자(혹은 토착주의자)는 고립주의 경향을 보인다. 샴보는 이 두 극단 사이에서 중국이 현실주의에 기초하되 강한 본토주의의 영향을 받고 있으며, 강대국 중심주의와 개도국을 중시하는 글로벌 사우스의 영향은 (상대적으로) 약한 것으로 보았다.[8] 이 결과에 따르면, 중국은 향후 자국의 이익을 중심으로 국제제도와 규칙의 수용·개혁·수정 여부를 판단하고 행위할 것이며, 이를 위해 강대국 및 개도국과의 관계를 관리하고 이용하려 할 것이다. 그 과정에서 중국은 자신의 다양한 정체성과 그에 따른 역할 및 행위를 선택적으로 조합해 목표이익을 달성하려 할 것이다.

중국은 개혁개방 이후 서구 중심의 국제질서 내에 편입되어 기존의 국제규칙과 제도에 적응하고 또 그것들을 이용하며 오늘날의 신흥 강대국으로 성장해왔다. 종합국력의 지속적 상승과 함께 미국에 이어 '2인자(老二)'로 스스로를 규정한 중국은 향후의 이익 추구를 위해 그동안 축적한 힘을 바탕으로 자신의 다양한 정체성을 반영한 이익 추구에 장애가 되는 기존의

8_샴보의 분석이 여전히 유효한 측면이 있으나, 2013년 시진핑의 공식 집권 이후 중국은 강대국 중심주의와 함께 아프리카, 중동, 아시아, 남미 등 개발도상국을 지칭하는 '글로벌 사우스'도 강조하고 있으며, 아시아 우선주의와 글로벌리즘도 동시에 강조하는 추세에 있다는 점을 주목할 필요가 있다. 이러한 변화는 중국이 향후 아태지역을 중심으로 개도국과 신흥 공업국가들을 규합하여 국제제도와 규범을 개혁, 수정하는 역할을 수행하고 이를 확대할 가능성이 높아지고 있다는 의미일 수 있기 때문이다.

국제 규칙과 제도 및 운영 방식에 대해 보완과 개혁을 요구할 것이다. 더 나아가 그것들의 수정을 추진할 수도 있을 것이다.[9] 그러나 이 과정에서 기존 질서에 대한 도전 혹은 통합에 대한 신흥 강대국 중국의 선택은 앞에서 본 중국의 몇 가지 정체성과 불만 그리고 기존 국제질서의 성격에 의해 영향을 받게 될 것이다(Ikenberry 2008, 27).

2. 기존 국제질서에 대한 중국의 인식

국제규칙과 제도는 국가라는 행위체에 의해 수립되지만, 역으로 국가들은 그러한 규칙과 제도에 의해 자신의 행위에 제약을 받기도 한다. 국제 질서의 최상위에 위치한 국가 혹은 국가군은 국제질서의 설계자이자 최대 수혜자인 동시에, 이를 위해 스스로도 그 규칙과 제도에 순응함으로써 그 질서와 내재적 규범을 유지, 강화해야 한다. 이러한 측면에서 신흥 강대국은 물론 기존 강대국도 기존의 규칙과 제도의 구속에서 자유롭지 못하며, 여기서 현상변경이라는 선택과 추진은 쉽지 않다. 제도는 규범과 동의가 필요하고, 끈끈하며(sticky), 관성을 갖는데다 기존 강대국의 정체성과 이익에 부합되게 수립되고 유지되기 때문이다.

2차 대전 이후 미국을 위시한 서구가 수립하려 한 질서는 통합적

9_이런 측면에서 자오쑤이셩(Zhao, Suisheng)은 중국의 불만이 기존의 국제질서가 아닌 그 질서 내에서의 지위(position)에 있다고 주장하고, 중국을 개혁/수정주의 세력 (reformist/revisionist power)으로 규정한다(Zhao 2016, 13-21). 그는 따라서 기존 국제질 서의 수립주체인 미국과 서구 강대국들이 협상과 일부 규칙의 조정을 통해 중국의 불만을 수용한다면 중국은 혁명주의세력(revolutionary power)이 되지는 않을 것으로 본다.

(integrative)이고 확장적인(expansive) 성격의 질서였다. 이 질서 내에서 서구 선진국들은 IMF, IBRD 등 다자기구에 의한 국제통화 관리와 무역 촉진을 통해 전후 경제회복에 이어 세계경제를 발전시켰다. 이 질서는 패전국 독일과 일본을 지역기구와 미국의 동맹 및 안보체제 내에 편입시키고, 마셜플랜으로 유럽을 부흥시킨 한편, 소련의 체제를 변화시키면서 경제는 물론 안보의 통합적 측면에서도 순기능을 발휘했다. 냉전 이후에도 서구, 특히 미국 중심의 국제 규칙과 제도는 소련의 해체로 인해 분리된 러시아와 독립 국가들을 서구의 질서 내로 편입시키고, 중국 역시 WTO에 가입시키며 그 유효성을 증명했다. 서구에 의한 이 기존질서의 성공과 지속 요인을 아이켄베리(G. John Ikenberry)는 세 가지로 요약했다(Ikenberry 2008, 29-30). 첫째, 비차별과 시장개방성(nondiscrimination and market openness)의 규칙과 규범들, 둘째, 자유민주주의와 자본주의 국가들의 연합에 기초한 리더십, 셋째, 밀도 있고(dense) 포괄적이며(encompassing) 광범위하게 인정받는(broadly endorsed) 규칙과 제도 체계가 그것이다.

미국과 유럽이 수립한 자유주의적 국제질서와 이를 운영, 유지시키기 위한 규칙 및 제도는 설립부터 21세기 현재까지 성공적인 것으로 평가되고 있다. 중국 역시 자유무역과 민주주의, 인권 등에 기초한 기존의 국제질서 속에서 그에 내재한 규범과 가치에 대한 선택적 수용과 대응을 통해 성장해왔다. 1980년대와 90년대에 대부분의 중요한 다자기구 가입을 마치며 국제사회에 편입한 중국은 특히 2001년 전례 없이 까다로운 요구들까지 수용하며 준비해온 WTO 가입을 통해 괄목할 만한 경제발전을 이루고 신흥 강대국으로 성장할 수 있었던 것이다. 비록 오늘날 중국의 신흥 강대국으로의 성장이 중국 스스로도 인정하듯 기존 국제질서와 규칙 및 제도의 수혜로 인한 것이었음에도, 중국이 기존 국제제도에 대해 불만을 갖지 않는 것은 아니다. 기존의 국제질서를 유지시키는 규칙과 제도가 서구에 의해, 서구 중심으로 구성되어 있고, 그에 따른 이익 분배 역시 서구 중심이라고 인식하기 때문이다.[10] 이제 중국은 자신의 성장을 가능하게 했던 기존의 제도와 규칙이 과거와 달라진 자신의 국력과 그에 상응하는 이익 및 위상을 더 이상 제대로 반영하지 못하고 있다고 본다(佟家栋・刘程 2016, 103).[11]

미국과 서구 중심의 기존 자유주의 국제질서에 대한 중국의 부정적 인식을 정치외교・경제・안보의 세 영역으로 나누어 간략히 살펴보면 다음과 같다.[12] 먼저, 중국은 서구 즉 선진 강대국 중심의 기존 국제제도를 변화시키기 위해 정치외교적 측면에서 평화공존 5원칙, 국제관계 민주화, 신형 대국관계, 신형 국제관계, 친・성・혜・용의 주변국 외교 등을 내세우며, 브릭스(BRICS) 국가들과 함께 제3세계, 개도국 혹은 신흥시장국가들의 이

10_본 설문조사 결과에 의하면, 2차 대전 후 미국 중심으로 형성된 기존 국제규범과 가치 체계 인정 여부에 대해 응답자 중 86.4%가 인정은 하지만 문제와 한계가 있다고 보았고, 이 중 전체의 과반인 54.5%가 '일부' 인정하지만 '많은' 문제와 한계가 있다고 답했다. 또한 기존 체계가 '호혜와 공영' '평화공존과 공동번영'의 가치와 원칙 실현에 기여했는가를 묻는 질문에 각각 41.5%, 38.1%가 부정적으로 답해 '그저 그렇다'는 답과 각각 같은 비율을 보였는데, 이는 기존 체계가 '시장경제'에 긍정적으로 기여했다고 평가한 비율 83.3%와 대조를 이뤘다. 결국 응답자들은 기존의 규칙과 제도에도 문제가 있지만, 그 수립 및 운용주체인 서구와 미국의 운용방식과 개혁의지에 더 문제가 있다고 인식하고 있음을 보여준다.

11_한스 모겐소(Hans J. Morgenthau)에 따르면, 이익은 권력에 의해 규정된다(Morgenthau 2005, 5). 그렇다면 신흥 강대국으로서 중국은 증가한 권력만큼의 이익을 얻고자 할 것이며, 그러한 요구가 충족되지 않을 경우 중국이 증가한 권력을 사용하여 자신의 이익이 반영될 수 있도록 기존의 규칙과 제도를 바꾸려 할 것임은 논리적 귀결이다.

12_국제질서에 대한 중국의 주장, 본 설문조사의 결과와 관련 문헌의 내용을 종합 정리한 것이다. 국제질서에 대한 중국의 주장은 중국 외교부의 홈페이지 참조. 中华人民共和国外交部, "中国有关国际秩序的主张." http://www.mfa.gov.cn/chn//gxh/zlb/zcwj/t24778.htm (검색일: 2017. 3. 12).

익을 대변하기 위한 제반 담론의 확산과 정책들을 추진하고 있다. 동시에 중국은 그 기저의 지식체계와 세계관으로서 서구의 국제정치이론에 대한 대안적 혹은 중국적 국제정치이론을 구축, 확산하려 한다(门洪华 2016; 郭树勇 2017).[13] 부분적으로 중국이 대외적으로 견지하고 있는 이런 전략들은 규범적 측면에서 UN 헌장과 그 맥을 같이한다. 국가 간 평등, 주권 불가침 등 중국이 1950년대 반둥회의에서 천명한 평화공존 5원칙의 내용이 그렇다(刘建飞 2016).

중국은 또한 미국이 UN을 통해 내세우고 회원국에 대해 관철하려 하는 민주주의, 인권 등 보편적 가치에 대해서도 인식의 차이를 보인다. 중국은 그러한 가치들의 보편성을 인정한다. 그러나 중국은 정치적으로 다당제와 보통선거 등 민주주의 · 인권 · 언론의 자유 등에 대한 서구의 시각에 반론을 제기하면서, 협상민주 등 중국 정치제도의 장점과 국가적 상황을 들어 자국의 정치체제를 변론한다(胡鞍钢 외 2013). 중국은 그러한 가치와 제도들의 상대성과 특수성을 지적하는 동시에, UN 헌장이 규정하는 보편적 가치들에 대한 서구의 시각과 해석을 단편적이며 일방적인 것으로 규정하고 비판한다.[14]

안보적 측면에서 중국은 국방예산과 군사 기술력의 압도적 차이, 동맹과 파트너의 존재 등으로 인해 미국과의 물리적인 충돌이나 대립은 회피하

13_김헌준은 중국의 이런 움직임을 미중 간 사회과학 지식체계에서의 갈등과 경쟁으로 보고, 이를 연성권력과 연결 지어 분석하고 있다(김헌준 2016).

14_본 설문조사 결과, 응답자의 70.7%가 모든 국가마다 독자적인 문화와 가치를 갖고 있으므로 특정 문화나 가치가 지배적 지위를 차지할 수 없으며, 앞으로는 다원주의 추세가 진행될 것으로 보았다. '서구국가들이 주도하는' 자유 · 인권 · 민주 등이 이미 '보편적 가치'가 되었으므로 향후에도 계속 보편적 영향력을 발휘할 것으로 보는 비율은 7.3%에 불과했다.

지만, UN, SCO, CICA, 아세안지역안보포럼(ASEAN Regional Forum: ARF), 아시아태평양 경제협력체(Asia-Pacific Economic Cooperation: APEC) 등 국제무대와 공식석상에서 신안보관, 아시아인에 의한 아시아 안보, 공동안보, 영합적(zero-sum)이거나 냉전적인 사고 탈피 같은 주장을 확산시킴으로써 자신에 대한 안보우려를 희석하는 동시에 미국과 일본이 제기하고 퍼뜨린 중국위협론과 미국의 군사적 포위 근거를 약화하고자 한다. 또한 주권과 내정불간섭을 내세우면서 국제해양법재판소 등 국제사법기구의 권위와 정당성에 의문을 제기하는 한편, UN 평화유지군의 운용 면에서도 수용국의 주권과 의사를 존중해야 함을 주장하며 '보호의 의무(R2P)'에 의한 인도주의적 개입론에 이견을 보인다. 이는 인권보다 주권을 강조하는 중국의 인식을 단적으로 보여주는 것이다(方长平 2012, 132). 이와 함께 중국은 UN 분담금의 증액, 평화유지군에 대한 지원과 파견인원 확대를 통해 미국의 UN에 대한 압력과 개입의 일방적 성격을 완화하려 하며, 안보리 상임이사국으로서 거부권의 행사를 통해서도 타국에 대한 미국의 일방적 제재나 군사개입을 저지하고 미국을 UN의 제도적 틀 내부에 구속시키고자 한다.[15] 중국의 이러한 주장과 행위들은 미국과 그 동맹 주도의 기존 안보 규범과 제도에 대한 중국의 인식과 불만의 표출이라 할 수 있다.

한편, 중국은 미국 달러 중심의 국제경제와 신자유주의적 제도의 문제점에 대한 견제와 비판을 통해 국제경제 신질서를 수립할 것을 주장한다. 중국은 IMF, WB, 아시아개발은행(Asian Development Bank: ADB), WTO

15_본 설문조사에 따르면, 중국 학자들은 UN에서 가장 개혁이 필요한 내용으로 '평화유지와 안전보장'을 들었고(38.1%), 이어서 '운영규칙과 제도'(33.3%), '국제개발과 경제사회'(26.2%)의 개혁을 꼽았다.

등 미국과 서구 강대국들이 중심이 되어 수립한 기존의 국제무역, 금융, 개발기구에 가입하여 현재의 급속한 경제성장을 이루어왔으나, 자국의 빠른 경제발전이 단순히 기존 국제경제 체제에 의한 것이거나 동 체제에 문제가 없었기 때문이라고 보지 않는다. 중국은 자신이 기존의 국제경제 질서의 최대의 수혜자라는 점을 인정하면서도 그러한 성장이 가능했던 것은 자국의 정치경제적 특수성을 반영한 제도와 정책, 즉 중국모델이 있었기 때문이라는 점도 동시에 강조한다. 이에 따라 사회주의와 자본주의의 결합으로 요약되는 소위 '중국 특색 사회주의'를 표방하는 중국은 경제발전에 하나의 모델만이 존재함을 인정하지 않고 국가상황에 따른 다양한 발전 경로를 인정해야 한다고 주장한다. 다시 말해 중국은 서구식 발전모델, 특히 '워싱턴 컨센서스'로 대변되는 미국식 자본주의 발전모델과 신자유주의를 거부하며, 모든 국가가 자국의 상황에 맞는 발전의 길을 선택할 수 있어야 한다고 주장한다.

중국의 이러한 인식은 1997~98년 아시아 금융위기를 계기로 강해졌고, 특히 2008년 뉴욕발 글로벌 금융위기 이후에는 더욱 강화되었다. 이후 중국은 서구선진국들, 즉 G7 중심의 신자유주의적 국제경제 질서의 한계를 비판하며, 자신을 포함한 신흥 시장국과 개발도상국, 빈곤 국가들의 목소리가 UN에 더 많이 반영되어야 하고, 동 국가들에 대한 지원에 더 많은 주의를 기울이는 한편, UN 경제사회이사회는 물론 G20 등 주요 다자회의에서 보다 폭넓은 주체들의 다양한 이익이 수용되는 방향으로 국제경제 질서가 재편되어야 한다고 주장해왔다. 2016 항저우 G20 정상회의에서도 시진핑은 신자유주의로 대변되는 서구식 단선적 발전모델의 세계적·일방적 확산과 그에 따른 결실의 특히 선진국에 의한 일방적 수확을 거부하며 '함께 상의하고(共商), 함께 건설하고(共建), 함께 누린다(共享)'는 '3공(共)'

을 강조했다(曾伟 外 2016).[16]

중국은 이처럼 사회주의 국가, 개발도상국의 정체성을 내세우며 신자유주의와는 다른 방식의 발전의 길, 국가별 상황에 따른 발전, 그리고 세계경제의 발전이 가져오는 이익의 보다 공정한 분배를 주장한다. 중국은 비록 '베이징 컨센서스' 혹은 '중국모델'의 수출이나 확산을 공공연하게 추진하지는 않지만, 아프리카와 남미, 아시아의 저개발 국가들과의 경제교류와 협력에서는 자국의 발전 경험을 전수함으로써 기존의 국제경제 규범과는 다른 발전 방식을 퍼뜨리는 역할을 하는 것도 사실이다. 또한 중국은 여기서 주권 존중을 내세우며 정치적 조건을 부과하지 않음으로써 규범적 차별화를 시도한다. 실제로 중국 주도의 AIIB는 환경, 투명성, 인권 등 규범과 운영상의 문제를 인식하면서도 이를 이념적·정치적 조건과는 분리시키고자 한다. 이런 방식을 통해 중국은 기존의 발전모델과 차별화를 시도하고, 이념과 정치로부터 저개발국과 빈곤국가 들의 발전을 분리함으로써 부를 재분배하고 이들의 지지를 획득하려 한다.

중국은 기존의 국제질서 내에서 성장해왔고, 기존 강대국 미국에 대해 신흥 강대국으로 부상했다. 그러나 전술한 바와 같이, 중국은 기존의 국제규칙과 제도에 문제가 있으며 그것들이 국력의 신장과 자신의 정체성에 기초한 이익을 반영하지 못하고 있다고 인식하고 이를 바꿔내고자 한다. 본 연구의 관련 설문조사에 따르면, 중국의 주요 국제정치학자들은 중국이 강대국화를 위해 미국과의 국제규범과 제도 경쟁에서 주도권을 확보할 필요가 있다고 보며,[17] 그 영역은 먼저 국제경제, 그다음은 국제안보인 것으로

16_'3공(共)'은 국제경제 거버넌스에 대한 중국의 기본 입장으로, '공향(共享)' 즉 경제성장의 성과를 함께 누린다는 것을 목표로 한다.

나타났다.[18] 이에 다음 절에서는 현 국제경제질서에 대한 중국의 실천을 먼저 살펴본다.

III. 국제경제 질서에서의 규칙과 규범 변경에 대한 중국의 인식과 실천

1. 국제경제 신질서 구축과 지역통합 추진 노력

중국은 서구 선진국을 중심으로 형성된 기존 국제경제 질서의 문제점을 지적하며 새로운 국제경제 질서, 즉 '국제경제 신질서'를 수립할 것을 꾸준히 주장해왔다. 국제경제 신질서의 수립은 1964년 카이로에서 열린 제2차 비동맹국 정상회의에서 처음으로 제기된 후, 개발도상국들의 연합체인 G77이 제창한 데 이어, 1974년 5월 UN 총회에서 '국제경제 신질서 수립을 위한 선언(Declaration for the Establishment of a New International Economic Order)'이 채택되면서 국제경제 질서에 관한 가장 중요한 기초의 하나가 되었다. 중국은 당시 개혁개방 이전의 낙후된 경제체로서 국제경제

17_ '매우 그렇다(非常肯定)'를 포함해 '그렇다'고 응답한 비율은 48.8%였다. 주목할 만한 것은 '다소 그렇다(稍微肯定)'고 대답한 비율과 '그저 그렇다(一般)'라는 응답 비율이 39.5%로 동일하다는 것이다. 이는 중국의 국력이 여전히 충분히 강하지 않다고 인식한다는 의미이거나 기존의 국제 규칙과 제도의 문제점이 심각한 수준은 아니라고 인식한다는 의미 혹은 둘 다라고 인식한다는 것을 의미한다고 볼 수 있다.
18_ 국제경제는 63.4%, 군사안보는 24.4%였다.

신질서 수립을 적극 지지했고, 개혁개방 이후에도 국제경제 신질서 수립은 중국의 대내외 정책과 전략에서 중심적 지위를 차지해왔다(何力 2013, 75).

UN 총회가 채택한 국제경제 신질서 수립 선언의 주요 내용은 두 가지로 요약된다.[19] 하나는 기존의 경제질서에 대한 비판으로, 기존 경제질서하에서의 발전은 선진 자본주의 국가들과 개도국들 간의 불균형을 교정할 수 없고, 살수록 선진국들에게 유리할 뿐이라는 것이다. 다른 하나는 기존 경제질서가 절대 다수의 개도국들이 선진 자본주의 국가들의 통치에 의해 식민지 지위에 처한 상태에서 선진 자본주의 국가들에 의해 일방적으로 수립된 질서라는 것이다. 총 20개의 국제경제 신질서 수립 원칙을 담은 이 선언의 목적은 모든 국가가 공평하게 참여하고 동의하는 조건하에서, 평등하고 균형적으로 발전하는 국제경제 질서를 실현하는 것이다(掘中浩 1982, 15).

이와 다소 다르게 국제경제 신질서의 주요 특징을 주권의 평등, 공평과 호혜, 그리고 상호의존 세 가지로 해석한 시각도 있다. 이에 따르면, 먼저 모든 국가는 자국의 자원과 경제활동에 대해 주권을 가지며, 국제경제의 문제 해결에 평등하게 참여할 권리를 향유한다. 다음으로 무역·금융·화폐·기술 등의 영역에서 선진국들의 통제와 착취에 반대하며, 개도국들이 민족경제를 발전시킬 수 있는 정상적인 조건들을 갖추도록 해줘야 한다. 마지막으로 선진국의 번영과 개도국의 경제발전은 상호 밀접하게 연관되어 있으므로, 선진국들은 개도국들에 대한 원조를 늘리는 동시에 공평한 기초 위에서 광범위한 협력을 통해 빈부격차를 축소하고 공동번영을 촉진

19_채택된 선언의 자세한 내용은 다음을 참조. UN Documents, "Declaration on the Establis hment of a New International Economic Order." http://www.un-documents.net/s6r32 01.htm (검색일: 2017. 9. 12)

해야 한다(当代財经 1989, 9 재인용). 비록 근소한 해석의 차이는 있지만 두 시각 모두 선진국과 개도국 간 빈부격차의 축소를 당면 과제로 규정한다는 것이 그 공통점이다.

한편, 중국은 경제발전과 그 혜택에서 소외되었던 빈곤 국가들과 현재 자신을 포함한 신흥국가들을 국제경제 신질서 수립의 주체로 또한 브릭스 국가들을 주력 국가들로 보며, 그중에서도 자신이 리더의 역할을 담당해야 한다고 본다. 과거와 달리 주요 신흥국가로 부상한 중국은 이제 자신에게 국제경제 신질서를 수립할 능력과 의무가 있다고 보기 때문이다(佟家栋 · 刘程 2016, 100). 특히, 중국은 2008년 뉴욕발 금융위기를 신자유주의로 요약되는 미국식 자본주의의 모순에 말미암은 결과로 진단하고, 이를 계기로 삼아 개도국과 신흥국가들을 포함한 보다 광범위한 회의체인 G20을 중심으로 국제경제 신질서를 구축해야 한다는 목소리를 내며 적극적 입장을 취해왔다(李兴 2009, 29-30).

이상에서, 중국이 주장하는 국제경제 신질서의 내용은 평등한 주권국가로서 모든 국제사회의 구성원들이 공동으로 문제 해결에 참여하고 그에 따른 결실도 공정하게 분배 및 향유하자는 것이다. 또한 그 질서 구축의 주체는 자신을 포함한 신흥시장 국가들이고 자신이 그중 주도적 역할을 담당할 것이라는 것, 그 협력의 대상은 기존 국제경제 질서의 수립국이자 수혜국인 서구 선진국들이며 UN과 G20이 향후 그러한 협력의 주요한 장(場)으로서 기능해야 한다는 것이다.

중국은 이러한 인식에 따라 상승한 국력을 바탕으로 빈곤국들과 개도국들이 집중 분포한 아시아와 아프리카, 남미를 국제경제 신질서의 구축을 위한 교두보로 삼고, 이 신흥국가들을 중심으로 개별 및 네트워크 차원에서 이들 지역을 통합하고자 한다. 개별 지역 차원에서 볼 때, 아시아에서는 중국과 인도, 유라시아에 걸쳐서는 러시아, 아프리카에서는 남아프리카 공화국, 남미에서는 브라질이 '노드(nod)'로서 개별 대륙의 거점 역할을 하며, 이들은 다시 '브릭스'라는 이름으로 국제경제 신질서의 구축을 위한 대륙 간 네트워크로 연결되어 근간을 형성한다. 이들이 주축이 된 다자경제기구와 구상은 대륙별 노드로서 아프리카, 아시아, 남미를 연결하는 브릭스 국가들의 신개발은행(New Development Bank: NDB)과 위기대응기금(Contingent Reserve Arrangement: CRA), 아시아와 유럽 및 아프리카를 동시에 연결시키는 '일대일로'와 AIIB 등으로 구체화되고 있다.

2. 무역 및 금융영역에 대한 중국의 실천

중국은 2차 대전 이후 세계무역질서의 틀을 규정한 관세와 무역에 관한 일반협정(General Agreement on Tariffs and Trade: GATT)에 대해서부터 동 체제가 선진국의 주도로 수립되었고 자신을 포함한 빈국과 개도국들의 목소리와 이익이 반영되지 않았음을 지적하며 꾸준히 불만을 제기해왔다. 그러나 이후 개혁개방의 실시와 세계화의 진전으로 중국경제는 세계경제 질서에 융합되기 시작했고, 2001년 GATT를 대체한 WTO 가입으로 중국경제와 세계경제의 융합은 더욱 가속화되었다.

결과적으로 중국은 자유무역 체제와 세계경제로의 편입에 따른 혜택을 누리며 급속한 경제성장을 이룰 수 있었으나, 지적재산권과 식물유전자 관련 규정 및 분쟁해결기제, 자국의 수출품에 대한 반덤핑제소의 구실로 사용되는 MES 부여 문제 등으로 WTO의 주요 설계자이자 선진 강대국이며 주요 시장인 미국 및 유럽과 마찰을 빚어왔다. 그중에서도 MES 불인정은 제조업 대국으로서 중국에게는 단순한 국가이미지의 문제가 아니라 실질적인 경제적 손실 요인이며 정치적 사안이기도 하다(刘学文·朱京安 2015; 李双双 2016). 2001년 가입 이후 15년이 경과한 시점에서 중국은 MES를 획득하게 될 것으로 기대했고, 획득하지 못할 경우에 대비한 대책을 연구하기도 했다(李思奇 外 2016). 그러나 2017년 7월 현재에도 중국은 환율과 국유기업 등 국가의 시장개입과 의무사항 불이행 등을 이유로 미국과 EU, 일본 등 주요 무역국들로부터 MES를 부여받지 못하고 있다.[20] 비시장경제 (Non Market Economy) 지위를 탈피하지 못하는 한, 중국의 손실과 불만, 중국에 대한 부정적 이미지는 지속될 것이며, 그 정치적 속성상 미국, 유럽, 일본과의 마찰도 지속될 수밖에 없을 것이다.

　다양한 문제점에도 불구하고 중국은 자신을 포함하여 세계 대다수 국가가 참여한 WTO 무역체제 내에서의 발언권 확보와 개혁을 추진하는 한편, 역내포괄적경제동반자협정(Regional Comprehensive Economic Partnership: RCEP) 같은 다자무역과 FTA에 의한 양자 무역관계의 동시적 추진 등을 통해 자국에 유리한 무역제도와 규칙의 제정에도 적극적으로 임해왔다. 중국의 이러한 전략적 움직임에는 국력의 상승과 경제규모의 확대라는 이유도 있으나, 2010년 이후 경제성장률이 8%에서 7%, 다시 6%대로 하락하면

20_미-중 경제 안보 조사위원회(U.S.-China Economic and Security Review Commission)는 중국에 대한 MES 부여에 부정적이며, 중국에 대한 미 행정부의 어떠한 MES 승인 관련 조치에 대해서도 사전에 의회의 승인을 거치도록 하는 법안을 미 의회가 시행하도록 권고했다. MES 부여를 위한 6가지 고려사항은 다음을 참조. U.S.-China Economic and Security Review Commission, 2017. "Evaluation of China's Nonmarket Economy Status." https://www.uscc.gov/sites/default/files/Research/Non%20Market%20Economy%20Issue%20Brief.pdf (검색일: 2017. 5. 22)

서, 개혁개방 이후 수출과 투자가 주도한 30년간의 고속 성장을 더 이상 유지하기 어려워졌기 때문이기도 하다. 소위 '뉴노멀(new normal)' 시대의 도래로 인해 중국은 집권 정당성의 유지와 자국의 지속적 경제발전을 위해 새로운 시장과 성장 동력을 모색하지 않을 수 없게 된 것이다. 이에 중국은 대내적으로 내수의 확대와 공급 측면의 구조개혁, 7대 전략적 신흥 산업의 육성 등을 통해 경제성장을 도모하는 한편, 대외적으로도 전략적이며 적극적인 움직임을 보이고 있다. 미국과 서구 중심의 WTO, WB, IMF 등 기존 국제경제 질서 내의 주요 다자기구에 대한 개혁과 수정의 요구가 그것이다.

기존 국제경제 질서의 문제점에 대한 개혁 요구와 함께 중국은 국제개발과 투자, 국제금융과 통화체제에 대해 기존의 규칙과 제도와는 다른, 자국이 주도하는 다자기구와 제도의 설립 및 운영에도 동시에 나섰다. 2014년 7월 중국을 포함한 신흥시장국인 브릭스 국가들이 주축이 되어 설립한 NDB, 이들이 각국의 단기 유동성 자금의 급격한 유출에 대응하기 위해 조성한 1,000억 달러 규모의 CRA, 그리고 미국과 일본을 제외한 대다수 주요 국가들이 가입한 AIIB가 그 대표적 예들이다. 2015년 7월 중국은 일대일로의 로드맵을 발표하고, 자금 조달을 위해 실크로드 펀드와 함께 AIIB의 출범을 동시에 추진했다. 일대일로 구상의 추진을 통해 중국은 아시아와 유럽을 연결하는 거대 경제권의 형성을 주도하고 이를 플랫폼으로 삼아 자국 주도의 AIIB를 운영함으로써 국제규칙 제정과 다자기구 설립 및 운영자로서 자신의 국제적 역할에 적극 나서기 시작한 것이다.

2013년 10월 논의가 시작되고 2015년 3월 역내 37개국과 역외 20개국 등 총 57개 창립회원국이 참여한 AIIB의 설립 초기 구상은 국수주의적이었고 회원대상국들도 아시아에 한정되는 것이었다. 앞서 언급한 일대일로의 금융플랫폼, 국내 과잉공급 해소, 방대한 외환보유고의 활용 등을 통해 중국경제를 지속 발전시키기 위한 방안으로서 AIIB를 구상했던 것이다(최원기 2016, 10-11). 그러나 AIIB는 중국이 WB, ADB 등 선진국 주도의 기존 다자개발은행의 대체 혹은 경쟁을 염두에 두고 설립한 것이라는 의구심 때문에 설립 추진 초기 미국을 위시한 많은 국가들이 그 설립의도에 의구심을 갖고 가입을 거부하거나 주저했다.

그러나 중국은 이러한 의구심을 해소하기 위해 지분구조, 의결권, 투자 및 대출 관련 규정 등 거버넌스와 운영의 투명성 제고를 위해 노력했고, 결국 미국의 동맹인 한국을 비롯하여 유럽의 맹방인 영국, 독일, 프랑스 등 주요 서방 선진국들의 대거 가입을 이끌어내며 스스로도 예상하지 못한 대성공을 거두었다. 반면, 중국 주도의 AIIB에 동맹국들의 가입을 저지하고, 규칙제정자의 지위를 유지하기 위해 중국위협론과 함께 AIIB의 거버넌스 구조와 투명성에 대한 의심을 지속 제기했던 미국은 AIIB의 성공적 출범과 운영을 외부에서 지켜볼 수밖에 없었다. 이에 더해 미국은 "근시안적이고 위선적"이라는 비판도 감수해야 했다(Bergsten 2015).

물론 그 성공적 출범에도 불구하고 다자개발은행(Multilateral Development Bank: MDB)으로서 AIIB가 성공적으로 운영되기 위해서는 자체적으로 정한 규칙과 제도를 준수하는 한편, 기존의 MDB가 지적받아온 문제점들을 해결하려는 노력과 모범사례들을 축적해나가야 하는 등 과제를 안고 있다. 특히, 투자대상국의 실질적 수요를 충족시킴으로써 투자주체국의 일방적 결정을 지양하고, 운영과 의사결정의 독점 방지와 투명성을 확보하기 위한 거버넌스와 인사 및 운영 관련 규칙과 제도를 지속적으로 개선해가야 하는 과제도 있다. 이미 가입한 서구 선진국들의 견제와 향후 미국과 일본의 가입도 염두에 둬야 한다.

주권국가의 고유한 발전 경로 선택권을 강조하고 '색깔혁명'에 민감하게 반응해온 중국은 미국 주도의 기존 국제개발 및 금융기구가 자유민주주의와 자본주의 시장경제로의 이행 및 촉진을 위한 다양한 '조건들(conditionalities)'을 부과하는 것을 비판하면서, AIIB의 장점으로 그러한 정치적 조건들을 전제하지 않는다는 것을 들고 있다.[21] 그러나 그 조건들을 체제전환의 시도라는 시각에서만 볼 수 없다. 투자와 개발 과정에서 발생할 가능성이 있는 환경·인권·노동 등 다양한 관련 문제를 해결하기 위해 필요한 조치라는 측면에서 신중하게 검토해야 할 필요가 있기 때문이다.

정치적 조건의 부재와 함께 중국은 AIIB의 특징의 하나로 신속성을 꼽는다. 중국은 기존 개발금융기구들의 투자대상 선정과 승인, 추후 집행 과정이 지나치게 복잡하고 관료주의적이어서 효율성이 떨어지고 적절한 투자 시기를 놓칠 가능성이 많다고 비판해왔다. 그러나 이 역시 면밀한 검토 위에서 시행되어야 하는 것이다. AIIB는 특정 국가의 일방적인 공적개발원조(Official Development Assistance: ODA) 제공을 위한 기구가 아닌 다자가 참여하는 '투자'은행으로서, 향후 기구의 지속적 발전과 건전한 운영을 위해 대상 선정과 투자 집행 과정에서 투자금과 대출금의 회수율 제고를 위한 신중하고도 철저한 사전 검토와 승인 및 집행이 이뤄질 필요가 있기 때문이다.

끝으로, 중국은 AIIB가 기존의 자유주의 국제경제 및 금융질서를 수정하거나 별도의 체제를 구축하려는 시도라는 의구심을 해소하고자 한다. 이

21_본 설문조사에 따르면, AIIB와 NDB가 기존의 유사 기구들과 다른 점을 묻는 질문에 42.9%가 '정치적 조건의 배제'를 택했다. 거부권을 포함한 표결권의 공정성을 선택한 비율은 23.8%, 주도국가(중국)의 정체성을 택한 비율은 19.0%였으며, 투자대상의 선택과 집중이 11.9%로 뒤를 이었다.

에 따라 중국은 아시아의 번영과 발전이라는 출범 취지를 살리고 운영 경험을 축적하기 위해 WB, ADB 등 기존의 국제 및 지역 다자개발은행들과의 협력을 추진하고 있다. 미일 주도의 금융질서 견제와 새로운 금융질서 구축의 의도도 있으나, AIIB는 미국이 주도하는 다자개발은행들을 보완하는 것일 뿐이며 따라서 향후 이들 간 협력이 중요하다는 시각도 있다(이성량 2015, 63, 66). 2016년부터 본격적인 사업에 나선 AIIB의 여러 프로젝트들이 WB, ADB와의 협력하에 진행되고 있는 것이 사실이며, 이는 투명성의 확보, 관리운영 경험의 축적, 모범사례(best practice)의 흡수 등 순기능과 함께, 아직은 부족한 투자금의 효율적 활용과 더 많은 투자 개발을 가능케 하는 장점도 있는 만큼 향후에도 지속될 것이다.[22]

그러나 다자개발 및 투자금융의 투융자가 투자유치국의 투자주체에 대한 종속이나 호감으로 작용하지만은 않을 것이다. 기존 미국의 원조나 투자에 대한 수혜국들의 대미감정이 좋지만은 않았던 것이 사실이며, 중국의 경제원조와 투자에 대한 아프리카 국가들의 반감이 있어왔다는 것도 사실이다. 특히 자금회수와 수익까지 고려해야 하는 '투자'은행으로서 AIIB와, 경제뿐만 아니라 정치적 결정의 후과에 노출되는 '개발'은행인 NDB가 중국에게 이익만 가져다주지는 않을 것이다. 또한 미국은 동맹이나 우호국들이 중국의 경제적 영향력하에 처하도록 좌시하지는 않을 것이며, 국제경제와 금융의 주도권을 쉽게 상실하지도 않을 것이다. 미국이 동맹과 우호국

22_본 설문조사에 따르면, WB와 IMF의 회원국이자 AIIB와 NDB의 설립 주도국인 중국이 향후 어느 쪽에 더 비중을 부여할 것으로 보는가라는 질문에 46.5%가 균형을 유지할 것이라고 답했고, AIIB와 NDB쪽으로 기울 것이라고 본 비율은 34.9%였다. WB와 IMF에 비중을 더 둘 것이라는 답변은 7%에 불과했다.

들의 AIIB 가입을 반대한 것, 미국과 유럽이 중국에 대한 MES 부여에 여전히 부정적인 반응을 보이고 있는 것, 중국의 IMF 개혁요구에 미의회가 보였던 반응 등이 그 방증이다. 다른 한편, 미국과 일본이 향후 전략적 차원에서 중국 주도의 이들 다자금융기구 가입을 긍정적으로 검토할 가능성도 배제할 수 없다. 이때 중국은 향후 미국과 일본의 가입 가능성에 대해 자기모순적 태도를 보이기는 어려울 것이다. 미국과 일본이 주도하는 WB와 ABD에 비해 자본금과 경험이 부족한 것도 미국과 일본 등 선진국의 추가 가입을 전향적으로 고려해야 하는 이유이지만, 중국이 그동안 자신의 다자기구 주도 노력의 출발점이 미국과의 제도와 규칙 경쟁이 아닌 부의 공정한 분배에 있으며, AIIB 가입은 열려 있음을 국제사회에 공언해왔다는 점도 그 이유가 된다.

한편, 중국은 달러와 IMF 중심의 국제통화체제에 대해서도 개혁을 요구해왔다. 중국은 국제기축통화로서 달러가 자국은 물론 세계경제에 미치는 부정적 영향과 함께, 세계 2위의 경제대국으로서 자신의 정체성을 인식하면서 달러 중심의 국제통화체제에 대한 수정을 추진해오고 있다. 중국은 통화바스켓에 자국 통화인 인민폐를 포함시키고, IMF의 특별인출권(Special Drawing Rights: SDR) 기능 확대, 자국의 지분 확대와 인민폐의 국제화를 동시에 추진하려 한다. 이는 또한 일대일로 구상, 실크로드 기금, AIIB와 NDB, CRA와 상호 연계성을 갖고 동시다발적으로 추진되고 있다(李巍 2016, 118-125). 그러나 트리핀의 딜레마(Triffin's dilemma, 미 달러의 기축통화 역할로 인해 미국의 국제수지 적자가 지속되는 상황)와 중국에 대한 국제사회의 신뢰는 단기간에 쉽게 해결될 수 있는 문제가 아니다. 비록 중국의 경제적 영향력이 커지고 국제적 지위도 높아진 것은 사실이지만, 인민폐의 국제화는 여전히 매우 낮은 수준에 머물러 있으며 환율정책의 투명성이 확보되지 않은 것도 사실이다. 따라서 달러패권에 대응하기 위한 중국의 인민폐 국제화 노력은 적어도 당분간은 가시적인 성과를 거두기 어려울 것이다.

전술한 바와 같이, 중국은 무역·투자개발·금융 등 제반 영역에서 주도적으로 국제경제 신질서를 건설하려는 전략적 노력을 경주하고 있다. 그러나 중국이 향후의 추가적 정체성 변화 가능성을 고려하면서 국제경제 신질서 구축에 신중히 임해야 한다고 보는 시각에 주목할 필요가 있다. 차이퉈(蔡拓)는, 중국이 신흥 강대국이지만 개도국의 정체성도 동시에 갖고 있으므로 선진국과 개도국의 이익과 요구 사이에서 의식적으로 균형을 잃지 않아야 한다고 주장한다(蔡拓 2009). 즉 공동번영의 질서를 구축하되 점진적이고 순차적으로 추진할 필요가 있다는 것이다. 쉬총리(徐崇利)는 과거 개도국들이 국제경제 신질서의 건립을 위해 '특수하고 차별적인 대우'를 요구했다면, 근래 신흥국들은 선진국들과의 격차를 좁히면서 '평등하고 무차별적인 대우'를 요구하고 있다고 진단하고, 중국이 개도국으로서 그리고 신흥국가로서 이 두 가지 대우를 모두 활용할 것을 주문한다(徐崇利 2012, 204). 이를 통해 선진국에 집중되어온 부를 자신을 포함한 개도국과 신흥국가들에게 이동시킴으로써 보다 공정하게 재분배할 수 있다는 것이다. 그는 향후 중국이 개도국 신분을 상실하고 시장이 주도하는 국제경제 질서의 수혜자로 성장할 경우에도, '의리관'에 입각한 책임지는 대국의 역할을 수행하면서, 개도국들이 보다 공정한 국제경제 질서를 수립할 수 있도록 도와야 한다는 점도 동시에 강조한다. 허리(何力)도 국제경제 신질서가 바람직한 방향이라는 데 동의하지만, 가까운 미래에 중국이 이 같은 질서를 실현할 가능성은 현실적으로 낮다고 본다(何力 2013, 80). 이에 따라 그가 제시한 처방은, 중국이 국제사회에서 국력과 경제규모에 상응하는 발언권을 진정으로 획득할 때까지 이러한 질서의 건설 주장은 가급적 신중히 하거나 하지 않는 것이 낫다는 것이다.

이상의 시각들은 전면적 소강사회의 건설로 주변부에서 반주변부로 이동하고 있는 중국이 향후 반주변부에서 중심부로 재차 이동할 것을 염두에 둔 전략적 경계(警戒)라 해도 무방할 것이다. 따라서 적어도 금세기 중반까지 중국은 자신이 공언한 두 번째 백년의 목표인 사회주의 현대화 국가 건설의 실현에 접근하기 위해 신중하면서도 점진적으로 국제경제 신질서의 구축을 추진하는 전략적 움직임을 보일 것으로 예상할 수 있다.

IV. 국제안보질서에서의 규칙과 규범 변경에 대한 중국의 인식과 실천

1. 신안보관의 제기와 확산 노력

시진핑 정권의 등장 이후 중국은 미국이 주도하는 기존의 국제안보 질서에 대해 문제를 제기하며 신안보관을 지속적으로 강조해오고 있다. 그러나 신안보관은 이보다 훨씬 앞선 1993년에 제기되고 1996년에 공식화된 개념으로, 중국이 이전부터 자국 대외정책의 근간으로 내세워온 평화공존 5원칙, 독립자주노선, 비동맹원칙의 요소들을 모두 포함하고 있거나 시대에 맞게 수정, 발전시킨 것이다(조영남 2009, 10).

신안보관은 '상호 신뢰(互信), 상호 이익(互利), 평등(平等), 협력(協作)'이라는 네 가지 핵심 개념으로 요약되며, 그 내용과 실현 방법에서 냉전적 군사동맹과는 달리 적을 상정하지 않고 '포괄적 안보'와 '협력 안보'를 강조한다. 실천적 측면에서 신안보관은 다자대화, 신뢰구축, 군축과 비확산, 경제교류 등 국제적 긴장 완화를 위한 조치들을 포함한다. 동맹체제와 자국주도의 지역 안보기구에 의한 미국의 안보질서체제가 특정국가나 비민주 국가군을 대상으로 설정하고 외부에 적을 두고 있다면, 중국의 비동맹원칙과 신안보관, 동반자관계의 설정을 통한 안보체제는 적을 상정하지 않거나 내부의 잠재적 적국 출현을 방지하려는 노력을 포함하고 있다는 점에서 미국의 안보 관점과는 차별적이라 할 수 있다. 또한 신안보관이 제시하는 원칙들은 평화공존 5원칙의 핵심인 '주권'과 '내정 불간섭'을 최고의 안보 목표로 설정하고 있다. 이렇게 볼 때, 신안보관은 결국 경제발전과 현대화라는 국가적 목표달성을 위해 평화공존 5원칙의 틀 내에서 서구의 '협력안보론'을 자신의 기존 안보관과 '평화와 발전'이라는 시대조류에 맞도록 수정한 '중국특색의 협력안보'라고 할 수 있다(류동원 2004, 130-131).

중국은 자국의 종합국력 상승과 신흥 강대국으로의 정체성 변화에 따라, 기존 강대국 미국의 압도적 군사력과 동맹에 의한 기존의 안보질서에 대해 '중국 특색의 안보관'인 '신안보관'의 확산과 함께, 그에 기초한 안보레짐을 형성하고자 한다. 금세기 초부터 SCO, CICA에 더해 동아시아 정상회의(East Asia Summit: EAS) 창설을 전략적으로 추진한 것이 그러한 사례다. 2004년 출범한 EAS는 중국이 동아시아의 지역 질서를 주도하기 위해 적극적으로 창설을 추진했으나, ARF의 존재와 회원국의 증가, 특히 2010년 미국의 가입으로 중국 주도의 지역질서 구축이 쉽지 않은 상황이다. 중국이 2013년부터 추진하고 있는 일대일로 역시 아시아 재균형에 의한 미국의 압박과 포위에서 탈피하고 에너지 안보를 확보하는 한편, 연안국가들을 포섭하는 등 외교안보 전략의 의미도 내포하고 있다. 그러나 중국의 신안보관이 반영된 안보조직으로 중국 학자들과 중국 연구자들은 대체로 SCO를 예로 들고 있다. 즉, 중국은 자신의 영향력이 충분히 발휘될 수 있다고 판단하는 경우, 협력안보에 관련된 일련의 규칙제정과 준수에 적극적으로 참여하여 다자안보 레짐을 창설하고 주도하려 하며 SCO가 그 전형적인 사례다(류동원 2004, 132). 중국은 또 SCO와 함께 CICA 역시 중국의 신안보관이 투영된 협의체로 인식하고 있으며(이원우 2011, 52), 이 두 조직을 UN과 함께 상호 연계하여 발전시킴으로써 국제 안보 규범과 제도의 제정자로서 자신의 정당성을 확보하고 영향력을 행사하려 한다.[23] 다음에서 중국 주도의 안보체로서 SCO와 CICA를 안보질서 구축의 실천적 사례로서 살펴본다.

2. 상하이협력기구와 아시아 교류 및 신뢰 구축회의

1) 상하이협력기구(SCO)

SCO의 전신은 '상하이 5국'으로, 중-러와 인접국가 간 국경 획정과 국경지대에서의 군사적 신뢰 구축을 위해 1996년 4월 중국, 러시아, 카자흐스탄, 키르기스스탄, 타지키스탄을 회원국으로 하여 출발한 기구다. 이후 상하이 5국은 국경 획정과 국경지대에서의 신뢰 구축 이외에 '테러리즘, 분리주의, 극단주의'라는 '3대 악'에 대한 공동 대응과 경제교류 및 협력 확대

23_본 연구의 설문조사에서도 국제안보 영역에서 평화유지에 기여하는 조직으로 중국 학자들 중 85.7%가 UN안보리를 선택했으며, 이어 80.5%가 SCO를 선택했다. NATO는 65%를 차지하고 ARF가 61%를 차지한 데 비해 CICA를 선택한 비율은 51.3%였다.

등으로 그 목표와 의제를 확대했고, 2001년 6월 우즈베키스탄이 가입하며 SCO로 정식 출범했다.

SCO는 출범 이후 미국과 서방에 의해 북대서양조약기구(North Atlantic Treaty Organization: NATO)에 대항하기 위한 다자안보기구로 의심받아왔다. 중국은 이에 대해 SCO는 '동맹이 아닌 동반자' 간 기구임을 강조하고 동 조직이 NATO에 대항하기 위한 군사동맹조직이 아님을 강조한다. 중국과 러시아가 주장하듯 경제·사회문화·과학 등 다양한 영역에서 회원국 간 교류와 협력을 추진한다는 점에서 SCO를 안보기구로 단정하기는 어렵다. 하지만 현실적으로 그러한 영역에서의 성과와 진전은 눈에 띄지 않는 반면, 안보 차원에서의 성과와 진전은 가시적이라는 측면에서 SCO를 안보기구로 보는 것도 무리는 아닐 것이다.

무엇보다도 SCO의 회원국들이 2002년부터 양자 및 다자간 합동 군사훈련을 실시해왔다는 사실이 이를 방증한다. 2002년 중국과 키르기스스탄의 대테러 합동훈련, 2005년 8월 중국과 러시아의 합동군사훈련인 '평화임무 2005(Peace Mission-2005)', 2007년 SCO 회원국 전체가 참여한 '평화임무 2007', 그리고 2016년 9월 키르기스스탄에서 실시된 '평화임무 2016' 등은 그 대표적 사례다.[24] 특히 2005년 및 2014년 러시아와의 합동군사훈련 '평화임무'가 중국의 전략적 완충지이자 미국의 전략적 이익이 교차하는 한반도와 마주한 산둥반도에서 실시되었다는 점, 그리고 중·러 해군 합동훈련이 2015년 지중해에 이어 2016년 남중국해에서 실시되었다는 점 등

24_SCO의 차기 '평화임무' 연합 군사훈련은 2018년 러시아에서 진행될 예정이다. TASS. 2016. "Next SCO exercise Peace Mission due in Russia in 2018," http://tass.com/defense/900937 (검색일: 2017. 2. 27)

은 SCO의 안보적 성격과 범위 설정이 유럽과 중동부터 극동까지를 포함하는 매우 광범위한 것임을 보여준다.

또한 중국 지도부와 관료들도 SCO의 안보적 성격의 확대와 강화를 강조하고 있는 것이 사실이다. 2015년 6월 모스크바에서 개최된 SCO 외무장관 회의에서 왕이 중국 외교부장은 SCO가 지역 안보와 안정의 보장을 위해 더 큰 역할을 해야 한다고 주문했고(Tiezzi 2015), 이듬해 1월 멍젠주(孟建柱) 공산당 중앙정법위원회 서기 또한 타지키스탄 출신의 알리모프(Rashid Alimov) SCO 신임 사무총장에게 동일한 내용을 추진할 것을 촉구한 바 있다(Shanghai Daily 2016/01/27).

SCO는 안보적 성격의 강화와 함께, 회원국의 추가 가입 승인절차를 마련함으로써 기구와 안보 영향력의 범위 확대를 동시에 도모하기 시작했다. 2001년 6개국으로 출범한 SCO는 그동안 회원국의 확대를 고려하지 않았고, 이후 논의과정에서도 그 대상 국가들인 인도와 파키스탄의 관계, 이들과 중국 및 러시아와의 관계, 확대 자체에 대한 이견 등으로 본격적인 논의나 절차가 마련되지 못했었다. 그러나 회원국들은 2015년 러시아 우파(Ufa)에서 개최된 정상회담에서 옵저버 지위국인 인도와 파키스탄의 정식회원국 가입을 위한 결의를 채택했고, 인도와 파키스탄은 이듬해인 2016년 우즈베키스탄 타슈켄트에서 열린 정상회담에서 정식 가입을 위한 의무각서(Memorandum of Obligations)에 서명했다. 이어 이듬해인 2017년 6월 9일, 카자흐스탄 아스타나(Astana)에서 개최된 정상회담에서 SCO는 인도와 파키스탄의 정식 회원국 가입을 승인했다.[25] 이 두 국가의 가입으로

25_SCO. 2017a. "Rashid Alimov: The SCO is now 'G8'." http://eng.sectsco.org/news/20170615/299812.html (검색일: 2017. 7. 10)

SCO 회원국 인구는 전 세계의 40%로 늘어났고, SCO는 향후 지역안보 구조에 상당한 영향을 미치게 될 것으로 예상할 수 있다. 이는 또한 옵저버로서 가입신청서를 제출한 이란의 가입 여부와 터키의 가입에 대해서도 향후 일정한 영향을 미치게 될 것이다.

　　SCO의 안보적 성격 강화와 회원국 확대는 미국과 NATO의 경계심을 늘릴 수도 있으나 그렇다고 부정적 측면만 있는 것은 아니다. SCO가 아프가니스탄에서의 안보 공백을 어느 정도 메우고 있고, 일대일로의 추진과 실크로드 펀드, 미국의 동맹과 다수의 유럽 국가들이 참여한 AIIB의 투자 및 개발 대상지역의 국가들이 회원국이라는 점, 유라시아를 잇는 자원과 물자의 중심 통로에 위치한 국가들이 가입국이라는 점 등을 고려할 때, 다른 회원국들은 물론 중국과 러시아 모두 이 기구를 안보적 측면에서 미국이나 미국 주도의 NATO에 대항기구로 만들기는 어렵다. 그뿐 아니라 인도와 파키스탄의 가입으로, 이 두 국가와 중·러 간의 양자 및 다자적 역학관계를 감안할 때 SCO가 미국이나 유럽 혹은 아시아 국가들 어느 일방에 편향되거나 이들을 적으로 상정하기는 어렵다. 규범적 차원에서도 안보 대립적 성격의 강화는 SCO의 설립과 운영의 기본 이념인 '상호신뢰, 상호이익, 평등, 협상, 다양한 문화 존중, 공동발전 추구'라는 '상하이 정신'과 중국이 꾸준히 제기하고 확산하고자 하는 '신안보관'에 위배되어 오히려 그 설립 의도와 '신안보관' 자체가 의심받게 되는 역효과를 낳게 될 수도 있다.

　　이상에서 볼 때, SCO는 민주성, 개방성, 포괄적 안보 등 협력안보의 특징을 갖고 있으며, 전통 안보적 성격의 강화와 확대 경향에도 불구하고 비전통 안보적 차원의 협력 강화와 함께 경제협력도 지속적으로 병행해오고 있는 다자기구라 할 수 있다. 또한 일대일로, AIIB 등 아시아는 물론 유럽 국가들도 포괄하는 경제교류와 협력 및 실천이 복합적으로 중첩되는 지역에 있는 다자기구로서, 미국의 압도적 군사적 우위와 동맹에 의한 안보체제와는 다른, 중국의 신안보관이 투영된 안보 기구적 성격을 보여준다.

2) 아시아 교류 및 신뢰 구축회의(CICA)

중국 주도의 주요 다자안보체로 SCO와 함께 CICA를 들 수 있다. CICA는 원래 1992년 10월 개최된 47차 UN총회에서 카자흐스탄의 누르술탄 나자르바예프(Nursultan Nazarbayev) 대통령이 제의하여 창설된 협의체로, 처음부터 중국이 주도한 것은 아니었다. 당시 소련의 해체와 냉전의 종식, 신생독립국들의 탄생과 역내 포괄적 안보제도가 부재한 상태에서, 아시아의 평화와 안전을 위한 효율적이며 수용 가능한 국제조직으로서 CICA의 설립제의는 매우 시의적절한 것이었다. 그럼에도 2001년 9·11 테러로 미국이 테러와의 전쟁을 선포하며 비전통 안보위기가 상승하기 전까지 CICA는 다자안보기구로서 이렇다 할 주목을 받지 못했다. 1999년 장관급 회의를 개최한 것이 전부였다.

그러나 2001년 9·11테러로 인해 CICA는 2002년 6월 첫 정상회의부터 테러를 중요한 주제로 다루며 본격화되기 시작했고, 현재에도 테러는 CICA의 중요한 의제로 남아 있다. 서부의 분리 독립 움직임과 관련된 빈번한 테러의 발생으로 고민하던 중국은 당연히 미국의 대테러 움직임에 적극 협력하는 한편 CICA에도 적극적으로 나서기 시작했다. 덩샤오핑 이후 국제정세의 대세를 '평화와 발전'으로 규정하고 WTO에 가입하여 경제성장에 매진해야 했던 중국으로서는, 미국에 대한 협조와 함께 자국 내 분리 독립 세력들을 제압할 수 있는 명분을 얻는 데 더해, 미국의 관심이 중동으로 전환되는 '전략적 기회의 시기'를 맞이한 것이다. 때마침 2001년 출범한 SCO와 함께 2002년 본격 출발한 CICA는 중국이 표방하는 신안보관의 중요한 구현체이자 중국이 주도하는 다자협의체로서, 중국에는 향후 국제안보제도와 규칙제정자로서 자신의 역할을 시험할 수 있는 중요한 플랫폼으로 인식될 수 있었을 것이다.

현재 CICA의 회원국은 26개국으로, SCO보다 4배 이상 많다. 중동의 이집트, 이란, 이라크, 그리고 중앙아시아의 인도와 파키스탄은 물론, 동남아시아의 베트남, 태국에 이어, 동북아의 한국, 몽골까지 중동과 아시아 대부분의 국가들이 모두 CICA의 회원국이다. 미국과 일본이 정식 회원국이 아닌 상태에서, 러시아와 함께 중국은 이런 CICA를 통해 안보와 발전의 주체로서 아시아를 강조하면서 미국의 동맹에 의한 안보, 냉전적 사유와 영합적 사고를 비판하는 동시에, 자신의 신안보관을 확산하고 이를 구현하려 한다. 2014년 5월 상하이에서 개최된 CICA 제4차 정상회의에서 시진핑 주석의 발언은 중국의 이런 구상을 단적으로 보여준다. 그의 발언을 요약하면 "몸은 이미 21세기에 들어왔는데, 머리는 아직 냉전적 사고와 영합적 게임의 구시대에 머물러서는 안 되"며, "아시아의 안전은 결국 아시아인들이 보장해야" 하고, "발전은 안보의 기초이며, 안보는 발전의 조건"이라는 것이다(『人民网』2014/05/21).

그러나 안보적 측면에서 CICA의 영향력은 아직까지 제한적인 수준에 머물고 있다. 먼저, SCO만큼 제도화되지 않은 조직이며, 회원국의 수가 많은 만큼 정체성과 이익의 다양성으로 쉽게 응집력을 갖기 어렵다. 또한 '테러'라는 CICA의 주요 관심사는 SCO의 주요 의제의 하나와 겹치며, 두 조직 모두 전통적 안보에만 국한하지 않고 비전통 안보 측면에서의 신뢰구축과 협력을 추구한다는 점에서도 그 역할과 기능이 중첩된다. 게다가 회원국들은 2014년 상하이 정상회의에서 공동성명채택에 실패하며 동 회의체의 국제기구화에 실패했으며, 이후 2016년 개최된 장관급 회의에서도

CICA의 제도화에 미온적이었다. 이는 앞서 언급한 것처럼 중국이 안보적 측면에서 SCO의 역할 강화를 강조한 이유를 설명해주는 것이기도 하다.

그러나 중국이 CICA의 중요성이나 미래를 경시한다고 할 수는 없다. 오히려 중국은 그동안 CICA의 제도화와 타 국제기구와의 연계를 추진해 왔고 그러한 노력은 앞으로도 계속될 것으로 보인다. SCO와 UN은 이미 상호 교류와 협력을 추진해오고 있으며, CICA 역시 2007년 UN을 비롯하여 4개의 국제조직에서 옵저버 자격을 확보했다. 2016년 12월에는 국제이주기구(International Organization for Migration)의 옵저버 자격을 획득하기도 했다.[26] 주목할 만한 것은, 이에 앞서 2014년 중국이 SCO와 CICA 간 양해각서(Memorandum of Understanding: MOU)를 체결시킴으로써 UN, SCO, CICA를 연결했다는 점이고, 이후에도 다양한 국제기구와의 연계를 계속 추진하고 있다는 점이다.[27] 즉, 중국은 CICA를 단독으로 보지 않고 있으며 이를 제도화하고, SCO 및 UN과 연계시킴으로써 중동과 아시아의 전통 안보와 비전통 안보, 그리고 안보와 경제를 포괄하려는 구상을 갖고 있다고 할 수 있다. 이를 통해 중국은 미국의 동맹에 의한 안보체제와 그 체제에 내재한 냉전적·영합적 안보관을 비판하고 국제 안보질서의 규범과 무게중심을 자신의 신안보관, 자신의 발언권이 작동하는 UN과 아시아 중심으로 이동시키고자 한다고 볼 수 있다.

26_CICA. "External relations." http://www.s-cica.org/page.php?page_id=13&lang=1 (검색일: 2017. 4. 11)

27_SCO와 CICA는 2017년 8월 27일 카자흐스탄의 수도 아스타나에서 EXPO 2017 기간 중 'SCO의 날' 기념행사의 일환으로 국제 마라톤을 '공동으로' 개최했다. SCO. 2017b. "SCO and CICA International Marathon to take place in Astana." http://eng.sectsco.org/news/20170710/308364.html (검색일: 2017. 7. 17)

V. 결론

세력전이론에 의하면 국제체제는 위계적이며 그러한 위계적 질서 내에서의 제도는 최상위 강대국에 의해 형성된다. 부상하는 강대국은 기존 강대국에 의해 형성된 기존 제도에 자신의 이익이 적정하게 반영되지 않을 경우 불만을 갖게 되고, 기존의 제도에 대한 수정을 도모하게 된다. 중국은 개혁개방 이후 현재까지 지속적인 발전을 통해 G2로 도약했으며, 기존 강대국 미국에 대한 세력전이의 당사자로 언급되면서 자타가 공인하는 신흥 강대국으로 성장했다. 사회주의국가, 개도국, 비서구국가 등 다양한 기존의 정체성에 더해 중국은 G2, 즉 신흥 강대국이라는 정체성을 추가 획득한 것이다. 중국은 스스로 인정하듯 미국과 서구 강대국들이 수립한 기존의 개방적·자유주의적 성격의 국제제도와 규칙의 최대 수혜자이자 그 틀 내에서 신흥 강대국으로 성장했다. 그럼에도 불구하고, 그 제도가 신흥 강대국으로서 자신이 규정하는 이익을 더 이상 충분히 반영하지 못하고 있다는 불만을 표출해왔고 그에 따라 기존의 규칙과 제도에 변화를 가하려는 시도를 구체화하고 있다.

중국의 불만과 개혁요구가 새로운 것은 아니지만, 이전과 다른 것은 현재의 중국이 기존의 국제규범과 제도에 대한 불만의 목소리와 수정의 요구를 이전보다 빈번하고 강도 높게 표출하고 있으며, 신장된 국력을 바탕으로 이를 행동으로 옮기기 시작했다는 점이다. 즉, 과거와 현재의 차이는 중국의 종합국력 상승과 정체성의 변화 그리고 그에 따른 국가이익의 확대이며, 실제로 중국은 자신이 규정한 이익 특히 소위 '핵심 이익'과 '중대 관심사'를 확보하려는 과정에서 물리적 수단과 함께, 서구가 제정하고 해석하는 국제법과 국제규범에 대해 대항담론을 제기하며 규범경쟁에 적극적으로 임하기 시작했다.

　이처럼 기존 정체성에 더한 중국의 신흥 강대국으로의 정체성 변화, 그리고 서구 강대국의 이익을 중심으로 형성, 운영된 기존 국제질서의 불공정성이라는 두 요인은 중국으로 하여금 기존의 국제 정치경제 제도에 대해 불만을 품게 했다. 이에 중국은 국력의 상승을 계기로 기존의 규칙과 제도에 대해 선택적 변화를 추진하기 시작했다. 변화를 위한 중국의 노력이 선택적인 이유는, 종합국력 상승에도 불구하고 안보적 측면에서 미국의 압도적 우위와 경제적 측면에서의 상대적·질적 우위, 정치적 측면에서의 소프트파워 부족 등 미국과의 종합국력 차이가 여전히 크기 때문이라 할 수 있다. 또한 중국은 기존 국제제도 내에서 성장했다. 이는 곧 기존의 국제 제도가 중국에게 상당한 이익을 주었고, 그러한 제도가 중국이 배제된 채 운영된 것은 아니라는 의미이기도 하다. 실제로 중국은 UN, NPT, IMF, WB, ADB, APEC, WTO 등 대부분의 세계 및 지역 다자제도와 기구에 대한 참여자이자 수혜자였고, 2001년 '전략적 기회의 시기'가 시작된 이후에는 단순한 '참여자'에서 점차 '제정자'로서의 면모를 보이기 시작한 것이 사실이다.[28]

　중국은 이처럼 부상하는 강대국으로서 자신의 정체성과 국력상승에 상응하는 이익의 획득을 위해 미국과 서구 강대국들에 의해 설립된 기존의 국제규범과 제도에 대한 보완과 개혁을 추진하고 있다. 적어도 가까운 미

28_중국은 21세기 초의 20년을 중국이 전면적 소강사회를 달성하고 글로벌 강대국으로 굴기할 수 있는 국내외적 조건이 갖춰진 시기, 즉 '전략적 기회의 시기'로 보고, 이의 충분한 활용을 위해 적극 행동에 나서야 한다고 인식했다. 실제로, 중국은 특히 2001년 9·11사태로 인한 미국과의 협력 강화, WTO 정식 가입 등을 통해 이런 인식을 강화하며 자신의 전략적 목표 달성을 위해 적극적으로 행동에 나서기 시작했다(黃仁偉, 2003).

래에 중국이 강대국화 과정에서 구상하는 국제제도와 규칙의 모습은 기존의 제도와 체제에 대한 전면적 수정은 아니라고 할 수 있다. 그것은 또한 강대국으로서 중국의 정체성을 반영할 뿐만 아니라, 지속적인 강대국화를 위한 환경조성이라는 전략의 일환이기도 하다.

중국은 기존 국제체제 내에서 권리는 최대화하고 의무는 최소화하고자 했다. 동시에 기존 체제의 순기능과 장점은 수용하되, 신장된 자신의 국력과 정체성에 기초한 대내외적 이익의 확보를 위해 미국과 서구 중심의 자유주의와 시장경제체재, 안보체제가 드러내온 기존 규칙과 제도의 단점과 부작용에 대한 보완과 선택적 수정을 추진하고 있다. 국제경제 질서의 변경 노력에서 중국은 자신과 유사한 정체성 혹은 경제적 이익을 가진 브릭스 국가들, 그리고 자신이 속한 아시아 지역 국가들과 함께 WTO, IMF 등 기존의 제도적 틀 내에서 신흥 시장국가와 개발도상국들의 경제적 이익을 반영하기 위해 발언권의 강화와 개혁을 도모하는 규칙 수용자, 개정자의 역할을 수행해왔다. 다른 한편 AIIB, NDB, CRA의 설립과 인민폐 국제화 추진, RCEP, 아시아 · 태평양자유무역지대(Free Trade Area of the Asia-Pacific: FTAAP), G20의 제도화 추진 등을 통해 기존의 국제경제 제도와는 차별화된 자국 주도의 규칙과 제도를 만들어가는 규칙 제정자로서의 모습을 형성하는 과정에 있다.

경제적 측면에서 중국이 국제경제 신질서를 추진하며 적극적인 규칙 제정자의 모습을 보이는 데 비해, 안보적 측면에서 규범과 게임의 룰을 정하기 위한 중국의 노력은 상대적으로 제한적이며 한계를 보인다. 국제경제 신질서의 건설에서 중국은 아프리카, 유럽, 아시아, 북남미 국가들을 회원국으로 포괄하며 지역 및 세계 차원에서 행위하는 데 비해, 안보 레짐과 제도 차원에서는 중동부터 중앙아시아 그리고 극동아시아까지 아시아를 주요 범위로 설정한다. 안보의 측면에서 중국은 동맹을 포함한 미국과의 현저한 군사력 격차와 정체성에 기인한 소프트파워의 한계로 인해, 신안보관의 확산에 노력하는 한편, UN이라는 제도적 틀과 다자주의를 강조하면서 제한적인 수준에서 다자안보체제를 추동하고 있다.[29] 미국은 유럽과 아시아를 포함한 전 세계에 걸쳐 양자 및 다자동맹을 형성하고 군대를 주둔시키고 있는 반면, 중국은 동맹을 맺지 않고 있으며 해외에 전통안보 차원의 군대 주둔이 없고, 중국 주도의 SCO와 CICA 역시 아태지역에 국한되어 있다. 이러한 측면들은 신안보관의 확산 노력과 이에 기초한 UN, SCO, CICA의 연계·발전·확장에도 불구하고 중국이 아직까지 미국과 그 동맹국에 의한 기존의 안보질서를 바꿀 만큼의 군사적 역량을 축적하지 못했으며, 국제사회는 물론 역내 국가들의 신뢰도 얻지 못하고 있다는 것을 보여준다.[30]

이는 강대국화 과정에서 신안보관에 의한 자국 중심의 안정적 안보환경을 구축하고 이를 공고화하기 위한 중국의 노력에도 불구하고, 안보적 측면에서 기존 국제규범과 규칙에 대한 중국의 개혁 시도가 여전히 제한적인 수준과 범위에 국한되어 있음을 의미한다. 그러나 시진핑 정권 출범 이후 현재까지 중국몽 실현을 향해 중국 지도부가 보여온 의지와 자신감을 고려할 때, 중국은 향후 강대국화 과정에서 기존 국제규범과 제도에 대해

29_본 연구 설문조사 대상자의 54.5%가 신안보관의 제기와 확산이 성공적이라고 보았고, 그렇지 않다는 대답은 9.1에 그쳤다. 다만, 중국이 주도하는 새로운 형태의 안보조직이 성공적인 편이라고 평가한 비율과 그렇지 않다고 평가한 비율은 27.9%로 같았다.

30_본 연구 설문 중 미국 주도의 동맹체계와 안보조직에 대한 중국의 반대와 견제의 성공 여부에 대해 16.3%만이 '성공적'이라고 답했고, '그저 그렇다'는 대답은 39.5%였으며, '성공적이지 않다'는 응답비율이 41.9%로 가장 높았다.

국제 정치경제 신질서 구축과 신안보관의 확산 등 자신의 정체성과 시각을 반영한 보완과 개혁 노력을 지속적으로 추진해갈 것으로 예상할 수 있다.

참고문헌

김헌준, 2016, "미중 간 사회과학 지식체계에서의 경쟁," 동아시아연구원.
류동원, 2004, "중국의 다자안보협력에 대한 인식과 실천,"『국제정치논총』제44집 4호.
이성량, 2015, "아시아인프라투자은행(AIIB)의 의미 및 시사점,"『사회과학연구』제22권 제2호.
이원우, 2011, "안보협력 개념들의 의미 분화와 적용,"『국제정치논총』제51집 1호.
이정남, 2013, "중미관계에 대한 중국의 인식: '이익 상관자', 'G2'와 '신형강대국관계'를 중심으로,"『현대중국연구』제15집 1호.
조영남, 2009, "21세기 중국의 동맹정책: 변화와 지속," 동아시아연구원.
최원기, 2016, "아시아인프라투자은행(AIIB)의 출범: 평가와 전망," 국립외교원 외교안보연구소.

Bergsten, Fred, 2015, "US should work with the Asian Infrastructure Investment Bank," *The Financial Times*, March 16. https://www.ft.com/content/4937bbde-c9a8-11e4-a2d9-00144feab7de (검색일: 2017. 5. 2)

Breslin, Shaun, 2010, "China's Emerging Global Role: Dissatisfied Responsible Great Power," *Politics*, 30(s1).

Buzan, Barry, 2010, "China in International Society: Is 'Peaceful Rise' Possible?" *The Chinese Journal of International Politics*, 3(1).

CICA, "External relations." http://www.s-cica.org/page.php?page_id=13&lang=1 (검색일: 2017. 4. 11)

Combes, Katherine, 2011, "Between Revisionism and Status Quo: China in International Regimes. China's behaviour in the global trade, non-proliferation and environmental regimes," *POLIS Journal*, no. 6.

Ikenberry, G. John, 2008, "The Rise of China and the Future of the West: Can the liberal system survive?" *Foreign Affairs*, 87(1).

Johnston, Alastair Iain, 2003, "Is China a Status Quo Power?" *International Security*, 27(4).

Kang, David C., 2003, "Getting Asia Wrong: The Need for New Analytical Frameworks," *International Security*, 27(4).

_____, 2005, "Why China's Rise Will Be Peaceful: Hierarchy and Stability in the East Asian Region," *Perspectives on Politics*, 3(3).

＿＿＿, 2007, *China Rising: Peace, Power, and Order in East Asia*, New York: Columbia University Press.

Kent, Ann, 2013, "China's participation in international organisations," in *Power and Responsibility in Chinese Foreign Policy*, eds. Zhang, Yongjin and Greg Austin, Canberra, ACT: ANU E Press.

Kim, Samuel S., 1992, "International Organizations in Chinese Foreign Policy," *The Annals of the American Academy of Political and Social Science*, no. 519.

Men, Honghua, 2014, "China's National Identity in Transition: Domestic and International Perspectives (1982-2012)," *Social Sciences in China*, 35(2).

Morgenthau, Hans J., 2005, *Politics among Nations: The Struggle for Power and Peace*, New York: The McGraw-Hill Companies.

Organski, A. F. K., 1968, *World Politics*, New York: Alfred A. Knopf.

SCO, 2017a, "Rashid Alimov: The SCO is now 'G8'." http://eng.sectsco.org/news/20170615/299812.html (검색일: 2017. 7. 10)

＿＿＿, 2017b. "SCO and CICA International Marathon to take place in Astana." http://eng.sectsco.org/news/20170710/308364.html(검색일: 2017. 7. 17)

Shambaugh, David, 2013, *China Goes Global: The Partial Power*, Oxford: Oxford University Press.

Tiezzi, Shannon, 2015, "China Urges Greater Security Role for the SCO," *The Diplomat*, June 5. https://thediplomat.com/2015/06/china-urges-greater-security-role-for-the-sco(검색일: 2017. 4. 11).

U. S.-China Economic and Security Review Commission, 2017, "Evaluation of China's Nonmarket Economy Status." https://www.uscc.gov/sites/default/files/Research/Non%20Market%20Economy% 20Issue%20Brief.pdf (검색일: 2017. 5. 22)

Wendt, Alexander, 1992, "Anarchy is what States Make of it: The Social Construction of Power Politics," *International Organization*, 46(2).

Womack, Brantly, 2015, "China and the Future Status Quo," *The Chinese Journal of International Politics*, 8(2).

Xiang, Lanxin, 2001, "Washington's Misguided China Policy," *Survival*, 43(3).

Zhao, Suisheng, 2016, "China as a Rising Power Versus the US-led World Order," *Rising Powers Quarterly*, 1(1).

"China stresses security cooperation as new SCO Secretary-General takes office," *Shanghai Daily*, January 27, 2016. https://www.shine.cn/archive/nation/China-stresses-security-cooperation-as-new-SCO-SecretaryGeneral-takes-office/shdaily.

shtml (검색일: 2017. 4. 11)

"Declaration on the Establishment of a New International Economic Order," UN documents, 1974, http://www.un-documents.net/s6r3201.htm (검색일: 2017. 9. 12)

"Next SCO exercise Peace Mission due in Russia in 2018," *TASS*, September 20, 2016. http://tass.com/defense/900937 (검색일: 2017. 2. 27)

郭树勇, 2017, "中国国际关系理论建设中的中国意识成长及中国学派前途," 『国际观察』第1期.

掘中浩, 1982, "国际经济新秩序理论的发展," 『国际经济评论』第7期.

当代财经, 1989, "何谓国际经济新秩序," 『当代财经』第8期.

刘建飞, 2016, "中国追求什么样的国际秩序." http://opinion.huanqiu.com/1152/2016-04 /8794823.html (검색일: 2017. 10. 5)

刘学文·朱京安, 2015, "国际贸易救济中我国非市场经济地位的困境与突围," 『经济问题探索』第4期.

李思奇·姚远·屠新泉, 2016, "2016年中国获得'市场经济地位'的前景: 美国因素与中国策略," 『国际贸易问题』第3期.

李双双, 2016, "中国'非市场经济地位'问题探," 『国际贸易问题』第5期.

李巍, 2016, "中美金融外交中的国际制度竞争," 『世界经济与政治』第4期.

李兴, 2009, "国际秩序新变局与中国对策的思考," 『现代国际关系』第11期.

门洪华, 2016, "从中国特色到中国学派——关于中国国际政治理论建构的思考," 『国际观察』第2期.

方长平, 2012, "中国与世界主要国家或地区的国际秩序观比较," 『国际政治研究』第4期.

徐崇利, 2012, "新兴国家崛起与构建国际经济新秩序," 『中国社会科学』第10期.

"习近平在亚信峰会作主旨发言(全文)," 『人民网』2014/5/21. http://world.people.com.cn/ n/2014/0521/c1002-25046183.html (검색일: 2017. 5. 2)

杨洁勉, 2003, "美国的全球战略和中国的战略机遇期," 『国际问题研究』第02期.

牛新春, 2014, "中国国际身份刍议——国际横向比较视角," 『现代国际关系』第12期.

中华人民共和国外交部, "中国有关国际秩序的主张." http://www.mfa.gov.cn/chn//gxh/zlb /zcwj/t24778.htm (검색일: 2017. 11. 9)

曾伟·龚仪·洪蔚琳·杨卫娜·刘鹏飞, 2016, "携手行动 传递信心 创新发展--解析习近平G20 杭州峰会主旨讲话和致辞." 『人民网』2016/9/6. http://politics.people.com.cn/n1 /2016/0906/c1001-28695157.html (검색일: 2017. 5. 2)

蔡拓, 2009, "中国在国际秩序转型中要有所作为," 『现代国际关系』第11期.

佟家栋·刘程, 2016, "全球化调整期与国际经济新秩序中的中国定位," 『中共中央党校学报』第20卷 第1期.

何力, 2013, "国际经济新秩序的理念和现实,"『东方法学』第2期.

胡鞍钢·宋鲁郑·高路·王琳·乔治 马格纳斯·安德烈 弗尔切克·谢晓光·毛莉, 2013, "'中国制度创新打破西方迷思'等7则,"『求是』第17期.

黄仁伟, 2003, "论战略机遇期,"『世界经济研究』第6期.

7장

강대국 중국의 군사적 지향과 형상*

하도형

I. 서론

중국은 시진핑 정권 등장 이후 '중국의 꿈(中国梦)'의 제기를 통해 '중화민족의 위대한 부흥'을 이룰 것이라는 야심찬 포부를 선언하고, 강대국을 향한 행보를 본격적으로 추진하기 시작했다. 중국과 바다를 경계로 인접해 있는 우리의 입장에서 이와 같은 중국의 강대국화 추진에 대한 높은 관심은 너무도 당연하며, 또한 그로 인한 결과가 긍정적이든 부정적이든 간에 지역질서 및 세계질서에 중요한 영향요인으로 작용할 것이라는 점도 대단히 명확하다. 그런데 문제는 바로 여기에 있다. 즉 중국의 강대국화가 한반도 주변 지역질서 및 세계질서에 지대한 영향을 미칠 것이라는 점은 대단히 명확하지만, 과연 중국의 강대국화가 우리에게 어떠한 영향을 미칠 것인지에 대해서는 기대와 우려가 병존하는 가운데 불확실성 및 이에 따른

---

* 이 글은 『중소연구』 제41권 4호에 수록된 논문을 일부 수정, 보완한 것이다.

불안감이 증폭되고 있다.

이러한 불확실성과 불안감의 발생 원인은 중국이 강대국화의 포부를 공식적으로 표방하고 있지만, 실제로 중국이 어떠한 강대국이 될 것인지에 대한 전망은 물론이려니와, 중국이 어떠한 강대국을 추구하고 있는지에 대한 현실적 파악도 대단히 불명확하기 때문일 것이다. 따라서 이와 같은 불확실성과 불안감을 해소하기 위해서는 중국의 강대국화가 과연 어떠한 강대국을 지향하과 있는 것인지에 대해 명확하게 고찰해볼 필요가 있다.

이에 대한 논의를 위해 우선적으로 파악해야 할 것은 강대국에 대한 개념적 접근이다. 강대국에 대한 개념적 정의와 관련하여 이와 연관된 개념들을 살펴보면 크게 세가지로 나타나고 있다. 강대국(Great Power), 초강대국(Superpower), 극초강대국(Hyperpower)이 바로 그것이다. 우선 강대국은 위계적인 국가체제에서 가장 강한 국가를 지칭하는 것으로 첫째, 강대국은 군사력이 최고 우위에 있어서, 자체 안보를 유지할뿐더러 다른 국가에 영향을 미칠 수 있는 잠재력을 가진 국가이다. 둘째, 강대국은 경제적으로 막강한 국가인데, 경제는 강대국이 되기 위한 필요조건이지만 충분조건은 아니다(일본의 경우). 셋째, 강대국은 이해관계가 미치는 영역 면에서 지역적이 아니라 글로벌적이어야 한다. 넷째, 강대국은 전진된(Forward) 외교정책을 추구해야 하며, 국제문제에 대해 실질적인 영향력을 가져야지 잠재적인 영향력을 가지면 안 된다(Heywood, 8).

초강대국은 폭스(William Fox)가 처음으로 사용했는데, 이는 기존의 '강대국'보다 강력한 국가를 의미한다. 폭스는 초강대국들이 거대한 힘을 동원할 수 있는 거대한 능력도 보유한다고 주장한다. 이 용어는 냉전 기간 미국과 소련이라는 특정 국가들에 대하여 사용되었기 때문에, 개념적 의미보다는 역사적 의미가 더 크다. 미국과 소련을 초강대국으로 표현한다는 점은 이 두 국가들이 첫째, 세계적 범위(global reach), 둘째, 자신의 이념적 진영 또는 세력권 내에서의 지배적인 경제적 · 전략적 역할, 셋째, 압도적인 군사력, 특히 핵무기를 다량 보유하고 있다는 것을 의미한다(Heywood, 41).

극초강대국은 브레진스키(Zbigniew Brzezinski)가 『거대한 체스판: 21세기 미국의 세계 전략과 유라시아』를 출판했을 때, 전 지구적 헤게모니를 가진 미국에 대해 당시 프랑스 외무장관 위베르 베르딘이 붙인 이름으로(브레진스키 2004, 28), 자신이 선택한 세상의 어떤 부분에서든 결정적 역할을 할 수 있는 군사적, 경제적, 문화적 자산을 가진 유일한 국가라 할 수 있다(Kegley & Blanton, 125). 또한 이러한 강대국과 관련한 세 개의 연관된 개념들은 제국의 개념과도 상통한다고 볼 수 있다.[1]

강대국과 연관된 이와 같은 개념들의 구성요소를 종합해보면, 강대국은 경제와 군사라는 2개의 영역[2]에서 압도적인 힘을 갖고 타국에 영향력을 미치는 국가라고 정리할 수 있다. 따라서 중국 역시 강대국이 되는 과정에서 압도적인 경제력과 군사력의 보유가 필수적으로 요구된다.

이와 같은 배경하에 이 장에서는 시진핑 집권 이후 강력하게 대두되고 있는 중국의 강대국화 추진과 관련하여, 강대국의 힘을 구성하는 핵심적인

1_제국에 대해서는 다음을 참조. 헤어프리트 뮌클러, 공진성 역, 『제국: 평천하의 논리』, 책세상, 2015; 브레진스키, 김명섭 역주, 『제국의 선택: 지배인가 리더십인가』, 황금까치, 2004; 노암 촘스키, 황의방 · 오성환 역, 『패권인가 생존인가: 미국은 지금 어디로 가는가』, 까치, 2004, 19-65.

2_강대국을 구성하는 경제와 군사의 2개 구성요소는 폴 케네디(Paul Kennedy)의 명저 『강대국의 흥망』에서도 부제로 설정되어 그 중요성이 나타나고 있다. Paul Kennedy, *The Rise and Fall of the Great Powers: Economic Change and Military Conflict 1500 to 2000*, New York: Random House, 1987.

2개의 영역 가운데 군사 영역을 주로 고찰해보고자 한다. 이는 우선, 개념적 측면에서 군사 영역이 강대국의 핵심 구성요소 가운데 하나일 뿐만 아니라, 현실적으로도 주로 경제성장에 주력해왔던 중국이 최근 시진핑 집권 이후 '강군몽(强軍梦)'의 슬로건을 제기하면서 군사적 강대국의 꿈을 노골적으로 드러내고 있기 때문이다.

또한 이 장에서는 강대국화 구상 측면에서 중국이 군사적으로 어떠한 강대국을 추구하는지에 대해 고찰해보고자 한다. 즉 앞서 언급했던 것처럼 중국이 어떠한 강대국을 추구하고 있는지에 대한 현실적 파악이 대단히 불명확함으로 인해 발생하는 불확실성과 불안감을 해소하기 위해서는 과연 중국이 어떠한 강대국을 지향하는지에 대해 명확하게 고찰해볼 필요가 있으며, 이러한 측면에서 중국이 추구하는 강대국이 군사적 측면에서는 어떤 모습인지를 그려볼 필요가 있다.

그런데, 주지하다시피 중국의 군사부문은 투명성이 매우 낮은 영역 가운데 하나이며 중국의 군사전략이나 국방정책에 관한 구체적인 공개가 이루어지지 못하고 있는 것이 작금의 현실이다. 따라서 이 장에서는 중국이 추구하는 강대국이 군사적 측면에서 어떤 모습인지를 그려보기 위해, 지금까지 공개된 공식자료를 바탕으로 군사적 신념에 대한 분석을 시도하는 한편, 국제정치학자들을 중심으로 중국의 지식인들에 대한 인식조사를 통해 과연 중국이 지향하는 강대국이 군사적으로 어떠한 모습인지에 대해 살펴보고자 한다.

이러한 연구방법을 선택한 이유는 우선 중국의 군사 및 국방 영역이 구체적으로 공개되지 않음에 따라, 물질적 조건과 구조를 중심으로 한 구조적 접근법을 사용하기가 상당히 제한되기 때문이다. 이러한 한계를 극복하기 위한 방법 가운데 하나로 행위자 중심의 접근법을 시도해볼 수 있으나,

역시 군사 영역의 특성상 정치 지도자 및 관련 정책 결정자와의 직접 면담 뿐만 아니라 면담 시 관련 정보공개도 상당히 제한될 수밖에 없다. 따라서 이 장에서는 이러한 한계를 극복하기 위해, 인식과 인지, 신념 같은 요소를 중시하는 관념적 접근을 시도해보고자 한다. 이를 위해 강대국화와 가장 관련성이 깊은 중국의 국제정치학자들을 중심으로 중국이 진정한 강대국으로 부상하기 위해서는 어떠한 군사적 지향을 추구해야 하는지에 대한 인식을 조사해봄으로써, 중국이 추구하는 군사적 형상을 파악해보고자 한다. 그리고 이를 바탕으로 중국이 과연 군사적으로 어떠한 강대국이 될 것인지를 조망해보고자 한다.

II. 기존 논의 검토 및 문제 제기

중국의 강대국화와 관련한 군사 부문의 기존 연구를 살펴보면 크게 두 가지 부류로 나눠볼 수 있는데, 군사 부문에서 중국을 글로벌 강대국으로 보기에는 아직 부족하다는 주장과, 중국 군사력의 급속한 확장을 경계해야 한다는 주장이 그것이다. 샴보(David Shambaugh)는 중국이 불완전한 (partial) 강대국이라는 주장을 바탕으로, 어떤 면에서는 세계 2위의 군대를 보유했다고 할 수 있지만, 글로벌 차원의 군사강국이나 전략적 행위자로 보기는 어려우며, 동맹체결, 해외기지 확보와 주둔군 파견, 군사력 해외 투사역량 구축, 해군함정 해외순방, 타국에 대한 무력시위, 분쟁 시 직접적 전투 참여 또는 대리국을 통한 개입 같은 기존 강대국의 방식을 취하지 않음을 지적했다. 또한 유엔 평화유지군 활동을 위한 육군의 수송도 상업용 항공기를 대절함으로써 이루어지는 등 여전히 역량의 부족이 나타나고 있다고 주장했다(Shambaugh 2013). 이와 함께 중국이 비록 20여 년의 군사변환을 진행해왔지만 여전히 미완이며, 제도적으로 지휘기구, 인적 자질, 전문능력, 부패 같은 제도적 측면과 조달, 수송, 특수임무항공기, 함대방공 및 반잠수함 능력 등이 부족하다는 지적 또한 있다(Chase et. al. 2015).

이에 반해 인민해방군의 개혁성과에 주목하면서 중국 군사력에 대한 경계심을 표출한 연구도 있다. 미국은 중국의 부상을 좌절시키거나 동맹국과 함께 중국에 대한 봉쇄 단행, 혹은 미중 냉전을 일으킬 용기가 없다는 주장을 제기하면서 군사력의 균형이 중국으로 기울었다는 관점이 제기되었다(Gompert 2012). 또한 동아시아 지역에서 재래전의 균형이 흔들리고 있음과 동시에 핵우위마저도 상실해가고 있으며, 해군력 면에서도 부분적이기는 하지만 중국이 장거리 대함 미사일을 실전에 배치한다면 대형 군함에 의존하는 미국이 많은 것을 잃게 될 가능성이 있고, 이에 따라 지역 우방국에 대한 미국의 보호가 어려울 수 있음을 지적한 연구도 있다(Friedberg 2011, 215-244). 다른 한편으로 중국이 강력한 군사력 배양을 추진하지 않은 것은 미국을 도발하도록 만드는 재난적 결과를 우려했기 때문일 뿐이며, 시기적으로 미국이 저지하기에는 늦어버리게 되는 십년 주기의 마지막 경쟁단계가 되면 중국이 군비지출에 대한 제약을 스스로 제거할 것이라는 주장도 제기되고 있다(Pillsbury 2015).

이러한 두 가지 상반된 시각에는 다음과 같은 문제점이 있다. 우선 글로벌 강대국으로 보기에는 다소 한계가 있다는 주장은 주로 중국의 군사적 능력에 그 근거를 둔다. 그러나 이러한 주장은 '불완전한 강대국'이나, '미완성의 군사변혁'을 통해 세계적인 영향력을 가진 강대국이 되지는 못할 것이라는 전망만 제시할 뿐 군사적으로 어떠한 강대국이 될 것인지에 대해서는 명확한 개념적 해답을 제시하지 못한다. 다음으로, 개혁에 따른 중국 군사력의 성과에 주목한 연구들도 비록 부분적으로 전략적 차원에서 군사력 확장의 의도에 어느 정도 의심의 눈초리를 보내고 있기는 하지만, 의도에 대한 분석보다는 군사력 증대라는 능력 측면에 근거한 경계심을 표출함과 동시에, 그 결과로서 지역적 범위에 한정된 영향력 행사 가능성에 무게를 두고 있다.[3] 결국 두 가지 상반된 시각 모두 군사적 능력에 기반을 두고 있으며, 군사적 측면에서 어떠한 강대국을 추구하고 있는지에 대한 중국의 의도에 대해서는 명확히 밝히지 못하고 있다.

한편 시진핑 정권 등장 이후 추진되고 있는 중국의 군사개혁에 대한 기존 논의를 검토해보면, 우선 대부분의 연구들이 최근의 군사개혁과 관련하여 변화된 부분에 대한 내용의 소개가 주를 이루거나(Shi 2014; Cordesman 2016), 이러한 변화가 과거 병력감축에 집중되었던 개혁과 달리 획기적인 변화라는 측면에 중점을 두고 군사개혁의 핵심적 내용을 부패단속을 포함한 정치적 통제와 합동성 강화에 무게를 두고 있다(Doyon and Duchâtel 2016; Saunders and Wuthnow 2016; Kokoshin 2016). 이와 더불어 중국 군사개혁의 합동성 강화는 미국의 1986년 골드워터-니콜스 법안에 근거한 국방개혁과 유사성이 있다는 비교적 관점도 제기된다(Saunders and Wuthnow 2016). 다만 이러한 연구 역시 최근의 군사개혁이 군사적 측면에서 어떠한 강대국을 지향하는지에 대해 고찰하지는 못하고 있다.

따라서 이 장에서는 기존 연구에서 중점을 두는 군사 능력 요소를 일부

3_능력, 의지, 인식의 요건을 중심으로 중국의 강대국화를 고찰한 한 연구에서도 군사부문에 대해서는 강대국이 될 수 있을지에 대한 능력적 범주에 중점을 두고 있다(정재호 편 2006, 28-33).

고려하는 가운데, 중국이 군사 영역에서는 어떠한 모습의 강대국을 구상하고 있는지에 대해 밝혀보고자 한다. 특히 강대국 중국이 구상하는 군사 영역의 상(像)을 파악하는 데 있어, 필자가 중국의 국제정치학자들에 대해 진행한 심층인터뷰 및 설문조사의 결과를 중심으로 고찰해보고자 한다.

III. 강대국 중국의 군사적 지향점

1. 최근의 지휘체계 개혁과 군사적 강대국화의 의지 표출

중국은 최근 '중국의 꿈(中国梦)과 강국의 꿈(强国梦)'을 실현하기 위해 '싸워서 이기는 군대(能打仗, 打胜仗)'라는 목표하에 대폭적인 군 체제 개혁을 개시했다. 이번 개혁은 2013년 3월 제12차 전국인민대표대회에서 중화민족의 위대한 부흥을 위한 강군 달성을 위해 새로운 형세하의 강군(强军) 목표로서 당의 지휘(听党指挥), 전쟁승리(能打胜仗), 작풍우량(作风优良)' 등이 제시됨으로써 시작되었다. 이후 2013년 11월 중국공산당 제18기 3중전회에서 전면적 심화개혁의 한 분야로서 국방 및 군 개혁이 제기되었고, 이에 따라 2014년 시진핑을 조장으로 하는 중앙군사위원회 국방·군대 개혁 심화 영도소조가 설치되었으며, 2016년 1월 '국방과 군대 개혁 심화에 관한 의견'을 통해 향후 5년간 주요 개혁과제가 제기되었다.

제시된 주요 개혁과제는 군대 영도관리체계, 합동작전 지휘체계, 군대 구조조정, 부대편성, 신형 군사인재 배양, 무장경찰부대 지휘관리체제, 인사 및 자원관리 정책, 민군융합발전, 군사법제의 아홉 가지였다. 최근의 개혁조치는 이러한 아홉 가지 개혁과제 가운데 주로 전반부 3개 과제와 관련되며, 군 체제 개혁의 목표로서 제시된 '중앙군사위원회 총괄관리(軍委管总), 전구 작전주력(战区主战), 군종 건설주력(军种主建)'이라는 3개 측면에서 최근 개혁의 주요 내용을 고찰해볼 수 있다.

첫 번째, '중앙군사위원회 총괄관리'의 측면에서 '상층부 영도 지휘체계 개혁'이 진행되었으며, 이를 통해 군사위원회 총부체제 조정과 군사위원회 다부문제의 실시가 이루어졌다. 구체적으로 중앙군사위원회 산하 4대 총부(총참모부, 총정치부, 총후근부, 총장비부) 체제를 15개 직능부문(7개 부, 3개 위원회, 5개 직속기구)으로 개편했다.[4]

두 번째, 전구 작전주력의 측면에서 전구(战区)체제 개편이 진행되었는데, 이에 따라 기존의 7대 군구(军区)가 5대 전구체제로 개편되었다. 이러한 전구체제로의 개편은 군령과 군정의 분리를 통한 합동작전 지휘체계의 확립과 강화로 볼 수 있다. 즉 과거 군구체제에서 육해공 각 군과 병종부대의 합동작전 지휘 및 소속부대의 군사훈련, 정치업무, 행정관리, 군수, 민병 및 병력 동원, 전장건설 등과 같은 지휘와 관리 임무가 혼재되어 있었던 상황을 개선하고, 군령권의 확립을 통해 합동작전 지휘체계를 확립하고 강화한 것이다.

세 번째, 군종 건설주력의 측면에서 4개 군종(육·해·공·로켓군)과 1개의 특수 병종(전략지원부대)을 포함한 5대 군·병종 체제를 갖추게 되었다.

4_7个部(厅): 办公厅·联合参谋部·政治工作部·后勤保障部·装备发展部·训练管理部·国防动员部.

3个委员会: 纪委·政法委·科技委.

5个直属机构: 战略规划办公室·改革和编制办公室·国际军事合作办公室·审计署·机关事务管理总局.

이는 과거 대육군주의에 따라 해·공군과는 달리 육군의 전문 영도기구가 부재한 가운데 육군이 모든 것을 주도하던 데에서, 군정권의 확립을 통해 각 군종별 관리체계에 기반을 둔 군사력 건설을 도모하기 위한 것이다.

이러한 개혁조치에 따라 중국 군은 과거 4대 총부 체제를 바탕으로 군정(軍政)과 군령(軍令)이 혼재되어 있던 구조에서 중앙군사위-전구-부대의 작전지휘체제(軍令)와 중앙군사위-군종-부대의 영도관리체제(軍政)로 구분되는 체제를 갖추게 되었고, 이로써 실질적인 전투수행 및 합동작전 실시를 위한 군사력 운용의 체제적 조건이 강화되었다.

한편, 이와 같은 중국의 최근 개혁조치가 미국의 1986년 골드워터-니콜스 법안에 근거한 국방개혁과 유사하다는 연구에 비춰보면(Saunders and Wuthnow 2016), 이는 세계적 초군사강대국인 미국을 모델로 삼고 있다는 측면에서 군사적 강대국화의 의지를 확실하게 드러내는 조치라고 할 수 있다. 그리고 이러한 중국의 군사적 강대국화 의지는 이번 19차 당대회를 통해 공식적이고 공개적으로 표명되기에 이르렀다. 보고에 따르면, 중국은 세계적인 군사혁명 발전 추세와 국가안보적 필요성에 따른 인민해방군의 기계화와 정보화 실현을 2020년까지 달성하고, 군사이론 현대화, 군대조직 형태 현대화, 군사인력 현대화, 무장장비 현대화를 전면적으로 추진하여 국방 및 군 현대화를 2035년까지 이룩하며, 이를 바탕으로 2050년까지 세계 일류군대를 건설하겠다는 야심찬 계획을 쏟아냈다(习近平 2017).

2. 경제적 성장과 병행하는 군사력 보유

개혁개방과 더불어 '평화와 발전'이 시대의 주제라는 중국 지도부의 시대관 변화는 경제발전 중심의 국가전략 전환을 초래했고 이는 국방 관련 정책의 변화에 큰 영향을 미쳤다. 덩샤오핑은 1985년 중앙군사위원회 확대회의에서 "4개 현대화에도 선후가 있을 수밖에 없으며, 장비 현대화도 국민경제의 기초 위에서 가능하므로 몇 년 동안은 인내해야 한다"는 언급을 통해 이른바 "군대는 인내해야 한다(军队要忍耐)", "국방건설은 경제건설에 복종하고 복무해야 한다"와 같은 원칙을 제시했다(王逸舟主编 2008, 180; 邓小平 1994, 128). 이에 따라 국방 부문은 경제 부문에 비해 발전에 대한 적극성이 상대적으로 결핍되어 있었다.

덩샤오핑의 이 같은 원칙과 달리, 최초의 국방백서인 1998년 백서부터 국방부문의 중요성이 새롭게 강조되는 변화가 나타나기 시작했다. "국방건설은 국가경제 건설대국에 복종하고 복무한다"는 방침과 더불어 "국방건설과 경제건설의 협력 발전"이라는 방침이 등장했으며(2장) 2002년 백서에서는 "국방건설은 국가경제 건설대국에 복종하고 복무한다"는 기존의 원칙이 삭제되었고, 2010년 백서부터는 이러한 논의자체가 사라졌으며 2015년 백서에서는 "군사전략은 군사력 건설과 운용을 기획하고 (…) 국가 전략목표에 복종하고 복무한다"라는 방침이 제기되었다.

이 변화과정을 정리해보면 첫째, 과거 개혁개방 초기 경제적 능력이 부족한 상황에서는 군사장비에 대한 투자에 많은 제약이 뒤따랐다. 둘째, 경제발전에 따라 경제와 국방의 협력 발전이 이루어짐에 따라 과거 부족했던 군사장비 부문에 대한 투자가 활성화되었다. 셋째, 군사력 건설과 더불어 전투에서의 실질적인 승리를 위한 군사력 운용이 중시되기 시작했으며 넷째, 군사력이 강국몽이라는 국가 전략목표의 주요 구성요소로 자리 잡았다.

이와 같은 과정에 근거할 때, 중국의 강대국 도약에서 군사력은 다음과 같은 위상을 갖는 것으로 볼 수 있다. 첫째, 군사력은 강대국 도약의 필수

그림 1 중국은 미국에 버금가는 글로벌 군사능력을 추구해야 하는가?

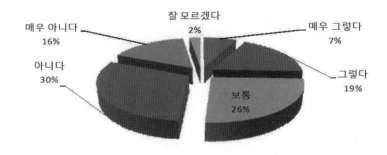

요소이며 경제적 발전에 따라 그 위상이 과거보다 높아지고 광범위해졌다. 둘째, 비록 그 위상이 높아지고 광범위해졌으나 경제적 발전이 국방력 강화의 변수로 작용했다는 점에서 경제적 성과를 뛰어넘는 국방력 강화를 추진할 가능성은 높지 않으며, 따라서 중국의 강대국화가 경제력보다 군사력 중심의 강대국화로 진행될 가능성은 높지 않다. 셋째, 경제력의 상승에 따라 군사력이 동반 상승될 것이므로 경제가 발전할수록 중국의 군사력도 상승하게 될 것이다.

이와 같이 중국은 군사력 중심의 강대국보다는 부국과 강병이 동반하는 강대국을 구상하고 있는 것으로 판단되며, 따라서 과거 소련과 같이 과도한 국방비 투자로 인해 경제적 몰락의 길을 걷게 될 가능성은 그다지 높지 않다. 이러한 점진적 국방력 강화는 중국 학자들에게 실시했던 설문조사의 결과를 통해서도 확인해볼 수 있다.

설문에 대한 중국 학자들의 응답에 근거해보면, 군사력을 기반으로 하는 중국의 강대국화에 대한 의도와 자신감은 그다지 높지 않았다. 우선, 미국에 버금가는 글로벌 군사능력의 추구에 대해서는 부정적인 응답이 46%

그림 2 중국인민해방군 '강군몽'이 추구하는 위상적 목표가 무엇이라고 생각하는가?

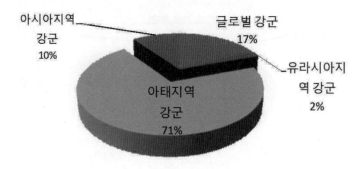

인 반면, 긍정적인 응답은 26%에 그치고 있다(〈그림1〉 참조). 이러한 인식 은 강군몽이 추구하는 위상적 목표에서도 나타나고 있는데, 응답자의 71% 가 강군몽이 아태지역 강군을 지향하는 것으로 인식하고 있었으며, 글로벌 강군을 지향한다는 응답은 17%에 그쳤다(〈그림2〉 참조). 이를 통해 중국의 강대국화 추진에 있어 글로벌 차원의 군사력 보유를 주축으로 삼으려는 의 도가 그리 강하지 않음을 읽을 수 있다.

한편, 현재 중국의 국방비 수준에 대해서는 미국 대비 30%의 수준에 해당한다고 응답한 비율이 20%로 가장 높게 나타나 현재 공식적으로 발표 된 중국의 국방비 수준과 비교적 일치하는 인식적 경향성이 나타났다(〈그 림 3〉 참조). 그러나 이와 더불어 50~80%에 이른다는 인식 또한 각각 두자 리 수의 비율을 보여준다. 특히 조사 대상자의 63%가 공식적으로 발표된 중국의 국방비가 미국 대비 30% 수준보다 더 높다고 인식하고 있는 점은 실제 중국의 국방비 수준이 공식적으로 발표된 수치보다 더 높을 것이라는 서구의 인식과 동일한 경향성을 드러낸다. 이를 통해 국방 부문에 대한 투

그림 3 현재 미국 대비 국방비 수준에 대한 인식

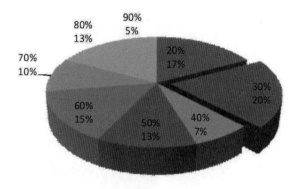

자가 공식적 발표보다는 더 높은 수준에서 이루어졌을 것으로 추론해볼 수 있으며, 따라서 중국의 부상과정에서 군사력의 중요성에 대한 인식이 현실적으로도 계속 반영되어왔다고 평가해볼 수 있다.

다른 한편 2050년의 국방비 수준에 대해 미국의 70~80% 수준이 되어야 한다고 응답한 비율이 47%를 점하고 있어(〈그림 4〉 참조), 지금 수준보다 더 높아져야 한다는 인식도 분명하게 나타나고 있으나, 미국을 능가하는 과도한 국방비 투자는 원하지 않는 것으로 나타나고 있다. 이러한 조사결과에 근거해보면 중국은 강대국 미국에 근접하는 국방비 투자가 필요하다고 인식하고 있으면서도 미국을 능가하는 군사적 강대국의 꿈을 품고 있는 것은 아닌 것으로 판단된다.

다른 한편, 앞서 언급한 것처럼 글로벌 군사 강대국 추구에 대한 의도와 자신감이 높지 않은 데 비해, 아태지역 강군에 대해서는 상당한 의지와 자신감이 나타난다. 우선 앞의 〈그림 2〉에 나타나 있듯이, 강군몽의 목표가 아태지역 강군이라는 응답비율이 71%로 상당히 높다. 또한 이미 아태

그림 4 2050년 미국 대비 국방비 수준

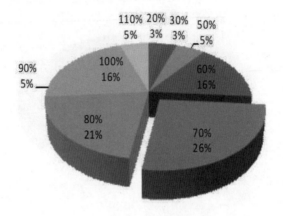

지역 강군이라는 응답(4.9%)을 포함해 향후 10여 년 즈음인 2030년 무렵까지 아태지역 강군으로 도약할 것이라는 비율이 51.2%로 응답자의 과반수를 넘어선다(〈그림 6〉 참조). 이러한 결과는 비록 글로벌 군사 강대국으로의 도약에는 미치지 못할지라도 아태지역 군사 강대국의 도약 면에서는 비교적 강한 의지와 자신감을 갖고 있음을 보여준다. 비록 향후 20여 년 (26.8%), 또는 30여 년(22%)의 시간이 걸릴 것이라는 비율의 합도 48.8%에 달해 목표달성의 장기화를 전망하는 비율도 꽤 높게 나타나고 있으나, 글로벌 군사강국 도약이 2049년 이후에도 불가능할 것이라는 43.9%의 응답률(〈그림 5〉 참조)과 비교해 볼 때 확실히 강한 의지와 자신감을 보인다고 할 수 있다.

그런데 아태지역은 미국이 위치하고 있을 뿐만 아니라 최근 재균형 정책을 통해 미국 군사력 투사의 중점이 되고 있다. 이로 인해 중국이 아태지역 군사 강대국을 추구한다는 것은 미국에 대한 군사적 경쟁의지도 강하게

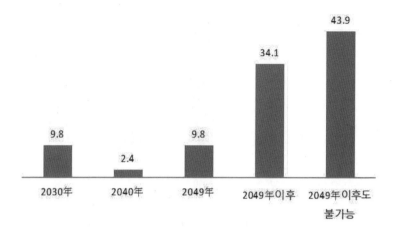

그림 5 미국에 버금가는 인민해방군의 글로벌 강군 도약은 언제쯤 이뤄질 것으로 생각하는가?

내포한다고 볼 수 있다. 이 같은 측면에서 중국이 군사적으로 어떠한 강대국이 될 것인지에 대해서는 미국의 입장이 변수로 등장하게 된다. 만약 미국이 이 지역에 대한 군사적 주도권을 중국에게 내어준다면 중국은 군사적 측면에서 미국과 함께 세계를 양분하는 강대국의 지위를 갖게 될 것이다. 그러나 현재 상황에 비춰볼 때 미국이 이러한 선택을 할 가능성은 거의 없다는 측면에서 중국은 아태지역의 맹주가 되기 위해 매우 적극적으로 미국과 대결구도를 형성하게 될 것이다. 특히 설문조사 결과에 근거해보면 65.8%로 가장 많은 비율을 차지하는 2030년 전후부터 2040년 사이의 10여 년의 기간 동안 중국과 미국의 경쟁이 대단히 첨예하게 전개될 것으로 예상된다(〈그림 6〉 참조).

　이상의 분석을 서론에서 제기한 강대국의 개념적 측면에 비춰보면, 중국이 군사적 측면에서 지향하는 강대국은 '아태지역 기반의 초강대국'이다. 설령 미국이 강한 압박을 전개한다고 하더라도 상하이 협력조직(SCO) 소

그림 6 인민해방군의 아태지역 강군 도약은 언제쯤 이뤄질 것이라고 생각하는가?

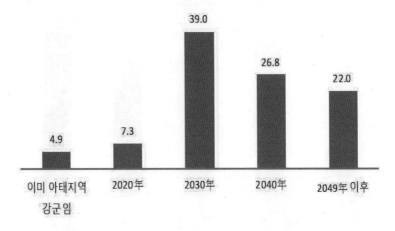

속 국가 및 파키스탄을 비롯한 일부 동남아 국가들과의 협력을 바탕으로 지속적인 영향력 확대를 도모하면서 '아태지역 기반의 군사적 초강대국'의 지위 확보를 강하게 추진할 것으로 전망해볼 수 있다.

IV. 강대국 중국의 군사적 형상

앞서 살펴본 바에 따르면, 중국은 능력 측면에서 여전히 미국에 필적하기에는 어려움이 있으며, 따라서 강대국 중국의 군사적 지향점 역시 '아태지역 기반의 군사적 초강대국'이라는 비교적 제한적인 지향점을 갖고 있는 것으로 파악된다. 그러나 이 제한적 지향점과 달리 중국의 군사적 형상은 상당히 공세적인 형태로도 나타난다. 이 장에서는 강대국 중국의 이 같은 공세적인 군사적 형상을 고찰해보고자 한다.

1. 선제 및 예방 공격의 군사전략을 감행하는 강대국

중국은 '적극적 방어전략'이라는 군사전략을 줄곧 주장해왔다. 이러한 측면에서 선제공격(先发制人)과 대비하여 이른바 후발제인(后发制人)의 원칙을 표명하고 있다.[5] 그런데 이 후발제인의 원칙을 선제공격의 반대적 의미로 해석하여 군사적 선제공격을 하지 않는다는 의미로 파악하는 것은 중대한 오류이다. 이에 대한 근거는 중국의 군사교재에 잘 나타난다.

> 후발제인은 "먼저 발포하지 않는다"(不打第一枪)라는 원칙을 견지하고 있으나, 전역과 전술상의 '관건적 시기의 이익'(先机之利)을 포기하는 것과는 다르며, 정치 및 전략상의 '첫번째 발포'(第一枪)와 전술상의 '첫번째 발포'는 구별된다. (军事科学院战略研究部 2001, 453-454)

이에 근거해보면 중국은 타국에 의한 군사적 공격이 아니라 정치적·전략적 차원의 이익 침해도 전략적 선제공격으로 간주하고, 이에 대한 군사적 선제공격을 취할 수 있다. 다시 말해 전략적 후발제인은 타국의 군사적 선제공격을 받은 경우에만 군사적으로 대응한다는 것이 아니라, 군사적 선제공격을 받지 않은 경우에도 무력적 수단을 통한 군사적 공격을 가할 수 있음을 의미한다. 이러한 중국의 군사전략이 어떠한 의미를 갖는지에

5_중국 국방백서와 후발제인에 대한 연구는 하도형 2013을 참조.

대해서는 개념적 측면에서 군사전략의 내용에 대해 살펴볼 필요가 있는데, 일반적으로 강제전략·억제전략·선제전략, 세 가지로 나눠볼 수 있다 (Kegley 294-299).

우선, 강제전략(compellence)은 적이 자신의 의지를 포기하고 양보하도록 만들기 위해 사용되는 강압외교의 수단으로서 보통 전쟁수행이나 위협을 포함한다. 억제전략은 공세적인 강압적 위협에 의존하여 적대세력이 저항 없이 무엇을 포기하게끔 설복할 목적을 가지는 강제전략과 달리, 적대세력이 미래의 특정 행동을 하지 않게끔 단념시키는 것을 추구한다. 선제전략은 선제전쟁(preemptive warfare)과 예방전쟁(preventive warfare)으로 나눠볼 수 있다. 선제전쟁은 적이 공격을 개시할 준비를 하거나 보복적 대응을 취하기 이전에 적을 굴복시키기 위해 이루어지는 신속한 1차 공격이며, 예방전쟁은 언젠가 먼 미래에 적이 필요한 군사적 능력을 취득하게 될 경우 공격할 의도를 품을 것이라 예상하여 이를 막기 위해 적을 상대로 치르는 전쟁이다.

이 가운데 가장 공세적인 것이 선제전쟁과 예방전쟁이다. 앞서 살펴본 중국의 전략적 후발제인은 결국 상대방의 정치적·전략적 차원의 이익침해 행위를 선제적 공격(전략상의 발포)으로 간주하고 이에 대한 군사적 공격(전술상의 발포)을 감행할 수 있다는 군사전략으로서 선제전쟁과 예방전쟁의 개념적 의미가 내포되어 있는 것이다. 이러한 맥락에 근거해보면 중국의 『2012년 국방백서』 1장에 언급된 "타인이 나를 범하지 않으면 나도 타인을 범하지 않고, 타인이 나를 범하면 나도 반드시 타인을 범한다(人不犯我, 我不犯人, 人若犯我, 我必犯人)"라는 선언적 문구도 중국이 군사적 선제공격을 하지 않겠다는 의미로 해석해서는 안되며, 상황에 따라 중국이 정치적 공격(전략상의 발포)에 대해 군사적 선제공격(전술상의 발포)을 감행할 가능성이 포함되어 있다고 보아야 한다.

중국의 이 같은 공세적 군사전략은 앞서 언급한 경제적 성장과 병행하는 방식과는 달리, 주변국이 느끼는 군사적 압박감으로 인해 브레진스키가 말하는 나쁜 제국의 요소로 작용하게 될 것이다. 중국의 고대 역사서인 춘추 좌전에는 다음과 같은 문구가 있다. "叛而不讨, 何以示威? 服而不柔, 何以示怀? 非威非怀 何以示德, 无德, 何以主盟?" 이는 "배반하는데 토벌하지 않는다면 위엄을 보일 수 없으며, 순종하는데 편안하게 해주지 않는다면 보살핌을 보여줄 수 없다. 위엄과 보살핌이 없으면 덕을 보여줄 수 없으며, 덕이 없으면 맹주가 될 수 없다"는 뜻이다. 비록 중국이 표방하는 가치가 '덕'이라고 하더라도, 중국의 뜻을 거스르면 공세적 군사전략을 통한 토벌의 대상이 될 수 있다는 압박감이 항상 공존할 것이다.

2. 군사적 강대국을 향한 능력 건설의 방향

일반적으로, 군사적 초강대국이 되기 위해 이에 부합하는 능력을 갖춰야 한다는 데에는 이견이 없다. 다만, 이러한 능력을 어떻게 갖출 것인지에 대해서는 다양한 방법이 존재할 수밖에 없다. 이 가운데 가장 직접적으로 접근할 수 있는 방법은 현재 극초강대국의 지위를 누리고 있는 미국의 방식을 차용하는 것이라 할 수 있다.

실제로 중국이 추진하는 군사력 제고 방식 역시 미국이 주도하고 세계적 군사발전의 추세가 된 군사변혁(Revolution in Military Affairs)에 기반을 두고 있다. 이는 군사변혁이 중국의 군사 부문 정부 공식문서인 『2004년 국방백서』에서 하나의 장으로 독립 편성되어 강조되었을 뿐만 아니라 중

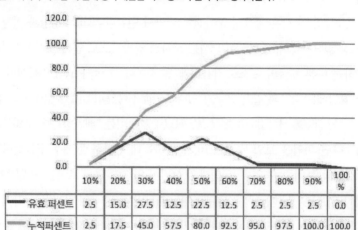

그림 7 미국과 비교할 때 현재 중국 해군은 어느 정도 수준이라고 생각하는가?

	10%	20%	30%	40%	50%	60%	70%	80%	90%	100%
유효 퍼센트	2.5	15.0	27.5	12.5	22.5	12.5	2.5	2.5	2.5	0.0
누적퍼센트	2.5	17.5	45.0	57.5	80.0	92.5	95.0	97.5	100.0	100.0

국군 장성들의 저서에서도 지속적으로 강조되어왔다는 사실을 통해 확인할 수 있다(장완녠 주편 2002; 평광젠·짜오쯔인·뤄융 2013).

한편, 중국과 미국은 여러 측면에서 상황이 다르며, 군사력 면에서도 현격한 차이가 난다(〈표 1〉 참조). 따라서 이에 대해 맹목적으로 추종하기는 불가능하다.[6] 더욱이 중국 국방대학교 정치위원인 리우야조우는 기본적으로 각국의 군사개혁이 미국의 영향을 받았지만, 러시아의 경우 이러한 영향으로 인해 자국의 국정에 부합하지 못하는 결과를 낳았음을 지적한다. 또한 지휘체계를 중심으로 한 이번 군사개혁도 미군의 모델을 모방한 것이 아니라고 주장한다(刘亚洲 2016).

6_군사혁신 전파의 어려움에 대해서는 설인효(2013) 참조.

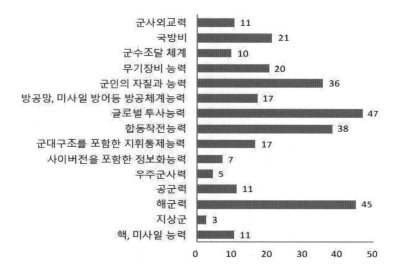

특히 중국의 경우 미국에 비해 해군력이 현저하게 떨어지며 이에 따라 글로벌 투사 능력도 현격하게 낮다. 이러한 현상은 중국 학자들에 대한 설문조사에서도 동시에 나타나고 있다(〈그림7〉〈그림8〉 참조). 이와 함께 강대국 중국이 갖춰야 할 핵심 군사역량에 대한 인식에서도 해군력이 가장 높게 나타난다(〈그림9〉 참조).[7]

이 같은 특수성으로 말미암아 중국은 미국과의 격차를 줄이기 위해 전통적 강대국의 글로벌 안보 진출방식인 해군력 강화에 박차를 가하고 있

7_ 〈그림8〉과 〈그림9〉의 수치는 응답자가 순서대로 선택한 3개의 문항에 대해 각각 ①×1.3+②×1+③×0.7의 가중치를 주어 계산한 것임.

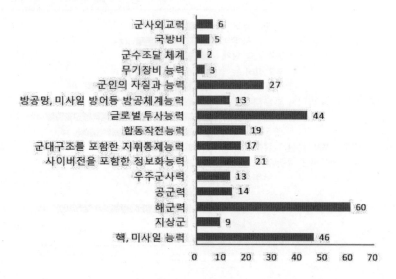

다. 또한 최근 제시된 군사개혁 5년 추진 내용 가운데, 민군융합발전이 언급된 것도 사실은 소련의 약점과 실패, 그리고 첨단 무기류의 설계와 제조 시스템 부문의 구조조정 단행 및 산학연 파트너십을 통해 효율과 혁신의 성과를 거둔 미국식 군산복합체의 장점을 교훈으로 삼은 것이다.[8]

미국을 모방하는 위와 같은 방식과 함께, 미국과의 경쟁을 위해 비대칭 전력의 강화를 위한 노력도 동시에 진행하고 있다. 예를 들면 네트워크에 기반한 미국의 군사력 운용방식을 무너뜨릴 수 있는 우주전쟁능력 제고가

8_중국의 이와 같은 대미 모방과 관련한 내용은 다음을 참조. 刘曙光, "点击美军推动军民融合的关键词", 『解放军报』 2017.6.22. 제7면; "中国军改'抄袭'美国?想太多!", http://www.uscnpm.com / model_item.html?action=view&table=7623

있다. 또한 군민 양용 IT 기술의 발전 추진도 같은 맥락으로 볼 수 있다.

결국 중국은 극초강대국인 미국의 군사변혁 방식을 모방하여 추진함과 동시에 미국과의 경쟁을 위한 비대칭 전력의 강화도 동시에 추진하는 병행 발전방식을 택하고 있다. 이러한 방식은 재래식 무기와 정보화전쟁에 필요한 무기를 동시에 발전시키는 이른바 도약식 발전방식의 연장선상에서 파악해볼 수 있다.

앞 장에서 살펴본 것처럼 비록 미국을 능가하는 글로벌 초군사강대국을 지향하기에는 어느 정도 한계가 있음을 인식하고 있음에도 불구하고, 중국은 선제 및 예방공격을 감행할 수 있는 상당히 공세적인 군사전략을 이미 실행하고 있으며 해군력 증강을 통한 글로벌 투사능력 확보와 같은 전통적 군사력 증강과 더불어, 대미 군사적 대응을 위한 비대칭 전력의 강화도 동시에 추진하고 있다.

V. 결론

지금까지 살펴본 내용에 근거해보면, 중국은 아태지역 기반의 군사적 초강대국을 목표로 군사력 건설에 매진하고 있으며, 향후 10년에서 20년 사이에 이를 달성할 수 있을 것으로 보인다. 또한 선제 및 예방 공격의 군사전략을 감행할 수 있는 공세적 군사강대국이 될 가능성도 무시할 수 없다. 그런데 앞에서도 잠시 언급했지만, 이와 같은 군사적 초강대국의 달성이 과연 좋은 제국이 될지, 나쁜 대국이 될 지는 좀 더 두고 보아야 할 것 같다.

만약 중국이 일대일로(One Belt, One Road) 구상의 수혜국들로부터 일정한 동의와 지지를 받는 가운데 안전보장을 위한 군사력 건설을 추진한다면 브레진스키가 언급한 좋은 제국이 될 가능성이 높아진다. 그러나, 이러한 경제적 요인 외에도 보다 더 다양한 요소가 복합적으로 작용할 가능성이 더 높다. 즉 중국이 표방하는 국제질서관과 가치 및 이념, 그리고 경제교류와 협력의 방식이 좋은 제국이 될 것인지 나쁜 제국이 될 것인지를 가늠하는 복합적 변수가 될 것이다. 중국의 국제질서관과 가치 및 이념, 그리고 경제교류와 협력의 방식이 주변국들의 동의에 기초한다면 군사적 압박이 불필요해 질 것이며, 아태지역 기반의 군사적 초강대국은 주변국의 안전을 보장해주는 긍정적 역할을 하게 될 것이기 때문이다. 반면, 주변국들이 이러한 요소들에 대해 지지 또는 동의하기 어려울 경우, 중국의 아태지역 기반의 군사적 초강대국 지위에 따른 압박감이나 위협으로 인해 비자발적, 또는 강압에 의한 동의가 이루어질 가능성이 있으며, 이러한 경우 중국은 나쁜 제국이 될 것이다.

　이처럼, 중국의 군사적 초강대국 달성에 대한 평가는 중국이 표방하는 가치와 이념 및 향후 주변국과의 관계와 같은 다양한 요인에 따라 달라질 여지가 많다. 그렇지만 변하지 않는 하나의 사실은 중국이 강대국을 지향하면서, 이에 부합하는 군사력 증강을 추진하고 있다는 객관적 현상이다. 즉, 최근의 군개혁을 통해 지휘체계, 조직체계, 연합작전능력, 무기체계 등의 측면에서 실제 전쟁에서 승리할 수 있는 군사력 확보를 강도높게 추진하고 있으며, 이는 곧 초강대국으로의 등장과정에서 이에 부합하는 군사력 확보가 필수조건이라고 인식하고 있기 때문이다. 특히 이 글에서 살펴본 중국 학자들에 대한 설문결과에 근거해 볼 때, 중국은 군사적 강대국을 분명하게 지향하고 있으며, 이에 대한 능력확보 노력이 순조롭게 진행될 경우 향후 약 10여 년 내지 20여 년 이후인 2030~40년 사이에 아태지역을 거점으로 하는 강력한 군사대국으로서의 면모를 갖추게 될 것으로 전망된다.

그리고, 이와 같은 '아태지역 기반의 군사적 초강대국'이라는 군사적 지향과 더불어, 공세적인 군사전략과 전통적 군사력 증강의 방식을 통해 군사강대국으로 부상하려 한다는 측면에서, 중국은 기존의 전통적 강대국 부상방식을 탈피하지 못하고 있다. 따라서 중국이 기존의 강대국들과 차별화된 새로운 군사강대국의 형상을 추구하고 있다고 보기 어려우며, 이러한 측면에서 중국의 군사강대국화는 여전히 주변국의 우려라는 숙제를 안고 있다.

참고문헌

Heywood, Andrew, 김계동 옮김, 2013, 『국제관계와 세계정치』, 명인문화사.

Kegley, Charles · Shannon Blanton, 2014, 조한승 · 황기식 · 오영달 옮김, 『세계정치론: 경향과 변천』, 한티미디어.

노암 촘스키, 황의방 · 오성환 역, 2004, 『패권인가 생존인가: 미국은 지금 어디로 가는가』, 까치.

설인효, 2013, "군사혁신의 전파와 미중 군사혁신 경쟁," 『국제정치논총』 52(3).

장완녠 주편, 이두형 · 이정훈 역, 2002, 『중국인민해방군의 21세기 세계군사와 중국국방』, 평단문화사.

정재호 편, 2006, 『중국의 강대국화: 비교 및 국제정치학적 접근』, 도서출판 길.

즈비그뉴 브레진스키, 김명섭 역주, 2004, 『제국의 선택: 지배인가 리더십인가』, 황금까치.

평광젠 · 짜오쯔인 · 뤄용, 이창형 역, 2013, 『중국의 국방』, 교우사.

하도형, 2013, "중국의 국방백서와 국방정책의 변화에 관한 고찰," 『중국연구』 제58권.

헤어프리트 뮌클러, 공진성 역, 2015, 『제국: 평천하의 논리』, 책세상.

Chase, Michael S., Jeffrey Engstrom, Tai Ming Cheng, Kristen A. Gunness, Scott Warren Harold, Susan Puska and Samuel K. Berkowitz, 2015, *China's Incomplete Military Transformation: Assessing the Weaknesses of the People's Liberation Army*, Santa Monica, CA: RAND.

Cordesman, Anthony, 2016, "China Military Organization and Reform", CSIS, Aug 1, 2016.

Doyon, Jérôme and Mathieu Duchâtel, 2016, "XI'S ARMY: REFORM AND LOYALTY IN THE PLA", CHINA ANALYSIS, EUROPEAN COUNCIL ON FOREIGN RELATIONS, 30th March 2016.

Finkelstein, David, 2016, "Initial Thoughts on the Reorganization and Reform of the PLA", CNA China Studies, Jan 15, 2016

Friedberg, AAron. 2011, *A Contest for Supremacy: China, America, and the Struggle for Mastery in Asia*, New York: W.W.Norton & Company.

Gompert, David, 2012, *The Paradox of Power: Sino-American Strategic Restraint in an Age of Vulnerability*, Washington, D.C.: National Defense University.

Kennedy, Paul, 1987, *The Rise and Fall of the Great Powers: Economic Change and*

Military Conflict 1500 to 2000, New York: Random House.

Kokoshin, Adndrei, 2016, "2015 Military Reform in the People's Republic of China: Defense, Foreign and Domestic Policy Issues", HARVARD Kennedy School Belfer Center for Science and International Affairs, Oct. 2016.

Pillsbury, Michael, 2015, *The Hundred-Year Marathon: China's Secret Strategy to Replace America as The Global Superpower*, New York: Henry Holt and Company.

Saunders, Phillip and Joel Wuthnow, 2016, "China's Goldwater-Nichols? Assessing PLA Organizational Reforms," *STRATEGIC FORUM*, No. 294.

Shambaugh, David, 2013, *China Goes Global: The Partial Power*, Oxford: Oxford University Press.

Shi, Qingren, 2014, "China's Military Reform: Prospects and Challenges", Institute for Security and Development Policy, Sep. 2014

SIPRI, "SIPRI Military Expenditure Database 1988-2015"

The Military Balance, 2017

刘亚洲, 2016, "军改是一场革命", 『政工学刊』2016年第5期.

刘曙光, 2017, "点击美军推动军民融合的关键词", 『解放军报』2017/6/22 第7면.

王逸舟主编, 2008, 『中国对外关系转型30年』, 社会科学文献出版社.

邓小平 , 1994, 『邓小平文选』第3卷, 人民出版社.

军事科学院战略研究部, 2001, 『战略学』, 军事科学出版社.

习近平, 2017, "决胜全面建成小康社会 夺取新时代中国特色社会主义伟大胜利: 在中国共产党十九次全国代表大会上的报告(2017/10/18)", 『新华网』2017/10/27.

Global FirePower.com

Federation of American Scientist (2017), "Status of World Nuclear Forces," https://www.fas.org/issues/nuclear-weapons/status-world-nuclear-forces (검색일: 2017. 4. 6)

"中国军改'抄袭'美国?想太多!" http://www.uscnpm.com/model_item.html?action=view&table=7623 (검색일: 2016. 5. 20)

『中国的国防』, 각년도판.

8장

중국의 강대국화와 사회관리
시진핑 시기를 중심으로 *

서상민

I. 서론

　사회적 안정은 중국 강대국화의 가장 중요한 기반이다. 이는 시진핑 주석이 2017년 10월 18일 개막된 중국공산당 제19차 전국대표대회에서 행한 「제19차 전국대표대회보고(中国共产党第十九次全国代表大会报告)」(이하 「보고」)를 살펴보면 분명해진다(习近平 2017). 시진핑 주석은 「보고」에서 '안전(安全, Safety or Security)'을 55차례나 언급했다고 전해진다. 26차례 언급한 '강국(彊国, Strong power)'과 '대국(大国, Great power)'이라는 단어보다 그 횟수가 두 배 이상 많았으며, 이전의 후진타오(胡锦涛) 시기의 보고와 비교해도 두 배가량 많았다고 한다(Bukley and Bradsher 2017). 이는 중국공산당 지도부가 강대국화와 사회적 안정과 안전이 얼마나 긴밀하게 관련되어

---

* 이 글은 "중국의 강대국화와 시진핑 시기 사회관리," 『중국지식네트워크』 제10호, 45-81을 수정 보완한 것이다.

있으며, 중요한 문제인지 인식하는지를 방증하는 것이다.

개혁개방 이래 중국은 지역 간, 도농 간, 계층 간 불균형 발전을 지속해 왔다. 이러한 발전전략으로 인한 누적된 사회적 모순은 중국사회의 불안정 성의 원인이 되고 있을 뿐만 아니라 중국공산당의 통치정당성을 약화시키 는 요인이 되고 있다. 중국이 비록 글로벌 차원에서의 '경제 강대국', 지역 적 차원에서의 '군사 강대국'을 향한 '꿈'을 꾸고 이를 실현하고자 하는 강한 '의지'가 있다 할지라도 국내적으로 사회가 불안정하다면 자신들이 꿈꾸는 강대국화의 길은 요원하게 될 것이라는 인식이 중국공산당 지도부들로 하 여금 사회적 안정을 중시하도록 추동하고 있다.

사회가 불안정하더라도 경제적으로나 군사적으로 강한 '대국'이 될 수 있을지 모른다. 그러나 중국이 사회불안정 요소를 해소할 수 있는 대안과 기제를 갖추지 못한다면 지속가능한 '강대국'으로서의 과거의 국제적 위상 은 확보하기 어려울 것으로 보인다. 민주주의체제하의 강국은 선거 같은 정치적 과정을 통해 사회적 갈등과 모순을 체제 내로 흡수하고 이를 정치 적·정책적으로 해소해나간다. 여기에는 적어도 대다수의 사회구성원들이 인정하는 수준에서의 절차적 정당성이 확보되어 있으며, 사회적 갈등은 정 권교체 같은 형식을 통해 정기적으로 그리고 일시적이나마 해결되기 때문 이다. 정권이 바뀐다 할지라도 사회정치체제는 유지되는 것이다. 이는 기 존에 작동하고 있는 여러 채널을 통해 사회 내 갈등이나 시민사회와 국가 간 갈등이 정치사회 내부에서 '정치화'됨에 따라 체제의 정당성이 확보되어 지기 때문이다(Putnam 1994, 8-9).[1]

1_민주주의 제도와 사회적 안정성과 관련해 퍼트넘(Robert D. Putnam)의 주장을 참고해볼 수 있다. 그는 사회적 요구(social demand)에 따른 정치적 상호작용(political interaction)

일당지배체제하의 중국은 이와 다르다. 사회적 대격변이나 '역사적 전환' 같은 사건이 일어나지 않는 한 사회적 모순은 해소되지 않는다. 다만 점진적으로 누적되는 특성을 보인다. 이렇듯 장기간 누적된 사회적 모순과 갈등은 사회적 불안정을 초래하고, 곧 사회구성원들의 체제정당성에 대한 회의를 불러일으킬 가능성이 높다. 민주주의체제하에서는 정해진 '절차'에 따라 작동하는 사회적 갈등 해소 기제가 갈등을 체제 내로 흡수하는 기능을 하지만, 중국 같은 나라에서는 당과 국가기구가 이를 대신해야 한다. 따라서 사회적 갈등과 이로 인해 발생하는 사회적 불안정을 당-국가체제하에서는 상대적으로 더 많은 사회적·정치적 비용을 지불하면서 하나에서 열까지 관리하거나, 법이나 행정규칙 같은 수단을 통해 국가기구가 강제적으로 통제해야 한다.

그렇기 때문에 중국 같은 일당지배체제하 국가는 사회적 불안정성이 고조되면 될수록 국제적 문제보다는 국내의 사회적 문제를 우선적으로 해결하는 데에 정치적·행정력 역량을 집중할 수밖에 없다. 이는 신중국 성립 이후 중국의 외교사를 살펴보면 알 수 있다. 사회적으로 불안정한 상황에서 중국은 주변 국과의 갈등에 대해 대체로 소극적인 자세를 취해왔다(Harding 1992, 34-37). 대약진운동(大跃进运动)이나 문화혁명(文化革命) 그리고 톈안먼사건(天安门事件) 등의 시기에 중국은 국제사회에 대해 적극적·공세적 외교보다는 소극적이며 적절한 타협을 통한 수세적인 외교정책을 구사해왔다(Robinson and Shambaugh 1995, 555-601).

따라서 체제적 특성상 사회적 불안정에 '취약한'(Shirk 2007, 6-7) 중국이

그리고 시민참여와 시민 네트워크가 만들어내는 정부의 반응성(responsiveness)과 효과성(effectiveness)이 민주주의제도의 '제도적 성취(institutional performance)'라 한 바 있다.

향후 강대국으로써 국제적 지위를 확립하고 유지하기 위해 무엇보다 중요하게 다루어야 할 핵심과제가 국내의 '사회적 안정' 유지가 될 것임이 분명하다. 시진핑 주석이 이번 「보고」에서도 지적하고 있듯, 중국공산당 지도부는 지난 개혁개방 동안 누적되어온 사회 불안정 요소를 해소하고 사회적 통합을 이루는 것을 "신시대 중국특색의 사회주의(新時代中國特色社会主义)"의 국정목표로서 또한 "중화민족의 위대한 부흥이라는 중국의 꿈 실현(实现中华民族伟大复兴的中国梦)"(习近平 2017), 즉 중국 강대국화의 전제조건으로 인식하고 있다. 이를 통해 국내외에서 '강한' 중국을 실현하겠다는 것이다. 그러므로 중국의 '사회관리 전략'(광의의 사회정책)은 한편으로는 국내적으로 중국공산당 통치를 공고화하는 것일 뿐만 아니라 대외적으로 향후 중국 강대국화 과정에서의 중요한 기반이라 할 수 있다.

이 글은 강대국화 과정에 있는 중국이 어떻게 사회 안정과 통합을 이뤄내려 하는지를 중국의 국제관계학자들의 인식과 현 시진핑 체제의 '사회관리' 전략을 중심으로 살펴보고 이를 지식인들의 인식과 중국정부의 정책을 교차해가면서 분석하고자 한다. 대체로 중국의 사회관리 정책은 후진타오 시기를 기점으로 하여 본격적으로 실행되었다(胡锦涛 2011, 5-6). 그리고 중국 사회정책은 사회 불평등 완화와 중국인민의 삶의 질 향상을 위한 이른바 '사회통합' 측면에서의 정책에 초점을 맞추고 있다(唐钧 2002, 41-47). 다른 한편 중국공산당 체제의 불안정성을 야기하는 사회적 요인에 대한 관리 즉 체제의 사회적 위협요인을 억제하고 통제하는 기층단위를 중심으로 하는 넓은 의미에서의 사회통제를 위한 '사회관리' 정책 또한 일종의 사회정책의 하나라고 간주할 수 있다(马小华 2016, 67-70; 李程伟 2005, 40-42). 후진타오 집권 시기에는 사회정책이 사회통합이라는 목표로 시행되었던 정책과 사회관리 차원에서의 이른바 '사회통제'를 위한 정책이 초보적인 수준에서 제시되었고, 그 정책들이 체계적으로 통합되어 있지 않았다(郑杭生 2011, 16-25). 이에 반해 시진핑 시기에 이르러서는 이들 정책에 대한 전면적인 개혁이 이루어졌고 사회통합과 관리를 위한 정책패키지와 사회통제 기제가 상당한 변화를 보였다(习近平 2014, 4). 2015년 10월에 발표된 제13차 5개년 계획에 따르면, 사회통합을 위한 정책패키지의 핵심 주제는 사회주의적 원칙을 실현한다는 의미에서의 '공향(共享)'에 맞추고 있다. 그뿐 아니라 해당 정책이 포괄할 수 있는 범위와 폭을 넓힌 '포괄성(包括性)'을 특징으로 하는 한편, 사회 불안정 요인을 억제하고 관리하기 위한 사회통제 기제인 이데올로기, 언론, SNS 등에서 관리를 강화하는 '통제(统制)' 역시 여기에 포함되어 있다(中国政府网 2011).

이 글의 주제는 "후진타오 시기와 시진핑 시기의 사회정책 변화 내용과 그 원인은 무엇이며, 중국 지식인은 이를 어떻게 인식하고 있는가"이다. 이 글은 사회통합과 안정에 대한 중국지도부의 인식 차이에 의해 사회정책 내용이 변화했으며, 그러한 인식의 차이는 강대국화의 적극성과 연관된다고 추론한다. 즉 외견상 소극적 강대국화 외교전략이라고 할 수 있는 '도광양회(韬光养晦), 유소작위(有所作为)'에 따른 후진타오 시기는 국제적 영향력 확대보다는 국내적 사회문제 해결을 우선 과제로 삼았다. 통치안정화를 위한 사회격차와 사회 불안정 요소의 해소라는 것을 사회정책의 목표로 삼았다. 반면 시진핑 시기에 들어와서는 후진타오 시기보다 적극적인 강대국화 전략을 구사해왔고 특히 2008년을 기점으로 한 '신형 대국관계(新型大国关系)'를 모색하는 과정에서 '관리'와 '통제'를 결합한 보다 통합적인 사회정책의 필요성을 인식했다는 점에 차이가 있다. 즉 강대국화가 중요한 기초로 사회적 안정과 통합을 인식하고 있다는 것이 보다 심화된 정책개혁을 추동하는 요인이다.

시진핑 체제는 앞서 언급했듯이 불평등 완화를 통한 사회적 통합 실현과 인민의 삶의 질 향상을 위해 사회안전망를 대대적으로 정비하고 있다. 이와 함께 오랫동안 유지되어왔던 호구제(户口制) 개혁을 통해 고령화 사회를 대비한 인구정책을 마련하고, 소득정책의 개혁 그리고 사회관리시스템의 전반적인 개혁을 진행하고 있다. 물론 지금 중국은 사회정책 발전 방향과 관련하여 '사회관리' 모델에서 '사회치리' 모델로 그 발전 가능성을 타진하고 있다(胡鞍钢·魏星 2009, 126-129; 陈家刚 2012, 23-26; 정주영 2004, 225-255). 여기서 사회관리 모델이 국가를 중심에 둔 '국가치리(国家治理)'의 제고에 초점을 맞춘 용어라고 한다면, 후자는 사회중심의 민주성 강화에 초점을 맞춘 논의이다(燕继荣 2014, 19-22). 이 글에서는 이 논쟁에 대해 자세하게 다루지는 않겠다. 그보다, 시진핑 체제하 현재 사회통합정책과 관리정책이 중국의 강대국화하는 과정에서[2] 사회안정화 실현에 어떤 효용성이 있으며 그러한 변화에 대해 중국의 국제관계학 분야 지식인은 어떻게 인식하는지를 살펴보고자 한다.

2_'국가치리'에 대한 현 중국지도부의 인식에 대해서는 习近平, "切实把思想统一到党的十八届三中全会精神上来"(http://news.xinhuanet.com/politics/2013-12/31/c_118787463.htm) 참조.

II. 중국 지도부의 사회관리 인식 변화

1. 국가의 자원동원 능력과 정당성

강대국의 조건이 과연 무엇인가에 대한 명확히 규정하기는 어렵다. 그러나 기존의 논의를 대체적으로 정리해보면 강대국이란 '지역적 차원이나 세계적 차원에서 자신을 강대국으로 인식하고 자신의 이익과 목표를 실현하는 데 필요한 자원을 동원할 수 있는 충분한 능력과 분명한 의지를 가진 국가'이다(김재철 2005). 강대국의 조건 중 능력이라는 요소로 한정할 경우 폴 케네디(Paul Kennedy)가 지적한 것처럼 경제력과 군사력이 한 요소에 치우치지 않고 능력 간 적절한 균형을 유지하는 것이 이에 해당할 것이다 (Kennedy 1987, 438-439). 그러나 한 나라의 국력은 두 요소 외에 국력을 제약하는 요소 역시 고려되어야 하고 국가목표를 실현하기 위해 필요한 자원을 원활하게 동원할 수 있는 '정치체제의 능력'까지도 고려되어야 한다(김영진 2015, 28-29). 정치체제가 갖는 이러한 능력은 '대외 통제력'으로 표현되기도 한다.

반면 강대국화 과정에서의 자원동원 능력 확보 측면에서 본다면, 강대국화와 정치체제 유형과의 연관성은 크지 않다고 할 수 있다. 민주주의 정치체제하에서처럼 자발적 동의에 의해 자원동원이 이루어지는가, 그렇지 않으면 권위주의 정치체제처럼 외부적 강제력에 기초해 자원동원이 이루어지는가에 상관없이 국가의 목표를 달성할 수 있을 만큼의 자원동원이 성공적으로 이루어진다면 강대국이 될 수 있기 때문이다. 그렇기 때문에 강대국화의 성공 여부는 정치체제보다 그 정치체제의 정당성(正当性)과 더 밀접한 연관을 갖는다. 여기에서 말하는 정당성이라는 개념은 통치자가

'통치할 수 있는 권리(the right to govern)'를 갖고 피통치자는 이를 인정하는 것으로 정의할 수 있다(Coicaud 2002, 10-12). 따라서 피통치자가 인정하지 못하는 권리 즉 통치의 정당성을 확보하지 못한 국가는 이미 강대국화의 전제조건을 갖추지 못했다고 간주할 수 있다.

정당성은 일반적으로 두 가지 측면에서 확보된다. 첫째, 민주주의체제에서 확인할 수 있듯이 정치권력을 형성하는 데 직접 참여할 수 있는 기회가 열려 있을 때 정당성이 주어진다. 둘째, 비록 정치권력을 형성하는 데 참여가 제한되어 있더라도 그 체제가 공공재를 만족스럽게 서비스할 수 있는 효용성이 있을 때에 정당성은 주어진다. 전자의 경우를 대부분의 민주주의 정치체제에서의 정당성의 기반으로 본다면, 후자는 중국 같은 일당지배의 당-국가체제하에서의 정당성이라고 할 수 있다(신봉수 2014, 121-138).

2. 후진타오 시기의 사회관리 인식

개혁개방 이후 중국공산당은 경제발전이라는 성과를 성공적으로 창출함으로써 정당성을 확보해왔다. 그러나 역설적이게도 지속적인 경제발전은 사회정치적 불안정 요인을 증폭시켰다. 이른바 '성공의 역설'이라고 할 수 있는데(서진영 2008, 543-545), 경제성장 과정에서 발생한 다양한 문제 즉 공해문제와 노동쟁의, 불공정한 사법제도, 지방정부의 토지수용을 둘러싼 분쟁, 관료들의 부패 등으로 인한 사회적 갈등은 심각한 체제의 위기를 초래했다. 물론 경제성장 중 사회정치적 안정을 추구하는 것이 중국공산당 지도부의 일관된 염원이기도 했지만 문제는 점점 증폭된 형태로 폭발적으로 표출되었다.

그 과정에서 덩샤오핑은 1989년 2월 이미 "안정이 모든 것을 압도한다 (压倒一切的是需要稳定)"라고 한 바 있다. 또한 만약 "안정적 환경이 조성되지 않는다면 그 어떤 것도 이룰 수 없을 뿐만 아니라 이미 이룬 것도 잃어버릴 것"이라고 덧붙였다(邓小平 1993, 284). 즉 사회정치적 안정을 반드시 달성해야만 할 국가적 임무로 간주한 것이다. 그러나 장쩌민(江泽民)은 발전을 위한 전제조건으로서 안정(稳定)을 강조하는 선에서 머물렀다(장윤미 2013, 108). "개혁은 동력이요, 발전은 목표이며, 안정은 전제다(改革是动力, 发展是目标, 稳定是前提)"라는 연설 내용을 보면(江泽民 1999) 장쩌민이 안정보다는 발전에 초점을 두고 있음을 알 수 있다.

중국의 강대국화 움직임이 감지된 것은 1997년 15차 당대회 전후였다. 국제사회를 향해 중국이 "책임 있는 대국"이라는 표현을 사용한 것이다. 당시 탕자쉔(唐家璇)은 "1997년 아시아 금융위기, 2001년 9·11테러 등을 통해 중국은 '책임 있는 대국'으로서의 외교"를 전개해왔고 대국으로서의 책임을 다해왔음을 주장했다(이동률 2006, 352). 이는 국제사회를 향해 중국의 향후 대국화의 길, 곧 강대국화의 길을 걷겠다는 것을 선언한 것으로 해석할 수 있다.

이러한 변화는 2002년 장쩌민의 「16차 당대회보고」(江泽民 2002) 속에 '전면적 소강사회의 건설' '중화민족의 위대한 부흥' 같은 선언적 표현을 통해 더욱 구체화되고 있음을 알 수 있다. 그런데 문제는 지속적 경제발전과 사회안정을 동시에 성취할 수 있는가다. 중국이 강대국화의 길을 걷기 위해 가장 필요한 것은 먼저 피통치자로부터 통치의 정당성을 확보하는 것이었다. 즉 경제발전이라는 공공재를 지속적으로 제공하면서 그 과정에서 발행하는 불안정적 요소를 줄여나가야 했다. 다시 말해 체제를 위협하는 요소를 강제력을 통해 억제하고, 민생문제를 동시에 해결해 중국이 가고자 하는 강대국화의 길을 위해 필요한 자원을 동원할 수 있는 능력 즉 "내부 통제력"을 높여야 했다.

중국에서 '사회관리'라는 용어가 공식적으로 등장한 것은 1998년 3월 제9기 전국인민대표대회 제1차 회의에서다. 뤄간(罗干)이 발표한 국무원 문건인 『국무원기구개혁방안에 대한 설명(关于国务院机构改革方案的说明)』에서 '사회관리'라는 용어는 매우 협소한 의미로 사용되었다(罗干 1998). 즉 사회관리란 시장경제의 발전에 따른 사회분화 과정에서 발생하는 사회 내 갈등을 관리하기 위해 기존의 사회조직에 대한 관리를 통한 사회질서 확립을 가리킨다(风笑天 · 张小山 · 周清平 1999; 田凯 2014). 그러나 2002년 중국 공산당 16차 당대회 보고에서 사회관리에 대해 보다 적극적으로 인식하게 되었고, 이를 중국정부가 실현해야 할 네 가지 임무 중 하나로 간주했다. 사회관리를 통한 사회안정(社会稳定)을 민생문제 해결과 연계하면서, 불균등 발전과정에서 발생한 심각한 빈부격차와 도농 간, 계층 간, 지역 간 불평등의 완화 없이는 장기적 사회안정을 확보하기는 것이 어렵다고 보았다(于建嵘 2012, 3-6; 陈发桂 2011, 55-58).

사회안정에 대한 적극적인 접근은 후진타오(胡锦涛) 시기 2005년 제16기 5중전회를 통해 구체화되었다. 장쩌민의 불균등발전전략을 전면 수정하면서 이를 균형발전과 공동부유를 추구하는 발전전략으로 전환했고, 11차 5개년 '규획'의 지도이념으로 과학발전관(科学发展观)을 제시하여 "인본(以人为本)"에 기초한 새로운 발전관을 제시했다. 그리고 후진타오의 국정 목표라고 할 수 있는 조화사회(和谐社会)를 정책적으로 실현하기 위한 구체적인 조치들을 제시했다. 이어 2007년 17차 당대회에서 후진타오는 보고를 통해 당(党), 정(政), 대중(大众)이 참여하는 새로운 사회관리 체계를 제시했다. 이는 그동안 정부가 주관해왔던 사회관리를 대중이 참여할 수 있는 사회관리로 한 단계 발전시킨 것이다(胡锦涛 2007).

「제17차 당대회보고」에서 후진타오는 "사회적 안정은 개혁발전의 중요한 전제조건"이라고 규정하고 사회적 안정을 달성하기 위한 중요한 수단으로 '사회관리'를 인식하고 있다. "당위지도(党委领导), 정부책임(政府负责), 사회협력(社会协力), 대중참여(多衆参与)"라는 구조를 갖는 새로운 '사회관리체제(社会管理体制)'는 '조화(和谐)'의 요인을 극대화하고 '부조화(不和谐)' 요인을 줄이는 것을 목표로 삼고 있다(백승욱 외 2015, 8). 그러나 당과 정부 주도의 하향식 사회 안정화 방안은 비록 사회적 갈등 해소 그리고 민(民)과 관(官) 사이의 갈등을 해소하는 제도인 심방제도(信访制度) 개선을 중점적으로 추진한다고 했음에도, 집단시위(群体性事件)의 증가를 막지 못했고, 대중참여의 사회관리체제는 치안관리에 더 무게를 두는 사회적 통제 강화로 이어졌다(汪毓玮 2013, 28-31).

3. 시진핑 시기 사회관리 인식

2012년 후진타오의 「제18차 당대회보고」에서는 앞에서 언급한 네 가지 항목에 '법치보장(法治保障)'이라는 새로운 내용이 추가되었다.[3] 여기서는 사회관리를 '의법치국(依法治国)'과 결합된 형태로 발전하여 법률에 따

3_관련 내용은 다음과 같다. "加快形成党委领导, 政府负责, 社会协同, 公众参与, 法治保障的社会管理体制." 특히 「제18차 당대회보고」 중 사회관리와 관련하여 관심을 끄는 대목은 '사회관리네트워크(社会管理网络)'라는 새로운 용어의 출현이다. 「제17차 당대회보고」에서는 대중참여를 강조한 바 있는데, 이를 더 발전시켜 사회관리에 '네트워크' 개념을 도입한 것이다(『人民网』 2012/11/17).

라 이루어지는 사회관리로 전환했다. '관리'를 넘어 '치리(治理)'로 발전할 수 있는 제도적 틀을 마련했다고 할 수 있다. 제18차 당대회 이후 당과 정부 문건에 '사회치리'라는 용어가 빈번하게 출현하고 있는데, 그뿐 아니라 학계에서는 낡은 단편적인 '사회관리' 관념을 버리고 새롭고 복합적인 성격을 지닌 '사회치리'로 전환해야 한다는 의견이 무수히 제시되었다(郑家昊 2013, 60-63; 林卡·易龙飞 2015, 41-46).

시진핑 체제의 등장 후 중국공산당 지도부가 강대국화를 위한 체제개혁 청사진을 제시한 시점에 대해서는 대체로 제18기 3중전회를 꼽는다. 2013년 11월 중국공산당 중앙위원회 3차회의에서 통과된 「전면적 개혁심화에 관한 몇 가지 중요한 문제에 대한 결정(关于全面深化改革若干重大问题的决定)」에서는 전면적 개혁이 갖는 의의와 사상을 제시하고 있는데, 여기서는 시진핑 시대의 경제 및 행정 그리고 정치제도에 대한 전반적인 개혁 방향을 알 수 있다(『人民网』 2013). 이 개혁조치들은 시진핑이 앞서 제시한 바 있는 "중화민족의 위대한 부흥"이라는 국정목표를 실현하기 위해 반드시 필요하다고 판단된 개혁 항목이라 할 수 있다. 즉 중국이 강대국화 하는 과정에서 갖춰야 할 제도적 정책적 조치이며, 개혁개방체제의 구조적 전환을 시도하고 있는 것이라 평가할 수 있다.

반면 시진핑 시기 반부패운동과 함께 사회통제를 통한 사회적 안정을 확보하려는 노력 또한 강화되었다. 후진타오 시기에는 대중들의 권익을 보장하고 사회적 갈등을 협상을 통해 해결하려는 사회관리체계를 구축했고 이로 인해 그전에 비해 군체성사건(群体性事件, 사회안정을 저해하는 일반 인민들의 집회 같은 정치행위)이 큰 폭으로 증가하는 부작용이 발생해 사회불안 요인으로 작용했다(이정남 2015). 사회적 불안정성은 곧 체제에 대한 불만으로 전화될 가능성이 있다. 따라서 시진핑 정권은 사회에 대한 감시와 통제를 통해 사회적 갈등과 모순을 사전에 예방하는 조치들을 취했다. 시진 핑 체제가 등장하기 이전 이미 중국공산당은 사회통제와 관련한 모든 기구의 개편을 단행한 바 있다. 2011년 사회치안에 대한 포괄적 지도기구인 '중공중앙사회치안종합치리위원회(中共中央社会治安综合治理委员会)'를 '중공중앙사회관리종합치리위원회(中共中央社会管理综合治理委员会)'로 바꾸고 전인대와 전국정협에서부터 최고법원, 최고검찰원, 공안부, 국가안보부, 민정부, 위생부, 재정부, 철도부, 문화부, 무경, 해방군 총정치부 및 총참모부, 국가발전개혁위, 국무원신문판공실, 국가신방국, 전국총공회 등 거의 모든 억압적 국가기구에 치안과 관련된 기구를 설치했다(汪毓玮 2013, 31-32).

샤오공친(萧功秦)은 이렇듯 시진핑 시기 강화된 사회통제에 대해 '중국신권위주의 2.0판'이라고 평가한 바 있다(萧功秦 2016). 자오쑤이셩(Zhao, Suisheng) 역시 시진핑이 마오쩌둥의 방식으로 중국을 이끌려 한다고 평가하면서, 그가 중국 인민들의 중국공산당에 대한 불만 팽배와 환경오염, 부패 그리고 경제성장의 둔화 등으로 중국공산당 통치의 정당성이 심각한 위기에 처했다는 점을 너무 잘 인식하고 있기 때문에 마오쩌둥의 방식을 통해서라도 정치적 안정과 체제를 유지하려 하는 것이라고 진단한다(Zhao 2016, 93).

이렇듯 사회적 갈등에 대한 예방적 조치에 초점을 둔 시진핑의 사회관리 인식은 국가안전위원회 창설 그리고 중앙 정법위원회의(中央政法工作会议)를 직접 관할하는 것에서 잘 나타난다. 2017년 1월 14일 중국공산당 내 사회관리를 총괄하고 있는 중앙정법공작회의에서 그는 "정치안전, 특히 정권안전, 제도안전을 제일의 임무"로 삼을 것을 정법위원회에 요구했다. 이는 2018년에 있을 중국공산당 19차 당대회를 앞두고 일어날 수 있는 사회

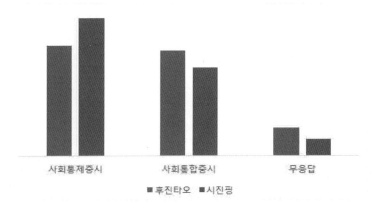

그림 1 후진타오와 시진핑 시기의 사회통합과 사회통제 관련 전문가 인식 (%)

사회통제중시   사회통합중시   무응답

■ 후진타오 ■ 시진핑

* 그래프 중 왼쪽이 후진타오, 오른쪽이 시진핑을 가리킨다.

적 혼란과 위기를 사전에 예측하고 이를 예방하라는 지시였다. 이렇듯 시
진핑은 체제유지와 사회안정을 위한 통제우위의 '사회관리'를 통해 "내부
통제력"을 강화하고 있다.

　이러한 평가는 중국의 국제정치학자 44명에 대한 설문을 통해서도 확
인할 수 있다〈그림 1〉참조). 후진타오와 시진핑 시기를 비교하여 사회통제
와 사회통합 어느 쪽을 더 중시했다고 생각하느냐는 질문에 대해, 시진핑
시기에 사회통제를 더 중시한다고 응답한 비율이 56.8%로 후진타오 시기
의 45.5%보다 높게 나타났다. 특히 시진핑 시기 사회통제를 매우 중시한
다고 응답한 비율이 38.6%로 매우 높은 비중을 차지한 반면, 후진타오 시
기는 15.9%에 시진핑 시기의 절반에도 못 미치는 응답률을 보였다. 한편
사회통합과 관련된 질문에서 후진타오 시기에 사회통합을 중시했다는 응
답률은 43.2%로 시진핑 시기의 36.4%보다 높게 나타났다. 이 설문 결과를
통해 중국의 국제정치학자들은 시진핑 시기의 사회통제가 상대적으로 강

하다고 인식하고 있음을 발견할 수 있다.

III. 시진핑 시기 사회관리정책과 지식인 인식

　시진핑 체제의 최대과제는 정치적 안정과 체제유지를 위해 어떻게 통치의 정당성을 확보하는가다. 세계적 차원에서 강대국화의 길을 걷고자 하는 중국의 시진핑 체제는 국가목표를 실현하기 위한 자원을 동원할 수 있는 사회적 기초를 마련해야 한다. 그것은 계층·민족·세대로 분열되어 있는 현재의 중국 사회를 통합시키는 일이며, 중국공산당의 정당성의 근거인 피통치자들의 민생문제를 해결하는 것이다. 또한 정권과 체제위기를 불러일으킬 수 있는 사회정치적 불안 요인을 효과적으로 통제함으로써 체제를 공고화하는 것이다.

　일반적으로 권위주의 체제는 정치적·경제적·사회적 혼란과정에서 이를 해결하기 위해 등장하고, 이를 해결하는 과정에서 자신의 체제를 공고화하기 마련이다. 마오쩌둥 시기 일인 중심의 전체주의 체제가 개혁개방과 함께 '권위주의' 체제로 전환하면서 상당히 많은 성과를 거둔 것만은 부정할 수 없다. 그러나 사회경제적 조건과 환경이 변화하고 경제발전에 따라 사회의 요구가 다양화됨에 따라 오랜 기간 유지되어왔던 중국공산당의 '권위주의' 체제는 현재 "정당성 재확인"이라는 도전에 직면하고 있다. 공교롭게 시진핑 체제가 들어서면서 중국경제는 고도성장기가 끝나고 이른바 중간정도의 성장이 이루어지는 '뉴노멀(新常态)'로 접어들었다. 시진핑을 비롯한 중국의 제5세대 중국지도부가 "중요한 전략적 기회"를 맞고 있다는 평가가 주를 이루지만, 다른 측면에서 본다면 중국공산당이 과거와는 다른 새로운 정당성 근거를 확보해야 할 상황으로 내몰리고 있다고도 할 수 있다. 그것은 양적인 발전에서 질적 발전으로 전환하는 것이며, 장기간의 양적 성장기간 동안 누적되었던 불균형발전과 불평등을 해소하는 것이 될 것이다.

1. 사회통합: 공공재 제공을 통한 동의 획득

중국국가통계국이 2017년 7월 발표한 자료를 보면 중국의 지니계수는 떨어지고 있으나 절대적 수치는 여전히 심각한 수준이다(〈그림 2〉 참조). 글로벌 금융위기가 있었던 2008년에 0.491으로 가장 악화되었던 불평등 지수는 2009년부터 점차 개선되어 2012년 0.474, 2013년 0.473, 2015년 0.462까지 내려갔다. 그런데 2016년 다시 높아지고 있는 것으로 나타난다(中国国家统计局 2017). 지니계수의 숫자가 높을수록 불평등하다는 것을 의미하니 2008년 이후 중국에서의 불평등은 점진적으로 완화되고 있다고 볼 수 있다. 하지만 절대수치만 놓고 보더라도 0.4 이상이기 때문에 중국의 불평등은 다른 나라와 비교하면 절대적으로 매우 높은 편이다.[4]

중국국가통계국은 같은 자료에서 중국의 도농 간 소득격차가 호전되고 있다고 평가하고 있지만 여전히 도시주민과 농촌주민의 소득격차는 매우 심각한 수준이다(〈그림 3〉 참조). 시진핑 체제가 들어선 후 2016년까지 격

4_참고로 핀란드의 지니계수는 2015년 0.212, 독일 0.292(2013), 미국 0.394(2014)로 중국의 1/2 수준에 지나지 않는다(『조선일보』 2017/09/07).

그림 2 중국 지니계수 추이 (자료: 中国国家统计局 2017)

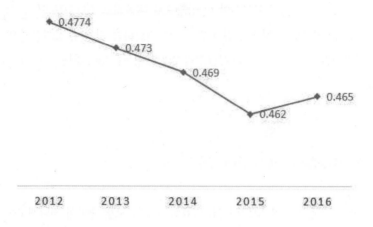

차의 폭이 완화된 것은 부정할 수 없으나, 여전히 평균 도시 주민의 소득은 농촌 주민의 3배 정도 많은 것으로 나타나고 있다(中国国家统计局 2017).

이러한 과도한 소득격차와 빈부 격차는 중국공산당 정권에 대한 저소득층의 불만족을 높이며, 그들로 하여금 소득격차를 줄일 수 있는 대안세력과 대안 이념을 모색하도록 할 것이다(강명세 2013, 71-94). 다른 한편으로는 중국정부에 대한 고소득자의 정치적 영향은 커지는 반면 저소득자가 정부 정책결정이나 여타 정치 과정에서 배제될 수 있는 가능성 또한 높아진다(Bonica 2013, 103-123). 따라서 국가목표 달성을 위해 자원을 동원할 수 있는 대다수 국민들에 대한 중국정부의 통제력이 약화될 수 있다.

이 같은 부정적인 정치적 결과와 함께 사회적으로도 많은 부작용을 양산하게 되는데, 소득격차의 증가는 중국 인민 내부의 통합력과 응집력을 약화할 뿐만 아니라 소득 차이를 둘러싼 계층 간 이질화 가능성을 더욱 커

그림 3 중국 도농간 소득격차 추이 (단위:元) (자료: 中国国家统计局 2017)

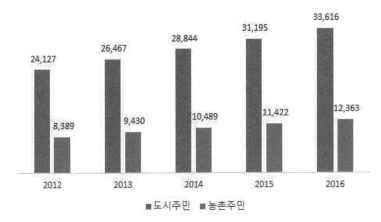

* 그래프 중 왼쪽이 도시주민, 오른쪽이 농촌주민을 가리킨다.

지게 한다. 이로 인해 사회적 신뢰가 약화되고 사회자본이 감소함에 따라 자살률, 범죄율, 정신질환 같은 사회해체적 현상이 발생할 가능성이 높아진다(Skocpol 2013). 경제적으로는 빈곤율이 높아지고 가계지출 중 교육비와 주거비에 상대적 비중이 높아짐으로써 전반적인 소비저하로 이어질 수 있다. 대부분의 소득이 상위계층에 집중되어 있어 중하위 소득계층의 소비여력은 약화되고 있다.

중국에서의 빈부격차는 대체로 지역격차 · 도농격차 · 계층격차 · 업종격차 등 네 영역에서 심각하게 나타난다. 중국의 경우 가파른 성장에 따라 빈부격차 또한 빠르게 확대되었다. 이는 개혁개방 초기부터 지역별 · 업종별 불균등한 발전을 발전전략으로 구사했기 때문이라고 할 수 있다. 다시 말해 덩샤오핑의 불균등전략과 선부론(先富论)이 지난 40여 년 동안 부의 격차를 구조화한 것이다.

중국공산당은 「18차 당대회보고」를 통해 소득구조 및 재분배 구조 개편, 각종 사회보장과 의료보장 강화, 중서부 대개발의 지속적 추진을 표명했다(胡錦濤 2012). 2013년 제18기 3중전회의 「공보」에서는 당대회보고 때보다 한층 더 구체적인 민생개혁 과제를 제시했다. 공보에 제시된 개혁의 주요 내용 속에는 민생개선을 위한 여러 정책과 함께 공평정의(公平正義) 실현을 위한 소득분배제도 개혁이 포함되어 있다. 시진핑이 소득분배 문제에 대해 이렇게 집요하게 매달리는 것은 가장 민감하면서도 파급력이 큰 이슈이기 때문이다. 특히 개혁과정에서 강한 영향력을 가진 국유기업과 정관계 기득권 세력의 반발이 예상되기 때문이기도 하다. 소득분배 개혁은 이처럼 조심스럽게 한 걸음 한 걸음 진행되고 있다(유은하 2016, 78-108).

2016년 확정된 '13·5규획'에서는 '공향(共享) 경제' 관련 정책을 발표했는데, 이 정책 패키지는 민생과 직접 관련된 정책들을 묶어 추진함으로서 정책효과를 높이고자 한 것으로 파악된다. 국가가 제공하는 공공서비스의 확대와 관련된 정책을 포함하여, 소득격차 감소를 위한 정책 그리고 공평하고 수준 높은 교육을 제공하는 정책, 마지막으로 사회보장제도 확대 같은 정책들이 '공동향유' 패키지로 묶여 있다. 이러한 정책은 정치사회적 안정과 직결되는 정책이라는 점에서 정당성의 위기 극복을 위해 매진하고 있는 시진핑 정권이 역점을 두고 추진해야 할 정책사안이라 할 수 있다.

관련 정책들의 목록을 구체적 살펴보면, 의무교육·취업·사회보장·기본의료·공공위생·환경보호 등의 공공서비스 제공 확대, 특성화되고 적절한 빈곤구제 정책을 추진, 입시제도 개혁 등 교육의 질 개선, 창업과 취업의 확대, 중간소득계층 확대를 목표로 한 임금 및 소득 제도 실시, 사회보장 시스템 수립, 의료와 위생 관련 개혁, 1가구 2자녀 정책 전면실시 등 정책의 범위가 넓고 저소득층을 대상으로 하는 정책이 주로 포함되어

그림 4 2011~15년 농민공 수와 증가율 (만 명/%) (자료: 중국국가통계국 2016)

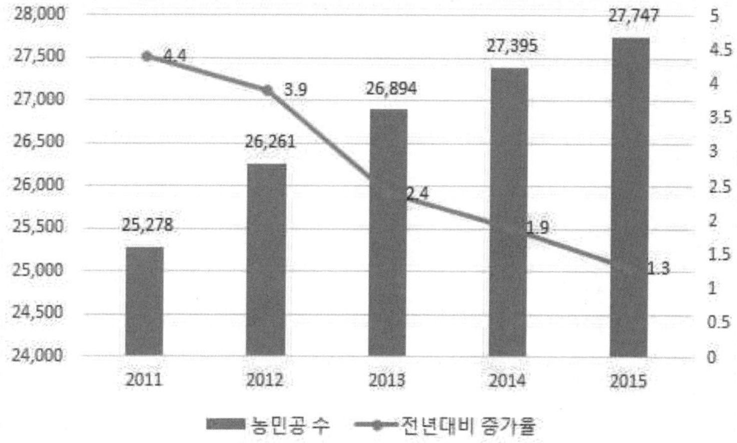

있다.

소득분배 제도의 개혁은 사회통합의 핵심 정책일 뿐만 아니라, 중국 인민대중으로부터 중국공산당의 통치 정당성을 확보할 수 있는 근간이 되는 정책이라 할 수 있다. 빈부격차와 소득불평등의 문제를 제대로 풀지 못한다면 사회와 체제의 안정을 위협할 수 있다. 다른 한편 고도성장이 불가능한 '신상태(新常態)'하에서 소득불평등 문제해결을 통한 소비확대를 유도할수 있다. 2004년에 처음 손대기 시작했던 소득분배제도의 개혁이 지지부진하다 시진핑 체제에 들어와 비로소 조금씩 진행되고 있는 것은 현 지도부가 이를 정치적·경제적으로 필요하다고 인식하고 있기 때문으로 해석된다.

농민공 문제는 빈부격차 만큼이나 오래된 과제다. 〈그림 4〉에서와 같이 2015년 중국 국가통계국의 통계발표에 따르면 2015년 현재 중국의 농

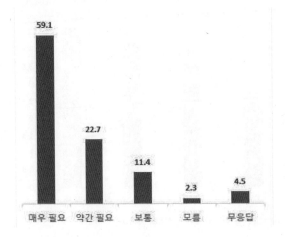

그림 5 "사회안전망 필요" 관련 인식 (%)

민공 인구는 약 2억 7747만 명이라고 한다. 비록 증가세가 낮아지고 있으나 중국 전체 인구의 5분의 1가량이 농민공이라는 점에서 반드시 해결하지 않으면 안 될 사안이다.

호구제 개혁은 2001년부터 점차적으로 진행되고 있는데, 2만여 소도시에서 고정거주지와 합법적 소득이 있으면 도시호적을 발급했고 상하이, 광저우 같은 특대도시의 경우 '적분제 호적취득제도'를 시행해오고 있다. 시진핑 체제가 들어선 뒤인 2013년 '전면적 개혁심화' 조치에 따라 인구관리와 호적제도 개혁에 착수했는데, "소도시에서의 호적제 전면 해제, 중등도시에서 선별적 취득 허용, 대도시에서는 정해진 취득조건에 따른 취득, 특대도시에서는 엄격히 제한"한다는 방침을 정했다(中国国家统计局 2016).

「국가신형도시화규획 2014~2020(国家新型城镇化规划, 2014~2020年)」이 2014년 3월 통과되면서 농민공의 도시호구 진입정책 추진이 보다 명확

그림 6 "호구 및 인구정책 필요" 관련 인식 (%)

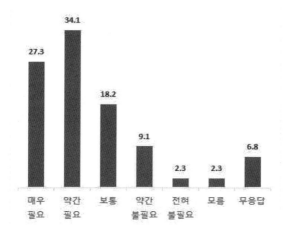

하게 드러났다. 뒤이어 「호적제도 개혁 강화에 대한 국무원 의견(国务院关于进一步推进户籍制度改革的意见)」이 국무원을 통과했고 이 의견이 중국공산당 중앙위원회 정치국회의에서 통과됨으로써 2020년까지 도농 호구의 일원화를 완료하여 농민과 비농민의 차별 해소와 소득격차 완화를 목표로 호구제 개혁을 추진할 수 있는 청사진이 마련된 것이다. 이와 같은 개혁은 농민·비농민으로 구분하던 호구 제도를 단일한 '거주민 호구'로 통일한다는 측면에서 상당히 의미 있는 개혁이라 할 수 있다. 그러나 거주민 호구를 취득하기 위해서는 여전히 적절한 조건을 충족해야 한다는 점에서 제한적이기도 하다.

중국의 국제정치학자들은 중국이 강대국화하는 과정에서 사회통합과 관련된 이슈에 대해 어떻게 생각하고 있는지를 알아보고자 한다. 설문에 응한 44명의 학자 중 중국이 강대국이 되기 위해 사회적 약자나 저소득층

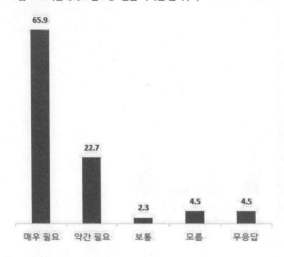

그림 7 "소득분배제도 필요성" 관련 지식인 인식 (%)

을 보호할 수 있는 '사회안전망'을 구축해야 하느냐의 질문에 대해 81.8%가 필요하다고 인식하고 있었다〈그림 5〉 참조). 사회안전망이 강대국화를 위한 사회통합의 기제로서 기능할 수 있다고 인식하는 것으로 해석할 수 있다. 필요 없다고 응답한 학자는 단 한 명도 없었고 '보통'이 11.4%을 나타냈다.

그다음으로 중국이 강대국의 길을 걷기 위해 '호구 및 인구정책'이 필요한가라는 질문에 대해 중국의 국제관계 전문가 중 61.4%가 필요하다고 응답했다〈그림 6〉 참조). 이는 사회안전망보다는 필요성이 낮다고 보고 있고, 매우 필요하다고 하는 입장 역시 사회안전망 질문의 그것에 비해 절반 이하로 떨어진다. 전혀 필요 없다고 인식하고 있는 학자가 2.3%였고 약간 불필요하다는 응답 역시 적지 않은 9.1%를 차지했다.

마지막으로 소득분배제도가 중국의 강대국화 과정에서 필요한가에 대한 질문에 응답자 44명 중 65.9%가 매우 필요하다고 응답했다(〈그림 7〉 참조). 그리고 약간 필요하다는 응답이 22.7%였는데 이로써 이 제도가 필요하다고 응답한 비율은 총 88.6%로 상당한 높은 비율을 나타냈다. 국제관계학자들이 중국의 소득분배제도 개혁에 대한 관심이 높다는 것을 알 수 있었을 뿐 아니라, 이 제도를 강대국이 되기 위해 반드시 개혁해야만 할 사항이라고 보고 있음을 알 수 있다.

2. 사회통제: 강제력에 의한 체제불안요인 차단

자오가 지적한 바와 같이 시진핑은 "덩샤오핑의 길을 마오쩌둥을 방식으로 간다"고 할 정도로 적극적이면서도 강력한 사회통제를 단행하고 있다(Zhao 2016). 언론을 비롯해 지식인과 인터넷에 이르기까지 전방위적인 압박을 가하고 있는 것으로 보인다. 시민사회와 대척점에 서서 강제력을 이용하여 반대세력에 대해 법과 규정으로써 통제를 제도화함으로써 사회적·정치적 불안요소를 사전에 차단하려는 것이다. 이는 전형적인 권위주의적 통치술로서 체제수호라는 명분을 통해 강압적 통치와 탄압을 정당화하는 것에 지나지 않는다.

중국에서 공산당 통치의 정통성은 중국화된 사회주의 이데올로기에서 발원한다(Sun 1995, 319-338). 개혁개방 이후에는 상당기간 제 기능을 상실한 채 형식적 이데올로기에 머물러 있으나 시진핑 집권 이후 다시 전면에 재등장하고 있다. 좌파와 우파의 이념공세를 당하면서 시진핑이 선택한 길은 신중국 건국자(founder)와 이데올로기를 통해 연계를 시도하는 것이었다. "두 가지 모두 부정해서는 안 된다(兩个不能否定)"라는(齐彪 2014) 시진평의 말 속에는 개혁개방 이전의 역사에 대한 강한 향수뿐만 아니라 건국자들과의 이데올로기적 연속성을 보여주는 상징적인 레토릭이 담겨 있다.

비록 시장경제를 통해 중국이 경제대국으로 발전했고 지금은 세계 강대국을 목표로 개혁을 추진하고 있지만, 한편으론 중국공산당의 정신의 기원을 잊어서는 안 된다고 우파를 향하여 주장하고, 다른 한편으론 사회주의 정신문명이 무너져가는 것에 대해 걱정하는 좌파에게 건국자들을 계승한 정치적 지존으로서의 자신의 존재감을 보여주고 있는 것이다. 이런 의미에서 본다면 시진핑을 '부활한 마오주의자(Maoist Resurrected)'라고 보는 견해가 꽤 설득력이 있다고 할 것이다(Zhao 2016, 86).

시진핑은 집권 이후 기회가 있을 때마다 '마르크스주의 교육과 중국 전통문화에 관한 교육'을 강조하고 '서구 사상에 물드는 것을 경계해야 한다'고 주장했는데 이는 '마오주의자'로서의 시진핑의 이데올로기적 위치를 분명하게 보여준다. 2013년 5월 중국공산당 중앙판공청이 하달한 「현재의 이데올로기 영역의 상황에 관한 통보(关于当前意识形态领域情况的通报)」가 공개되면서 세상에 알려진 '칠부강(七不讲, 중국의 현대판 칠거지악)' 역시 황당한 사상통제가 아닌 시진핑의 이데올로기적 위치를 고려할 때 전혀 이상할 것이 없다.

시진핑의 사상통제, 언론과 인터넷에 대한 감시와 통제는 "풀고(放)-조이고(收) 하는 사이클(Fang/Shou Cycle)"로서 이해할 수 있다(MacFarquhar 1997, 341; Baum 1994, 5-7). 또한 상호경쟁과 협력 그리고 갈등을 통해 좌파와 우파, 정치와 경제가 지속적으로 순환하는 중국정치의 일반적 현상이라 볼 수 있다. 다만 순환이라고 해서 시차를 둔 단계별 순환이 아니라, 정치와 이데올로기는 '조이고', 경제는 '푸는' 식으로 각 영역에서 자율적·분절적으로 순환이 이루어지는 것이다. 따라서 시진핑의 강압적인 사회통제는

그림 8 "사상통제 필요성" 관련 전문가 인식 (%)

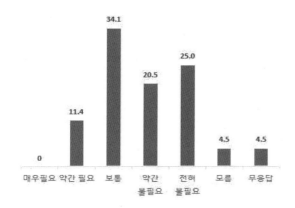

맹목적 이데올로기 공세나 상대방을 완전히 제거해야 하는 영합게임이기보다는 위기에 처한 중국공산당의 통치정당성을 확보하고, 자신의 국정목표인 이른바 "중국 꿈"을 실현하기 위한 전제조건인 사회정치적 안정, 체제안정을 도모하려는 분명한 목적을 가진 정치적 행위라 할 수 있다.

중국의 국제관계학자들은 시진핑의 사회통제에 대해 어떤 생각을 갖고 있는지를 알아보기 위해 강대국화 과정에서 사상통제가 필요한지에 대해 44명에게 물었다(〈그림 8〉 참조). 사상통제가 필요하다고 응답한 사람은 11.4%에 지나지 않았다. 매우 필요하다고 보는 학자는 한 명도 없었다. 필요 없다고 생각하는 학자는 45.5%로 절반가량이 됐다. 필요 없다고 생각한 사람 중 강한 부정이 약한 부정보다 약간 많았다. 보통이라고 응답한 비율이 34.1%로 가장 높게 나왔는데, 이는 중국 현실 그리고 응답자 모두가 지식인이라는 점을 고려할 때 필요하다는 긍정적 응답으로 해석하기보다는 필요 없다는 부정적 응답으로 해석하는 것이 실재에 더 가깝다. 따라서

그림 9 "언론통제 필요성" 관련 전문가 인식 (%)

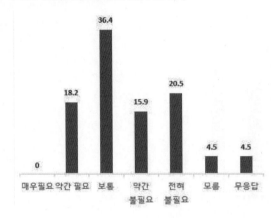

중국이 강대화의 길을 가는 데 사상통제가 필요 없다고 생각한 학자들이 필요하다고 보는 학자들보다 8배 정도 많다고 해석해도 무방하다.

그렇다면 언론통제는 어떤가? 중국의 강대국화 과정에서 언론통제가 필요하다고 응답한 학자는 18.2%였다(〈그림 9〉 참조). 사상통제가 필요하다고 생각한 학자의 비율 11.4%보다는 많았다. 매우 필요하다는 강한 긍정 응답은 없었다. 반면 언론통제가 필요 없다고 응답한 36.4%로 필요하다고 하는 응답자의 거의 두 배였다. 이 질문 역시 보통으로 응답한 비율이 36.4%로 가장 높게 나타났는데, 언론통제 역시 보통이라는 응답을 부정적으로 해석하는 것이 더 타당하다고 할 수 있다.

SNS 통제에 대해서는 앞선 두 질문과 전혀 다른 응답이 나왔다(〈그림 10〉 참조). 중국이 강대국화하는 데 SNS에 대한 통제가 필요한가라는 질문에 대해 36.4%가 약간 필요하다고 응답했다. 강한 긍정은 없었다. 반면 불필요하다고 응답한 학자는 29.6%로 필요하다는 응답자에 미치지 못했다.

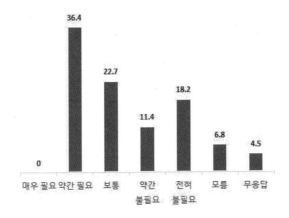

그림 10 "SNS 통제 필요성" 관련 전문가 인식 (%)

통제가 필요하다는 답변이 많은 것, 즉 대단히 개인적 통신수단인 SNS를 통제해야 한다고 응답한 비율이 높았다는 것은 SNS 커뮤니케이션에 대한 부정적 인식이 어느 정도 있기 때문일 것이라고 추측할 수 있다. 보통에 응답한 비율이 22.7%였는데, 긍정 응답 비율과 부정 응답 비율의 쏠림현상이 덜하므로 보통 의견 역시 양쪽으로 나눠 해석해야 할 것으로 보인다.

마지막 질문은 강대국화를 지향하는 시진핑 정부의 사회안정화 노력에 대한 중국 국제관계학자들의 평가다. 시진핑 정부가 잘하고 있다고 평가한 비율이 54.6%로 상당히 높게 나타났다〈그림 11〉 참조). 반면 잘 못하고 있다고 평가한 응답비율은 6.8%에 지나지 않았다. 보통 의견은 대체로 긍정적 응답이라고 간주하고 해석하는 것이 타당할 것이다. 따라서 사회통합을 위한 시진핑의 정책과 조치에 대해 상당히 많은 학자가 긍정적으로 평가하고 있음을 알 수 있다. 단, 강한 긍정이 9.1%에 지나지 않는다는 점에서 시진핑 정부의 사회통합정책과 사회통제 정책이 맞물려 인식되고 있는 것으

그림 11 사회안정 관련 시진핑 정부 노력 평가 (%)

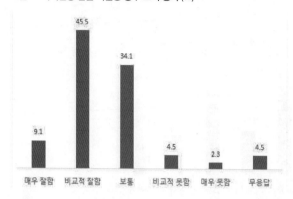

로 해석된다. 따라서 비록 본 조사가 전체 중국의 국제정치학계를 대표할 수 없다는 것을 전제하고, 중국의 지식인 그룹이 시진핑의 사회통합과 관련하여 다소 긍정적으로 생각한 반면 사회통제와 관련해서는 상당히 부정적인 의견이 많다고 결론지을 수 있다.

IV. 결론

이 장에서는 후진타오 시기와 시진핑 시기의 사회정책에 대한 인식의 차이를 분석하고 사회안정화 차원에서의 '사회관리' 정책과 중국의 강대국화 과정에서 중국지식인들의 당면한 사회이슈에 대한 인식을 알아보고자 했다. 여기에서 시진핑 체제와 이전 후진타오 체제 사이의 인식과 정책의 차이라는 측면에서 두 가지 점을 언급하고자 한다. 첫째는 후진타오 시기와 시진핑 시기 최고위 엘리트 그룹 내의 권력구조와 관련된 사항이며, 두 번째는 중국공산당이 당면한 체제정당성 위기에 대한 후진타오 시기 중국 지도부와 시진핑의 지도부 간의 인식 차이와 관련된 것이다. 전자는 본고 의 주제를 넘어서는 있지만 간략히 설명하자면 집단지도체제하에서 권력 의 집중과 분산과 밀접하게 연관되어 있다고 할 수 있다. 후진타오 시기는 거의 완벽할 정도로 집단지도체제로 운영되었기 때문에 당서기, 국가주석 으로서 자신의 정책아젠다를 추진력을 갖고 강하게 밀어붙일 수 없는 구조 적 한계가 있었다. 후진타오는 '조화사회'라는 성장보다는 분배에 초점을 맞춘 국정운영 기조를 잡았다. '호구제 개혁'이나 '소득분배제도 개혁'이 이 미 후진타오 시기부터 추진되었다고 보는 이유가 여기에 있다. 그러나 권 력구조의 구조적 한계로 인해 관련 사회정책은 별다른 성과를 내지 못했 다. 반면 시진핑은 자력에 의해서이건 아니면 합의에 의해서이건 간에 '핵 심(核心)'의 지위를 획득하고, 자신이 국정목표로 설정한 과제들에 대해 힘 있게 추진해나가고 있다는 점에서 차이가 있다(민귀식 2017).

이 장에서는 중국의 국제관계학자들이 강대국화 중인 중국의 사회통합 과 통제 정책에 대해 어떤 인식을 갖고 있으며 시진핑의 사회 관련 국정운 영에 대해 어떤 평가를 내리는지를 44명의 학자 설문조사를 통해 분석해보 았다. 그들은 시진핑은 사회통제에, 후진타오는 사회통합에 보다 많은 관 심을 갖고 있다고 인식했으며, 중국의 강대국화 과정에서 중국정부가 가장 먼저 해결해야 할 문제로 빈부격차 해소를 위한 소득분배제도의 개혁과 사 회안정망 구축을 꼽았다. 반면 호구제도 개혁이나 인구정책은 강대국화 과 정에 필요하지만 꼭 필요하지는 않은 것으로 보았다. 사회통제와 관련해서 는 중국의 강대국화 과정에서 사상과 언론 통제에 대해서는 강한 거부감을 갖고 있는 반면 SNS 통제에 대해서는 필요하다면 할 수도 있다는 의견이었다. 마지막으로 시진핑의 사회통합정책에 대해서는 그런대로 잘하고 있다고 평가했지만 강한 긍정은 매우 적었다. 이 조사를 통해 중국의 지식인들은 시진핑의 사회통제에 대해 매우 우려하고 있음을 파악할 수 있다.

참고문헌

강명세, 2013, "재분배의 정치경제,"『한국정치학회보』47(5).

김영진, 2015,『중국, 대국의 신화: 중화제국 정치의 토대』, 성균관대출판부.

김재철, 2005, "중국의 강대국 대외정책,"『국가전략』11(3).

백승욱 외, 2015, "시진핑 시대 중국 사회건설과 사회관리,"『현대중국연구』17(1).

민귀식, 2017, "중국 제19차 당대회 전망: 시진핑, 당 '핵심' 지위 부상 독주체제 완성 '뉴 페이스' 합류로 후계 구도 불확실성 증폭,"『Chindia Plus』124.

서진영, 2008,『21세기 중국정치: '성공의 역사'와 중국적 사회주의의 미래』, 폴리테이아.

신봉수, 2014, "정치권위의 정당화,"『한국정치학회보』48(2).

유은하, 2016, "중국 학계의 사회보장 담론형성에 관한 연구: 서구이론의 영향을 중심으로,"『중국지식네트워크』no. 7.

이동률, 2006, "중국 "책임대국론"의 외교 전략적 함의,"『동아연구』50.

이정남, 2015, "중국 군체성 사건의 새로운 변화와 특징: 분절적 저항행위에서 사회운동의 맹아적 형태로,"『국가전략』21(2).

장윤미, 2013, "중국 '안정유지(維穩)'의 정치와 딜레마,"『동아연구』64.

정재호 편, 2007,『중국의 강대국화: 비교 및 국제정치학적 접근』, 도서출판 길.

정주영, 2004, "중국의 새로운 국가사회 관계: 민간영역의 거버넌스,"『시민사회와 NGO』2(2).

江泽民, 2002, "全面建设小康社会, 开创中国特色社会主义事业新局面: 在中国共产党第十六次全国代表大会上的报告." http://www.people.com.cn/GB/shizheng/16/20021117/868414.html

唐钧, 2002, "社会政策的基本目标: 从克服贫困到消除社会排斥,"『江苏社会科学』第3期.

邓小平, 1993,『邓小平文选』第叁卷, 北京: 人民出版社.

李程伟, 2005, "社会管理体制创新: 公共管理学视角的解读,"『中国行政管理』5(1).

林卡・易龙飞, 2015, "社会政策与社会管理: 概念, 特点和议题领域,"『社会科学辑刊』第2期.

马小华, 2016, "浅议社会转型期中国创新社会管理的路径选择问题,"『社科纵横』第9期.

谢庆奎, 2003,『政治改革与政府创新』, 北京: 中新出版社.

萧功秦, 2013, "从邓小平到习近平: 中国改革再出发." http://www.aisixiang.com/data/70569.html

习近평, 2013, "切实把思想统一到党的十八届叁中全会精神上来." http://news.xinhuanet.com /politics/2013-12 /31/c_ 118787463.htm

_____, 2017, "2017年要将政权安全 · 制度安全放首位," 『联合早报』. www.zaobao.com.sg /realtime/china/story 20170113-713173

_____, 2017, "十九大报告全文." http://news.dwnews.com/china/news/2017-10-18/60018047 .html

燕继荣, 2014, "国家治理改革的方向和内容," 『한중 거버넌스개혁과 민주개혁: 경험의 교류』, 제9차 성균관대 성균중국연구소-베이징대 정치발전과 정부관리연구소 국제학술회의 자료집.

于建嵘, 2012, "当前压力维稳的困境与出路: 再论中国社会的刚性稳定," 『探索与争鸣』第9期.

俞可平, 2013, "国家治理如何现代化," http://opinion.caixin.com/2013-11-30/100611750 .html

田凯, 2014, "十年来中国社会组织管理体系变革," 『한중 거버넌스개혁과 민주개혁: 경험의 교 류』, 제9차 성균관대 성균중국연구소-베이징대 정치발전과 정부관리연구소 국제학술회의 자료집.

郑家昊, 2013, "社会复杂性条件下政府社会管理职能的引导型定位," 『中国行政管理』第9期.

郑杭生, 2011, "社会建设和社会管理研究与中国社会学使命," 『社会学研究』第4期.

齐彪, 2014, "两个不能否定"的重大政治意义." http://www.zgdsw.org.cn/BIG5/n/2014 /0505/c349708- 24976589.html

中国国家统计局, 2017, "精准脱贫成效卓着 小康短板加速补齐:党的十八大以来经济社会发展 成就系列之六." http://www.stats.gov.cn/tjsj/sjjd/201707/t20170705_1509997. html

陈家刚, 2012, "创新执政方式,推动转型升级: 以广东等地为例," 『行政与法』第11期.

陈发桂, 2011, 『基层维稳的行动逻辑: 从体制化运行到社会化运行』,『理论与改革』第6期.

风笑天 · 张小山 · 周清平, 1999, 『社会管理学概论』, 武汉: 华中理工大学出版社.

胡锦涛, 2011, "扎扎实实提高社会管理科学化水平建设中国特色社会主义社会管理体系," 『新 世纪领导者』2.

胡鞍钢 · 魏星, 2009, "治理能力与社会机会: 基于世界治理指标的实证研究," 『河北学刊』第1期.

"中华人民共和国国民经济和社会发展第十叁个五年规划纲要." http://news.xinhuanet.com/politics /2016lh/2016-03/17/c_1118366322.htm

"关于国务院机构改革方案的说明." http://www.cnki.com.cn/Article/CJFDTotal-GWYB199809001. htm

"习近평维稳新指示:十九大前要将维护政权安全 · 制度安全放在首位." https://theinitium.com /article/20170113- dailynews-china-stability/

"国家新型城镇化规划(2014-2020年)." http://www.gov.cn/zhengce/2014-03/16/content

_2640075.htm

"中国共产党第十八届中央委员会第五次全体会议公报," http://news.xinhuanet.com/politic
/2015-10/29/c_1116983078.htm
"中国共产党第十八次全国代表大会上的报告," http://news.xinhuanet.com/18cpcnc/2012-11/17
/c_113711665. htm

Baum, Richard, 1996, *Burying Mao: Chinese Politics in the Age of Deng Xiaoping*,
    Princeton: Princeton University Press.
Bonica, A., N. McCarty, K. T. Poole, and H. Rosenthal, 2013, "Why Hasn't Democracy
    Slowed Rising Inequality?" *Journal of Economic Perspectives*, 27(3).
Bukley, Chirs and Keith Bradsher, 2017, "Environment, Security, Power: What China's
    Changing Vocabulary Reveals About Its Future," *New York Times*, 2017/10/19.
    https://www.nytimes.com/interactive/2017/10/19/world/asia/china-xi-jinping
    -language.html
Coicaud, Jean-Mare, 2002, *Legitimacy and Politics*, Cambridge: Cambridge University
    Press.
Guo, Baogang, 2003, "Political legitimacy and China's transition," *Journal of Chinese
    Political Science*, 8(1&2),
Harding, Harry, 1992, *A fragile relationship: The United States and China since 1972*,
    Washington, DC: Brookings Institution Press.
Joseph, William A., 2010, *Politics in China: An Introduction*, Oxford: Oxford
    University Press.
Kennedy, Paul, 1987, *The Rise and Fall of the Great Powers: Economic Change and
    Military Conflict from 1500 to 2000*, NY: Vintage Books.
MacFarquhar, Roderick, ed., 1997, *The Politics of China: the eras of Mao and Deng*,
    Cambridge: Cambridge University Press.
Meltzer, A. H., and S. F. Richard, 1981, "A Rational Theory for the Size of
    Government," *Journal of Political Economy*, 89.
Putnam, R. D., 2001, "Social Capital: Measurement and Consequences," *Canadian
    Journal of Policy Research*, 2(1).
Putnam, R. D., Robert Leonardi, and Raffaella Y. Nanetti, 1994, *Making Democracy
    Work: Civic Traditions in Modern Italy*, Princeton: Princeton University Press.
Schneider, Florian and Yih-jye Hwang, 2014, "The Sichuan Earthquake and the
    Heavenly Mandate: Legitimizing Chinese Rule through Disaster Discourse,"
    Journal of Contemporary China, 23(88).

Schubert, Gunter, 2008, "One-Party Rule and the Question of Legitimacy in Contemporary China: Preliminary Thoughts on Setting Up a New Research Agenda," *Journal of Contemporary China*, 17(54).

Shue, Vivienne, 2004, "Legitimacy crisis in China?" eds., P. Gries and S. Rosen, *State and Society in 21st Century China*, NY: Routledge Curzon.

Skocpol, T., 2003, *Diminished Democracy: From Membership to Management in American Civic Life*, Norman: University of Oklahoma Press.

Sun, Yan, 1995, "Ideology and the Demise or Maintanace of Soviet-type Regime: Perspectives on the Chinese Case," *Commuinst and Post-Commuist Studies*, 28(3).

Tong, Yanqi, 2011, "Morality, Benevolence, and Responsibility: Regime Legitimacy in China from the Past to the Present," *Journal of Chinese Political Science*, 16(2)

Zhao, S., 2016, "Xi Jinping's Maoist Revival," *Journal of Democracy*, 27(3).

The Chinese Dream
: The Quest for Great Power Identity and Strategy

With the rise of China, the postwar liberal international order led by the U.S. has been eroded. President Xi Jinping clearly declared that China would promote the reform of the existing international order by positively participating in the current global governance system. Thus, the question of how how China will shape the global or regional order in the future through innovating the current global governance system has become a core matter of concern for its neighboring countries. Particularly, its East Asian neighbors that have ever been involved in the so-called 'Chinese World Order', a form of regional order led by China before the modern era, are paying much more attention on this matter than any other countries.

However, China has not clearly revealed its concrete plans about what kind of great power it wants to become and what kind of strategy it will adopt to become a great power. The growing uncertainty, with the rapid rise of China, has spread anxiety among the neighboring countries. Therefore, this book examines what kind of great power China intends to become and how it tries to achieve this goal by analyzing the dialogues and speeches of the Chinese leaders as well as the literature, in-depth interviews and surveys of the Chinese academic circles and think-tanks.

Starting from the question of whether the Chinese dream, a quest for the great rejuvenation of the Chinese nation, means the revival of the Sino-centrism or the creation of a new international normative order, this book analyzes China's vision and implementation strategy to become a great power. This book consists of three sections. Part 1 examines China's vision of world order from a macro perspective, focusing on the three aspects as follow: the relationship among nations, values and culture, and modes of diplomacy. Part 2 examines China's identity and vision as a great power while Part 3 analyzes the strategies to realize its vision.

With China's sustained growth and its rise to power since the beginning of the 21st century, diverse analyses and prospects have been offered on the Chinese dream that the Chinese leadership has proclaimed domestically and abroad regarding the great rejuvenation of the Chinese nation as well as on China's grand strategy to realize the Chinese dream. However, because the vision and strategy that China holds for its aspiration of great power status still remain vague and have been studied only partially so far, it is not easy to fully identify China's vision and strategy for its rise as a great power. Therefore, it is strongly necessary to study the identity and vision of China as a great power and its implementation strategy in a more comprehensive and multi-dimensional manner. Thus, in this book, Part 1 discusses the global implication of China's rise as a great power in macro-terms while the two main sections, Part 2 and Part 3, analyze various dimensions of China's vision and strategy to become a great power.

Part 2 tries to comprehensively identify China's vision for its rise as a great power by exploring various dimensions of its great power vision, specifically in regards to international norms and values, East Asian regional order, naval power and domestic political model. Part 2 is comprised of 4 chapters. Chapter 1 deals with the matter of norms and values in China's quest for great power status. Chapter 2 focuses on the distribution of power in East Asia to assess whether China intends to counterbalance or replace the United States in the region. Chapter 3 reviews whether China seeks to become a sea power or a continental power. Chapter 4 investigates the domestic political model that China promotes to facilitate its rise as a great power.

Part 3 analyzes the strategies for China to realize its great power vision stated above. China's strategies for achieving great power status in the areas of politics, military, international norms and institutions have been developed multi-dimensionally and simultaneously in regional and global level. Therefore, Part 3 aims to present a comprehensive picture of how China tries to realize its vision as a great power through the individual and integrated analyses of China's great power strategies. Part 3 is also comprised of 4 chapters. Chapter 5 examines the "One Belt One Road" strategy that China adopts to pursue its great power ambitions by utilizing its economic power strategically. Chapter 6 analyzes China's attempts to use its growing influence to reshape the rules and institutions of the international system. Chapter 7 looks into China's efforts to strengthen its military power. Chapter 8 investigates the Chinese Communist Party's strategy for political innovation and social stabilization.

This book does not draw an unified conclusion regarding 'what kind of great power China will become' and 'how China will become a great power' but provides a respective conclusion for each chapter. At the beginning of this project, the authors of this book have chosen the theme of each chapter based on the above two questions, and then the individual research of each chapter has been conducted independently by each author. Although the authors have conducted joint seminars and field research together for this joint project, it cannot be denied that the difference in viewpoints among the authors has appeared inevitably. In addition, without knowing clearly what kind of great power it will become, China is continuously rising to great power status in the process of searching for its great power identity and strategy. Thus, since this book focuses on examining the ongoing discourse of China's vision and strategy for rising to great power status, it is considered as reasonable to leave the conclusion of this book open for further discussions and studies instead of drawing an unified and concrete conclusion.

필자소개

1. 이정남(Lee, Jung-Nam, 李正男): 편저자
고려대 아세아문제연구소 교수 겸 중국연구센터 센터장. 주요 논저로는 "미중 경쟁시대에 한국의 중국에 대한 인식과 정책: 한국 내 중국전문가의 인식을 중심으로"(2017); "중국의 대한반도 정책의 딜레마: 전환과 지속의 갈림길에서"(2015); 『세력 전환기 동아시아의 국가 정체성과 지역인식』(편저, 2014) 외 다수가 있음.

2. 강수정(Kang, Su-Jeong, 姜受廷)
고려대 아세아문제연구소 연구교수. 주요 논문으로는 "Domestic Bureaucratic Politics and Chinese Foreign Policy"(2014); "China's Two-pronged Strategy during the 2010 Diaoyu/Senkaku Dispute with Japan"(2016); "중국인들의 정치적 신뢰에 영향을 미치는 요인들에 관한 경험적 연구"(2017) 등이 있음.

3. 홍은정(Hong, Eun Jung, 洪垠政)
고려대학교 공공사회통일외교학부 통일외교안보전공 강사. 주요 논문으로는 "중국이 구상하는 국제질서와 동아시아 지역질서 그리고 한반도 안보"(2017); "북한의 4차 핵실험 이후 중국의 대북정책: 미중관계의 상호작용을 중심으로"(2016); "동맹정책에 대한 중국학계의 인식담론 고찰"(2014) 등이 있음.

4. 모준영(Mo, JuneYoung, 牟俊英)
고려대 강사. 주요 논문으로는 "중국이 해양을 통해 추구하는 강대국 상(像): 지역 강대국인가, 세계적 강대국인가"(2017); "한반도 내 THAAD 배치와 미국의 전략"(2016); "중국의 부상에 따른 한-미-중 외교관계 변화와 한국의 대응"(2015) 등이 있음.

5. 정주영(Chung, Jooyoung, 郑珠茉)
현 연세대학교 통일연구원 전문연구원, 중국의 국가사회 관계, 정치개혁 및 강대국화에 관심을 가지고 연구를 진행 중이며 주요 논저로는 "중국의 새로운 의제설정 방식의 등장과 공론장의 변화"(2017년), "노동교양제도의 폐지와 중국 공민권의 발전"(2016), "중국공산당 통치이데올로기의 변화와 특징"(2013) 등이 있음.

6. 공커위(Gong, Ke-yu, 龚克瑜)
상하이국제문제연구원 아태연구센터 부센터장 및 북한 핵프로젝트 책임자. Center for Strategic

and International Studies(CSIS) 방문학자(2010) 및 한국고등교육재단 지원 방문학자
(2015.9-2016.2). 주요 논저로는『东亚经济合作的机制化建设』(2011);『演进与超越 : 当代韩
国政治』(2013) 외 다수가 있음.

7. 유희복(Yoo, Heebok, 柳熙福)
연세대 연계전공 강사. 주요 논저로는 "강대국화 과정에서 중국의 지적 대항과 실천: '화평굴기'
와 '중국몽'을 중심으로"(2017); "아태 재균형과 중미 신형대국관계 구축의 전개 현황 분석: 상호
경쟁과 협력의 이중성을 중심으로"(2016);『중국연구의 동향과 쟁점』(공저, 2016) 등이 있음.

8. 하도형(Ha, Do Hyung, 河度亨)
국방대학교 안보정책학과 교수. 주요 논저로는 "중국 해양전략의 양면성과 공세성(2015)"; "중
국의 국방백서와 국방정책의 변화에 관한 연구(2013)";『동아시아 영토문제와 독도』(공저,
2013) 등이 있음.

9. 서상민(Seo, Sang Min, 徐尙珉)
국민대학교 중국인문사회연구소 HK연구교수. 주요 논저로는 "중국의 '한중관계' 연구동향 분
석"(2017); "중국외교엘리트 인적 네트워크 분석"(2017);『중국 지역연구와 글로컬리티』(공저,
2017),『얘들아, 이젠 중국이야』(공저, 2016)외 다수가 있음.

ARI Monograph Series 30

The Chinese Dream
: The Quest for Great Power Identity and Strategy

First Published 2018
by The Asiatic Research Institute at Korea University
145 Anam-ro, Seongbuk-gu, Seoul 136-701, Korea
www.asiaticresearch.org

아연동북아총서 30

중국의 꿈(中國夢): 중국이 지향하는 강대국 초상

1판1쇄 | 2018년 5월 31일

편저자 | 이정남
펴낸이 | 이종화
펴낸 곳 | 아연출판부
등록 | 2000년 5월 24일 제6-376호
주소 | 서울시 성북구 안암로 145 고려대학교 아세아문제연구소(136-701)
전화 | 02-3290-1600   팩스 | 02-923-4661
홈페이지 | www.asiaticresearch.org

값 18,000원

ISBN 978-11-89273-01-9 94300
ISBN 978-89-90769-29-9 (세트)

이 도서의 국립중앙도서관 출판시도서목록(CIP)은 e-CIP 홈페이지(http://www.nl.go.kr/ecip)에서
이용하실 수 있습니다(CIP제어번호: CIP2018016138)